新编21世纪经济学系列教材

中国特色社会主义政治经济学

第三版

张宇 张晨 著

Political Economy of Socialism with Chinese Characteristics

中国人民大学出版社
·北京·

内容简介

中国特色社会主义政治经济学是马克思主义政治经济学基本理论与当代中国经济实践相结合的理论成果，是当代中国马克思主义政治经济学的集中体现，是指导中国特色社会主义经济建设的理论基础。习近平经济思想是中国特色社会主义政治经济学的最新成果，开拓了中国特色社会主义政治经济学新境界。本书系统阐述了中国特色社会主义政治经济学尤其是习近平经济思想的基本内容，分析了中国特色社会主义经济的生产、分配、交换等主要环节以及所有制制度、分配制度、经济体制、经济运行、经济发展、对外开放和经济治理等主要方面，揭示了中国特色社会主义经济的本质特征和发展规律，以期为把中国的实践经验上升为系统化的经济学说、为马克思主义政治经济学的创新发展、为完善中国特色社会主义政治经济学理论体系作出贡献。

作者简介

张 宇 中国人民大学经济学院教授，中国《资本论》研究会会长。主要从事马克思主义政治经济学、中国特色社会主义政治经济学的研究。

张 晨 中国人民大学经济学院副教授。主要从事马克思主义政治经济学、中国特色社会主义政治经济学的研究。

前言

党的二十大报告指出，不断谱写马克思主义中国化时代化新篇章，是当代中国共产党人的庄严历史责任。中国特色社会主义政治经济学是马克思主义政治经济学中国化时代化的理论结晶，习近平经济思想是这一理论结晶的最新成果和集中体现。那么，什么是中国特色社会主义政治经济学，它是如何建立和发展的，主要的观点有哪些，理论体系有什么特点，历史贡献和科学价值何在，对我国的经济建设有什么指导意义，进一步发展面临着怎样的形势和任务，这些都是我们坚持和发展中国特色社会主义政治经济学必须认真思考和回答的问题。

一

马克思主义政治经济学是马克思主义的重要组成部分，是马克思主义理论最深刻、最全面、最详尽的证明和运用。中国共产党以马克思主义为立党立国的指导思想，历来重视对马克思主义政治经济学的学习、研究和运用。在革命、建设和改革开放的各个时期，我们党都把马克思主义政治经济学的基本理论与中国的具体实际相结合，提出科学的经济理论，以指导具体的经济实践，取得了一个又一个伟大胜利。

在新的历史条件下坚持发展中国特色社会主义经济，建设社会主义现代化国家，必须学好用好马克思主义政治经济学。习近平指出，马克思主义政治经济学是马克思主义的重要组成部分，也是我们坚持和发展马克思主义的必修课，面对极其复杂的国内外经济形势，面对纷繁多样的经济现象，学习马克思主义政治经济学基本原理和方法论，有利于我们掌握科学的经济分析方法，认识经济运动过程，把握社会经济发展规律，提高驾驭社会主义市场经济能力，更好回答我国经济发展的理论和实践问题。

社会主义政治经济学是关于社会主义生产方式或社会主义经济形态及其发展规律的

科学，在马克思主义政治经济学中具有极其重要的地位。众所周知，马克思主义是关于无产阶级解放运动的性质、条件和目的的学说，这一学说的目的就在于科学阐明人类社会从资本主义向共产主义过渡的历史必然性及其内在的规律。实现这一目的，不仅需要有资本主义的政治经济学或政治经济学的资本主义部分，还必须有社会主义的政治经济学或政治经济学的社会主义部分，这两个部分相互联系、相互依赖、不可分割。社会主义既是资本主义发展的必然趋势，又是向共产主义过渡的必经阶段，因而，以社会主义经济形态为研究对象的社会主义政治经济学，揭示社会主义经济运动规律，为社会主义革命、建设和不断发展提供科学指南，是马克思主义政治经济学不可或缺的重要组成部分。

中国特色社会主义政治经济学是中国版的社会主义政治经济学，是马克思主义政治经济学基本理论与中国改革开放新的实践相结合的成果，是中国特色社会主义理论体系的重要组成部分。坚持和发展中国特色社会主义政治经济学，不断完善中国特色社会主义政治经济学理论体系，对于更好指导我国经济发展实践、推动中国特色社会主义经济建设蓬勃向前，对于增强中国特色社会主义道路自信、理论自信、制度自信、文化自信，对于坚定共产主义远大理想和中国特色社会主义共同理想，对于推进充分体现中国特色、中国风格、中国气派的经济学科的建设，都是极其重要的。

二

中国特色社会主义政治经济学是对马克思主义政治经济学的继承和发展，是社会主义政治经济学在当代中国的最新发展。

马克思和恩格斯是科学社会主义的创始人，也是社会主义政治经济学的奠基者。他们通过对资本主义生产方式矛盾运动规律和发展趋势的深刻分析，揭示了未来共产主义和社会主义经济关系的基本特征，包括：实现人的自由全面发展，建立自由人的联合体；消灭私有制，生产资料社会占有；共产主义高级阶段实行按需分配，低级阶段实行按劳分配；消灭商品生产，对社会生产实行有计划的调节；消除城乡和工农差别，实现城乡融合；阶级和国家消亡，对人的统治将由对物的管理和对生产过程的领导所代替；各国人民之间的民族分隔和对立日益消失。马克思和恩格斯的这些理论，揭示了人类社会发展的一般趋势和社会主义革命的基本目标，是社会主义革命和社会主义建设的重要指南。但是这些理论只是社会主义政治经济学的起点，而不是它的完成形态，更不是它的终结，因而需要在实践中不断检验、丰富和发展。

十月革命后，建立了世界上第一个社会主义国家苏俄，并创立了社会主义经济的最初模式即高度集中的计划经济模式，传统社会主义政治经济学就是这一模式的理论表达，其主要观点包括：生产资料公有制是社会主义生产关系的基础，公有制有国家所有制和合作社集体所有制两种形式；社会主义的基本经济规律是用在高度技术基础上使社会主义生产不断增长和不断完善的办法，来保证最大限度地满足整个社会经常增长的物质和文化的需要；国民经济有计划按比例发展的规律是调节社会主义经济的主要规律，商品生产和商品流通主要限于个人消费品；按劳分配是社会主义经济最基本的分配形式和重要的经济规律；社会主义阵营各国的经济关系是完全平等互利的，是有计划性和组织性的。传统的社会主义经济理论和实践，使经典作家关于未来社会的设想从理论转变成了现实，坚持和发展了科学社会主义。但是，这一理论也存在严重的缺点和教条主义倾向。

中华人民共和国成立后，以毛泽东同志为主要代表的中国共产党人领导全国人民，创造性地实现了由新民主主义到社会主义的转变，确立了社会主义基本制度，努力探索适合中国国情的社会主义经济建设道路，提出了发展社会主义经济的一系列独创性理论观点，如：以农业为基础，以工业为主导，农、轻、重工业协调发展；统筹兼顾、适当安排，注意综合平衡；实行中央与地方并举，充分发挥两个积极性；处理好国家、集体和个人的关系，使各方各得其所；建立起独立的比较完整的工业体系和国民经济体系，全面实现农业、工业、国防和科学技术的现代化；自力更生为主，争取外援为辅；等等。这些理论观点是对马克思主义政治经济学的创造性发展。毛泽东高度重视社会主义政治经济学的发展，多次号召全党干部学习研究政治经济学，并对苏联的《政治经济学教科书》进行了深入的研究，肯定了其正确的方面，指出了其缺点和错误，提出了许多真知灼见，对中国特色社会主义政治经济学的创立进行了探索、开辟了道路、作出了贡献。

改革开放以来，我们党把马克思主义政治经济学基本原理同改革开放新的实践结合起来，不断丰富和发展马克思主义政治经济学，创立和发展了中国特色社会主义政治经济学。1984 年 10 月《中共中央关于经济体制改革的决定》通过之后，邓小平评价这个决定“写出了一个政治经济学的初稿，是马克思主义基本原理和中国社会主义实践相结合的政治经济学”①。这个政治经济学，实际上就是中国特色社会主义政治经济学，它是中国特色社会主义理论体系的重要组成部分。随着改革开放实践的不断深入，中国特色社会主义政治经济学不断丰富发展，形成了许多重要理论成果，包括：社会主义本质理论，科学发展理论，全面建设小康社会理论，经济体制改革理论，社会主义初级阶段基本经济制度理论，基本分配制度理论，社会主义市场经济理论，积极参与经济全球化和对外开放理论，走新型工业化道路理论，建设创新型国家和走中国特色社会主义自主创新道路理论，建设社会主义新农村理论，等等。这些理论成果是适应当代中国国情和时代特点的政治经济学，不仅有力地指导了我国经济发展实践，而且开拓了马克思主义政治经济学新境界。

中国特色社会主义进入了新时代，我国发展进入新阶段，以习近平同志为核心的党中央根据时代和实践发展的要求，围绕推进中国特色社会主义经济建设提出了一系列新的重大战略思想和重要理论观点，包括：坚持加强党对经济工作的全面领导；坚持以人民为中心的发展思想；牢固树立创新、协调、绿色、开放、共享的新发展理念；我国社会主要矛盾已经转化为人民日益增长的美好生活需要和不平衡不充分的发展之间的矛盾；使市场在资源配置中起决定性作用，更好发挥政府作用；坚持和完善公有制为主体、多种所有制经济共同发展，按劳分配为主体、多种分配方式并存，社会主义市场经济体制

---

① 邓小平．邓小平文选：第 3 卷．北京：人民出版社，1993：83.

等社会主义基本经济制度；我国经济已由高速增长阶段转向高质量发展阶段；推动新型工业化、信息化、城镇化、农业现代化同步发展；深化供给侧结构性改革，建设现代化经济体系和现代化产业体系；构建以国内大循环为主体、国内国际双循环相互促进的新发展格局；推动城乡融合发展；发展更高水平对外开放；等等。这些重大战略思想和重要理论观点，构成了完整的理论体系，形成了习近平经济思想。这一思想是中国特色社会主义政治经济学的最新成果，实现了马克思主义政治经济学基本理论同中国实际相结合新的历史飞跃，为新时代中国特色社会主义经济发展提供了科学指南，开创了中国特色社会主义政治经济学发展的新时代。

“一门科学提出的每一种新见解都包含这门科学的术语的革命。”① 改革开放以来，中国特色社会主义经济理论和实践的发展取得了举世瞩目的成就，形成了关于发展社会主义经济的一系列新的重要理论成果，如何科学概括理论和实践发展的这些重要成果，是理论界、学术界思考和研究的一个重大课题。中国特色社会主义政治经济学这一范畴的提出，为我们科学解答这个重大课题开辟了正确的道路。它表明，我们党对中国特色社会主义经济的认识在学理性和体系性上达到了新的高度，马克思主义政治经济学中国化和时代化的发展达到了新的高度，中国共产党在经济理论上的自觉和自信达到了新的高度，这是具有重大里程碑意义的。

三

推进理论的体系化、学理化，是理论创新的内在要求和重要途径。马克思主义之所以影响深远，在于其以深刻的学理揭示人类社会发展的真理性，以完备的体系论证其理论的科学性。中国特色社会主义政治经济学的发展也是如此，也需要在构建理论体系上取得进展。

从马克思和恩格斯提出关于未来共产主义的经济理论，到苏联传统社会主义政治经济学体系的建立，再到中国特色社会主义政治经济学的形成，社会主义政治经济学已经有 100 多年的发展历史，在构建理论体系上取得了长足的进展。那么，作为一门学科的中国特色社会主义政治经济学，和传统社会主义政治经济学及西方经济学相比，它的理论体系有什么主要特点呢？概括起来主要有：

第一，时代背景是社会主义初级阶段。中国正处于并将长期处于社会主义初级阶段，并在全面建成小康社会的基础上，开启了全面建设社会主义现代化国家的新征程，进入了新发展阶段，这是当代中国的基本国情，是中国特色社会主义经济制度得以确立并不断发展的总依据。

第二，空间背景是经济全球化。在不断扩大对外开放的过程中，中国日益走近世界舞台的中央，从经济全球化的参与者转变为经济全球化的引领者，如何正确处理开放与自主的关系，形成以国内大循环为主体、国内国际双循环相互促进的新发展格局，是中国特

① 马克思，恩格斯．马克思恩格斯文集：第 5 卷．北京：人民出版社，2009：32.

色社会主义经济发展面临的重大课题。

第三，根本立场是以人民为中心。坚持把满足人民日益增长的美好生活需要、增进人民福祉、促进人的全面发展、朝着共同富裕方向稳步前进作为出发点和落脚点，并将其贯穿于中国特色社会主义经济的全部过程和所有环节。

第四，根本方法是辩证唯物主义和历史唯物主义，坚持生产力决定生产关系、经济基础决定上层建筑以及它们之间相互作用的基本原理。在当代中国，这一根本方法集中体现为坚持人民至上、坚持自信自立、坚持守正创新、坚持问题导向、坚持系统观念、坚持胸怀天下等基本原则。

第五，研究对象是中国特色社会主义经济形态，一方面是改革开放以后确立的中国特色社会主义生产关系或经济制度，另一方面是在此基础上形成的包括中国特色社会主义经济运行、经济发展、经济改革和对外开放在内的总经济过程。

第六，研究任务是揭示中国特色社会主义经济的本质特征和运动规律，把中国特色社会主义经济的实践经验上升为系统化的学说，并从中国的特殊经验中提炼普遍性原则，丰富和发展马克思主义政治经济学、社会主义政治经济学。

第七，逻辑起点是社会主义所有制制度。公有制为主体、多种所有制经济共同发展是社会主义初级阶段的社会主义所有制制度，是中国特色社会主义生产关系的核心和基础，决定着中国特色社会主义经济的生产、分配、交换、消费等各个环节和各个方面。

第八，理论核心是社会主义基本制度与市场经济的结合。把社会主义制度和市场经济有机结合起来，既发挥社会主义制度的优势，又发挥市场经济的长处，不断解放和发展社会生产力。

第九，理论贡献在于提出了一系列原创性观点，在人类历史上开创了在社会主义条件下建立和发展市场经济、推进工业化和现代化、推动经济全球化健康发展的全新的道路，为建立更加合理公平的社会制度和发展模式贡献了中国智慧。

第十，理论灵魂是坚持发展中国特色社会主义、向着实现共产主义的远大理想稳步前进。从资本主义向社会主义和共产主义过渡是人类社会发展的客观规律和必然趋势，社会主义是共产主义的低级阶段，最终目标是实现共产主义。坚持把践行中国特色社会主义共同理想和坚定共产主义远大理想统一起来。

总的来看，中国特色社会主义政治经济学内容涵盖中国特色社会主义经济的生产、分配、交换、消费等主要环节以及经济制度、经济体制、经济运行、经济发展和对外开放等主要方面，提出了一系列新的理论观点，初步形成了比较完整的理论体系。

四

中国特色社会主义政治经济学有什么意义？它的存在有没有普遍的科学价值？从一般的道理讲，中国特色社会主义政治经济学是社会主义政治经济学的中国化，是对社会主义政治经济学一般原理的具体应用，因此，社会主义政治经济学与中国特色社会主义政治经济学的关系是一般与特殊、共性与个性、源与流的关系。然而，实际的情况要复杂得多。

一方面，由于社会主义经济制度产生和发展的历史相对来说还不长、还不够成熟，因此，在社会主义经济中，对于什么是一般、什么是特殊，什么是共性、什么是个性的认识，并不是非常清楚明白。另一方面，就人类认识运动的规律来说，总是由认识个别和特殊的事物，逐步地扩大到认识一般的事物，普遍性寓于特殊性之中。

应当看到，在相当长的时期内，中国特色社会主义政治经济学的发展还处于从特殊上升到一般的抽象化阶段，而不是从一般到特殊的具体化阶段。也就是说，首先必须研究社会主义经济的具体特殊形态，把握特殊规律，然后才能逐步确立社会主义经济的一般规律。从历史看，社会主义经济制度建立和发展的历史还不长，实践经验还不够丰富，特别是 20 世纪 80 年代末 90 年代初东欧剧变和苏联解体以后，社会主义事业遭受了巨大挫折，中国成为世界社会主义事业发展的中流砥柱。在这样的条件下，总结中国的实践经验，并从中提炼出反映规律的理论成果，对于发展社会主义政治经济学具有极其重要的意义。同时，中国是一个处于发展和转型中的社会主义大国，面临着工业化、信息化、市场化、全球化和社会主义制度的改革几重重大的历史变革在同一个时代的交织和叠加，正在经历着我国历史上最为广泛而深刻的社会变革，也正在进行着人类历史上最为宏大和独特的实践创新。这种前无古人的伟大实践，为经济学的发展提供了无比丰富、不可多得的鲜活素材。正如习近平所指出的："越是民族的越是世界的。解决好民族性问题，就有更强能力去解决世界性问题；把中国实践总结好，就有更强能力为解决世界性问题提供思路和办法。这是由特殊性到普遍性的发展规律。"① 因此，中国特色并不意味着是中国独有的东西，其中也包含着具有普遍性的因素。中国特色社会主义政治经济学的意义不仅在于它超越了传统社会主义政治经济学的理论框框，为中国特色社会主义经济建设提供了科学的指导，为马克思主义政治经济学的发展贡献了中国智慧，还在于它超越了西方主流经济学的理论框框，为丰富和发展人类经济思想的宝库贡献了中国智慧。

中国特色社会主义政治经济学的贡献体现在哪里？归结到一点就是，它直面人类经济发展和制度变迁中的一些难题，把那些看似相互对立的因素有机结合起来：在指导思想上，既坚持马克思主义的指导地位和科学社会主义的基本原则，又坚持实事求是，与时俱进，改革创新；在所有制结构上，既坚持公有制的主体地位和国有经济的主导作用，又坚持多种所有制经济共同发展；在国有企业改革上，既坚持维护全体人民的共同利益，又坚持建立市场化的体制机制；在收入分配改革上，既注重提高效率，又注重社会公平；在对外经济关系上，既坚持对外开放的基本国策、积极参与经济全球化，又坚持独立自主、自力更生；在政府和市场关系上，既坚持发挥市场的作用，建立有效市场，又坚持发挥政府的作用，建立有为政府；在中央和地方关系上，既坚持中央集权，统一领导，又坚持地方分权，发挥地方积极性；在改革方式上，既坚持党的领导、有计划有组织推进，又坚持尊重群众的首创精神，摸着石头过河；在经济发展上，既强调供给，又关注需求，既重视总量，又重视结构，既突出发展社会生产力，又注重完善生产关系，既着

---

① 习近平．在哲学社会科学工作座谈会上的讲话．人民日报，2016－05－19.

眼当前，又立足长远；等等。这样博采众长、兼容并蓄，既尊重经济社会发展的一般规律，又体现中国的基本制度、基本国情和历史传统，既发挥社会主义制度的优势，又利用市场经济的长处，就从理论和实践上超越了以私有制为基础的资本主义市场经济的流俗教条，为中国特色社会主义事业的发展和人类文明的进步开辟了前所未有的广阔道路。

总之，中国特色社会主义政治经济学既是特殊的，又是普遍的，既是民族的，又是世界的，既尊重一般规律，又充满了首创精神，是中国具有主体性、原创性的理论成果。它从一个方面证明，中国共产党人和中国人民完全有能力和信心为人类对更好社会制度的探索提供中国方案。中国特色社会主义经济实践在不断向前发展，中国特色社会主义政治经济学理论体系也将随着实践的发展而不断丰富和完善，在认识经济运动过程、把握经济发展规律、领导驾驭经济发展、准确回答我国经济发展的理论和实践问题中发挥更大的作用，进一步充分彰显马克思主义政治经济学的时代价值和科学威力。

五

本书共分为十章，基本的逻辑结构是：

前两章分别从总体上阐述中国特色社会主义政治经济学和中国特色社会主义经济制度的历史逻辑和基本特征。其中，第一章阐述了中国特色社会主义政治经济学创立和发展的历史过程，中国特色社会主义政治经济学的研究对象、研究任务、概念、范畴、理论体系，以及发展中国特色社会主义政治经济学的原则。第二章阐述了中国特色社会主义经济制度建立和发展的历史过程、中国特色社会主义经济制度的构成及成熟定型。

第三章至第五章分别阐述了中国特色社会主义基本经济制度的主要内容，即社会主义所有制制度、社会主义市场经济和社会主义分配制度。其中，第三章阐述了社会主义所有制制度的地位、内容和实现形式，公有制经济的主体地位和国有经济的主导作用，非公有制经济的性质、地位、作用和发展趋势以及农村基本经营制度。第四章阐述了社会主义市场经济的性质、特点和制度优势，国有企业的改革，市场体系的发展，公有制和市场经济的结合以及政府和市场的关系。第五章阐述了社会主义分配制度的主要内容，按劳分配的含义、意义和实现形式，国民收入的三次分配，收入差距的调节，效率和公平的关系。

第六章阐述了中国经济体制改革的性质、目标和方向，以及中国的渐进式改革道路及其基本经验。

第七章至第九章分别阐述了社会主义基本经济制度框架在不同领域和环节的展开过程，包括经济运行、经济发展和对外开放。其中，第七章从微观、中观、宏观三个层次，阐述了中国特色社会主义经济各种主体的经济活动和经济运行规律。第八章阐述了中国特色社会主义经济发展的实质和理念、中国经济持续快速发展的内在逻辑，以及中国特色社会主义经济发展道路。第九章阐述了中国对外开放的主要过程、基本原则、成就和经验，以及对外开放与维护国家经济安全之间的关系。

第十章阐述了社会主义国家经济治理的性质、目标、组织体系和实施手段，以及包括国家规划、宏观调控、结构调整、市场监管、生态保护、民生保障等在内的国家经济治理的主要内容。

立足我国国情和我国发展实践，揭示新特点、新规律，提炼和总结我国经济发展实践的规律性成果，把实践经验上升为系统化的经济学说，努力开拓当代中国马克思主义政治经济学新境界，为马克思主义政治经济学的创新发展、为完善中国特色社会主义政治经济学理论体系作出贡献，是当代中国马克思主义政治经济学的历史责任，需要我们共同努力。本书在这个方面进行了初步探索，不足之处，请广大读者和学界同行提出宝贵意见和建议。

目录

第一章　导　论

第一节　社会主义政治经济学的奠基 …… 001
第二节　社会主义政治经济学的创立和发展 …… 011
第三节　中国特色社会主义政治经济学的形成和发展 …… 016
第四节　中国特色社会主义政治经济学的最新成果：习近平经济思想 …… 025
第五节　中国特色社会主义政治经济学的性质 …… 029
第六节　发展中国特色社会主义政治经济学的原则 …… 034

第二章　中国特色社会主义经济制度的建立和发展

第一节　社会主义经济制度的建立 …… 042
第二节　社会主义经济制度在中国的建立 …… 048
第三节　中国特色社会主义经济建设 …… 056
第四节　坚持完善社会主义基本经济制度 …… 063
第五节　社会主义经济制度的本质 …… 067

第三章　社会主义所有制制度

第一节　社会主义所有制制度的内涵 …… 073
第二节　公有制经济的主体地位 …… 077
第三节　国有经济的主导作用 …… 082
第四节　鼓励、支持和引导非公有制经济发展 …… 088
第五节　农村基本经营制度 …… 092

第四章　社会主义市场经济

第一节　从计划经济到社会主义市场经济的历史转变 …… 098
第二节　社会主义市场经济的性质 …… 104
第三节　社会主义市场经济的制度优势 …… 108
第四节　公有制与市场经济的有机结合 …… 112
第五节　社会主义市场体系 …… 117
第六节　社会主义市场经济中的政府和市场关系 …… 123
第七节　社会主义市场经济中的国有企业 …… 128
第八节　促进资本健康发展 …… 134

第五章　社会主义分配制度

第一节　按劳分配 …… 139
第二节　多种分配方式与按生产要素分配 …… 144
第三节　国民收入初次分配、再分配、第三次分配 …… 147
第四节　国民收入分配格局 …… 150
第五节　缩小收入差距，实现共同富裕 …… 153
第六节　正确处理效率和公平的关系 …… 160

第六章　中国特色社会主义经济体制改革

第一节　经济体制改革的性质和方向 …… 167
第二节　经济体制改革的历程与成就 …… 170
第三节　经济体制改革的方式 …… 175
第四节　经济体制改革的方法论 …… 179
第五节　构建高水平社会主义市场经济体制 …… 184

第七章　中国特色社会主义经济运行

第一节　微观经济运行 …… 190
第二节　市场机制的作用 …… 196
第三节　经济结构的变迁 …… 200
第四节　宏观经济波动 …… 207

第八章　社会主义经济高质量发展

第一节　社会主义经济发展的实质 …… 214
第二节　实现经济的持续快速发展 …… 218
第三节　推进高质量发展 …… 223

第四节 构建新发展格局 …… 231
第五节 中国特色新型工业化道路 …… 236
第六节 中国特色新型城镇化道路 …… 239
第七节 中国特色自主创新道路 …… 242
第八节 中国特色农业现代化道路 …… 246
第九节 中国特色区域发展道路 …… 247

第九章 经济全球化与中国特色社会主义对外开放

第一节 经济全球化的实质、表现和影响 …… 255
第二节 中国特色社会主义对外开放道路 …… 264
第三节 中国对外开放的发展 …… 269
第四节 正确处理开放和自主的关系、维护国家经济安全 …… 281

第十章 社会主义国家经济治理

第一节 社会主义国家经济治理的性质 …… 289
第二节 国家经济治理体系 …… 293
第三节 国家规划 …… 299
第四节 宏观调控 …… 305
第五节 结构调整 …… 309
第六节 市场监管 …… 311
第七节 生态保护 …… 316
第八节 民生保障 …… 320

结束语 中国特色社会主义和共产主义 …… 325
后 记 …… 328

第一章

导　论

社会主义政治经济学是关于社会主义生产方式及其发展规律的科学，是马克思主义政治经济学的重要组成部分。马克思、恩格斯是社会主义政治经济学的奠基者。以苏联高度集中的计划经济体制为基础的传统社会主义政治经济学，是社会主义政治经济学的第一个理论形态。中华人民共和国成立后，以毛泽东同志为主要代表的中国共产党人努力探索适合中国国情的社会主义经济建设道路，提出了发展社会主义经济的一系列独创性理论观点。党的十一届三中全会以来，中国共产党把马克思主义政治经济学基本原理同改革开放新的实践结合起来，不断丰富和发展马克思主义政治经济学，形成了当代中国马克思主义政治经济学的许多重要理论成果。党的十八大以来，在推动和指导新时代我国经济发展实践中，我们党形成和发展了习近平经济思想。习近平经济思想是中国特色社会主义政治经济学的最新成果，将中国特色社会主义政治经济学的发展推进到了新的阶段，开辟了当代中国马克思主义政治经济学的新境界。

第一节　社会主义政治经济学的奠基

一、社会主义从空想到科学的发展

人们对社会主义的认识经历了从空想到科学的发展。在《共产党宣言》中，马克思和恩格斯对当时的社会主义和共产主义文献进行了批判性的总结，把社会主义和共产主义理论概括为三种主要流派，即反动的社会主义、保守的或资产阶级的社会主义、批判的空想的社会主义和共产主义。反动的社会主义又包括封建的社会主义、小资产阶级的社会主义和德国的或“真正的”社会主义，它们从封建的或小资产阶级的立场出发批判资本主义，企图恢复旧的所有制关系和社会制度，开历史的倒车。保守的或资产阶级的社会主义则站在资本主义社会的立场上批评资本主义社会，试图在不改变资本主义经济制度的基础上通过改良来消除资本主义社会的弊病。与反动的社会主义和保守的或资产阶级的社会主义相比，批判的空想的社会主义和共产主义代表了历史发展的方向。但是，由于批判的空想的社会主义没有认识到社会发展的规律，找到实现理想的现实途径，因而陷入了空想之中。

社会主义从空想到科学的发展是由马克思和恩格斯完成的，马克思的两个伟大发现，即唯物主义历史观和剩余价值理论，使社会主义从空想变成了科学。科学社会主义与空想社会主义的主要区别是：

第一，空想社会主义者从公平、正义等理性原则出发来批判资本主义，并在此基础上构想未来的理性王国。而马克思和恩格斯则是依据历史唯物主义的科学方法，通过对资本主义生产方式内在矛盾和运动规律的深刻分析，从中发现否定资本主义经济关系的种种物质因素，从正在瓦解的经济运动形式内部发现未来的、能够消除这些弊病的、新的生产组织和交换组织的因素，发现未来社会的基本轮廓。因此，社会主义就不是人们头脑的主观想象了，而是资本主义生产方式矛盾运动本身提出的、用以解决这些矛盾的客观要求。

第二，空想社会主义者热衷于设计未来社会的细节，而马克思和恩格斯则认为，要谈共产主义的细节而同时既不坠入空想又不流于空泛的辞藻是不可能的。早在 1843 年马克思刚刚成为共产主义者时，他就明确表示，我们的任务不是推断未来和宣布一些适合将来任何时候的一劳永逸的决定，而是希望在批判旧世界中发现新世界。1881 年 1 月 6 日在回答荷兰社会民主党提出的这样一个问题，即假使社会党人取得政权，为了保证社会主义的胜利，他们在政治和经济方面采取的首要措施应当是什么时，马克思指出：

> 在将来某个特定的时刻应该做些什么，应该马上做些什么，这当然完全取决于人们将不得不在其中活动的那个既定的历史环境。而现在提出这个问题是不着边际的，因而这实际上是一个幻想的问题，对这个问题的唯一的答复应当是对问题本身的批判。如果一个方程式的已知各项中不包含解这个方程式的因素，那我们就无法解这个方程式。①

第三，空想社会主义设想的未来社会是千年不变的理想王国，而马克思和恩格斯则认为，未来社会也是不断变化发展的，他们反复强调：

> 所谓“社会主义社会”不是一种一成不变的东西，而应当和任何其他社会制度一样，把它看成是经常变化和改革的社会。②
>
> 我所在的党并没有任何一劳永逸的现成方案。我们对未来非资本主义社会区别于现代社会的特征的看法，是从历史事实和发展过程中得出的确切结论；不结合这些事实和过程去加以阐明，就没有任何理论价值和实际价值。③

我们也应当清醒地看到，社会主义从空想到科学的转变并不是一劳永逸的。事实上，

---

① 马克思，恩格斯．马克思恩格斯选集：第 4 卷．3 版．北京：人民出版社，2012：541.

② 同①601.

③ 同①582.

在科学社会主义的理论中始终存在着这样一个尖锐的矛盾，即根据历史唯物主义的观点，社会存在决定社会意识，那么，在社会主义制度还没有出现的条件下，人们如何能够建立科学的社会主义理论并在这一理论的指导下建立全新的社会主义社会？同时，没有社会主义的理论，就没有社会主义的实践，如果人们对于所从事社会主义的运动目标毫无了解，那么，现实的社会主义运动还有什么意义？这个矛盾从科学社会主义诞生的那天起就始终困扰着社会主义者。在社会主义运动中一直存在着“左”倾与右倾、教条主义与经验主义两个极端、两种错误，前者把理论视为神圣不变的教义，认为理论就是一切，手段微不足道；后者把经验视为真理的源泉，认为目标微不足道，运动才是一切。这两种片面性都是由于不能正确处理这一矛盾造成的。

理论与实践之间存在的这种矛盾，不仅对后来的社会主义者来说是一个难题，也是马克思和恩格斯在创立科学社会主义理论时所要解决的一个关键问题。在马克思和恩格斯那里，理论与实践之间的矛盾是通过引入社会实践这一范畴得以解决的。他们认为，人类社会的发展是主观与客观、目的性与规律性的统一，即社会实践。人们在改造自然的同时改造着社会，在改变环境的同时改变着自己。“全部社会生活在本质上是实践的。”① 在社会实践基础上建立的唯物史观，既克服了经验主义的不可知论，又摆脱了唯理主义的先验论，从而为社会主义从空想到科学的发展奠定了科学的认识论基础。

二、社会主义和共产主义

在马克思和恩格斯的经典文献中，社会主义和共产主义经常是作为同义语加以使用的。不过，为了把自己的理论与当时流行的各种空想的、改良的社会主义相区别，他们更多的是用共产主义而不是社会主义来表达自己的理论和主张。对此，恩格斯曾经多次作过说明。在1888年发表的《共产党宣言》英文版序言中，恩格斯明确指出：

> 当我们写这个《宣言》时，我们不能把它叫做社会主义宣言。在1847年，所谓社会主义者，一方面是指各种空想主义体系的信徒，即英国的欧文派和法国的傅立叶派，这两个流派都已经降到纯粹宗派的地位，并在逐渐走向灭亡；另一方面是指形形色色的社会庸医，他们凭着各种各样的补缀办法，自称要消除一切社会弊病而毫不危及资本和利润。这两种人都是站在工人阶级运动以外，宁愿向“有教养的”阶级寻求支持。只有工人阶级中确信单纯政治变革还不够而公开表明必须根本改造全部社会的那一部分人，只有他们当时把自己叫做共产主义者。这是一种粗糙的、尚欠修琢的、纯粹出于本能的共产主义；但它却接触到了最主要之点，并且在工人阶级当中已经强大到足以形成空想共产主义，在法国有卡贝的共产主义，在德国有魏特林的共产主义。可见，在1847年，社会主义是资产阶级的运动，而共产主义则是工人阶级的运动。当时，社会主义，至少在大陆上，是“上流社会的”，而共产主义却恰恰相反。既然我们自始就认定“工人阶级的解放应当是工人阶级自己的事情”，那么，在这两个名称中间我们应当选择哪一个，就是毫无疑义的了。而且后来

① 马克思，恩格斯．马克思恩格斯选集：第1卷．3版．北京：人民出版社，2012：135.

我们也从没有想到要把这个名称抛弃。①

后来，随着工人运动的发展壮大，特别是马克思主义在工人运动中的影响日益增长，共产主义运动逐步代替社会主义运动，成为工人运动的主流，因此，恩格斯在后来的著作中，把马克思主义的共产主义称作科学社会主义，科学社会主义和共产主义实际上是一回事。

但是，这种情况在马克思发表《哥达纲领批判》后有了一定变化。在《哥达纲领批判》中，马克思明确地把共产主义社会区分为高级和低级两个发展阶段，低级阶段实行按劳分配，高级阶段实行按需分配。后来，从列宁开始，人们依据马克思对共产主义社会发展阶段的论述，逐步把社会主义与共产主义区别开来，将马克思所说的共产主义的第一阶段称作社会主义社会，而把马克思所说的共产主义的高级阶段称作共产主义社会。列宁说：

社会主义同共产主义在科学上的差别是很明显的。通常所说的社会主义，马克思把它称做共产主义社会的“第一”阶段或低级阶段。既然生产资料已成为公有财产，那么“共产主义”这个名词在这里也是可以用的，只要不忘记这还不是完全的共产主义。马克思的这些解释的伟大意义，就在于他在这里也彻底地运用了唯物主义辩证法，即发展学说，把共产主义看成是从资本主义中发展出来的。马克思没有经院式地臆造和“虚构”种种定义，没有从事毫无意义的字面上的争论（什么是社会主义，什么是共产主义），而是分析了可以称为共产主义在经济上成熟程度的两个阶段的东西。②

这样，社会主义与共产主义就成了既相互联系又相互区别的两个发展阶段。它们的联系是，这两个阶段都是以公有制为基础的，在广义上都属于共产主义，只是发展水平不同，成熟的程度不同。区别在于，社会主义还保留了所谓的“资产阶级权利”即“等量劳动给予等量产品”的原则。但是，在马克思和恩格斯的经典著作中，社会主义和共产主义并没有这样的区分，他们是把科学社会主义和共产主义当作具有相同含义的概念使用的。

三、共产主义社会的基本经济特征

马克思和恩格斯通过对资本主义生产方式及其发展趋势的历史考察，揭示了未来共产主义社会的基本经济特征，概括起来主要有：

（1）个人自由全面发展。1894 年 1 月 3 日，意大利社会党人卡内帕请求恩格斯为即将在日内瓦出版的周刊《新纪元》题词，来表述未来社会主义纪元的基本思想。1894 年 1 月 9 日，恩格斯对此作了这样的答复：除了《共产党宣言》中的下面这句话，我再也找不出合适的了，即：

---

① 马克思，恩格斯．马克思恩格斯选集：第 1 卷．3 版．北京：人民出版社，2012：384－385.

② 列宁．列宁专题文集：论社会主义．北京：人民出版社，2009：38.

> 代替那存在着阶级和阶级对立的资产阶级旧社会的，将是这样一个联合体，在那里，每个人的自由发展是一切人的自由发展的条件。[①]

消灭阶级和阶级对立，实现个人自由全面发展，是马克思和恩格斯设想的未来共产主义社会的根本目标，贯穿在他们全部的理论之中。在马克思和恩格斯的早期著作《1844年经济学哲学手稿》中，马克思把共产主义称作“人向自身、也就是向社会的即合乎人性的人的复归”“完成了的人道主义”[②]。在《德意志意识形态》中，马克思和恩格斯系统地阐明了历史唯物主义的基本原理，把人的解放与生产力的发展联系起来，提出只有在集体中，个人才能获得全面发展其技能的手段，只有在集体中才能有个人自由。在《共产主义信条草案》中回答“共产主义者的目的是什么”时，恩格斯写道：“把社会组织成这样：使社会的每一个成员都能完全自由地发展和发挥他的全部才能和力量，并且不会因此而危及这个社会的基本条件”[③]，并以废除私有制来实现这一点。在1857—1858年《政治经济学批判》手稿中，马克思从个性发展的角度把社会发展概括为三大形态，即：

> 人的依赖关系……是最初的社会形态，在这种形态下，人的生产能力只是在狭窄的范围内和孤立的地点上发展着。以物的依赖性为基础的人的独立性，是第二大形态，在这种形态下，才形成普遍的社会物质变换，全面的关系，多方面的需求以及全面的能力的体系。建立在个人全面发展和他们共同的社会生产能力成为他们的社会财富这一基础上的自由个性，是第三个阶段。第二个阶段为第三个阶段创造条件。[④]

在《反杜林论》中，恩格斯指出，只有在摆脱了私有制的共产主义社会中，人们才能真正成为自然和历史的主人，从而成为真正自由的人。

（2）以生产资料公有制代替私有制。马克思主义是关于无产阶级解放的学说，依据历史唯物主义的原理，无产阶级的解放只能是生产力发展和生产关系变革的结果。马克思和恩格斯认为，阶级对立和社会发展的无政府状态是生产资料私有制造成的，因而消灭私有制是建立未来自由人联合体的根本途径。在《共产党宣言》中，马克思和恩格斯提出了著名论断：

> 共产党人可以把自己的理论概括为一句话：消灭私有制。[⑤]

在另一个场合，恩格斯强调：

> 我根本不把自己称做社会民主主义者，而称做共产主义者。这是因为当时在各个国家里那些自称是社会民主主义者的人根本不把全部生产资料转归社会所有这一口号写在自己旗帜上。……因此，对马克思和我来说，选择如此有伸缩性的名称来

---

① 马克思，恩格斯．马克思恩格斯选集：第4卷．3版．北京：人民出版社，2012：647.
② 马克思，恩格斯．马克思恩格斯文集：第1卷．北京：人民出版社，2009：185.
③ 马克思，恩格斯．马克思恩格斯全集：第42卷．北京：人民出版社，1979：373.
④ 马克思，恩格斯．马克思恩格斯全集：第46卷上册．北京：人民出版社，1979：104.
⑤ 马克思，恩格斯．马克思恩格斯选集：第1卷．3版．北京：人民出版社，2012：414.

表示我们特有的观点，是绝对不行的。①

在《反杜林论》中，恩格斯系统地阐述了生产的社会化与生产资料资本主义私人占有的基本矛盾，并在此基础上说明了生产资料公有制代替私有制的必然性。他指出：

> 猛烈增长着的生产力对它的资本属性的这种反作用力，要求承认生产力的社会本性的这种日益增长的压力，迫使资本家阶级本身在资本关系内部可能的限度内，越来越把生产力当做社会生产力看待。无论是信用无限膨胀的工业高涨时期，还是由大资本主义企业的破产造成的崩溃本身，都使大量生产资料不得不采取像我们在各种股份公司中所遇见的那种社会化形式。某些生产资料和交通手段一开始规模就很大，它们，例如铁路，排斥任何其他的资本主义经营形式。在一定的发展阶段上，这种形式也嫌不够了：资本主义社会的正式代表——国家不得不承担起对它们的管理。这种转化为国家财产的必要性首先表现在大规模的交通机构，即邮政、电报和铁路方面。②

资本主义国家所有制没有从根本上解决资本主义的基本矛盾，却表明了解决这一矛盾的基本线索，即生产资料的社会占有并在此基础上实行有计划的生产。

（3）尽快发展生产力，实现共同富裕。强调生产力的首要性是马克思主义理论的一个基本观点，马克思主义经典作家主张用公有制取代私有制，就是为了更好更快地发展生产力，为每个人的全面自由发展创造现实的条件。在《共产党宣言》中马克思和恩格斯就明确提出，无产阶级将利用自己的政治统治，把一切生产工具集中在国家手里，尽可能快地增加生产力的总量，并把共产主义社会的生产目的概括为“扩大、丰富和提高工人的生活”③。马克思和恩格斯认为，在共产主义制度下，由于消灭了阶级对立，生产力的发展不再是少数人剥削大多数人的手段，而是为了满足人们的共同需要，目的和手段实现了真正的统一。

> 生产力的增长再也不能被占有他人的剩余劳动所束缚了，工人群众自己应当占有自己的剩余劳动。当他们已经这样做的时候——这样一来，可以自由支配的时间就不再是对立的存在物了——，那时，一方面，社会的个人的需要将成为必要劳动时间的尺度，另一方面，社会生产力的发展将如此迅速，以致尽管生产将以所有的人富裕为目的，所有的人的可以自由支配的时间还是会增加。④

恩格斯也多次阐述这一思想，他指出，在未来社会中：

> 社会的每一成员不仅有可能参加社会财富的生产，而且有可能参加社会财富的分配和管理，并通过有计划地经营全部生产，使社会生产力及其成果不断增长，足以保证每个人的一切合理的需要在越来越大的程度上得到满足。⑤

---

① 马克思，恩格斯．马克思恩格斯选集：第4卷．3版．北京：人民出版社，2012：304-305.

② 马克思，恩格斯．马克思恩格斯选集：第3卷．3版．北京：人民出版社，2012：665-666.

③ 马克思，恩格斯．马克思恩格斯选集：第1卷．3版．北京：人民出版社，2012：415.

④ 马克思，恩格斯．马克思恩格斯文集：第8卷．北京：人民出版社，2009：199-200.

⑤ 同②724.

> 通过社会化生产，不仅可能保证一切社会成员有富足的和一天比一天充裕的物质生活，而且还可能保证他们的体力和智力获得充分的自由的发展和运用……①

(4) 消灭商品生产，对全部生产实行有计划的调节。马克思和恩格斯认为，商品是私人劳动的产物，商品交换是私人生产者之间的一种交换关系。他们所设想的未来社会是一个没有商品货币关系的社会，在那里，人们“用公共的生产资料进行劳动，并且自觉地把他们许多个人劳动力当做一个社会劳动力来使用。”② 由于消灭了生产资料私有制，社会的发展处在人们直接的控制之下，因此，整个生产过程和生产关系都是简单明了的。在《反杜林论》中，恩格斯指出：

> 一旦社会占有了生产资料，商品生产就将被消除，而产品对生产者的统治也将随之消除。社会生产内部的无政府状态将为有计划的自觉的组织所代替。个体生存斗争停止了。于是，人在一定意义上才最终地脱离了动物界，从动物的生存条件进入真正人的生存条件。人们周围的、至今统治着人们的生活条件，现在受人们的支配和控制，人们第一次成为自然界的自觉的和真正的主人，因为他们已经成为自身的社会结合的主人了。人们自己的社会行动的规律，这些一直作为异己的、支配着人们的自然规律而同人们相对立的规律，那时就将被人们熟练地运用，因而将听从人们的支配。人们自身的社会结合一直是作为自然界和历史强加于他们的东西而同他们相对立的，现在则变成他们自己的自由行动了。至今一直统治着历史的客观的异己的力量，现在处于人们自己的控制之下了。只是从这时起，人们才完全自觉地自己创造自己的历史；只是从这时起，由人们使之起作用的社会原因才大部分并且越来越多地达到他们所预期的结果。这是人类从必然王国进入自由王国的飞跃。③

需要指出的是，马克思和恩格斯虽然否定了未来的共产主义社会存在商品货币关系的可能性，但他们同时也指出，在资本主义生产方式消灭后的社会生产中，价值决定仍会在下述意义上起支配作用，即社会劳动按比例分配、劳动时间的节约和核算将成为首要的经济规律。

(5) 实行按劳分配和按需分配。建立在生产资料公有制基础上的共产主义社会的分配方式是怎样的呢？恩格斯指出：

> 只要分配为纯粹经济的考虑所支配，它就将由生产的利益来调节，而最能促进生产的是能使一切社会成员尽可能全面地发展、保持和施展自己能力的那种分配方式。④

马克思和恩格斯认为，生产决定分配，分配方式是随着生产方式的发展而变化的，共产主义社会也是如此，其分配方式是发展的，高级阶段和低级阶段有所不同，马克思指出：

---

① 马克思，恩格斯．马克思恩格斯选集：第3卷．3版．北京：人民出版社，2012：814.

② 马克思，恩格斯．马克思恩格斯选集：第2卷．3版．北京：人民出版社，2012：126.

③ 同①671.

④ 同①581.

在共产主义社会高级阶段，在迫使个人奴隶般地服从分工的情形已经消失，从而脑力劳动和体力劳动的对立也随之消失之后；在劳动已经不仅仅是谋生的手段，而且本身成了生活的第一需要之后；在随着个人的全面发展，他们的生产力也增长起来，而集体财富的一切源泉都充分涌流之后，——只有在那个时候，才能完全超出资产阶级权利的狭隘眼界，社会才能在自己的旗帜上写上：各尽所能，按需分配！[①]

马克思关于共产主义社会两阶段的理论，科学地揭示了社会主义区别于高级共产主义的本质特征，使社会主义运动有了更加切实可行的行动目标，具有重大的理论和实践意义。

（6）消除城乡和工农差别，实现城乡融合。马克思和恩格斯认为，“消灭城乡之间的对立，是社会统一的首要条件之一”[②]，也是共产主义社会的一个重要目标。

城市和乡村之间的对立也将消失。从事农业和工业劳动的将是同样的一些人，而不再是两个不同的阶级。单从物质方面的原因来看，这已经是共产主义联合体的必要条件了。[③]

（7）随着阶级和国家的消亡，对人的统治将由对物的管理和对生产过程的领导所代替。恩格斯指出：

随着阶级的消失，国家也不可避免地要消失。在生产者自由平等的联合体的基础上按新方式来组织生产的社会，将把全部国家机器放到它应该去的地方，即放到古物陈列馆去，同纺车和青铜斧陈列在一起。[④]

国家真正作为整个社会的代表所采取的第一个行动，即以社会的名义占有生产资料，同时也是它作为国家所采取的最后一个独立行动。那时，国家政权对社会关系的干预在各个领域中将先后成为多余的事情而自行停止下来。那时，对人的统治将由对物的管理和对生产过程的领导所代替。[⑤]

以上七个方面构成马克思和恩格斯关于未来共产主义和社会主义经济理论的基本内容。除此之外，他们关于过渡时期的经济理论也是十分重要的。

四、关于过渡时期的经济理论

无产阶级在推翻资产阶级统治以后，还必须经过一个比较漫长的过渡时期才能进入共产主义社会。在过渡时期，无产阶级的最初任务不是消灭阶级、国家和商品生产，而是逐步改造旧的生产关系，大力发展生产力和国有经济，为共产主义制度的建立创造物

---

① 马克思，恩格斯．马克思恩格斯选集：第3卷．3版．北京：人民出版社，2012：364-365.
② 马克思，恩格斯．马克思恩格斯全集：第3卷．北京：人民出版社，1960：57.
③ 马克思，恩格斯．马克思恩格斯全集：第4卷．北京：人民出版社，1958：371.
④ 马克思，恩格斯．马克思恩格斯选集：第4卷．3版．北京：人民出版社，2012：190.
⑤ 马克思，恩格斯．马克思恩格斯文集：第3卷．北京：人民出版社，2009：562.

质条件。在《共产党宣言》中，马克思和恩格斯指出，工人革命的第一步就是无产阶级变成统治阶级，争得民主，并运用自己的统治，一步一步地夺取全部资本，把一切生产工具集中在国家手里，尽可能更快地增加生产力的总量。为此，首先必须对所有权和资产阶级生产关系实行强制性干涉，即采取如下一些措施，作为变革全部生产方式所必不可少的手段：

> 1. 剥夺地产，把地租用于国家支出。
> 2. 征收高额累进税。
> 3. 废除继承权。
> 4. 没收一切流亡分子和叛乱分子的财产。
> 5. 通过拥有国家资本和独享垄断权的国家银行，把信贷集中在国家手里。
> 6. 把全部运输业集中在国家手里。
> 7. 按照共同的计划增加国家工厂和生产工具，开垦荒地和改良土壤。
> 8. 实行普遍劳动义务制，成立产业军，特别是在农业方面。
> 9. 把农业和工业结合起来，促使城乡对立逐步消灭。
> 10. 对所有儿童实行公共的和免费的教育。取消现在这种形式的儿童的工厂劳动。把教育同物质生产结合起来，等等。①

在总结了1848年革命和1871年巴黎公社实践经验的基础上，马克思、恩格斯更加清楚地认识到过渡时期的必要性和长期性。他们认为，工人阶级为了谋求自己的解放，必须经过长期斗争，必须经过一系列把环境和人都完全改变的过程。

关于过渡时期的理论是马克思和恩格斯共产主义理论的一个重要组成部分，这一理论指明了无产阶级革命的直接纲领和最初的行动方针，使共产主义理论具有了现实的可行性。值得注意的是，虽然马克思和恩格斯把社会占有全部生产资料和消灭商品生产作为未来社会的基本特征，但是，他们一般并不把这些特征作为革命的直接纲领和现实目标，相反，在过渡时期的政策上，他们特别强调各种中介环节的意义和作用，强调从资本主义社会进入社会主义社会的长期性和复杂性。例如，马克思在1874年批判巴枯宁巩固小土地所有制的论调时，提出了集体所有制和农业合作化的方针，恩格斯在后来进一步发展了这个思想，提出无产阶级一旦掌握了政权，就可以把大地产交给（先是租给）在国家领导下独立经营的合作社，并指出，在向完全的共产主义经济过渡时，必须大规模采用合作生产作为中间环节。② 在《论住宅问题》中，恩格斯指出，劳动人民

> 将成为房屋、工厂和劳动工具的总所有者。这些房屋、工厂和劳动工具的用益权，至少在过渡时期难以无偿地转让给个人或团体。同样，消灭地产并不是消灭地租，而是把地租——虽然形式发生变化——转交给社会。所以，由劳动人民实际占有全部劳动工具，决不排除保存租赁关系。③

---

① 马克思，恩格斯．马克思恩格斯选集：第1卷．3版．北京：人民出版社，2012：421-422.

② 马克思，恩格斯．马克思恩格斯选集：第4卷．3版．北京：人民出版社，2012：581.

③ 马克思，恩格斯．马克思恩格斯选集：第3卷．3版．北京：人民出版社，2012：267.

关于过渡时期的这些理论对于社会主义建设的实践无疑是具有重要参考意义的，与我国社会主义初级阶段的现实也是相当吻合的。早就有学者指出，马克思过渡时期理论实际上提出了关于社会主义市场经济的最初模式。① 在这一模式中，国家已经掌握在无产阶级手中，国有经济控制了经济的关键部门，但在公有制之外还存在着多种所有制形式，公有制企业是相对独立的商品生产者，存在商品货币关系，市场机制还发挥着重要的作用。从这个意义上，我们可以把马克思关于过渡时期的经济思想称作社会主义市场经济的最初设想。

五、以科学的态度对待马克思和恩格斯关于未来社会的理论

马克思和恩格斯关于未来社会基本特征的理论，揭示了社会主义经济制度最基本的特征或原则，阐明了社会主义运动的目的，指明了社会历史发展的基本趋势，成为社会主义革命和社会主义建设的重要指南，这些理论的基本原则已经通过亿万人民的革命实践而变为现实。但是，社会主义经济建设曲折、艰难的历史也告诉我们，在运用马克思主义理论指导具体的经济建设时，必须保持科学和实事求是的态度，否则就会犯极大的错误。而科学地对待马克思和恩格斯关于社会主义经济的理论，首先就要正确理解这些理论的方法和实质，理解它们在什么条件下和什么限度内才是科学的，这样才能避免犯简单化和教条主义的错误。

人类始终只提出自己能够解决的任务。社会主义经济理论的发展，在社会主义经济关系建立之前与建立之后有着不同的任务。在社会主义条件下，经济理论所面临的任务绝不是仅仅把握关于社会主义经济制度的最基本的特征或规定，而是深入、完整地把握社会主义经济关系内部各种复杂的联系和运动规律，把握整个经济运动的总过程，为在经济建设中不断寻求符合经济规律要求的具体经济形式、更好地组织社会生产、促进生产力的迅速发展提供可靠的理论依据。而在社会主义经济关系还没有确立并得到一定程度的发展之前，人们对于社会主义经济的认识不可能是具体的和完整的，如果企图那样做，只能陷入空想之中。在马克思所处的那个历史阶段中，科学的任务只能根据社会生产力发展的总的趋势和要求，根据资本主义生产方式发展的总的趋势，抛开各种具体复杂的因素和环节，通过科学的抽象，发现社会主义不同于资本主义的最一般、最基本的特征或规定性，把握社会历史发展的总趋势，在批判旧世界中发现新世界。

由于这些理论是对社会主义经济关系最一般特征的科学预测，而不是对现实的社会主义经济关系的抽象和概括，因而它们只是社会主义经济理论的起点，而不是完成形态，更不是终结。它们需要在实践中加以检验、丰富和发展。对于个别被历史证明不正确或不完全正确的观点，我们要按照马克思主义的立场和方法，根据具体的实践经验，提出新的更完善的理论来取代它。关于社会主义经济关系基本特征的规定，也要根据社会主义的实践不断进行再认识、再探索，加以补充和发展。

---

① Stanley Moore. *Marx versus Markets*. University Park，PA：Pennsylvania State University Press，1993.

第二节 社会主义政治经济学的创立和发展

一、社会主义政治经济学的创立

十月革命前后的一个时期里，关于社会主义条件下政治经济学“消亡”的理论，在马克思主义理论中颇为流行。当时一些重要的马克思主义经济学家都曾持这一观点，布哈林的观点很具代表性。在1920年出版的《过渡时期经济学》一书中，他开宗明义地讲道：“理论政治经济学是关于以商品生产为基础的社会经济的科学，也就是关于无组织的社会经济的科学”，“资本主义商品生产的末日就是政治经济学的告终”。[①] 因为马克思曾经指出，在未来的共产主义社会，“人们同他们的劳动和劳动产品的社会关系，无论在生产上还是在分配上，都是简单明了的”[②]，商品世界的全部神秘性，以及资产阶级政治经济学的各种范畴的社会效力，都立刻消失了。然而，资本主义政治经济学的消亡绝不等于政治经济学的消亡。列宁十分正确地指出，布哈林的关于政治经济学的定义相比恩格斯的定义“倒退了一步”，在《反杜林论》中，恩格斯指出，政治经济学是“一门研究人类各种社会进行生产和交换并相应地进行产品分配的条件和形式的科学”[③]。列宁问道：“即使在纯粹的共产主义社会里不也有Ⅰv+m和Ⅱc的关系吗？还有积累呢？”[④]

20世纪30年代以后，苏联建立了社会主义经济制度。随着社会主义经济建设实践的不断深入，政治经济学“消亡”的观点被否定了。1936年联共（布）中央作出《关于改革政治经济学讲授》的决定，正式提出开设独立的社会主义政治经济学课程。1937年联共（布）中央组织了一批著名的经济学家编写包括社会主义部分在内的政治经济学教科书，到1940年年底，完成了教科书的未定稿。斯大林高度重视这一工作，指出：“一本好的马克思主义政治经济学教科书的出版，不仅具有国内的政治意义，而且具有巨大的国际意义。”[⑤] 在斯大林的领导下，《政治经济学教科书》在1951年基本完成。随后联共（布）中央举行了经济问题讨论会，对这本教材进行了专门的讨论，斯大林针对大会讨论的重要理论问题发表了书面意见。1952年，这些意见正式以《苏联社会主义经济问题》为题出版发行。1954年8月，《政治经济学教科书》正式出版。[⑥]

任何一门科学都有自己的研究对象，社会主义政治经济学的研究对象是什么呢？斯大林明确回答了这一问题：

> 政治经济学的对象是人们的生产关系，即经济关系。这里包括：（一）生产资料的所有制形式；（二）由此产生的各种社会集团在生产中的地位以及他们的相互关

① 布哈林．过渡时期经济学．北京：三联书店，1981：1.

② 马克思，恩格斯．马克思恩格斯选集：第2卷．3版．北京：人民出版社，2012：127.

③ 马克思，恩格斯．马克思恩格斯选集：第3卷．3版．北京：人民出版社，2012：528.

④ 列宁．列宁全集：第60卷．2版．北京：人民出版社，1990：275.

⑤ 斯大林．斯大林选集：下卷．北京：人民出版社，1979：573.

⑥ 顾海良，张雷声．20世纪国外马克思主义经济思想史．北京：经济科学出版社，2006：298－304.

系，或如马克思所说的，“互相交换其活动”；（三）完全以它们为转移的产品分配形式。这一切共同构成政治经济学的对象。①

科学以揭示规律为目的。但在相当长的时期内，人们认为，经济规律只存在于资本主义社会之中，存在于以自发性为基础的拜物教社会之中。而在社会主义社会，由于拜物教的消失，经济发展是自觉的，经济规律也就消失了。斯大林明确批评了这种意见，指出经济规律和自然科学规律一样都具有客观性，是“反映不以人们的意志为转移的经济发展过程的客观规律”②，它在一定的客观条件的基础上产生并发生作用，也会随着客观条件的变化而变化。社会主义经济规律同样反映了不以我们的意志为转移的经济生活的规律性，也具有客观性。否认社会主义制度下经济规律的客观性，实际上就是否认了社会主义政治经济学的科学性，就会把政府制定的政策、法律和经济规律混为一谈，给经济工作带来严重危害。从这一认识出发，传统社会主义政治经济学提出了社会主义基本经济规律、国民经济有计划按比例发展的规律、社会主义价值规律、按劳分配规律等一系列重要的经济规律。这些规律的提出表明，人们对社会主义经济的认识已经不再是抽象预测和原则性的论断，而是具备了一定的系统性和学理性，成了一门科学。

更为重要的是，这些规律并不是杂乱无章的，而是有内在逻辑的，贯穿于其中的逻辑主线是社会主义基本经济规律，如同贯穿于资本主义经济的逻辑主线是剩余价值规律。斯大林指出：

> 资本主义的基本经济规律是这样一种规律，它不是决定资本主义生产发展的某一个别方面或某些个别过程，而是决定资本主义生产发展的一切主要方面和一切主要过程，因而是决定资本主义生产的实质、决定资本主义生产的本质的，即资本主义利润的产生和增殖的规律。③
>
> 最适合于资本主义的基本经济规律这个概念的，是剩余价值规律，即资本主义利润的产生和增值的规律。④
>
> 社会主义的基本经济规律是不是存在呢？是的，是存在的。这个规律的主要特点和要求何在呢？社会主义基本经济规律的主要特点和要求，可以大致表述如下：用在高度技术基础上使社会主义生产不断增长和不断完善的办法，来保证最大限度地满足整个社会经常增长的物质和文化的需要。⑤

社会主义政治经济学研究对象、主要规律和逻辑主线的确立，以及在此基础上形成的社会主义政治经济学的教科书体系，标志着社会主义政治经济学作为一门独立科学的创立。

二、传统社会主义政治经济学的基本观点

传统社会主义政治经济学有哪些主要观点呢？

---

① 斯大林．斯大林选集：下卷．北京：人民出版社，1979：594.
② 同①541.
③ 同①566.
④ 同①567.
⑤ 同①569.

（1）从资本主义到社会主义的过渡时期。从资本主义到社会主义的过渡，只有通过无产阶级革命和无产阶级专政才能实现。过渡时期的经济政策就是利用商品生产和市场，使社会主义成分战胜资本主义成分，建立社会主义经济，保证国家的社会主义工业化和农业的集体化。

（2）社会主义工业化。大机器工业是社会主义的物质基础。建立重工业对于建成社会主义具有决定性意义。社会主义工业化的本质在于依靠内部的积累来源，建立能够在最新技术基础上改造整个国民经济、能够保证社会主义经济形式的绝对统治和国家在技术上、经济上独立的重工业。

（3）社会主义的物质生产基础。社会主义的物质生产基础就是国民经济一切部门中以高度技术和不受剥削的劳动者的劳动为基础的大机器生产。在社会主义制度下，机器是节省和减轻工人和农民的劳动、增进人民福利的手段，因此，机器和先进技术的采用不再受私有制的阻碍，生产力的发展阶段具有了更加广阔的前景。

（4）生产资料公有制。生产资料公有制是社会主义生产关系的基础。公有制有两种形式：国家所有制和合作社集体所有制。社会主义生产关系的特征是：生产资料公有制占统治地位；人们在生产过程中结成互助合作的关系；实行有利于劳动者的产品分配。

（5）社会主义基本经济规律。在社会主义各种经济规律中，社会主义基本经济规律起着决定作用，它决定着社会主义生产方式发展的一切主要方面和一切主要过程，决定着社会主义生产的目的和达到这一目的的手段。它的主要特点和要求是：用在高度技术基础上使社会主义生产不断增长和不断完善的办法，来保证最大限度地满足人民群众日益增长的物质文化需要。

（6）国民经济有计划按比例发展的规律。国民经济有计划按比例发展的规律是社会主义经济中适合社会主义基本经济规律的生产资料和劳动力分配的调节者。这个规律的要求是：社会必须用计划来领导国民经济，各个生产部门必须有计划地结成一个统一的整体，各个部门必须遵守必要的比例，必须最合理、最有效地利用物力、人力和财力。

（7）社会主义制度下的社会劳动与按劳分配。社会主义使劳动者摆脱了剥削，用为自己、为全社会的自由劳动代替了为剥削者的强迫劳动。但是，由于劳动尚未成为人们生活的第一需要，每个劳动者需要从物质利益上关心自己的劳动成果，按劳分配因此成为社会主义经济最基本的分配形式和重要的经济规律，这一规律要求按劳动的数量和质量分配物质资料。

（8）社会主义制度下的商品生产和价值规律。在社会主义制度下，商品生产的必要性是由社会主义生产的两种基本形式——全民所有制和农村集体所有制——的存在决定的。商品生产和商品流通主要限于个人消费品。在社会主义制度下，价值规律的作用范围是受到限制的。价值规律不是生产的调节者，但在一定范围内对个人消费品的流通起调节作用，并通过消费品的流通对生产产生影响。

（9）社会主义向共产主义的过渡。社会主义和共产主义是共产主义社会形态发展的两个阶段。共产主义是这个形态的高级阶段，它的特征是：有比社会主义更高的生产力发展水平，存在着生产资料单一的全民的共产主义所有制，没有阶级和阶级差别，没有城市和农村、体力劳动和脑力劳动之间的重大差别，劳动从仅仅是谋生的手段变成了生活的第一需要，在生产力水平和劳动生产率大大提高的基础上，物质产品有了极大丰富，实行“各尽所能，各取所需”的共产主义分配原则。

（10）社会主义阵营各国间的经济关系是崭新的社会主义类型的国际关系，在资本主义世界中，各国间的经济关系是建立在强国统治弱国、彼此互相竞争、无政府状态、无计划性之上的，而社会主义阵营各国的经济关系则是建立在完全平等、互利、尊重一切大小民族的国家主权、兄弟互助、一切经济联系的计划性和组织性之上的，体现了无产阶级国际主义原则，即劳动人民国际团结的原则。

上述观点概括了苏联社会主义《政治经济学教科书》的主要内容，形成了比较完整的体系，大体上反映了苏联社会主义经济制度的特点和规律。[①]

三、正确看待传统社会主义政治经济学

传统社会主义政治经济学与马克思和恩格斯关于未来社会经济特征的理论的关系是怎样的呢？在这一问题的认识上存在两种不同的观点：一种观点认为，传统社会主义政治经济学是马克思和恩格斯经典理论在现实中的运用，其中主要观点如公有制、计划经济、按劳分配等就来源于经典作家的论述，传统社会主义政治经济学与马克思和恩格斯关于未来社会的理论是一回事。另一种观点则认为，传统社会主义政治经济学是对马克思和恩格斯经典理论的歪曲，它在根本上背离了经典作家的思想。比如，经典作家认为，未来的共产主义社会是自由人的联合体，消灭了阶级和国家，以人的自由全面发展为目的。而在传统的政治经济学中，国家不仅没有消亡，反而成为无所不能的空前强大的暴力机器，个人的自由受到了严重的压制。

上述两种观点都有片面之处。前者把传统理论与经典理论混为一谈，忽视了二者的根本区别。从这种观点出发必然会得出这样的结论：或者由于生产力不够发展，因而马克思和恩格斯的“模式”没有实行的条件，待生产力发展后，我们仍然会实行高度集中、政企不分和平均主义严重的传统模式；或者是马克思和恩格斯关于未来社会的理论没有科学价值，不能指导我们的实践。后者把传统理论与经典理论完全割裂，忽视了二者的内在联系。从这种观点出发必然会得出这样的结论：传统的社会主义与马克思和恩格斯设想的社会主义没有任何关系，只是斯大林等少数人主观意志的产物，现实中出现的社会主义革命和建设完全是一种没有理论和现实依据的怪胎。这两种观点都是有害的、片面的。

实际上，传统社会主义政治经济学与经典的社会主义经济理论既有联系又有区别，传统社会主义政治经济学是教条化地运用和实践马克思与恩格斯关于未来社会理论的结果，这包括两方面意思：一是传统社会主义政治经济学直接来源于马克思和恩格斯关于未来社会的经典理论，这一理论的基本观点，如生产资料公有制、计划经济、按劳分配等是对经典作家关于未来社会基本特征理论的继承和发展。因此，不能割裂二者的联系，否则就会割断历史，陷入历史虚无主义的泥潭。二是传统社会主义经济理论是对经典理

---

① 苏联科学院经济研究所．政治经济学教科书．北京：人民出版社，1955.

论的教条化的运用，它虽然源自经典社会主义理论，但又依据这些经典理论并结合当时的客观实际和人们的主观理解，对社会主义经济制度的实现形式和运行机制作了具体的探索，对社会主义经济理论的具体内容和内在规律作了深入的阐发，不少观点和做法都超出了马克思与恩格斯当时的设想。其中也有不少片面甚至错误的东西，如把苏联高度集中的计划经济当作社会主义经济的本质，过早取消商品货币关系等，因此，不能把二者混为一谈、直接等同。

四、社会主义政治经济学的演变

传统社会主义政治经济学在历史上曾经起过重大作用，但也有着严重的缺陷，后来人们从不同方面作出努力，试图超越传统社会主义政治经济学的缺陷，以推动社会主义政治经济学的创新发展。这些努力概括起来有以下几个方面：

（1）民主社会主义经济理论。马克思和恩格斯去世之后，国际共产主义运动发生了分裂，出现了抛弃马克思主义基本原理的修正主义思潮即民主社会主义思潮。民主社会主义是一种资产阶级改良主义的思想体系，它反对无产阶级革命和无产阶级专政，试图在不根本改变资本主义制度的前提下，和平进入社会主义，克服资本主义制度的弊端，达到社会主义的目的。民主社会主义的基本价值是自由、公正和互助，这些基本价值体现在经济领域，形成了民主社会主义的经济纲领。其主要内容是：实行公有制与私有制结合的混合所有制；建立和发展工人参与管理和决策的经济民主；建立和发展社会福利制度，保障财产和收入的公平分配。民主社会主义经济理论在第二次世界大战后的一定时期内曾经取得了显著的成就，对于改善劳动者的地位、提高劳动者的福利、实现经济的民主化发挥了积极的作用。但是，由于没有从根本上改变资本主义制度，消除资本主义制度的弊病，随着资本的全球化、金融化和新自由主义的发展，民主社会主义日益走向衰落。

（2）市场社会主义经济理论。从 20 世纪 50 年代末 60 年代初开始，计划经济的弊病日益明显，引入市场的改革成为一种趋势，市场社会主义经济理论应运而生。广义的市场社会主义是指那些试图在社会主义经济中引入市场机制的各种理论，而不论引入市场机制的努力是在多大程度上或何种范围内进行的。狭义的市场社会主义则是指这样一种经济模式，在这种模式中，生产资料公有或集体所有，而资源配置则遵循市场（包括商品市场、劳动力市场和资本市场）规律。市场社会主义经济理论的萌芽早在 19 世纪末就已出现了。在 20 世纪二三十年代关于社会主义计划经济能否合理配置资源的大论战中，奥斯卡·兰格等人提出了计划经济中利用市场机制的系统思想。50 年代以后，苏联和东欧国家在经济体制改革过程中提出了不少在社会主义条件下发挥市场作用的理论观点，也创造了一些实践经验。20 世纪 90 年代后，西方国家出现了所谓的第五代市场社会主义理论，主张社会主义的本质是追求社会公平而不是公有制，应当寻求实现社会公平的新的所有制形式。市场社会主义经济理论在推动传统计划经济向社会主义市场经济转型的过程中发挥了重要的作用，但是，这一理论并没有从根本上解决社会主义与市场经济兼容的问题，特别是没有解决公有制与市场经济有机结合的问题。

（3）自治社会主义经济理论。自治社会主义在 20 世纪五六十年代的南斯拉夫有过系统的理论和实践探索。自治理论的出发点是人的解放和国家的消亡。自治理论认为，国家所有制只是公有制的低级形式，在国家所有制下，劳动者不能直接管理生产资料，在一定条件下，会造成劳动者与生产资料的分离和异化，使公有制变质，因此，国家所有制应当向社会所有制过渡，而自治则是社会所有制的本质特征。在自治制度中，劳动者是企业的主人，他们直接管理企业，直接选举和监督企业的管理人员，直接支配产品的分配方式，从而实现劳动者和生产资料的直接结合。自治社会主义理论在实现社会主义民主和推进社会主义市场经济的发展方面作出了重要的贡献，但也包含着深刻的内在矛盾，有很强的空想色彩。

（4）生态社会主义经济理论。生态社会主义发端于 20 世纪 70 年代，它探索超越资本主义的社会形态，寻找从根本上化解人与自然的矛盾、实现人类真正自由的途径。生态社会主义认为，资本主义是通过对劳动的剥削和自然的掠夺，实现其无休止的扩张，造成了社会排斥、贫穷、战争和环境恶化。生态危机的根源在于资本主义制度造成的社会不公和资本主义积累本身的逻辑。在上述基础上，生态社会主义明确提出了废除资本主义，由自由联合劳动者共同拥有生产资料的生态社会主义目标。生态社会主义经济理论在深化人们对资本主义生产方式和环境恶化之间必然联系的认识，探索在公有制和民主管理的基础上实现适当的经济增长，推动把社会主义作为解决人类环境问题的最终方案等方面具有重要的理论价值。但是，这一理论并没有能够提出系统、完整的经济理论和实践方案。

总的来看，上述理论探索从不同方面推进了社会主义政治经济学的发展，值得研究借鉴。但是，这些理论都存在一些缺点，没有能够很好地把马克思主义政治经济学基本原理与具体实际相结合，没有能够很好地坚持和发展科学社会主义。

第三节　中国特色社会主义政治经济学的形成和发展

一、中国特色社会主义政治经济学的发端

中国共产党以马克思主义为立党立国的指导思想，历来重视对马克思主义政治经济学的学习、研究和运用，在革命、建设和改革开放的各个时期，都把马克思主义政治经济学的基本理论与中国的具体实际相结合，提出了科学的经济理论，以指导具体的经济实践，取得了一个又一个的伟大胜利。

中华人民共和国成立特别是社会主义制度建立以后，大规模经济建设的任务摆在了人们面前，迫切需要经济理论的指导。但是，当时在中国流行的经济理论是苏联《政治经济学教科书》所阐述的传统社会主义经济理论。理论上的不足自然会在实践上反映出来，当时的经济体制也基本上照搬苏联的做法。这种情况引起了毛泽东的忧虑，他说："解放后，三年恢复时期，对搞建设，我们是懵懵懂懂的。接着搞第一个五年计划，对建设还是懵懵懂懂的，只能基本上照抄苏联的办法，但总觉得不满意，心情不舒畅。"[①] 针

① 毛泽东．毛泽东文集：第 8 卷．北京：人民出版社，1999：117.

对这种情况，毛泽东提出要以苏联的经验教训为鉴戒，推动马列主义同中国实际“进行第二次结合”，创造新的理论、写出新的著作。为此，他写下了《论十大关系》《工作方法六十条（草案）》等指导经济建设的重要文献，努力探索中国自己的社会主义建设道路，并提出了发展社会主义经济的一系列独创性理论观点，如：以农业为基础，以工业为主导，农、轻、重工业协调发展；统筹兼顾、适当安排，注意综合平衡；实行中央与地方并举，充分发挥两个积极性；处理好国家、集体和个人的关系，使各方各得其所；建设独立的比较完整的工业体系和国民经济体系，全面实现农业、工业、国防和科学技术的现代化；自力更生为主，争取外援为辅；等等。这些理论观点是对马克思主义政治经济学的创造性发展。

这一时期，毛泽东对社会主义政治经济学给予了极大关注。他强调，目前研究政治经济学问题，有很大的理论意义和现实意义。“经济建设是科学，要老老实实学习”①。1958—1961年期间，鉴于“大跃进”中发生的一些问题和干部思想中存在的一些混乱认识，毛泽东多次向全党干部建议，读斯大林写的《苏联社会主义经济问题》和苏联科学院经济研究所编写的《政治经济学教科书》（第三版）下册“社会主义部分”，他率先垂范，身体力行，“下决心要搞通这门学问”②。斯大林的《苏联社会主义经济问题》，毛泽东读了许多遍，作了许多评论，经他批注的就有四个本子。特别值得一提的是，从1959年12月至1960年2月的三个月时间里，毛泽东与邓力群等同志一起对苏联《政治经济学教科书》（第三版）下册“社会主义部分”进行了逐章逐节的认真研读，肯定了教科书中正确的方面，强调“搞出了一本社会主义政治经济学，总是一个大功劳，不管里面有多少问题”③，同时指出，这本书存在严重错误。在研读中，毛泽东运用马克思主义基本理论并结合中国的实际，对社会主义政治经济学的一系列重大问题发表了自己的见解，提出了许多新的观点，包括：

（1）坚持政治挂帅，政治工作是一切经济工作的生命线。毛泽东指出：“政治和经济的统一，政治和技术的统一，这是毫无疑义的，年年如此，永远如此。这就是又红又专。”④ “一方面要反对空头政治家，另一方面要反对迷失方向的实际家。”⑤ 他批评斯大林的《苏联社会主义经济问题》时说：“他这本书，只谈经济关系，不谈政治挂帅，不讲群众运动。”⑥ “在他的经济学里，是冷冷清清，凄凄惨惨，阴阴森森的。”⑦

（2）在社会主义社会，矛盾仍然是社会发展的动力。毛泽东强调，生产力和生产关系之间、生产关系和上层建筑之间的矛盾和不平衡是绝对的，平衡是相对的。有了这样的观点，就能够正确认识我们的社会和其他事物；没有这样的观点，认识就会停滞、僵化。⑧ 他批评苏联《政治经济学教科书》（第三版）时说，这本教科书一般不讲社会主义生产关系和生产力的矛盾，而只讲二者的相互作用。在个别地方，虽然也承认社会主义

① 毛泽东．毛泽东文集：第8卷．北京：人民出版社，1999：71.

② 中共中央文献研究室．毛泽东年谱（1949—1976）：第4卷．北京：中央文献出版社，2013：290.

③ 同①139.

④⑤ 毛泽东．毛泽东文集：第7卷．北京：人民出版社，1999：351.

⑥⑦ 中共中央文献研究室．毛泽东著作专题摘编：下卷．北京：人民出版社，2003：2407.

⑧ 同①131.

社会中生产关系和生产力的矛盾的存在，也讲要克服这个矛盾，但是它不研究社会主义社会的基本矛盾，更不承认社会主义社会的矛盾仍然是社会发展的动力。

（3）走群众路线，实行两参一改三结合。毛泽东认为，所有制问题基本解决以后，最重要的问题是管理问题，即全民所有的企业如何管理的问题，集体所有的企业如何管理的问题，这也就是人与人的关系问题。毛泽东提出：在人与人之间的相互关系中存在着的资产阶级法权，必须破除。例如，等级森严，居高临下，脱离群众，不以平等待人，不是靠工作能力吃饭而是靠资格、靠权力，干群之间、上下级之间存在猫鼠关系和父子关系。他主张："领导人员以普通劳动者姿态出现，以平等态度待人，改进规章制度，干部参加劳动，工人参加管理，领导人员、工人和技术人员三结合"①。

（4）兼顾国家、集体和个人利益。毛泽东尖锐地批判苏联《政治经济学教科书》（第三版），指出："这本书很多地方一有机会就讲个人物质利益，好像总想用这个东西来引人入胜。钱能通神。"② 毛泽东强调，物质利益是一个重要原则，但总不是唯一的原则。社会主义建设还必须把物质作用与精神作用统一起来，两者不可偏废。同时，物质利益也不能单讲个人利益、暂时利益、局部利益，还应当讲集体利益、长远利益、全局利益，应当讲个人利益服从集体利益，暂时利益服从长远利益，局部利益服从全局利益。③ 各方面利益要统筹兼顾、各得其所。

（5）向科学进军，实行技术革命。毛泽东高度重视科学技术在社会主义建设中的极端重要性，号召"向科学进军""实行技术革命"，为迅速赶上世界科学先进水平而奋斗。提出技术革命就是要大家学技术、学科学。毛泽东强调："我们一定要鼓一把劲，一定要学习并且完成这个历史所赋予我们的伟大的技术革命。"④ 他指出："我们不能走世界各国技术发展的老路，跟在别人后面一步一步地爬行。我们必须打破常规，尽量采用先进技术，在一个不太长的历史时期内，把我国建设成为一个社会主义的现代化的强国。"⑤

（6）消除两极分化，实现共同富裕。在1955年的《关于农业合作化问题》中，毛泽东第一次提出了"共同富裕"的概念。同年10月，他又再次强调，"要巩固工农联盟，我们就得领导农民走社会主义道路，使农民群众共同富裕起来"⑥。紧接着，他又在资本主义工商业社会主义改造问题座谈会上讲共同富裕。他说："现在我们实行这么一种制度，这么一种计划，是可以一年一年走向更富更强的，一年一年可以看到更富更强些。而这个富，是共同的富，这个强，是共同的强，大家都有份，也包括地主阶级。"⑦

（7）价值法则是一个伟大的学校，是建设社会主义的有用工具。20世纪50年代后期，毛泽东对社会主义制度下的商品生产问题进行了认真的思考，得出结论："现在要利用商品生产、商品交换和价值法则，作为有用的工具，为社会主义服务。"⑧ "价值法则是

---

① 毛泽东．毛泽东文集：第8卷．北京：人民出版社，1999：135.

② 中共中央文献研究室．毛泽东年谱（1949—1976）：第4卷．北京：中央文献出版社，2013：280.

③ 同①133.

④ 毛泽东．毛泽东文集：第7卷．北京：人民出版社，1999：350.

⑤ 同①341.

⑥ 中共中央文献研究室．建国以来重要文献选编：第7册．北京：中央文献出版社，1993：308.

⑦ 毛泽东．毛泽东文集：第6卷．北京：人民出版社，1999：495.

⑧ 同④435.

一个伟大的学校”[①]。针对那种将商品经济与资本主义混为一谈的错误观点，他指出：“商品生产，要看它是同什么经济制度相联系，同资本主义制度相联系就是资本主义的商品生产，同社会主义制度相联系就是社会主义的商品生产。”[②]

（8）社会主义经济是波浪式发展的。斯大林提出了国民经济有计划按比例发展的规律。但是，这种有计划按比例发展的规律是如何实现的呢？有计划是否消灭无政府，自觉性是否消灭自发性呢？对此，毛泽东表示怀疑，因为这不符合辩证法。毛泽东指出：“教科书没有接触到社会主义生产发展的波浪式前进。说社会主义经济的发展一点波浪也没有，这是不可能设想的。任何事物的发展都不是直线的，而是螺旋式地上升，也就是波浪式发展。”[③] 毛泽东认为：“平衡是对不平衡来说的，没有了不平衡，还有什么平衡？事物的发展总是不平衡的，因此有平衡的要求。平衡和不平衡的矛盾，在各方面、各部门、各个部门的各个环节都存在，不断地产生，不断地解决。”[④]

（9）农、轻、重协调发展，“两条腿走路”。毛泽东提出，必须处理好重工业和轻工业、农业的关系，苏联的缺点是“片面地注重重工业，忽视农业和轻工业”[⑤]。他从中国的实际出发，对生产资料优先增长的规律作了新的阐发，即“在优先发展重工业的条件下，实行几个同时并举；每一个并举中间，又有主导的方面”[⑥]。这里所说的同时并举又称作“两条腿走路”，包括实行中央和地方企业同时并举，大、中、小型企业同时并举，洋法生产和土法生产同时并举等。他提出必须以农、轻、重为序安排国民经济计划，重工业要为轻工业和农业服务，并把“以农业为基础，以工业为主导”确定为发展国民经济的总方针。

（10）自力更生为主，争取外援为辅。他指出：“自力更生为主，争取外援为辅，破除迷信，独立自主地干工业、干农业、干技术革命和文化革命，打倒奴隶思想，埋葬教条主义，认真学习外国的好经验，也一定研究外国的坏经验——引以为戒，这就是我们的路线。”[⑦] 针对苏联教科书提出的苏联已经不再受资本主义世界包围，存在和平经济竞赛的认识，毛泽东提出，这种说法是不正确的，因为没有马克思主义，没有阶级分析。毛泽东指出，在资本主义体系和社会主义世界体系这两个经济体系之间，其实不只是竞赛，而且有激烈的、广泛的斗争。即使在社会主义国家之间也不是完全平等的。

毛泽东对社会主义政治经济学的上述看法包含了许多真知灼见和深刻思想，体现了中国社会主义经济建设在理论和实践方面的新探索，是中国特色社会主义政治经济学的发端。

在读苏联社会主义《政治经济学教科书》（第三版）的过程中，毛泽东还对社会主义政治经济学的对象、方法、起点、主线、体系构建等问题进行了探讨，提出了自己的看法：

---

① 毛泽东．毛泽东文集：第 8 卷．北京：人民出版社，1999：34.

② 毛泽东．毛泽东文集：第 7 卷．北京：人民出版社，1999：439.

③ 同①120.

④ 同①121.

⑤ 同②24.

⑥ 同①124.

⑦ 同②380.

政治经济学研究的对象主要是生产关系，但是要研究清楚生产关系，就必须一方面联系研究生产力，另一方面联系研究上层建筑对生产关系的积极作用和消极作用。①

我们要以生产力和生产关系的平衡和不平衡，生产关系和上层建筑的平衡和不平衡，作为纲，来研究社会主义社会的经济问题。②

我们是马克思主义者，马克思主义叫我们看问题不要从抽象的定义出发，而要从客观存在的事实出发，从分析这些事实中找出方针、政策、办法来。③

研究问题，要从人们看得见、摸得到的现象出发，来研究隐藏在现象后面的本质，从而揭露客观事物的本质的矛盾。④

研究个别社会，就是要找出个别社会的特殊规律。把个别社会的特殊规律研究清楚了，那末整个社会的普遍规律就容易认识了。要从研究特殊中间，看出一般来。特殊规律搞不清楚，一般规律是搞不清楚的。⑤

规律自身不能说明自身。规律存在于历史发展的过程中。应当从历史发展过程的分析中来发现和证明规律。不从历史发展过程的分析下手，规律是说不清楚的。⑥

没有哲学家头脑的作家，要写出好的经济学来是不可能的。马克思能够写出《资本论》，列宁能够写出《帝国主义论》，因为他们同时是哲学家，有哲学家的头脑，有辩证法这个武器。⑦

社会主义政治经济学教科书，究竟怎样写才好？从什么地方开始写起？这个问题很值得研究。⑧

如果我们写社会主义政治经济学，也可以从所有制出发。先写生产资料私有制变革为生产资料公有制，把官僚资本主义私有制和民族资本主义私有制变为社会主义公有制；把地主土地私有制变为个体农民私有制，再变为社会主义集体所有制；把个体的手工业变为社会主义集体所有制。⑨

无疑，毛泽东的社会主义经济思想从总体上看，还属于传统社会主义政治经济学的范畴，难免有其历史局限。特别是其中的一些思想，如主张限制资产阶级法权，主要依靠群众的政治思想觉悟推动经济发展等，明显超越了历史发展的阶段，夸大了人的主观能动性，这是需要我们深刻反思的。

在1960年年初读完苏联《政治经济学教科书》（第三版）时，毛泽东说道：

写出一本社会主义共产主义政治经济学教科书，现在说来，还是一件困难的事情。有英国这样一个资本主义发展成熟的典型，马克思才能写出《资本论》。社会主

---

① 毛泽东．毛泽东文集：第8卷．北京：人民出版社，1999：131.
② 同①130－131.
③ 毛泽东．毛泽东选集：第3卷．2版．北京：人民出版社，2006：853.
④ 同①139.
⑤⑥ 同①106.
⑦ 同①140.
⑧ 同①137.
⑨ 同①137－138.

义社会的历史，至今还不过四十多年，社会主义社会的发展还不成熟，离共产主义的高级阶段还很远。现在就要写出一本成熟的社会主义共产主义政治经济学教科书，还受到社会实践的一定限制。①

从毛泽东发表这一谈话到现在，60 多年过去了，社会主义经济理论和实践发展的经历丰富多彩、复杂曲折、波澜起伏，写作社会主义政治经济学因此有了更广阔的历史背景以及更丰富的历史经验和教训，因而我们应当比前人进行更深入的探索，研究更多的问题，获得更多的认识。但是，社会主义社会是一个很长的历史阶段。社会主义政治经济学必须积累在每一个具体历史阶段获得的并经过实践检验的认识，不断推进、不断深化，才可能越来越接近科学真理。②

二、中国特色社会主义政治经济学的创立

党的十一届三中全会以后，中国共产党作出进行改革开放的历史性决策，开创和发展中国特色社会主义，推动了经济的持续快速发展，开创了社会主义经济建设的全新局面，也开创了社会主义政治经济学发展的全新局面。

改革开放初期，中国政治经济学研究的重点在于拨乱反正，清理极左思想的影响，回归社会主义政治经济学的基本原则，比如：

——针对片面拔高生产关系的能动作用和对所谓的“唯生产力论”的批判，重申了生产关系必须适应生产力发展要求的规律，强调了发展生产力的重要性和生产力对生产关系的决定作用。

——针对片面追求“一大二公”和“穷过渡”的思想，提出要从现实的生产力状况出发探讨所有制的形式和结构，发展多种经济成分，并探讨了全民所有制内部所有权与使用权的分离问题。

——针对片面强调“政治挂帅”的极左思想，强调了社会主义的生产目的是最大限度地满足人民群众日益增长的物质文化需要，提出要重视消费对生产的促进作用。

——针对片面把计划经济与商品经济、计划与市场相对立的思想，在肯定社会主义经济是计划经济的前提下，强调计划经济与商品经济、计划与市场之间的统一性，强调要重视价值规律的作用。

——针对把按劳分配原则歪曲为“资产阶级法权”而加以限制和否定的思想，重新肯定了按劳分配的社会主义性质，提出要切实贯彻按劳分配原则，重视人们之间的经济利益关系。

随着改革开放的不断深入，传统社会主义政治经济学的框框开始被打破。1984 年 10 月党的十二届三中全会通过的《中共中央关于经济体制改革的决定》提出，“要突破把计划经济同商品经济对立起来的传统观念，明确认识社会主义计划经济必须自觉依据和运用价值规律，是在公有制基础上的有计划的商品经济”，还提出“实行计划经济不等于指

① 毛泽东．毛泽东文集：第 8 卷．北京：人民出版社，1999：137.
② 吴易风．毛泽东论中国社会主义政治经济学．政治经济学评论，2004（1）：1－26.

令性计划为主”“增强企业活力是经济体制改革的中心环节”“所有权同经营权是可以适当分开的”等一系列新观点。邓小平高度评价这个决定，指出：

> 我的印象是写出了一个政治经济学的初稿，是马克思主义基本原理和中国社会主义实践相结合的政治经济学，我是这么个评价。①
>
> 解释了什么是社会主义，有些是我们老祖宗没有说过的话，有些新话。②

1992年邓小平南方谈话后，中国特色社会主义经济理论和实践的发展取得重大进展。党的十四大提出，我国经济体制改革的目标是建立社会主义市场经济体制。党的十四届三中全会作出的《中共中央关于建立社会主义市场经济体制若干问题的决定》，提出了建立社会主义市场经济体制的框架和要求。党的十五大确立了公有制为主体、多种所有制经济共同发展的基本经济制度。党的十六大提出了要全面建设小康社会、走新型工业化道路以及坚持和完善基本经济制度的战略思想。党的十六届三中全会通过的《中共中央关于完善社会主义市场经济体制若干问题的决定》指出：我国经济体制改革在理论和实践上取得重大进展。我国的社会主义市场经济体制初步建立，公有制为主体、多种所有制经济共同发展的基本经济制度已经确立，全方位、宽领域、多层次的对外开放格局基本形成。一种与传统社会主义经济模式不同的新的社会主义经济模式正在形成，开始登上了历史舞台。

理论是实践的反映。在中国特色社会主义经济建设实践蓬勃发展的基础上，一系列关于社会主义经济新的理论观点逐步确立起来，包括：

我国处于社会主义初级阶段，必须坚持以经济建设为中心不动摇，紧紧抓住发展这个执政兴国的第一要务，大力发展生产力。

改革是社会主义的自我完善和发展，是经济和社会发展的强大动力。改革的根本目的，就是要在各方面都形成与社会主义初级阶段基本国情相适应的比较成熟、比较定型的制度。

社会主义的本质，是解放生产力，发展生产力，消灭剥削，消除两极分化，最终达到共同富裕。

全面建设惠及十几亿人口的更高水平的小康社会，使经济更加发展、民主更加健全、科教更加进步、文化更加繁荣、社会更加和谐、人民生活更加殷实。

公有制为主体、多种所有制经济共同发展，是我国社会主义初级阶段的一项基本经济制度。国有经济是国民经济的主导力量。

社会主义市场经济体制是同社会主义基本制度有机结合的市场经济，要使市场在社会主义国家宏观调控下对资源配置起基础性作用。

按劳分配为主体，多种分配方式并存，既要反对平均主义，又要防止收入差距过大。初次分配注重效率，发挥市场作用，再分配注重公平，加强政府对收入分配的调节职能。

坚持以信息化带动工业化，以工业化促进信息化，走出一条科技含量高、经济效益

① 邓小平．邓小平文选：第3卷．北京：人民出版社，1993：83.

② 同①91.

好、资源消耗低、环境污染少、人力资源优势得到充分发挥的新型工业化路子。

坚持对外开放的基本国策，积极参与经济全球化进程，充分利用国际国内两个市场、两种资源，同时坚持独立自主、自力更生的方针，把立足点放在依靠自身力量的基础上。

大力实施科教兴国战略，把可持续发展放在十分突出的地位，努力实现速度和结构、质量、效益相统一，走既有较高速度又有较好效益的经济发展路子。

农业、农村和农民问题，始终是我国革命、建设和改革的根本问题。长期稳定并不断完善以家庭承包经营为基础、统分结合的双层经营体制。走中国特色的城镇化①道路。

着力保障和改善民生，扩大公共服务，完善社会管理，促进社会公平正义，努力使全体人民幼有所育、学有所教、劳有所得、病有所医、老有所养、住有所居、弱有所扶，推动建设和谐社会。

把提高效率同促进社会公平结合起来，在经济发展的基础上，更加注重社会公平，着力提高低收入者收入水平，逐步扩大中等收入者比重，有效调节过高收入，坚决取缔非法收入，促进共同富裕。

建设创新型国家，核心就是把增强自主创新能力作为发展科学技术的战略基点，走出中国特色自主创新道路，坚持自主创新、重点跨越、支撑发展、引领未来的指导方针。

坚持生产发展、生活富裕、生态良好的文明发展道路，建设资源节约型、环境友好型社会，实现速度和结构质量效益相统一、经济发展与人口资源环境相协调，使人民在良好生态环境中生产生活，实现经济社会永续发展。

加快转变经济发展方式，促进经济增长由主要依靠投资、出口拉动向依靠消费、投资、出口协调拉动转变，由主要依靠第二产业带动向依靠第一、第二、第三产业协同带动转变，由主要依靠增加物质资源消耗向主要依靠科技进步、劳动者素质提高、管理创新转变。

上述新的理论观点涵盖了中国特色社会主义经济的生产、分配、交换、消费等主要环节以及基本经济制度、基本分配制度、经济体制、经济发展和对外开放等主要方面，初步形成了比较完整的理论体系，这是一种不同于苏联传统社会主义政治经济学的新的社会主义政治经济学理论体系，是适应当代中国国情和时代特点的“马克思主义基本原理和中国社会主义实践相结合的政治经济学”，即中国特色社会主义政治经济学。

三、中国特色社会主义政治经济学的特点

什么是中国特色社会主义政治经济学？它有什么样的特点？回答这些问题，需要把握以下几个要点：

（1）中国特色社会主义政治经济学是社会主义政治经济学在当代中国的新发展。中国特色社会主义政治经济学属于马克思主义政治经济学中的社会主义部分，即政治经济学的社会主义部分。进一步地说，中国特色社会主义政治经济学不是一般的社会主义政

---

① 关于城市化与城镇化的关系，目前有不同认识。一般认为，这两个概念基本含义是相同的。长期以来人们比较多地使用城市化概念。2001 年后中国开始使用城镇化概念。

治经济学，不是苏联等其他国家的社会主义政治经济学，而是中国特色社会主义政治经济学，反映了改革开放以来中国特色社会主义经济发展的特点和规律。中国特色社会主义政治经济学继承了科学社会主义的基本原则，同时又根据时代特点和中国国情对其进行了丰富和发展；吸收了苏联传统社会主义政治经济学的合理成分，同时又根据时代和国情对其进行了深刻的变革；继承了中华人民共和国成立以来的前 30 年社会主义经济建设的理论和实践成果，同时又与时俱进，不断推进理论的创新发展。因此，中国特色社会主义政治经济学是社会主义政治经济学在当代中国的新发展、新阶段和新形态。

（2）中国特色社会主义政治经济学是对中国特色社会主义经济建设实践经验的概括和总结。经济理论是经济现实的反映，总是以一定的经济形态和经济事实为研究对象的。中国特色社会主义政治经济学研究的对象，就是中国特色社会主义经济。改革开放 40 多年以来，在中华人民共和国成立 70 多年以来社会主义经济建设成就的基础上，中国共产党总结国内外社会主义建设的经验教训，立足社会主义初级阶段基本国情，确立了中国特色社会主义基本经济制度，并在此基础上，形成了独特的发展理念、发展战略、发展政策和发展道路以及经济运行的体制机制，推动了经济持续快速发展，创造了经济快速发展奇迹，为中国特色社会主义政治经济学的建立和发展提供了丰富的素材和丰厚的土壤。中国特色社会主义政治经济学就是在系统总结上述实践经验的基础上，通过一系列理论抽象和理论加工的过程，形成科学的概念，通过判断、推理，概括中国特色社会主义经济运动的本质特征，揭示中国特色社会主义经济运动的内在规律，形成中国特色社会主义政治经济学的理论体系。

（3）中国特色社会主义政治经济学是当代中国马克思主义政治经济学。中国特色社会主义政治经济学是关于中国特色社会主义经济的理论成果，但是，不能反过来说，关于中国特色社会主义经济的任何理论成果都属于中国特色社会主义政治经济学的范畴。在分析中国的经济问题时，由于人们所持的立场、观点和方法不同，可能会形成不同的认识，甚至得出截然相反的结论。比如，对中国经济发展的道路和经验，有的人持肯定态度，有的人持否定态度；对国有企业的改革和发展的成就，也有的人持肯定态度，有的人持否定态度。需要强调，我们所说的中国特色社会主义政治经济学，是马克思主义政治经济学基本理论与当代中国经济建设实践相结合的产物，是适应时代和国情的当代中国马克思主义政治经济学。那些运用西方经济学或者其他理论研究当代中国经济的理论成果，如果是合理有益的，也可以吸收借鉴，但总体上看，不属于中国特色社会主义政治经济学的内容。

（4）中国特色社会主义政治经济学是中国特色社会主义理论体系的重要组成部分。众所周知，马克思主义理论是由哲学、政治经济学和科学社会主义三个主要部分组成的有机整体。作为当代中国的马克思主义，中国特色社会主义理论体系的内容也贯通于哲学、政治经济学、科学社会主义等学科。这些学科各有其重要的地位和作用，又相互紧密联系形成有机整体，中国特色社会主义政治经济学在其中居于重要地位。我们知道，经济基础决定上层建筑，中国特色社会主义经济是中国特色社会主义政治、文化和社会发展的重要基础，中国特色社会主义政治经济学自然也就成了中国特色社会主义政治理论、文化理论和社会理论的重要基础。要想深入理解把握中国特色社会主义理论体系，真正弄清什么是社会主义、怎样建设社会主义的问题，弄清中国特色社会主义的发展道路、发展阶段、发展战略、根本任务、发展动力等一系列重要的问题，归根结底需要从中国特色社会主义政治经济学的研究成果中寻找答案。

第四节　中国特色社会主义政治经济学的最新成果：习近平经济思想

一、推动我国经济发展实践的理论结晶

党的十八大以来，以习近平同志为核心的党中央在团结带领全党全国各族人民坚持和发展中国特色社会主义的伟大实践中，提出一系列原创性的治国理政新理念新思想新战略，创立了习近平新时代中国特色社会主义思想。习近平新时代中国特色社会主义思想，是当代中国马克思主义、二十一世纪马克思主义，引领党和国家事业取得全方位、开创性历史成就，发生深层次、根本性历史变革，推动中国特色社会主义进入了新时代。

中国特色社会主义进入了新时代，我国经济发展也进入了新时代。新时代国内外经济形势深刻变化，给我国经济发展提出一个重大时代课题，这就是必须从理论和实践结合上系统回答新时代如何坚持和发展中国特色社会主义经济，不断解放和发展生产力，实现更高质量、更有效率、更加公平、更可持续、更为安全的发展，为全面建成社会主义现代化强国、实现中华民族伟大复兴奠定坚实物质技术基础。围绕这个重大时代课题，以习近平同志为核心的党中央进行了深入的探索和实践，提出了一系列具有时代性、开创性的理论观点和战略方针，形成和发展了习近平经济思想，全面回答了新时代我国经济发展怎么看、怎么办的问题，包括：

坚持加强党对经济工作的全面领导，保证我国经济沿着正确方向发展。

坚持以人民为中心的发展思想，把增进人民福祉、促进人的全面发展、朝着共同富裕方向稳步前进作为经济发展的出发点和落脚点。

坚持创新、协调、绿色、开放、共享的新发展观念，把新发展理念贯穿发展全过程和各领域。

坚持适应我国经济发展主要矛盾变化，完善宏观调控，相机抉择，开准药方，把推进供给侧结构性改革作为经济工作的主线。

坚持推动高质量发展，把高质量发展作为新时代的硬道理，推动经济实现质的有效提升和量的合理增长。

坚持建设现代化经济体系和现代化产业体系，推动新型工业化、信息化、城镇化、农业现代化同步发展。

坚持以畅通国民经济循环为主，加快构建以国内大循环为主体、国内国际双循环相互促进的新发展格局。

坚持以科技创新推动产业创新，加快发展新质生产力。

坚持公有制为主体、多种所有制经济共同发展和按劳分配为主体、多种分配方式并存，把社会主义制度和市场经济有机结合起来，不断解放和发展社会生产力。

坚持使市场在资源配置中起决定性作用，更好发挥政府作用，推动有效市场和有为政府更好结合。

坚持推进更高水平对外开放，建设开放型经济新体制，引导经济全球化健康发展，推动构建人类命运共同体。

坚持走中国特色乡村振兴道路，推动城乡融合发展，推动形成工农互促、城乡互补、协调发展、共同繁荣的新型工农城乡关系。

坚持问题导向部署经济发展新战略，坚持稳中求进工作总基调，保持战略定力、坚持底线思维。

坚持统筹发展和安全，着力防范化解重大经济金融风险，确保国家经济安全。等等。

这些重大的理论观点和战略方针，相互联系、内在贯通，作为一个有机整体深刻总结了我国社会主义经济发展的规律，科学阐述了新时代我国经济发展的时代背景、根本目的、主题主线、政治保障、制度基础、政策框架、发展道路、发展格局、运行方式、重点任务和工作方法等一系列重大问题，科学回答了新时代我国经济发展的一系列重大理论和实践问题，深刻回答了马克思主义经典作家没有讲过、我们的前人从未遇到过、西方经济理论不可能解决的时代新课题，为推动新时代我国经济发展提供了科学指南，是运用马克思主义基本原理对中国特色社会主义政治经济学的理性概括，是当代中国马克思主义政治经济学的最新成果、中国特色社会主义政治经济学的最新成果，不仅有力指导了我国经济发展实践，而且开拓了马克思主义政治经济学新境界，为马克思主义政治经济学的发展作出了突出的原创性贡献。

二、开拓了马克思主义政治经济学新境界

党的十八大以来，习近平多次强调要学好用好马克思主义政治经济学，并就发展当代中国马克思主义政治经济学和中国特色社会主义政治经济学发表了一系列重要的讲话，深刻阐述了当代中国马克思主义政治经济学发展的重大意义、历史逻辑、主要观点、基本原则、目标任务等一系列重大问题，为当代马克思主义政治经济学的发展指明了方向。

第一，明确提出了马克思主义政治经济学对我国经济建设的指导意义。马克思主义政治经济学是马克思主义的重要组成部分，也是我们坚持和发展马克思主义的必修课。学习马克思主义政治经济学，是为了更好指导我国经济发展实践。面对极其复杂的国内外经济形势，面对纷繁多样的经济现象，学习马克思主义政治经济学基本原理和方法论，有利于我们掌握科学的经济分析方法，认识经济运动过程，把握社会经济发展规律，提高驾驭社会主义市场经济能力，更好回答我国经济发展的理论和实践问题，提高领导我国经济发展能力和水平。①

第二，明确提出了中国特色社会主义政治经济学发展的历史逻辑。习近平指出，我

① 习近平．不断开拓当代中国马克思主义政治经济学新境界．求是，2020（16）：4－9.

们党历来重视对马克思主义政治经济学的学习、研究、运用，在新民主主义时期创造性地提出了新民主主义经济纲领，在探索社会主义建设道路过程中对发展我国经济提出了独创性的观点，如提出社会主义社会的基本矛盾理论，提出统筹兼顾、注意综合平衡，以农业为基础、工业为主导、农轻重协调发展等重要观点。党的十一届三中全会以来，我们党把马克思主义政治经济学基本原理同改革开放新的实践结合起来，不断丰富和发展马克思主义政治经济学，形成了当代中国马克思主义政治经济学的许多重要理论成果，这些理论成果是适应当代中国国情和时代特点的政治经济学，不仅有力指导了我国经济发展实践，而且开拓了马克思主义政治经济学新境界。

第三，明确提出了中国特色社会主义政治经济学的主要观点。习近平指出，改革开放以来，我们及时总结新的生动实践，不断推进理论创新，在发展理念、所有制、分配体制、政府职能、市场机制、宏观调控、产业结构、企业治理结构、民生保障、社会治理等重大问题上提出了许多重要论断。比如，关于社会主义本质的理论，关于社会主义初级阶段基本经济制度的理论，关于创新、协调、绿色、开放、共享发展的理论，关于发展社会主义市场经济、使市场在资源配置中起决定性作用和更好发挥政府作用的理论，关于我国经济发展进入新常态、深化供给侧结构性改革、推动经济高质量发展的理论，关于推动新型工业化、信息化、城镇化、农业现代化同步发展和区域协调发展的理论，关于农民承包的土地具有所有权、承包权、经营权属性的理论，关于用好国际国内两个市场、两种资源的理论，关于加快形成以国内大循环为主体、国内国际双循环相互促进的新发展格局的理论，关于促进社会公平正义、逐步实现全体人民共同富裕的理论，关于统筹发展和安全的理论，等等。

第四，明确提出了发展中国特色社会主义政治经济学的基本原则。习近平指出，坚持和发展中国特色社会主义政治经济学，要以马克思主义政治经济学为指导，总结和提炼我国改革开放和社会主义现代化建设的伟大实践经验，同时借鉴西方经济学的有益成分。中国特色社会主义政治经济学只能在实践中丰富和发展，又要经受实践的检验，进而指导实践。要加强研究和探索，加强对规律性认识的总结，不断完善中国特色社会主义政治经济学理论体系，推进充分体现中国特色、中国风格、中国气派的经济学科建设。要从国情出发，从中国实践中来、到中国实践中去，使理论和政策创新符合中国实际、具有中国特色，不断发展中国特色社会主义政治经济学。要树立国际视野，从中国和世界的联系互动中探讨人类面临的共同课题，为构建人类命运共同体贡献中国智慧、中国方案。

第五，明确提出了中国特色社会主义政治经济学的时代任务。习近平指出，实践是理论的源泉，我国经济发展进程波澜壮阔、成就举世瞩目，蕴藏着理论创造的巨大动力、活力、潜力，要深入研究世界经济和我国经济面临的新情况、新问题，为马克思主义政治经济学创新发展贡献中国智慧。要立足我国国情和我国发展实践，揭示新特点、新规律，提炼和总结我国经济发展实践的规律性成果，把实践经验上升为系统化的经济学说，不断开拓当代中国马克思主义政治经济学新境界。

第六，明确提出了中国特色社会主义政治经济学的根本立场。习近平强调："发展为了人民，这是马克思主义政治经济学的根本立场。马克思、恩格斯指出：'无产阶级的运动是绝大多数人的、为绝大多数人谋利益的独立的运动’，在未来社会‘生产将以所有的人富裕为目的’。邓小平同志指出，社会主义的本质，是解放生产力，发展生产力，消灭剥削，消除两极分化，最终达到共同富裕。党的十八届五中全会鲜明提出要坚持以人民为中心的发展思想，把增进人民福祉、促进人的全面发展、朝着共同富裕方向稳步前进作为经济发展的出发点和落脚点。这一点，我们任何时候都不能忘记，部署经济工作、制定经济政策、推动经济发展都要牢牢坚持这个根本立场。”①

正如恩格斯所说：“一门科学提出的每一种新见解，都包含着这门科学的术语的革命。”② 改革开放以来，中国特色社会主义经济理论和实践的发展取得了举世瞩目的巨大成就，形成了关于发展社会主义经济的一系列新的重要理论成果，如何科学概括理论和实践发展的这些重要理论成果，是理论界与学术界思考和研究的一个课题。中国特色社会主义政治经济学这一理论范畴或概念术语的提出，为我们科学解答这个重大课题开辟了正确的道路，它表明，我们对中国特色社会主义经济的认识在学理性和系统性上达到了新的高度，马克思主义政治经济学中国化时代化的发展达到了新的高度，中国共产党在经济理论上的自觉和自信达到了新的高度，这是具有里程碑意义的理论贡献。

习近平关于中国特色社会主义政治经济学的一系列重要论述，系统回答了新时代马克思主义政治经济学发展面临的一系列重大问题，为中国马克思主义政治经济学的发展举旗定向、正本清源、指明方向、开辟道路，推动了马克思主义政治经济学的蓬勃发展，开拓了马克思主义政治经济学发展的新时代。

三、新时代中国经济发展的科学指南

理论源于实践，又进一步指导实践。习近平经济思想是对我国经济发展实践经验的科学总结，也是指导我国经济发展实践的科学指导，是一个“实践—认识—再实践—再认识”的不断升华的过程，也是一个不断探索规律、深化认识、统一思想、正确决策的过程。党的十八以来，中国共产党以习近平经济思想为指南，正确分析形势、把握方向、谋划大局、制定政策、部署工作、促进改革，克服了一个又一个困难，战胜了一个又一个挑战，推动我国经济发展取得新的历史成就、发生历史性变革，创造了新的发展奇迹。

我国经济实现了由高速增长向高质量发展的历史性转变，经济结构不断优化，创新能力显著增强，生态环境明显改善，人民生活水平显著提高，改革开放取得新突破，我国经济实力、科技实力、综合国力跃上新的台阶。2023 年，我国经济总量为 126.06 万亿元，人均国内生产总值为 1.27 万美元；研发经费投入总量稳居世界第二，研发人员总量、发明专利申请量位居世界首位；建成了世界上规模最大的社会保障体系，基本医疗保险覆盖超过 13 亿人，基本养老保险覆盖近 10 亿人，困扰中华民族几千年的绝对贫困问题历史性地得到了解决，新时代脱贫攻坚目标任务如期完成，全面建成小康社会目标如期实现，我国经济迈上了更高质量、更有效率、更加公平、更可持续、更为安全的发

---

① 习近平．必须坚持人民至上．求是，2024（7）：4－13.

② 马克思，恩格斯．马克思恩格斯全集：第 23 卷．北京：人民出版社，1972：34.

展之路，为全面建设社会主义现代化国家创造了有利条件。这些成绩的取得来之不易、难能可贵，充分体现了习近平经济思想强大的真理力量。

实践充分证明，习近平经济思想是推动我国经济社会健康发展的科学指南，是我们科学应对重大风险挑战、有效解决重大困难问题的强大思想武器，是党和国家十分宝贵的精神财富，必须长期坚持、不断丰富发展，推动我国经济发展沿着正确的方向和道路不断前进。

党的二十大报告指出："从现在起，中国共产党的中心任务就是团结带领全国各族人民全面建成社会主义现代化强国、实现第二个百年奋斗目标，以中国式现代化全面推进中华民族伟大复兴。""发展是党执政兴国的第一要务。没有坚实的物质技术基础，就不可能全面建成社会主义现代化强国。"没有正确的理论，就没有正确的实践。推动中国特色社会主义经济的发展必须有科学的理论指导，习近平经济思想就是指导新时代我国经济发展的科学理论。在新时代新征程上，必须坚定不移以习近平新时代中国特色社会主义思想特别是习近平经济思想这一当代马克思主义政治经济学的最新成果指导经济工作，在实践中不断丰富完善这一科学思想，自觉把握运用这一思想所揭示的经济发展的客观规律，充分发挥历史主动性和创造性，推动我国经济发展沿着正确的方向和道路奋勇前进。

第五节 中国特色社会主义政治经济学的性质

一、研究对象

政治经济学的研究对象是社会经济现象及其内部的运动规律。从马克思主义的观点看，任何经济现象都包括了生产力与生产关系两个方面，前者反映了生产过程中人与自然的关系，后者反映了生产过程中人与人的社会关系（在现实生活中体现为各种各样的经济制度），这两方面结合起来，形成了特定的生产方式，构成了现实的经济过程，产生了客观的经济规律。所以，政治经济学的研究对象也可以定义为社会生产方式的运动或生产力与生产关系的相互作用。

虽然生产力与生产关系相比具有决定性作用，但是，政治经济学是一门社会科学，分析的是社会现象，揭示的是社会规律，因此，一般认为，政治经济学的研究对象是生产关系，同时，这种研究要联系生产力和上层建筑。从上述认识出发，可以推论：中国特色社会主义政治经济学的研究对象是中国特色社会主义生产关系，同时，这种研究要联系中国特色社会主义社会的生产力和上层建筑。

问题在于，作为中国特色社会主义政治经济学研究对象的中国特色社会主义的生产关系是否存在？是否构成了独立稳定的经济形态？是否具有特殊的运动规律？

事实是，中华人民共和国成立70多年以来特别是改革开放40多年以来，中国特色社会主义经济制度已经确立并趋于成熟定型。这一制度既区别于以高度集中计划经济为核心的传统社会主义经济模式，又区别于以私有制市场经济为核心的资本主义经济制度，构成了相对独立的中国特色社会主义经济形态。在此基础上，中国形成了独特的发展战略、发展理念、发展政策和发展道路，推动了经济持续快速发展，创造了举世瞩目的经济发展的巨大成就。中国特色社会主义经济的丰富实践，为中国特色社会主义政治经济学的建立和发展提供了丰富的素材和丰厚的土壤。

政治经济学的研究对象是生产关系，但是，由于生产关系与生产力是紧密联系的，生产力的发展从根本上决定着生产关系的变化，因此，生产力与生产关系的矛盾运动就成为政治经济学研究的主线。不过，在不同的社会制度下，政治经济学研究的任务是有差别的。在资本主义条件下，马克思主义政治经济学的任务是揭示资本主义制度的本质及其内在矛盾，阐明资本主义制度产生、发展和灭亡的历史趋势，证明社会主义代替资本主义的历史必然性。而在社会主义条件下，马克思主义政治经济学的任务则是揭示社会主义经济的运动规律，为社会主义经济发展提供科学指导。社会主义的根本任务是发展生产力，发展是硬道理，从这一点出发，中国特色社会主义政治经济学在研究对象上要求更加突出生产力的重要性，并从发展生产力的角度研究生产关系，在生产力与生产关系的统一中把握经济发展的规律，为社会主义经济发展服务。

作为政治经济学研究对象的生产关系的内容是十分广泛的，可以从不同的角度加以认识，包括：关于中国特色社会主义经济中的生产、分配、交换和消费；关于基本经济制度、基本分配制度、经济体制、经济发展和对外开放等；关于企业制度、市场体系、政府职能；关于财政、金融、社会保障、贸易、投资和价格；关于总供给、总需求、经济增长与经济波动；关于工业化、城镇化、产业结构、可持续发展；等等。

总之，中国特色社会主义政治经济学要深入研究当代中国经济中的一切现象，但这些经济现象归根结底涉及人与人之间的经济关系，最终又体现了生产力发展的要求。

二、研究任务

如果本质和现象合二为一，任何科学都是多余的。政治经济学作为一门科学，以揭示经济现象背后起支配作用的经济规律为目的。社会主义政治经济学揭示社会主义经济的运动规律，中国特色社会主义政治经济学则揭示中国特色社会主义经济的运动规律，因此，社会主义政治经济学与中国特色社会主义政治经济学的关系是一般与特殊、共性与个性、源与流的关系。也就是说，中国特色社会主义政治经济学是社会主义政治经济学的中国化、时代化，它既要体现社会主义政治经济学的一般规律，又要体现中国特色社会主义经济的具体特点。离开了社会主义政治经济学的一般规律，中国特色社会主义政治经济学就成为无源之水、无本之木。

然而，实际的情况复杂得多。

一方面，与资本主义经济制度相比，社会主义经济制度的历史还不长、还不够成熟，因此，在实际生活中，人们对于什么是一般、什么是特殊、什么是共性、什么是个性的认识并不是非常清楚明白。比如，在经典的社会主义经济理论中，计划经济是社会主义的本质特征，市场经济是资本主义的本质特征。但是，在社会主义市场经济理论提出以后，计划经济和市场经济就不再同社会主义和资本主义画等号了。这个事实表明，对于社会主义经济一般规定和一般规律的认识也是不断发展的。

另一方面，人类认识的规律，总是由认识个别和特殊的事物，逐步地扩大到认识一般的事物，普遍性寓于特殊性之中。马克思《资本论》探索的是资本主义经济运动的一般规律，但是，他所阐述的理论主要是以英国作为典型例证的。恩格斯曾经深刻地指出：

> 政治经济学本质上是一门历史的科学。它所涉及的是历史性的即经常变化的材料；它首先研究生产和交换的每个个别发展阶段的特殊规律，而且只有在完成这种研究以后，它才能确立为数不多的、适用于生产一般和交换一般的、完全普遍的规律。①

就社会主义政治经济学来说，在相当长的时期内，我们还处于从特殊上升到一般的抽象化阶段，而不是从一般到特殊的具体化阶段。也就是说，首先必须研究社会主义经济的具体特殊形态，把握特殊规律，然后才能逐步确立社会主义经济的一般规律。传统社会主义政治经济学的错误，就是把高度集中的计划经济这一特殊模式当作社会主义经济的一般形式，混同了特殊与一般。

从实际情况看，社会主义经济制度建立和发展的时间还不长，实践经验也不够成熟，特别是20世纪80年代末90年代初东欧剧变、苏联解体以后，社会主义事业遭到了巨大挫折，中国成了世界社会主义事业发展的中流砥柱，中国特色社会主义经济成了社会主义经济的主要形态。中国特色社会主义进入新时代，意味着近代以来久经磨难的中华民族迎来了从站起来、富起来到强起来的伟大飞跃，迎来了实现中华民族伟大复兴的光明前景，意味着科学社会主义在21世纪的中国焕发出强大的生机活力，在世界上高高举起了中国特色社会主义伟大旗帜，中国特色社会主义道路越走越宽广，社会主义制度的优越性通过中国的实践日益发扬光大，使世界上正视和相信马克思主义和社会主义的人多了起来，使世界范围内两种意识形态、两种社会制度的历史演进及其较量，发生了有利于马克思主义、社会主义的深刻转变。在这样的历史条件下，总结中国的实践经验，并从中提炼出反映规律性的理论成果，对于马克思主义政治经济学特别是社会主义政治经济学的发展有特别重要的意义。同时，中国正在经历着我国历史上最为广泛而深刻的社会变革，也正在进行着人类历史上最为宏大而独特的实践创新。这种前无古人的伟大实践，为经济学的发展提供了无比丰富、不可多得的鲜活素材。正如习近平指出的那样：

> 越是民族的越是世界的。解决好民族性问题，就有更强能力去解决世界性问题；把中国实践总结好，就有更强能力为解决世界性问题提供思路和办法。这是由特殊性到普遍性的发展规律。②

中国特色社会主义政治经济学特别是作为这一理论最新成果的习近平经济思想，其所面对并致力于回答和解决的，不仅有关系当今中国自身发展的特殊性问题，也有关系当今人类社会发展的前途的普遍性问题，比如，经济体制中如何处理公有和私有、国家和市场、效率和公平的关系，经济发展中如何处理城乡之间的关系、区域之间的关系、人与自然的关系，对外开放中如何处理国内和国际、自主和开放、发展和安全的关系，

---

① 马克思，恩格斯．马克思恩格斯选集：第3卷．3版．北京：人民出版社，2012：525-526.

② 习近平．在哲学社会科学工作座谈会上的讲话．人民日报，2016-05-19.

最重要的，经济社会发展走社会主义道路还是资本主义道路、坚持以人民为中心还是以资本为中心、为了少数人的利益还是为了多数人的利益。因此，这一思想所揭示的经济规律，不仅有适用于中国特色社会主义经济的特殊规律，也有适用于当今社会主义经济和世界经济发展的普遍规律；其所产生的重要影响，不仅发生于当代中国，而且发生于当代世界。因此，这一理论不仅具有特殊性，而且具有普遍性；不仅具有重大的民族意义，而且具有重大的世界意义；不仅是对社会主义政治经济学理论的创新发展，而且是对马克思主义和科学社会主义的创新发展，也丰富了人类经济思想的宝库。

三、概念和范畴

理论是实践的反映，但这种反映不是简单的经验堆积，而是一系列抽象的过程，包括形成概念、判断、推理等。一门科学提出的每一种新见解都包含着这门科学的术语的革命。马克思主义政治经济学的发展也是如此。它通过生产力、生产关系、经济基础、上层建筑、资本积累、剩余价值、资本主义基本矛盾、无产阶级革命、自由人联合体等概念、范畴、术语，深刻揭示人类社会发展的客观规律，使人们对社会发展的认识达到了前所未有的历史高度。发展中国特色社会主义政治经济学，同样需要将马克思主义政治经济学基本原理同中国特色社会主义经济新的实际相结合，不断概括出理论联系实际、科学、开放、融通的新概念、新范畴、新表述。

（1）使用原有概念，坚持科学社会主义的基本原则。比如，公有制、按劳分配、计划调节、人的全面发展、共同富裕、社会主义和共产主义等概念，体现了科学社会主义的基本原则，反映了社会主义和共产主义经济的本质特征。中国特色社会主义政治经济学坚持以这些概念为基础进行理论创造，实际上就是坚持科学社会主义的基本原则。

（2）发展原有概念，丰富其反映的内容。如公有制为主体、多种所有制经济共同发展，是我国社会主义初级阶段的一项基本经济制度。党的十九届四中全会进一步提出，公有制为主体、多种所有制经济共同发展，按劳分配为主体、多种分配方式并存，社会主义市场经济体制等社会主义基本经济制度，既体现了社会主义制度优越性，又同我国社会主义初级阶段社会生产力发展水平相适应，是党和人民的伟大创造，进一步丰富和发展了基本经济制度的内涵。

（3）创建新概念，揭示新的社会发展规律。如社会主义市场经济，这是一个崭新的理论概念，它的提出突破了把社会主义和市场经济相对立的传统观点，在人类历史上第一次实现了社会主义与市场经济的结合，不仅是对马克思主义和科学社会主义理论的重大贡献，也对当今世界试图摆脱贫困、实现国家发展的广大发展中国家选择发展道路发挥了重要的启示和借鉴作用。

（4）改造外来概念，赋予其新的含义。例如，经济新常态最初是一个外来概念，指的是 2008 年国际金融危机后西方国家经济停滞的长期化。而在我国，经济新常态具有完全不同的含义，是指我国经济向形态更高级、分工更复杂、结构更合理的阶段演化。这一概念深刻反映了中国经济发展的阶段性特征，体现了现阶段中国经济发展的大逻辑。

（5）借鉴共有概念，使之为我所用。一些描述新的经济社会现象的概念，如可持续发展、包容性发展、绿色发展，工业化、城市化、金融化和国家治理等，可从自然科学和国外社会科学理论中直接拿来为我所用。但对这些概念的本质特征和准确内涵，则需运用马克思主义理论作出科学说明。

（6）挖掘潜在概念，给予充分阐述。在马克思主义经典著作中，有些概念由于描述的事物尚处于萌芽状态或初发阶段而并不显眼，如国际价值、世界体系、精神生产、合作经济、城乡融合、人的全面发展等。而在当代，这些概念所反映的事物日益成为普遍、重要的社会现实，这就需要我们根据马克思主义经典作家的论述并结合新的发展，对其作出深入的理论阐述。

四、理论体系

一门成熟的科学必须经过系统化、学理化、规范化的发展，体现为一整套相互联系的概念、范畴和原理，确立自己的核心范畴和逻辑线索，并能够经受逻辑和实践的检验，才能成为一个科学的理论体系，进而被广泛学习、普及、传承。中国特色社会主义政治经济学的发展也不例外，也需要在构建理论体系上取得进展。

早在20世纪50年代社会主义制度建立之初，学术界就开始探讨这一问题。当时就有学者提出，社会主义的生产目的即最大限度地满足社会需要是政治经济学社会主义部分的中心，是贯穿整个社会主义生产的一条红线，应当以此为中心构建社会主义经济理论体系。还有的学者提出，应当从分析社会产品出发建立社会主义经济理论体系。

改革开放以来，特别是20世纪80年代，对这一问题的讨论更加深入。例如：关于社会主义经济理论的起点问题，有的主张从社会主义公有制开始，有的主张从社会产品开始，有的主张从商品开始，有的主张从劳动开始，有的主张从企业开始，有的主张从消费需要开始，等等。关于社会主义经济理论的红线问题，有的主张是社会主义基本经济规律，有的主张是经济效益，有的主张是经济利益，有的主张是剩余劳动规律，有的主张是必要价值规律，等等。关于社会主义经济理论的基本范畴问题，有的主张是净产品，有的主张是奖金，有的主张是v+m，有的主张是自主劳动，等等。[①] 对于这些问题的不同回答，反映了人们对社会主义经济的本质和发展规律的不同认识。

对中国特色社会主义政治经济学理论体系的认识，在不同版本的社会主义政治经济学教科书中得到了集中体现。改革开放以来学术界对社会主义政治经济学理论体系的构建进行了深入讨论，取得了丰富成果，发表了许多见解，比如：

一是按照马克思《资本论》，从社会主义生产、流通和分配几个方面进行阐述的理论体系。这种思路认为，马克思《资本论》的理论体系，体现了构建政治经济学的基本方法，对社会主义政治经济学也具有重要的指导意义。[②]

二是按照给定体制下的经济运行、经济和社会发展的目标以及人的地位三个层次来阐

① 张朝尊．政治经济学社会主义部分//经济研究编辑部．中国社会主义经济理论的回顾和展望．北京：经济日报出版社，1986．

② 许涤新．论社会主义的生产、流通与分配：读《资本论》笔记．北京：人民出版社，1979；谷书堂，宋则行．政治经济学：社会主义部分．西安：陕西人民出版社，1983．

述的理论体系。这种思路认为，只有分析社会主义经济运行，进而分析社会主义社会的发展目标和分析人在社会主义社会中的地位，才能真正分析社会主义经济的运行规律。①

三是按照本质、运行、发展三个层次进行阐述的理论体系，其中本质层次包括了制度和体制两个方面，运行层次又分为微观和宏观两个部分。②

四是按照中国特色社会主义经济理论发展的历史进程和内在逻辑阐述的理论体系，内容包括：社会主义基本经济制度、社会主义市场经济、社会主义分配制度、国有企业改革与发展、社会主义经济发展、全球化与对外开放、政府职能与政府调节等。③

五是按照制度、运行、发展、开放四位一体的结构设计的中国特色社会主义政治经济学理论体系。④

六是按照以解放和发展社会生产力为主线，以社会主要矛盾变化发展为枢纽，以新发展理念为主导，从中国特色社会主义直接生产过程、流通过程、总过程的各种形式，国家制度与职能，对外开放与国际经济关系等方面，构建中国特色社会主义政治经济学理论体系。⑤

七是按照以发展经济、满足人民需要为主线，从经济制度与经济改革、居民与企业、区域经济与产业结构、宏观经济与政府职能、经济发展与改善民生、开放发展与全球治理等方面，构建中国特色社会主义政治经济学理论体系。⑥

关于中国特色社会主义政治经济学体系构建问题的观点还有不少。这些观点各有特点，可以相互借鉴、取长补短。实践发展没有止境，理论发展也没有止境。构建中国特色社会主义政治经济学理论体系是一个复杂艰巨的任务，不可能一蹴而就，需要长期探索和研究，需要逐步发展和完善。

第六节　发展中国特色社会主义政治经济学的原则

一、以马克思主义为指导思想

中国特色社会主义政治经济学是马克思主义政治经济学在当代中国的继承和发展，以马克思主义为指导思想，是中国特色社会主义政治经济学的根本特征，这主要体现在以下几个方面：

---

① 厉以宁．社会主义政治经济学．北京：商务印书馆，1987.

② 吴树青，谷书堂，吴宣恭．政治经济学：社会主义部分．北京：中国经济出版社，1993；谷书堂．社会主义经济学通论：中国转型期经济问题研究．3 版．北京：高等教育出版社，2006；逄锦聚，等．政治经济学．北京：高等教育出版社，2006.

③ 宋涛．政治经济学教程．14 版．北京：中国人民大学出版社，2023；卫兴华，张宇．社会主义经济理论．3 版．北京：高等教育出版社，2025；《马克思主义政治经济学概论》编写组．马克思主义政治经济学概论．2 版．北京：人民出版社，高等教育出版社，2021；杨承训．中国特色社会主义经济学．北京：人民出版社，2009.

④ 张宇，谢地，任保平，等．中国特色社会主义政治经济学．4 版．北京：高等教育出版社，2023.

⑤ 顾海良，荣兆梓，等．中国特色社会主义政治经济学研究．北京：高等教育出版社，2020.

⑥ 逄锦聚，景维民，何自力，等．中国特色社会主义政治经济学通论．修订版．北京：经济科学出版社，2019.

（1）科学的世界观和方法论。马克思主义政治经济学的科学性来自其科学的世界观，也就是辩证唯物主义和历史唯物主义。在辩证唯物主义和历史唯物主义世界观的基础上，马克思主义政治经济学形成了分析经济现象的科学方法论，包括：生产力决定生产关系、经济基础决定上层建筑的原理，在历史形成的社会经济结构的整体制约中分析个体经济行为的原理，以生产资料所有制为基础确定整个社会经济制度的性质的原理，依据经济关系来理解和说明政治法律制度和伦理规范以及通过社会实践实现社会经济发展合规律与合目的的统一的原理等。

（2）正确的立场和价值观。为什么人的问题是哲学社会科学研究的根本性、原则性问题？马克思主义政治经济学是劳动的政治经济学，鲜明地代表了广大劳动群众的利益，它把经济发展的规律性与人们实践的目的性有机统一起来，科学地证明了社会主义代替资本主义的历史必然性，并在此基础上提出了消灭阶级剥削，消除两极分化，实现人的自由全面发展和社会成员共同富裕的社会理想。在当代中国，坚持马克思主义立场和价值观，就是要坚持以人民为中心的发展思想，把最广大人民的根本利益作为我们考虑一切问题的出发点和落脚点；就是要坚持马克思主义的社会理想，满足人民日益增长的美好生活需要，实现人的全面发展和社会成员的共同富裕。

（3）社会生产的一般规律。马克思主义政治经济学揭示了社会生产的一般规律，提出了许多重要的理论，如关于劳动时间的节约是人类首要经济规律的理论，关于按比例分配社会劳动的理论，关于生产的首要性以及生产与分配、交换和消费相互关系的理论，关于提高劳动生产率的途径和方法的理论，关于劳动过程的一般内容和基本要素的理论，关于分工协作发展规律的理论，关于社会再生产两大部类的划分及其相互关系的理论，等等。这些理论对于认识经济发展规律现象是很有价值的。比如，关于发展的实质，马克思曾经提出这样精辟的见解，即社会的发展归根到底是生产力的发展，而生产力的发展等于劳动时间的节约，等于个人才能的发展，等于科学日益成为生产的主要动因，等于人与自然的和解，等于可支配的自由时间的增加，等于个性的自由全面发展。这个见解将生产力的发展、社会的发展和人的发展有机地统一起来了，对于我们当前推动科学发展具有重要启示。

（4）商品生产和市场经济的一般规律。有人认为，马克思的《资本论》主张实行计划经济，因而对发展社会主义市场经济没有指导意义，这完全是一种误解。实际上，《资本论》的研究对象是资本主义市场经济，而不是计划经济。马克思主义政治经济学深入研究了商品经济和市场经济，分析了价值、货币、价格、供求、竞争，以及成本、利润、信用、利息、地租等经济现象的本质和运动规律，特别是资本的本质和运动规律。这些规律如果抽去资本主义生产关系，对社会主义市场经济也是适用的。马克思主义政治经济学在当代的一个重大发展和贡献，就是提出了社会主义市场经济理论，并在实践中成功地建立了社会主义市场经济体制。

（5）资本主义经济的本质和运动规律。马克思主义政治经济学阐明了资本主义产生、发展和灭亡的历史趋势，提出了许多关于资本主义经济的重要理论，如剩余价值生产理论、剩余价值分配理论、资本积累理论、资本循环周转理论、社会资本再生产理论、资本主义经济危机理论等。资本主义经济发展的历史和现实一再证明，只要还存在资本主义制度，只要还存在资本和劳动的关系，马克思主义关于资本主义经济的基本原理就不会过时。学习马克思主义政治经济学关于资本主义经济的理论，对于我们科学认识当代资本主义经济的本质特征和发展趋势，把握世界发展的趋势，统筹国内国际两个大局，更健康有效地推进对外开放，在全球化的条件下推进我国的社会主义现代化建设，都是非常重要的。

（6）共产主义和社会主义的经济特征。如前所述，马克思和恩格斯通过对资本主义生产方式矛盾运动规律和发展趋势的深刻分析，揭示了未来共产主义和社会主义经济关系的基本特征，包括实现个人自由全面发展，生产资料公有制代替私有制，按需分配和按劳分配，实现社会成员的共同富裕，有计划按比例地发展社会生产，消灭城乡之间、工农之间以及脑力劳动和体力劳动之间的三大差别等重要思想，阐明了社会主义运动的一般目的和实质，指明了社会历史发展的基本趋势，成为社会主义革命和社会主义建设的重要指南。

总之，离开了马克思主义的指导，我们就不可能科学认识当今资本主义经济和社会主义经济的运动规律，不可能取得中国特色社会主义经济建设的胜利，也不可能建立科学的中国特色社会主义政治经济学。

二、正确借鉴西方经济学

列宁曾经指出：

> 马克思主义同“宗派主义”毫无相似之处，它绝不是离开世界文明发展大道而产生的一种故步自封、僵化不变的学说。恰恰相反，马克思的全部天才正是在于他回答了人类先进思想已经提出的种种问题。他的学说的产生正是哲学、政治经济学和社会主义极伟大的代表人物的学说的直接继续。①

中国特色社会主义政治经济学的指导思想和理论基础是一元的，但理论来源是多元的，概括起来有三个部分：一是马克思主义理论特别是马克思主义政治经济学理论，这是中国特色社会主义政治经济学的主体内容。二是中华优秀传统文化特别是中国传统的经济思想，这是中国特色社会主义政治经济学发展十分宝贵、不可多得的资源。三是国外的经济理论特别是现代西方经济学，这可以成为中国特色社会主义政治经济学的有益滋养。其中，如何正确借鉴现代西方经济学是一个关键问题。

应当看到，西方经济学中包含着合理性和有用性。主要表现在：西方经济学的知识，如关于价格、货币、市场、竞争、贸易、汇率、产业、企业、增长和宏观经济等方面的理论，或多或少反映了社会化大生产和市场经济的一般规律；西方经济学的分析方法，如计量方法、实验方法、博弈论等，或多或少反映了自然科学和社会科学的成就；西方经济学的流派，如古典经济学、新古典经济学、凯恩斯主义、制度经济学、演化经济学、发展经济学等，或多或少体现了不同时代的人们对当时经济生活的认识和思考。因此，

---

① 列宁．列宁选集：第2卷．3版修订版．北京：人民出版社，2012：309.

对于西方经济学我们不能采取否定和排斥的态度，而必须认真学习并加以借鉴。

但是，对于西方经济学绝不能照抄照搬、盲目崇拜，更不能把它奉为圭臬，而必须批判性地加以借鉴，有条件地加以运用，吸收其合理的因素，摒弃其意识形态的错误因素。为什么必须这样做呢？

首先是意识形态的原因。西方经济学具有二重性，既包含不少科学知识，可以拿来为我所用，但也具有强烈的意识形态色彩，特别是它的基本理论，如经济人假设、生产要素价值论、自发秩序论、私有制高效论、自由至上论等，旗帜鲜明地为资本主义制度辩护，赤裸裸地宣扬个人主义世界观，由此形成了西方经济学的基本价值取向和政策主张：崇尚私有制而反对公有制，崇尚自由市场而反对政府调节，崇尚资本主权而反对劳动主权。显然，这样的价值取向和政策主张与中国特色社会主义格格不入，又怎么可能对中国经济作出正确解释呢？

其次是理论范式的原因。当代西方经济学的主要特点是：重逻辑轻历史，重形式轻内容，否认不同社会制度和历史条件下人们行为的差异，排除技术、制度、政治、文化等因素对经济生活的影响，把追求自身利益最大化的经济人假设当作考虑所有问题的出发点，把资本主义市场经济当作人类永恒不变的经济形式，把抽象的数理逻辑当作判断经济学是否科学的主要标准。这样一种理论范式，形式上似乎很完美，但与现实相去甚远。诺贝尔经济学奖获得者斯蒂格利茨说，西方新古典经济学不仅在转型过程和制度选择中用处很小，即使在解释发达市场经济方面也存在根本的局限。另一位诺贝尔经济学奖获得者保罗·克鲁格曼在2008年国际金融危机后也曾说道："宏观经济学在过去30多年的研究成果，说得好听点是毫无用处的，说得难听点甚至是有害的。"①

最后是理论适用性问题。西方经济学中一些被认为是比较正确的理论，也往往是以一定的假设条件以及时空条件为前提的，并不是像自然科学一样的普遍真理。瑞典经济学家冈纳·缪尔达尔曾指出："这些（西方）经济学术语是从西方世界的生活方式、生活水平、态度、制度和文化中抽象出来的，它们用于分析西方世界可能有意义，并可能得出正确的结论；但是在欠发达国家这样做显然不会得出正确的结论。"② 比如，自由贸易理论是西方经济学的一个基本原理，但无论英国、德国、法国还是美国，在进行资本原始积累、建立自己的工业体系的时候，都毫无例外地实行过保护关税制度。

一种颇为流行的观点认为，西方经济学反映的是成熟市场经济的运行规律和运作经验，具有"普世价值"，中国的改革开放只有以西方经济学为理论基础才能取得成功。这种观点是错误的。一方面，我们知道，共性以个性为基础，普遍性寓于特殊性之中。现代西方经济学从它体现市场经济一般规律的方面看，具有共性或普遍性，是我们发展社会主义市场经济需要认真研究和借鉴的。另一方面，抛开西方经济学存在的局限和缺陷不谈，即使是正确的理论，在解释中国改革发展经验时，也必须结合中国实际，而不能削足适履、照抄照搬。只有把市场经济的一般规律与中国的具体国情相结合，才能找到

---

① 赵准．危机后的"效率市场假说"之争：经济学家如何反思及捍卫金融市场的内在稳定性．政治经济学评论，2010（2）：138-153.

② 缪尔达尔．亚洲的戏剧：南亚国家贫困问题研究．北京：首都经济贸易大学出版社，2001：9.

符合国情的经济改革与发展之路，才能理解和把握中国经济的实质和内在逻辑。

三、在实践的基础上推进理论的创造

中国特色社会主义政治经济学的产生和发展是与改革开放的实践紧密相连的，具有鲜明的实践特色。改革开放以来，中国经济社会发生了深刻变革，取得了快速发展，创造了人类历史上少有的发展奇迹，为世界发展作出了历史性贡献。同时，中国是一个具有广袤的土地、众多的人口、悠久的传统并处于发展和转型中的社会主义大国，面临着工业化、信息化、市场化、全球化和社会主义制度的改革几重重大的历史变革在同一个时代的交织和叠加，这些都为中国特色社会主义政治经济学的发展提供了无比丰富的养分和素材。

从理论和实践的关系看，中国特色社会主义政治经济学的成果可以分为三个层次：

第一个层次是对策性研究，如关于宏观管理体制、企业、金融、财政、价格、汇率、收入分配体制、劳动与社会保障制度等方面的调研报告和改革方案，以及关于国民经济发展计划、宏观经济政策和各种经济管理办法的对策报告和政策建议等。从理论结构上来讲，这些研究属于浅层次的对策性的研究，与现实经济问题相距较近，与基本经济理论相距较远。尽管如此，其意义是不可低估的，它不仅为党和政府的经济决策提供了第一手资料和参考依据，同时还为中国经济学的发展和创新提供了重要的原料。比如，联产承包责任制的采用、国有企业现代企业制度的建立、自主创新政策的提出等重大理论，都是在这些对策研究的基础上产生的。

第二个层次是中国经济改革与经济发展基本理论的研究，如 20 世纪 80 年代初期关于生产力与生产关系、社会主义生产目的、经济效果、按劳分配、计划与市场的关系、农村土地所有制等问题的讨论；80 年代中期以后关于社会主义有计划商品经济、经济运行机制和运行模式、经济改革的整体思路、通货膨胀与经济增长的关系等问题的讨论；90 年代以后关于社会主义市场经济的实质与特征、国有经济的地位与作用、现代企业制度的内涵和形式、按劳分配与按生产要素分配的关系、经济全球化的实质与影响等的讨论；进入 21 世纪后关于完善社会主义市场经济体制的思路、效率和公平的关系、新型工业化道路、第三次工业革命、政府和市场的关系、经济新常态的规律、中国模式和中国道路阐释、中国经济学的理论体系和学术话语体系的讨论等；进入新时代后关于经济新常态、供给侧结构性改革、新发展理念、高质量发展、新发展格局、政府和市场关系、人类命运共同体等的讨论。这些研究推动了人们对中国经济改革与发展规律的认识，推动了中国特色社会主义政治经济学基本理论的发展。

第三个层次是经济学一般理论的研究，如关于经济学方法论、价值理论、货币理论、企业理论、增长理论、危机理论等问题的研究。这种研究看似抽象，与现实经济联系不大，但对于科学认识经济发展的规律和制定正确的经济政策有重要意义。如理论界对深化劳动和劳动价值论的讨论就是针对如何认识社会主义市场经济中收入分配制度的改革等问题而展开的；关于产权和企业理论的讨论，是为了解决国有企业治理结构和制度设计的理论基础而展开的；对于当代资本主义经济的性质和发展趋势的研究，直接关系着我们如何认识中国特色社会主义所处的国际环境和历史方位，以及如何制定正确的对外开放战略。

总的来看，我国理论界对上述几个层次的研究都取得了丰硕的成果，推动了中国特色社会主义政治经济学的发展，也为中国改革开放的实践作出了重要的贡献。

四、继承中华优秀传统文化

说到经济学的起源，在西方学者编写的经济学词典中，都是从色诺芬等古希腊思想家的著作开始的，我国的不少论著在讨论经济问题时也是言必称希腊。其实，首先从社会和国家范围内对经济问题进行系统探讨的，是我国古代的思想家。其中最早也是最杰出的代表，当推与色诺芬同时期的我国春秋时代的政治家和思想家管仲。他在《管子》一书中，以增加诸侯国赋税来源为宗旨，对古代农业社会经济发展和政府经济政策问题提出了一套相当系统的理论。春秋战国时期的儒、法、墨、农等思想派别，都有比较丰富的经济思想。此外，从《汉书》开始，我国政府修订的正史中专辟《食货志》对赋税、货币、田制、土地、人口、国用、贸易与经济等制度创立和发展演进思想进行专门的记载和评述。可以说，《食货志》是我国两千多年连续的经济史和经济制度史，在世界上也是独一无二的经济学学术成果。① 这些成果曾对 18 世纪欧洲的启蒙运动产生过重要的影响。例如，重农学派的代表人物魁奈在《中国的专制制度》一书中对中国古代以所谓“自然法”为基础的社会秩序极为推崇，作了系统阐述。他说道：“中华帝国不是由于遵守自然规律而得以年代绵长、疆域辽阔、繁荣不息吗？那些靠人的意志来统治并不得不靠武器来征服人的民族，难道不会被人数众多的中华民族完全有根据地看作是野蛮民族吗？”② 法国重农学派的另一位代表人物杜尔哥，对中国文化的重视程度有过之而无不及，他的代表作《关于财富的形成和分配的考察》从问题的提出到对问题的分析，深受中国传统文化的影响。

中华民族有着深厚的文化传统，形成了富有特色的思想体系，体现了中国人几千年来积累的知识智慧和理性思辨。这是我国的独特优势。中华文化是中华民族的精神命脉，也是中国特色社会主义制度的重要源泉。五千年的中华文化代代相传、生生不息，蕴含着讲仁爱、重民本、守诚信、崇正义、尚和合、求大同的丰富内涵；中华民族在漫长的历史进程中，积累了丰富的治国理政经验，其中既有升平之世社会发展进步的成功经验，也有衰乱之世社会动荡不安的深刻教训。发展中国特色的社会主义政治经济学，必须坚持古为今用，推陈出新，挖掘和阐发中华民族最基本的文化基因，从中华优秀传统文化中汲取智慧和营养，给政治经济学的发展植入中国元素和文化底色。

关于中国传统文化对中国特色社会主义政治经济学的影响，可以举几个例子说明。

（1）关于大同和小康的思想。中国古代重要的儒家经典《礼记·礼运》这样写道：

> 大道之行也，天下为公。选贤与能，讲信修睦，故人不独亲其亲，不独子其子，

---

① 林光彬．我国是古典政治经济学的创始国．政治经济学评论，2015（5）：68－105.

② 魁奈．魁奈经济著作选集．北京：商务印书馆，2011.

使老有所终，壮有所用，幼有所长，矜寡孤独废疾者，皆有所养。男有分，女有归。货，恶其弃于地也，不必藏于己；力，恶其不出于身也，不必为己。是故谋闭而不兴，盗窃乱贼而不作，故外户而不闭。是谓大同。

今大道既隐，天下为家，各亲其亲，各子其子，货力为己，大人世及以为礼。城郭沟池以为固，礼义以为纪；以正君臣，以笃父子，以睦兄弟，以和夫妇，以设制度，以立田里，以贤勇知。以功为己，故谋用是作，而兵由此起。禹、汤、文、武、成王、周公，由此其选也。此六君子者，未有不谨于礼者也。以著其义，以考其信，著有过，刑仁讲让，示民有常。如有不由此者，在势者去，众以为殃。是谓小康。

这段为人们千古传颂的论述，集中表达了中国古代社会的理想社会观。大同社会消灭了私有制和阶级差别，体现了原始共产主义的价值追求；小康社会则在出现私有制和利益差别的条件下，实现了社会的和谐。从一定意义上说，共产主义远大理想和全面建设小康社会的战略目标，可以从上述论述中找到历史渊源。

（2）关于惠民富民的思想。中国古代思想家们认为，治国应以保民、惠民、富民为先，并以德驭财，以义为利。孔子及其弟子提出："不患寡而患不均""因民之所利而利之""百姓足，君孰与不足？百姓不足，君孰与足？"孟子提出："民为贵，社稷次之，君为轻。"管子提出了取之有度、用之有节的分配法则，他指出："富能夺，贫能予，乃可以为天下。"总之，惠民富民、贫富有度的思想，是我国传统文化中的一个重要思想，这一思想在今天也是很有价值的。

（3）关于生态保护的思想。我们的先人们早就认识到了生态环境的重要性。孔子说："子钓而不纲，弋不射宿。"意思是不用大网打鱼，不射夜宿之鸟。荀子说："草木荣华滋硕之时则斧斤不入山林，不夭其生，不绝其长也；鼋鼍、鱼鳖、鳅鳝孕别之时，罔罟、毒药不入泽，不夭其生，不绝其长也。"《吕氏春秋》中说："竭泽而渔，岂不获得？而明年无鱼；焚薮而田，岂不获得？而明年无兽。"这些关于对自然要取之以时、取之有度的思想，有十分重要的现实意义。[①]

主要名词概念

社会主义　共产主义　共产主义社会的基本经济特征　过渡时期
社会主义政治经济学　中国特色社会主义政治经济学　习近平经济思想

复习思考题

1. 马克思和恩格斯关于共产主义的经济理论主要有哪些内容？
2. 共产主义社会有哪些基本经济特征？

① 习近平．在省部级主要领导干部学习贯彻党的十八届五中全会精神专题研讨班上的讲话．人民日报，2016-05-10.

3. 为什么从资本主义社会发展到社会主义社会必须要经历一个过渡时期?

4. 社会主义政治经济学是如何创立和发展的?

5. 中国特色社会主义政治经济学的研究对象、任务、主要概念和范畴及理论体系是怎样的?

6. 发展中国特色社会主义政治经济学要遵循哪些原则?

7. 习近平经济思想的主要观点有哪些?

第二章

中国特色社会主义经济制度的建立和发展

从资本主义向社会主义的过渡，是人类历史发展的必然趋势。但是，在现实的历史进程中，这一趋势的实现是极为复杂和曲折的，而且在不同的国家和不同的阶段，有着不同的特点。俄国十月革命开创了人类历史的新纪元，随之建立了社会主义经济制度的最初模式。中华人民共和国成立之后，中国实现了从新民主主义向社会主义的过渡，建立了社会主义经济制度，开始探索中国特色社会主义经济建设的道路。改革开放以后，随着中国特色社会主义事业的不断发展，中国特色社会主义经济制度逐步确立，并在实践中日益完善，趋于成熟定型。

第一节　社会主义经济制度的建立

一、马克思关于跨越资本主义“卡夫丁”峡谷的思想

按照历史唯物主义的观点，在生产力与生产关系、经济基础与上层建筑的矛盾运动过程中，人类社会总要从低级向高级发展，最终走向社会主义和共产主义，这是社会发展的一般规律和总体方向。因此，马克思和恩格斯曾经设想，社会主义革命将首先在几个发达资本主义国家同时取得胜利，但历史事实是，发达资本主义国家并没有同时进入社会主义社会，相反，原来经济落后的一些国家率先建立了社会主义制度。这到底是怎么回事呢？

其实，马克思和恩格斯并没有拘守只有发达资本主义国家才会率先发生社会主义革命的观点，在他们看来，社会发展的规律性并不排除每一个国家具体发展道路的特殊性和差异性，也不排除它在某个发展阶段和某个发展程度上的跳跃性。马克思强调，决不能离开各国的历史环境和国情，把他提出的关于西欧资本主义起源的历史概述变成一般

的理论。19 世纪末，俄国和其他一些东方国家都处在前资本主义阶段。马克思和恩格斯以及俄国思想界的人士就开始思考这样一个问题：像俄国这样比较落后的国家，是按照自然进程为资本主义方式所取代，还是能够跨越资本主义“卡夫丁”峡谷，直接向社会主义发展呢？马克思和恩格斯经过认真思考，认为在一定条件下存在跨越“卡夫丁”峡谷的可能性。

在 1881 年《给维·伊·查苏利奇的复信（初稿）》中，马克思提出：像俄国这样的落后国家，由于存在土地公社公有制，“它能够不通过资本主义制度的卡夫丁峡谷，而占有资本主义制度所创造的一切积极的成果”①，走上社会主义道路。同时，马克思清醒地认识到，这种跨越只是一种可能性，而且需要具备一些特殊的条件，一是必须通过俄国革命，推翻沙皇专制制度，把农民解放出来；二是西方无产阶级革命的胜利为俄国农民提供了榜样和物质支持。

马克思逝世之后，客观情况发生了很大的变化。从资本主义世界来看，第二次科技革命让资本主义生产力得到了快速发展，劳资矛盾得到了一定程度的缓和，西欧的无产阶级革命并没有取得胜利。从俄国社会内部来看，俄国的资本主义已经快速发展，俄国农村公社开始解体。面对客观环境的变化，俄国只有通过自身革命才有可能实现社会主义。

19 世纪末 20 世纪初，资本主义进入了帝国主义阶段，列宁把马克思主义的基本原理与时代的特点相结合，得出了一国可以率先进行无产阶级革命的新结论：

> 资本主义的发展在各个国家是极不平衡的。而且在商品生产下也只能是这样。由此得出一个必然的结论：社会主义不能在所有国家内同时获得胜利。它将首先在一个或者几个国家内获得胜利，而其余的国家在一段时间内将仍然是资产阶级的或资产阶级以前的国家。②

十月革命的胜利证明了列宁的这一论断。

二、列宁对社会主义建设道路的探索

1917 年 11 月 7 日（俄历 10 月 25 日），列宁领导起义群众推翻了资产阶级临时政府的反动统治，创立了世界上第一个由无产阶级领导的、以工农联盟为基础的、各民族平等的苏维埃政府。社会主义苏维埃政权成立后，实行了一系列社会主义政策，接管了银行、铁路、工厂，将大工业国有化，没收地主土地分配给农民，实行对外贸易垄断，捍卫全体劳动人民的利益，改变了劳动者被剥削、被压迫的悲惨命运，在人类历史上第一次从根本上推翻了人剥削人、人压迫人的社会制度，实现了科学社会主义从理论到现实的飞跃。

十月革命后，列宁明确把取消商品货币和市场机制，建立计划经济当作建立社会主

---

① 马克思，恩格斯．马克思恩格斯选集：第 3 卷．3 版．北京：人民出版社，2012：830.

② 列宁．列宁专题文集：论社会主义．北京：人民出版社，2009：8.

义制度的基本任务。他指出，“俄共将力求尽量迅速地实行最激进的措施，为消灭货币作好准备”[①]，并用“有计划有组织的产品分配来代替贸易”[②]，主张通过建立消费合作社，实行普遍的义务制和对生产分配的无所不包的统计与监督来向社会主义过渡。对于社会主义的这种认识与战时的环境相结合，产生了高度集中和实物化的、完全排斥商品货币关系和市场的军事共产主义模式。从 1918 年 3 月起，英国、法国、美国、日本等 14 个资本主义国家勾结俄国国内的反革命势力，开始武装干涉苏维埃政权。为了赢得这场战争，保卫年轻的苏维埃政权，建设社会主义新社会，列宁建议实施以消灭商品货币关系为主要特征的战时共产主义政策，其主要内容包括：全部工业实行国有化，剥夺剥夺者；实行余粮及农副产品收集制，禁止粮食买卖；实行商业国有化和经济实物化，限制市场和私人贸易；实行成年人义务劳动制，只有完成义务劳动者才能得到分配的食品；全体居民参加消费公社，实行“不劳动者不得食”的原则，推行平均共产主义分配制度等。

战时共产主义是在战时特殊条件下采取的应急措施，在当时是不可避免的，但战争一结束，这种政策的严重弊病就暴露出来了。农民对余粮收集制的严重抵触，加上战争的破坏，导致粮食产量锐减，生活必需品严重不足，经济极端贫困，苏维埃政权遭受了严重的经济危机和政治危机。在严酷的现实面前，列宁认识到，用军事进攻的办法直接向共产主义过渡是行不通的、力所不及的，他从实际出发提出了实行新经济政策的主张，主要内容是：取消余粮收集制，改行实物税，规定交纳粮食税以后剩余的粮食可以自由买卖，恢复自由贸易和自由工业，发展农业和工业之间的商品流转，放开货币流通和现金交易，改善和发展合作社，实行租让制，实施国家资本主义。列宁深刻论述了新经济政策的意义：

> 在最近这几年，必须善于考虑那些便于从宗法制度、从小生产过渡到社会主义的中间环节。“我们”直到现在还常常爱这样议论：“资本主义是祸害，社会主义是幸福。”但这种议论是不正确的，因为它忘记了现存的各种社会经济结构的总和，而只从中抽出了两种结构来看。
>
> 同社会主义比较，资本主义是祸害。但同中世纪制度、同小生产、同小生产者涣散性引起的官僚主义比较，资本主义则是幸福。既然我们还不能实现从小生产到社会主义的直接过渡，所以作为小生产和交换的自发产物的资本主义，在一定程度上是不可避免的，所以我们应该利用资本主义（特别是要把它纳入国家资本主义的轨道）作为小生产和社会主义之间的中间环节，作为提高生产力的手段、途径、方法和方式。[③]

新经济政策是利用市场、商品、货币流通来建成社会主义的经济政策，这一政策的实施加强了工农联盟，促进了国家利益与个人利益相结合，推动了生产力的发展，提高了人民群众的生活水平。新经济政策实施仅一年，农民不仅战胜了饥荒，而且交纳了大量的粮食税；轻工业有了普遍的高涨，工人的生活状况有了一定的改善，重工业状况有

---

① 列宁．列宁选集：第 3 卷．3 版修订版．北京：人民出版社，2012：749.

② 同①748.

③ 列宁．列宁专题文集：论社会主义．北京：人民出版社，2009：225.

了好转，国民经济得到相当程度的恢复和发展。

三、社会主义经济制度的建立

列宁逝世后，在社会主义发展道路的选择问题上出现了激烈的争论。在争论中，普列奥布拉任斯基等提出了“社会主义原始积累”理论，他认为，社会主义革命的基本条件是在新的生产关系的基础上创造经济发展的条件，完成社会主义的原始积累任务，这就要求急剧改变现有部门之间的比例，集中一切资源，加速工业化进程，而按市场关系进行“正常积累”太慢了。为此，必须自觉地与价值规律进行斗争，进行城乡非等价交换，实行有利于社会主义工业化的再分配政策。而以布哈林为代表的一些理论家则提出了利用市场关系建设社会主义的主张，布哈林认为，在社会主义条件下，尽管社会分工的无政府状态为有计划的形式所代替，但价值规律的一般物质内容即按比例分配社会劳动的平衡规律依然存在，计划不能违反社会分工的比例性和平衡性，不等价交换会破坏不同部门和企业之间正常的生产条件。因此，计划要预先考虑到在竞争条件下通过市场力量形成的比例。他还认识到，在向社会主义过渡的过程中，市场关系、货币、交易所、银行等起着非常巨大的作用。上述讨论虽然是针对过渡时期的问题展开的，但已经涉及社会主义经济中计划与市场、商品生产和价值规律等重要问题。

1929 年之后，苏联全面展开了社会主义改造运动和工业化运动。一方面，利用社会主义国家的力量，有计划地集中和使用社会的各种资源，充分调动广大劳动者的积极性，实行重工业优先的发展战略，在很短的时期内迅速建立了先进的、完整的工业体系，使苏联由一个农业国变成了一个工业国。另一方面，采取多方面措施，限制、排挤以及最终消灭资本主义经济成分，在农村实行全盘集体化，在城市实行全盘国有化，社会主义经济成分在国民经济的所有部门都占据了统治地位。1936 年，社会主义经济成分在生产资料总额中的比重达到了 98.7%，其中工业达到 99.95%，农业达到 96.3%。从 1923—1924 年到 1936 年，社会主义经济形式的比重在工业总产值中从 76.3%提高到 99.8%，在农业（包括庄园的副业）总产值中从 1.5%提高到 97.7%，在商业企业的零售总额中从 43%提高到 100%，在国民收入中从 1924—1925 年的 35%提高到 1936 年的 99.1%。[①]到 1936 年 12 月，斯大林宣布苏联已经建成社会主义，结束了过渡时期。

在确立社会主义经济制度的同时，苏联确立了社会主义经济制度的最初模式，即高度集中的计划经济模式或苏联模式，其主要特点是：在所有制结构上实行单一的公有制，公有制又包括两种基本形式，即全民所有制和农村集体所有制。在经济体制上则实行了高度集中的计划经济体制，经济决策权高度集中，所有的重要决策都集中于中央一级；国家和企业之间的关系是行政隶属关系，企业基本没有独立性和自主权；经济运行主要依靠采用自上而下的行政命令或指令性计划来组织推动，并按实物量单位进行经济计算和编制计划；市场机制对生产过程不起调节作用。

在实际经济生活中，商品和货币是难以完全取消的，所以，与军事共产主义不同，

① 苏联科学院经济研究所．政治经济学教科书．北京：人民出版社，1955：395.

在计划经济体制中，商品、货币、利润和价格等市场范畴在形式上还存在，但主要被用来当作经济核算的工具，而不是资源配置的机制；居民在个人消费和职业选择中有一定自主权，但不存在充分的市场竞争和自由价格。总的来看，价值规律和市场机制在资源配置中不起调节作用。

20 世纪五六十年代以后，随着社会主义各国经济体制改革的展开，苏联传统计划经济体制发生了一些变化，逐步承认社会主义生产也具有商品性的一面，承认国营企业之间具有自己独立的经济利益，它们之间交换的同样是商品，主张利用价值、价格、利润等经济杠杆来刺激生产，实现计划的目标，在产品的品种、规格、费用结构等方面，赋予企业一定的自主权，目的在于使它们更好地完成国家计划。但这些变化总体上看是修补性的，并没有从根本上改变高度集中的计划经济体制。

苏联的社会主义经济制度坚持了科学社会主义基本原则，适应了在相对落后的国家建设社会主义的迫切需要，曾经起过历史的积极作用，显示了社会主义制度的优越性和社会主义的强大生命力，为苏联和世界社会主义事业作出了重要贡献。

四、苏联模式的成就与局限

在社会主义时期，苏联在经济、教育、卫生等许多领域取得了突飞猛进的发展，大大缩小了苏联与发达资本主义国家的差距。1928—1940 年苏联社会主义工业化期间，苏联工业总产值以每年 21%的速度增长，短短 12 年时间就实现了工业化，跃居欧洲第一，成为世界上仅次于美国的第二大工业强国。这一成就正好是在世界资本主义 1929—1933 年爆发大危机及危机后长期萧条的背景下取得的。第二次世界大战后，苏联恢复国民经济的速度大大快于西方各国。1950—1984 年苏联国民收入增长了 8 倍，而美国只增长了 2 倍。社会主义经济的蓬勃发展（见表 2-1）与资本主义经济的严重危机形成鲜明对照。[①]

表 2-1 1913 年与 1940 年苏联国民经济主要指标

产品	1913 年	1940 年	1940 年与 1913 年之比
电力（亿度）	20.39	486	23.8
石油（包括凝析油，万吨）	1 028.1	3 112.1	3.0
天然气（亿立方米）	—	32.19	—
煤炭（万吨）	2 915.3	16 592.3	5.7
生铁（万吨）	421.6	1 490.2	3.5
钢（万吨）	430.7	1 831.7	4.3
钢材（万吨）	395.4	1 311.3	3.3
化肥（按 100%有效成分计算，万吨）	1.7	75.6	44.5
化学纤维（万吨）	—	1.1	—
金属切削机床（万台）	0.18	5.84	32.4
汽车（万辆）	—	14.54	—
水泥（万吨）	177.7	577.3	3.2

① 周新城，张旭．苏联演变的原因与教训：一颗灿烂红星的陨落．北京：社会科学文献出版社，2008：96.

续表

产品	1913 年	1940 年	1940 年与 1913 年之比
拖拉机（万台）	—	3.16	—
谷物联合收割机（万台）	—	1.28	—
木材运出量（实积，亿立方米）	0.67	2.47	3.7
纺织品（亿平方米）	4.6	33.2	7.2
纸张（万吨）	4	83.8	21.0
皮鞋（万双）	680	21 200	31.2
砂糖（万吨）	136.3	216.5	1.6
肉（屠宰量，万吨）	500	470	0.9
粮食产量（万吨）	8 600	9 564	1.1
籽棉产量（万吨）	74	224	3.0
牲畜存栏头数（万头）	5 840	4 780	0.8

资料来源：陆南泉．论苏联、俄罗斯经济．北京：中国社会科学出版社，2013：35；陆南泉，等．苏联国民经济发展七十年．北京：机械工业出版社，1988：134.

在教育方面，苏联十分重视扫盲工作，1920—1939 年间，约在 6 000 万成年居民中扫除了文盲，9～49 岁居民的识字率由 1897 年的 28.4%提升到 1939 年的 87.4%，到 1959 年，苏联已基本扫除了文盲。由于人民生活水平的提高和卫生条件的改善，苏联的人均寿命大幅度提高，1926—1927 年，苏联的人均寿命为 44 岁，到 1971—1972 年，人均寿命已提高到 70 岁。

在第二次世界大战期间，苏联社会主义的物质技术基础和经济体制为其最终取得战争的胜利起到了关键作用。苏联在战前三个五年计划中坚定地实施了以优先发展重工业为核心的经济发展战略，使得苏联形成了强大的重工业和军事工业体系，整个军事工业在此期间增长 4 倍多，为战争的胜利提供了丰厚的物质基础。高度集中的计划经济体制使得国家可以有效地集中人力、物力来保证战时经济任务的完成。第二次世界大战后，苏联恢复国民经济的速度也大大快于西欧各国（见表 2－2）。

表 2－2 各国国民生产总值（GNP）长期增长率比较

国家	计算期间	年均增长率（%）
英国	1855—1864 年至 1984 年	2.1
法国	1831—1840 年至 1984 年	2.4
比利时	1900—1904 年至 1984 年	2.2
荷兰	1860—1870 年至 1984 年	2.5
德国（1945 年后的联邦德国）	1850—1859 年至 1984 年	2.8
丹麦	1865—1869 年至 1984 年	3.0
瑞典	1861—1869 年至 1984 年	3.0
意大利	1895—1899 年至 1984 年	2.8
日本	1874—1879 年至 1984 年	4.5
美国	1834—1843 年至 1984 年	3.4
加拿大	1870—1874 年至 1984 年	3.5
苏联	1928 年至 1984 年	4.3～4.8

资料来源：Paul Gregory and Robert Stuart. *Soviet Economic Structure and Performance*. New York：Harper & Row，1990：359；Simon Kuznets. *Economic Growth of Nations*. Cambridge，Mass：Harvard University Press，1971：11－14.

但是，苏联模式存在严重弊端，主要是：政治上权力高度集中、官僚主义严重、民主监督机制缺乏；经济结构长期不合理，发展不平衡，经济发展片面注重重工业，忽视轻工业和农业，国民经济的重大比例关系严重失调；集中过多，统得过死，企业缺乏活力；利用工农业产品“剪刀差”以补贴工业发展，导致农业长期滞后。1913—1953 年，苏联工业增长了 45.5 倍，而轻工业只增长了 7.8 倍，农业则几十年停滞不前甚至倒退。1953 年苏联粮食产量（8 250 万吨）还没有达到 1913 年的水平（8 600 万吨），人口增加了 40%，人均谷物产量由 540 公斤下降到 435 公斤。这严重影响了人民生活水平的改善。特别是苏联最后一二十年，面对新科学技术革命、经济发展从粗放经营到集约经营转轨的客观要求，没有及时进行改革，导致经济发展速度下降、效益不高，社会生产和生活受到严重影响，引起人民的不满。再加上社会主义建设实践中政治领域的错误、民族政策的失误、领导干部腐败现象，严重损害了党和社会主义制度的形象，在西方敌对势力和平演变的推动下，时任总书记的戈尔巴乔夫放弃马克思列宁主义的指导地位，实行意识形态多元化；放弃共产党的领导，攻击无产阶级专政；否定生产资料公有制，主张私有化改革，最终导致苏联解体。

第二节　社会主义经济制度在中国的建立

一、中国为什么选择社会主义

按照马克思、恩格斯的设想，社会主义制度是资本主义基本矛盾充分发展的产物，社会主义革命将首先在资本主义发达的国家同时发生。然而，社会主义的实践超出了他们的预想。中国社会的发展也没有遵循从发达的资本主义向社会主义过渡的一般逻辑，而是在资本主义没有充分发展的半殖民地半封建社会的条件下，通过新民主主义革命走上了社会主义道路。从表面上看，这种特殊的历史发展轨迹似乎违背了马克思主义理论，但正如列宁所说：“马克思主义者必须考虑生动的实际生活，必须考虑现实的确切事实，而不应当抱住昨天的理论不放，因为这种理论和任何理论一样，至多只能指出基本的、一般的东西，只能大体上概括实际生活中的复杂情况。”[①] 走社会主义道路，是中国近代社会发展的必然结果，是运用马克思主义理论分析中国社会发展规律的必然结论。

在过去两千多年的社会中，中国一直实行的是封建制度，但自 1840 年鸦片战争以后，由于外国资本主义的入侵，中国逐步成为半殖民地半封建社会。帝国主义列强侵略中国，一方面促使中国封建社会解体，促使中国产生了资本主义因素，把封建社会变成了半封建社会；但另一方面，它们又残酷地统治了中国，把独立的中国变成了半殖民地的中国。毛泽东曾经对这个特殊的社会形态的主要特点作了如下概括：

> 一、封建时代的自给自足的自然经济基础是被破坏了；但是，封建剥削制度的根基——地主阶级对农民的剥削，不但依旧保持着，而且同买办资本和高利贷资本

① 列宁．列宁专题文集：论马克思主义．北京：人民出版社，2009：169.

的剥削结合在一起，在中国的社会经济生活中，占着显然的优势。

二、民族资本主义有了某些发展，并在中国政治的、文化的生活中起了颇大的作用；但是，它没有成为中国社会经济的主要形式，它的力量是很软弱的，它的大部分是对于外国帝国主义和国内封建主义都有或多或少的联系的。

三、皇帝和贵族的专制政权是被推翻了，代之而起的先是地主阶级的军阀官僚的统治，接着是地主阶级和大资产阶级联盟的专政。在沦陷区，则是日本帝国主义及其傀儡的统治。

四、帝国主义不但操纵了中国的财政和经济的命脉，并且操纵了中国的政治和军事的力量。在沦陷区，则一切被日本帝国主义所独占。

五、由于中国是在许多帝国主义国家的统治或半统治之下，由于中国实际上处于长期的不统一状态，又由于中国的土地广大，中国的经济、政治和文化的发展，表现出极端的不平衡。

六、由于帝国主义和封建主义的双重压迫，特别是由于日本帝国主义的大举进攻，中国的广大人民，尤其是农民，日益贫困化以至大批地破产，他们过着饥寒交迫的和毫无政治权利的生活。中国人民的贫困和不自由的程度，是世界所少见的。

这些就是殖民地、半殖民地、半封建的中国社会的特点。①

认清了中国社会的特点，就能知道中国近代社会的基本矛盾和革命的主要任务。帝国主义和中华民族的矛盾，封建主义和人民大众的矛盾，是近代中国社会的主要矛盾。而反对帝国主义和封建主义则成为近代中国革命的主要任务。这样一种革命就其性质来说是资产阶级民主主义的革命，而不是无产阶级社会主义的革命。革命的结果是建立资本主义制度而不是社会主义制度。但实际上，中国革命的结果是走向了社会主义而不是资本主义，为什么会有这样的结果呢？这是由当时的国际国内环境决定的。具体来说：

第一，从世界资本主义体系的格局来看，半殖民地半封建的旧中国不可能走上独立发展资本主义的道路。众所周知，资本主义生产方式自诞生以来，极大地推动了生产力的发展和世界市场的形成，使一切国家的生产和消费都变成世界性的了。在世界资本主义体系中，发达资本主义国家和落后国家的地位是不同的，发达资本主义国家在世界资本主义体系中处于中心和支配的地位，资本主义制度的成长在这些国家主要是在内部因素的推动下逐步建立起来的；而落后国家则在世界资本主义体系中处于外围和被支配的地位，这些国家的资本主义制度是由中心国家通过殖民征服的方式强制建立的。进入19世纪末20世纪初，资本主义由自由竞争阶段发展到垄断阶段，帝国主义把其统治的触角延伸到世界各地，通过自身的努力建立资本主义现代化强国的路已经被堵死了，帝国主义入侵中国的目的不是为了把中国变成独立的、强大的资本主义国家并与之竞争，而是为了把它纳入世界资本主义体系，变成自己的附庸。因此在近代中国，一切选择资本主义道路的历史尝试都以失败告终。

第二，从国内社会各阶级的结构看，中国的民族资产阶级由于经济上、政治上的软

① 毛泽东．毛泽东选集：第2卷．2版．北京：人民出版社，2006：630-631.

弱性，不可能担负起领导反对帝国主义、封建主义的历史重任。在英国、法国、德国等早期的资本主义国家中，民族资产阶级随着资本主义经济关系的逐步发展而壮大，与封建统治的矛盾日益尖锐，最终导致了资产阶级革命，建立起资产阶级统治和资本主义制度。而旧中国是一个经济文化十分落后的半殖民地半封建国家，以帝国主义和封建主义为基础的腐朽的生产关系严重阻碍了生产力的发展，在此基础上成长起来的民族资本主义不仅力量弱小，而且本身具有两面性。一方面，民族资产阶级既受帝国主义的压迫，又受封建主义的束缚，所以，他们同帝国主义和封建主义有矛盾。从这一方面来说，他们是革命的力量之一。另一方面，由于他们在经济上和政治上的软弱性，由于他们对帝国主义和封建主义的依赖，他们又没有彻底的反帝反封建的勇气，没有能力进行彻底的反对帝国主义、封建主义的斗争并最终取得胜利。因此，中国不可能通过彻底的资产阶级革命建立资产阶级共和国，使中国走上资本主义道路。

第三，从近代中国社会生产力发展的要求看，资本主义制度不利于迅速实现国家的工业化和强国富民的目标。实现工业化，把落后的农业国转变为先进的工业国，是人类社会发展的必由之路。在西方资本主义国家中，工业化的实现虽然是以资本主义私有制和市场经济为基础的，但是，国家在其中也发挥了极为重要的作用。通过殖民掠夺、垄断贸易、国家税收和公债等暴力手段，资产阶级获得了大量原始资本，完成了资本的原始积累。而中国这种落后国家的工业化却是在完全不同的国际国内环境下进行的。从国际环境看，它们不仅缺乏外部资本积累的来源，而且其本身就是被征服和剥削的对象；从国内环境看，民族资本力量弱小，积累能力非常有限。在这样的条件下，如果单纯依靠资本主义制度，通过私人资本和市场机制来进行资本积累、资源配置和实现国家的工业化，是很难达到目的的。只有建立社会主义经济制度，对主要生产资料实行社会占有，对有限的社会资源集中有计划地进行配置，才有可能迅速建立国家的工业体系，摆脱贫困、落后以及被帝国主义奴役的困境。

由于以上原因，中国通过资本主义实现国强民富的道路被堵死了，走社会主义道路成为历史发展的必然选择。中国的资产阶级革命已经不是旧式的一般的资产阶级民主革命，而是新式的特殊的资产阶级革命，即新民主主义革命。

中国共产党诞生后，中国共产党人把马克思主义基本原理同中国革命和建设的具体实际相结合，团结带领人民经过长期奋斗，完成了新民主主义革命和社会主义革命，建立起中华人民共和国和社会主义基本制度，进行了社会主义建设的艰辛探索，实现了中华民族从“东亚病夫”到站起来的伟大飞跃。这一伟大飞跃以铁一般的事实证明，只有社会主义才能救中国！

二、中国社会主义经济制度的建立

中华人民共和国成立之后，经过三年的努力，国民经济得到了恢复，各项事业全面发展。从 1953 年起，我国开始了以实施发展国民经济第一个五年计划为中心的大规模经济建设。这一年，党正式提出了过渡时期总路线：

> 从中华人民共和国成立，到社会主义改造基本完成，这是一个过渡时期。党在

> 这个过渡时期的总路线和总任务，是要在一个相当长的时期内，逐步实现国家的社会主义工业化，并逐步实现国家对农业、对手工业和对资本主义工商业的社会主义改造。①

按照原来的设想，从新民主主义到社会主义的过渡，还需要经历一二十年的时间。但是由于国内外形势的变化，社会主义改造的任务比预计的完成得快得多。出现这一情况是有客观原因的。一方面，在中华人民共和国成立的头三年，在某些方面已经开始了社会主义改造的初步工作，并取得了明显成效。比如，在全国工业（不包括手工业）总产值中，国营工业从1949年的34.2%上升到1952年的52.8%（合作社营、公私合营工业占8.2%），私营工业从63.3%下降到39%。在社会商品批发总额中，国营企业从1950年的23.2%上升到1952年的60.5%，私营企业则从76.1%下降到36.3%。这些变化的实质是，社会主义性质的国营经济在整个国民经济中的领导地位进一步增强，从而使国营经济成为中国逐步过渡到社会主义的主要物质基础。另一方面，随着大规模工业化建设的全面展开，私有制经济与生产社会化和国家计划的矛盾日益显露出来了。分散、落后的小农经济不能满足大规模工业化对农产品的需要，制约了农业生产力的发展，而且会产生两极分化，自发导致资本主义；资本主义工商业经济也存在着力量弱小、设备落后、管理混乱、唯利是图、自发性强的弊病，与建设社会主义社会的要求有明显的冲突。这就说明，在建设社会主义工业化的同时，有必要对个体农民、手工业和资本主义工商业进行系统的社会主义改造，以适应大规模有计划地进行工业化建设的需要。②

从实际情况看，社会主义经济制度的建立既有共同的规律，也有不同的特点。共同的规律是：社会主义制度是在经济发展比较落后的一些国家建立的，为了在较短时期内缩短与资本主义的差距，摆脱落后挨打的被动局面，必须依靠国家的力量，集中国内的有限资源，实行重工业优先的发展战略，进行大规模的工业化建设，为此，在资源配置上必须实行高度集中的计划经济体制，在所有制结构上必须建立起公有制经济的绝对优势地位。不同的特点是：苏联对城乡资本主义的社会主义改造，比较多地使用了暴力强制的办法，而中国对城乡资本主义的社会主义改造则是以和平转变为主，成功地实现了马克思、恩格斯和列宁曾经设想的对资本主义进行和平赎买的社会主义革命道路，这是一个史无前例的创造。

具体来说，过渡时期存在两种性质不同的私有制，一是资本主义私有制，一是农业手工业中的个体私有制。由于这两种私有制性质不同，因而社会主义改造的方式也不相同。对于官僚资本采取无偿没收的剥夺方式，对于民族资本则采取和平赎买的方式。旧中国的官僚资本垄断着旧中国的经济命脉，代表着反动腐朽的资本主义生产关系。它一方面与国家政权结合在一起，具有国家垄断资本主义的性质；另一方面与封建主义、外国帝国主义结合在一起，具有封建性、买办性。没收官僚资本，消灭其封建性、买办性，具有民主革命的性质；没收官僚资本，消灭垄断资本，并在此基础上建立国家所有制，又具有社会主义革命的性质。与官僚资本不同，我国的民族资本，既有剥削工人阶级、

① 毛泽东．毛泽东文集：第6卷．北京：人民出版社，1999：316.

② 中共中央党史研究室．中国共产党历史：第2卷上册．北京：中共党史出版社，2011：184.

与工人阶级利益相矛盾的一面，也具有有利于国计民生的积极一面，对其实行和平赎买，有利于国民经济的恢复和发展，同时可以避免和减少由于所有制急剧变革引起的混乱和损失，顺利实现所有制的变革。因此，对资本主义工商业的改造，采取了加工订货、统购包销、经销代销、公私合营等国家资本主义形式，使资本主义私有制度逐步向社会主义过渡。在农村，通过从互助组、初级社到高级社这样三个相互衔接、逐步推进的具体形式和步骤，实现了对农民个体经济的改造，建立起农村集体所有制经济。在城镇，通过合作化的道路实现了手工业的社会主义改造，建立起城镇集体所有制经济。1956 年，我国基本上完成了对生产资料私有制的社会主义改造，实现了从新民主主义到社会主义的转变，从此社会主义制度在全国范围确立起来了。

1949—1965 年工业总产值中各种经济类型的比重变化见表 2-3。

表 2-3　工业总产值中各种经济类型的比重变化（%）

年份	合计	全民所有制工业	集体所有制工业	公私合营工业	私营工业	个体工业
1949	100	26.2	0.5	1.6	48.7	23.0
1950	100	32.7	0.8	2.1	38.1	26.3
1951	100	34.5	1.3	3.0	38.4	22.8
1952	100	41.5	3.3	4.0	30.6	20.6
1953	100	43.0	3.9	4.5	29.3	19.3
1954	100	47.1	5.3	9.8	19.9	17.9
1955	100	51.3	7.6	13.1	13.2	14.8
1956	100	54.5	17.1	27.2	0.04	1.16
1957	100	53.8	19.0	26.3	0.1	0.8
1965	100	90.1	9.9	—	—	—

资料来源：国家统计局．中国统计年鉴（1984）．北京：中国统计出版社，1984.

社会主义经济制度的建立是我国几千年来最深刻、最伟大的社会变革，是 20 世纪中国社会发展的历史性转折，为当代中国的一切发展进步奠定了根本的政治前提和制度基础。

三、计划经济体制的建立

在社会主义经济制度确立的同时，“一五”计划期间，中国逐步形成了高度集中的计划经济体制。“一五”计划的主要任务是进行大规模的工业化建设。为了保证重点建设项目的顺利进行，国家实行了大中型建设项目集中统一管理的体制，对人、财、物的调度和设计施工进行统一集中管理。为了解决粮食购销严重不平衡问题，平衡市场物价，对粮食实行统购统销制度，此后对棉花、纱布、食油等几种人民生活必需的农产品和轻工业产品也实行了统购统销。在商业方面，建立了多种经济成分、多条流通渠道，统一领导、分级管理的体制。在劳动工资方面，把繁杂分散管理改为全国集中统一管理，实行统包统配的劳动体制和等级工资体制。在计划管理方面，对国营企业和少数公私合营企业实行直接计划，下达指令性指标，对合作社和私营企业实行间接计划即指导性计划。随着社会主义改造的完成，指令性计划的范围越来越大，成为主要形式。这样，以生产资料公有制为基础的，以大统一小自由、大集中小分散为原则的社会主义经济体制就初步形成了。

社会主义制度在中国确立之后，毛泽东依据当时国际形势的新变化和党面临的新任务，提出了经济建设要"以苏为鉴"、走自己的道路的思想。1956 年 4 月，在经过深入的调查研究后，毛泽东作了《论十大关系》的讲话，阐述了解决我国经济建设中存在的若干矛盾的基本原则，强调要正确处理重工业、轻工业、农业的发展关系，避免重犯苏联、东欧国家轻视农业和轻工业，忽视改善人民生活的错误，开辟一条中国的工业化道路。毛泽东还从调动一切积极因素的高度，要求改善高度集中的经济管理体制，扩大地方和企业的权力，正确处理生产单位与生产者个人的关系，改善企业和合作社内部的管理。1956 年召开的党的八大依据《论十大关系》的精神，进一步提出要根据统一领导、分级管理、因地制宜、因事制宜的原则，改进国家的行政体制，划分企业、事业、计划和财政的管理范围，适当地扩大各省、自治区、直辖市的管理权限。党的八大决议采纳陈云发言中提出的我国社会主义经济，在工商业经营方面，应以国家和集体经营为主体，以一定数量的个体经营为补充，在生产计划方面，计划生产是工农业生产的主体，按照市场变化而在国家计划许可范围内的自由生产是补充，在社会主义统一市场里，国家市场是主体，一定范围内国家领导的自由市场是补充，即著名的"三个主体、三个补充"的建议，对探索中国经济体制改革有着突破性的指导意义。①

党的八大之后不久，由于国内外形势的变化，党在指导思想上发生了"左"的错误，党的八大的路线和许多正确方针未能在实践中坚持下去。在发展生产力和发展社会主义生产关系方面，一再出现违反客观经济规律、急于求成的"左"的错误。1958—1960 年的"大跃进"及"人民公社化运动"造成了计划经济体制的混乱，特别是从 1966 年开始的长达十年的"文化大革命"使极左思想严重泛滥，价值规律、按劳分配、物质利益原则和各项合理的规章制度被当作资本主义和修正主义的东西受到批判，国民经济遭到了严重的破坏。

计划经济体制有其特殊的优势，在历史上曾经发挥过巨大的作用，从资源配置的角度看，计划经济的主要优势在于：（1）体制的指导者有更大的能力实现他们的目的；（2）有更大的可能迅速实现较大的经济结构的转变；（3）中央当局更有可能从长期考虑对费用和收益进行估计，而不是局限于短期费用或收益；（4）存在把外部经济和非经济情况内部化的可能性；（5）可以集中地取得有关整个经济范围内各种决策的相互作用的更好信息；（6）指导者们能够把稀缺资源集中使用到最重要的领域；（7）更能够做到产品的规格化和标准化。②

上述优势在社会主义经济的原始积累阶段表现得十分突出，但是，随着时间的推移，其弊端日益严重，阻碍了生产力的发展。这种体制的主要弊端是：政企职责不分，条块

---

① 杨先材．中国历史：中华人民共和国卷．北京：高等教育出版社，2001.

② 纽伯格，达菲，等．比较经济体制．北京：商务印书馆，1984.

分割，国家对企业统得过多过死，忽视商品生产、价值规律和市场的作用，分配中平均主义严重。这就造成了企业缺乏应有的自主权，企业吃国家“大锅饭”、职工吃企业“大锅饭”的局面，严重压抑了企业和广大职工群众的积极性、主动性、创造性，使本来应该生机盎然的社会主义经济在很大程度上失去了活力。

为了从根本上改变束缚生产力发展的经济体制，建立起具有中国特色的、充满生机和活力的社会主义经济体制，促进社会生产力的发展，必须对传统的计划经济体制进行根本的改革。

四、社会主义制度优越性的初步体现

作为历史上一种崭新的社会制度，社会主义经济在中国的发展并不是一帆风顺的。从 1949 年中华人民共和国成立，到 1976 年“文化大革命”结束，中国社会主义经济的发展经历了曲折的过程，遭受了严重损失。尽管如此，我国社会主义经济制度的建立和发展还是表现出了它的巨大优越性。

第一，极大地解放和发展了生产力。旧中国的经济发展在帝国主义、封建主义和官僚资本主义三座大山的压迫下步履维艰。近代以来，多少仁人志士的实业救国之梦都在无情的事实面前破灭了。中华人民共和国成立后，推翻了三座大山，消灭了剥削现象，劳动者的生产热情高涨，社会生产力得到了空前的大解放。20 世纪 40 年代末期生产凋敝、物价飞涨、民不聊生的景象，旧时代留下的“一穷二白”的烂摊子，仅仅经过短短三年的恢复时期就极大地改变了面貌，并在此基础上，主要依靠自己的力量，独立自主地推进工业化，发展国民经济，极大地解放了被旧的社会经济制度所束缚的生产力，促进了社会生产力的迅速发展。1952—1978 年，工农业总产值年均增长率为 8.2%，其中工业总产值年均增长率为 11.4%。从国内生产总值核算的角度来看，1978 年我国国内生产总值达到 3 678.7 亿元，为 1952 年国内生产总值的 5.4 倍。这一时期中国经济建设的伟大成就，不仅创造了中国历史上翻天覆地的变化，在人类经济发展的历史上也是一个奇迹。对此，美国学者莫里斯·迈斯纳曾经评论道：

> 事实上，与德国、日本和苏联——这三个国家是后起工业大国中成功的范例——早期工业化的进程相比较，中国经济发展的速度更快。从 1880 年到 1914 年，德国经济的增长率为每十年 33%。日本在 1874 年到 1929 年的经济增长率为每十年 43%。苏联在 1928 年到 1958 年的经济增长率为每十年 54%。而中国从 1952 年到 1972 年的经济增长率为每十年 64%。这种经济发展速度，当然不是像西方记者错误地告诉读者的是什么“蜗牛速度”。考虑到中国的经济成就几乎是在毫无外来援助和支持的条件下、在极其弱小的工业基础上通过中国人民的自力更生实现的，这样的成就确实令人刮目相看。①

第二，建立起独立的比较完整的工业体系和国民经济体系。中华人民共和国成立初

① 迈斯纳．毛泽东的中国及后毛泽东的中国：人民共和国史．成都：四川人民出版社，1992：540.

期，毛泽东曾感慨地说："现在我们能造什么？能造桌子椅子，能造茶碗茶壶，能种粮食，还能磨成面粉，还能造纸，但是，一辆汽车、一架飞机、一辆坦克、一辆拖拉机都不能造。"[①] 经过1953—1958年的第一个五年计划，我国进行了大规模的经济建设，当时在苏联的援助下，重点建设了156个大型工业项目，涉及钢铁、煤炭、冶金、机械等国民经济基础工业主要领域。到"文化大革命"前，我国已基本实现了初级工业化，建立起了独立的比较完整的国民经济体系，主要表现在：基础工业有较大发展，钢铁产量大幅度提高，甩掉了贫油帽子，基本实现了原油自给，铁路、公路、航空、水运等交通设施及水利、电力、邮电等基础设施等方面的建设，基本上能满足当时工业和整个国民经济发展的需要，在一些关键领域如"两弹一星"的研制方面走在了世界前列。1952年，工业占国民生产总值的30%，农业占64%；而到1975年，这两个比率颠倒过来了。

1952—1978年我国主要工业产品产量及年均增长率见表2-4。

表2-4　1952—1978年我国主要工业产品产量及年均增长率

种类	单位	1952年	1957年	1965年	1978年	1952—1978年年均增长率（%）
布	亿米	38.3	50.5	62.8	110.3	4.15
机制纸及纸板	万吨	37	91	173	439	9.98
糖	万吨	45	86	146	227	6.42
自行车	万辆	8	80.6	183.8	854	19.68
缝纫机	万架	6.6	27.8	123.8	486.5	17.99
手表	万只	—	0.04	100.8	1 351.10	64.30
电视机	万台	—	—	0.44	51.73	44.30
原煤	亿吨	0.66	1.31	2.32	6.18	8.98
原油	万吨	44	146	1 131	10 405	23.40
发电量	亿度	73	193	676	2 566	14.67
钢	万吨	135	535	1 223	3 178	12.92
水泥	万吨	286	686	1 634	6 524	12.78
木材	万立方米	1 233	2 787	3 978	5 162	5.66
汽车	万辆	—	0.79	4.05	14.91	15.02
金属切削机床	万台	1.37	2.8	3.96	18.32	10.49

资料来源：国家统计局工业交通物资统计司．中国工业经济统计资料．北京：中国统计出版社，1985：13.

第三，消灭了阶级剥削和压迫，实现了社会公平。在社会主义制度建立之前，中国处于半殖民地半封建社会，社会财富集中在少数大资本家、大地主手里，广大工人、城市贫民和农民都处于贫困状态。社会主义经济制度的建立，根除了几千年私有制下的剥削现象，人民群众当家作主，成为社会的主人，物质生活和文化生活水平得到逐步提高。全国居民的人均消费水平，农民从1952年的62元增加到1976年的125元，城市居民同期从148元增加到340元。在全国人民节衣缩食支援国家工业化基础建设的情况下，尽

① 毛泽东．毛泽东文集：第6卷．北京：人民出版社，1999：329.

管人民群众生活逐年改善的幅度不大，但初步满足了占世界 1/4 人口的基本生活需求，这在当时被世界公认为一个奇迹。教育事业得到长足发展，学龄儿童入学率达到 90%以上。劳动者的整体素质得到了很大的提高。医疗卫生体系广泛普及，中国的人均寿命增加了近一倍，从 1949 年前的 35 岁增加到 1970 年中期的 65 岁。

20 世纪 80 年代，几个国家的反映贫富差距的基尼系数见表 2-5。当时中国的基尼系数比其他国家要小。

表 2-5 几个国家的基尼系数

国别	基尼系数
巴西（1981 年）	57.93
墨西哥（1984 年）	48.95
泰国（1981 年）	45.22
美国（1986 年）	37.73
加拿大（1981 年）	32.60
埃塞俄比亚（1981 年）	32.40
澳大利亚（1981 年）	31.33
印度（1983 年）	31.11
中国（1981 年）	29.11

说明：表中大部分为 1981 年的数据，受限于数据的可得性，墨西哥、美国、印度等国的基尼系数选取了相近年份的数据。

资料来源：世界银行数据库。

社会主义建设的伟大实践充分证明，只有社会主义才能救中国，只有社会主义才能发展中国。

第三节 中国特色社会主义经济建设

一、社会主义初级阶段

改革开放以来，中国共产党人把马克思主义基本原理同中国改革开放的具体实际结合起来，团结带领人民进行建设中国特色社会主义新的伟大实践，使中国大踏步赶上了时代，实现了中华民族从站起来到富起来的伟大飞跃。

确认我国处于并将长期处于社会主义初级阶段，是中国特色社会主义理论和实践的出发点和立足点。

任何社会形态都有一个由低级到高级、由不成熟到成熟的发展过程，存在不同发展阶段。马克思曾经根据生产力发展水平的不同，把共产主义分为高级和低级两个阶段，为社会主义制度的建立提供了理论基础。但是，他并没有对社会主义的发展阶段作具体讨论。当社会主义制度确立以后，确认社会主义社会的不同发展阶段就成为社会主义国家制定路线、方针、政策的重要依据。

中国共产党对社会主义发展阶段的认识，经历了一个曲折的发展过程。1953 年中国共产党提出了过渡时期的总路线，按照当时的设想，过渡时期大约要用15年的时间，而实际上仅用3年时间就完成了过渡时期，1956年正式宣布三大改造完成，进入社会主义阶段。在建设社会主义的过程中，党在指导思想上开始出现偏差，不仅没有正确认识我国所处的社会主义初级阶段的性质，反而提出整个社会主义社会是从资本主义到共产主义的过渡时期。1958年《中共中央关于在农村建立人民公社问题的决议》指出："看来，共产主义在我国的实现，已经不是什么遥远将来的事情了，我们应该积极地运用人民公社的形式，摸索出一条过渡到共产主义的具体途径。"1960年出版的一本社会主义政治经济学教材明确提出，必须从共产主义的角度来分析社会主义社会的经济问题。一方面，必须积极地发现和培育共产主义的因素，如生产资料公有制、共产主义的互助合作关系、生产为了满足整个社会的需要、国民经济的有计划按比例发展、共产主义的劳动和按需分配的萌芽等；另一方面，旧社会遗留下来的残余和痕迹，如生产资料私有制，商品生产，按劳分配，工农、城乡以及脑力劳动与体力劳动的差别等，在一定时期是必要的，但它不是凝固不变的东西，更不能把它看成是神圣不可侵犯的东西，在条件成熟的时候要转变为共产主义。从这样的认识出发，提出了消灭私有制、限制商品生产、消除工资差别的极左主张，甚至提出在整个社会主义时期始终存在两个阶级、两条道路的斗争，进而酿成"文化大革命"的历史悲剧。

党的十一届三中全会重新确立了马克思主义实事求是的思想路线，从而使得我们能够正确地总结社会主义建设的经验教训，正确地认识我国所处的社会主义发展阶段。1981年6月，党的十一届六中全会通过了《关于建国以来党的若干历史问题的决议》，总结了我们党在中华人民共和国成立以来在社会主义建设中的经验教训，第一次提出我国的社会主义社会现在还处在初级阶段。党的十三大系统地阐述了社会主义初级阶段理论，并以此为根据全面阐发了党在社会主义初级阶段的基本路线。党的十四大、十五大、十六大、十七大、十八大和十九大都始终坚持并不断丰富和发展社会主义初级阶段理论，阐述了社会主义初级阶段的主要矛盾、根本任务、基本纲领、基本制度和发展战略等一系列重大问题，为中国特色社会主义发展提供了科学指导。

社会主义初级阶段的论断是以对我国国情的科学判断为依据的。中国是在经济落后的半殖民地半封建社会基础上开始社会主义建设的。进入社会主义的时候，我国还是一个小农经济占统治地位的经济落后国家，社会主义所要求的物质技术基础远没有建立起来，生产力发展水平远远落后于发达国家。这就决定了我们在进入社会主义之后要经过一个相当长的初级阶段去实现工业化和现代化，发展社会化大生产和商品经济，巩固和完善社会主义制度。这个大的历史阶段是不可逾越的。

党的十五大报告对社会主义初级阶段的科学含义作了完整的概括：

> 社会主义初级阶段，是逐步摆脱不发达状态，基本实现社会主义现代化的历史阶段；是由农业人口占很大比重、主要依靠手工劳动的农业国，逐步转变为非农业人口占多数、包含现代农业和现代服务业的工业化国家的历史阶段；是由自然经济半自然经济占很大比重，逐步转变为经济市场化程度较高的历史阶段；是由文盲半文盲人口占很大比重、科技教育文化落后，逐步转变为科技教育文化比较发达的历史阶段；是由贫困人口占很大比重、人民生活水平比较低，逐步转变为全体人民比

较富裕的历史阶段；是由地区经济文化很不平衡，通过有先有后的发展，逐步缩小差距的历史阶段；是通过改革和探索，建立和完善比较成熟的充满活力的社会主义市场经济体制、社会主义民主政治体制和其他方面体制的历史阶段；是广大人民牢固树立建设有中国特色社会主义共同理想，自强不息，锐意进取，艰苦奋斗，勤俭建国，在建设物质文明的同时努力建设精神文明的历史阶段；是逐步缩小同世界先进水平的差距，在社会主义基础上实现中华民族伟大复兴的历史阶段。

社会主义初级阶段理论的提出，一方面确认了我国的社会性质，表明我国已经是社会主义社会，另一方面确认了我国社会主义发展处于不发达阶段，生产力处于不发达状态。这种落后的生产力会对社会主义生产关系本身以及社会主义优越性的发挥造成一定限制，使人民日益增长的物质文化需要难以得到充分满足，这就必然形成落后的社会生产力同由社会主义生产关系所决定的人民日益增长的物质文化需要之间的矛盾。解决这一矛盾，必须坚持以经济建设为中心，大力发展生产力，不断改善人民群众的生活状况，进而为巩固和发展社会主义，为将来进入共产主义创造物质基础。

二、改革开放与中国特色社会主义经济建设

改革开放以来，中国共产党坚持把马克思主义基本原理与改革开放的实际相结合，立足社会主义初级阶段基本国情，领导和团结全国各族人民，为把我国建设成为富强民主文明和谐美丽的社会主义现代化强国而奋斗，开辟了中国特色社会主义发展道路，取得了社会主义建设的巨大成就。

中国特色社会主义经济是中国特色社会主义的重要基础。发展中国特色社会主义经济，就是要以经济建设为中心，坚持四项基本原则，坚持改革开放，自力更生，艰苦创业，不断坚持和完善社会主义经济制度、发展社会主义市场经济，不断解放和发展生产力，推动经济的现代化，满足人民日益增长的美好生活需要、实现人的全面发展和社会的共同富裕，为建设社会主义现代化强国创造物质条件。

在社会主义条件下发展市场经济，不断解放和发展生产力，是中国特色社会主义经济建设的核心。改革开放以来，我国坚持公有制为主体、多种所有制经济共同发展，坚持按劳分配为主体、多种分配方式并存，坚持对外开放的基本国策，把社会主义制度和市场经济有机结合起来，既充分发挥市场在资源配置中的决定性作用，又更好发挥政府作用，成功实现了从高度集中的计划经济体制到充满活力的社会主义市场经济体制、从封闭半封闭到全方位开放的伟大历史转折，实现了人民生活从温饱到小康的历史性跨越，实现了经济总量跃居世界第二的历史性飞跃，建立了全世界最完整的现代工业体系，创造了经济长期快速发展的奇迹，中国特色社会主义经济取得举世瞩目的巨大成就，中国人民在富起来、强起来的征程上迈出了决定性的步伐！

三、中国特色社会主义进入新时代

社会主义初级阶段是中国特色社会主义的总依据，也是中国特色社会主义政治经济

学的总依据。同时，我们既要看到社会主义初级阶段基本国情没有变，也要看到我国经济社会发展每个阶段呈现出来的新特点。改革开放以来，我国社会生产力、综合国力、人民生活水平实现了历史性跨越，我国基本国情的内涵不断发生变化。党的十九大报告提出，经过长期努力，中国特色社会主义进入了新时代，这是我国发展新的历史方位。

中国特色社会主义进入新时代的重大意义是什么？党的十九大报告概括了三个方面："中国特色社会主义进入新时代，意味着近代以来久经磨难的中华民族迎来了从站起来、富起来到强起来的伟大飞跃，迎来了实现中华民族伟大复兴的光明前景；意味着科学社会主义在二十一世纪的中国焕发出强大生机活力，在世界上高高举起了中国特色社会主义伟大旗帜；意味着中国特色社会主义道路、理论、制度、文化不断发展，拓展了发展中国家走向现代化的途径，给世界上那些既希望加快发展又希望保持自身独立性的国家和民族提供了全新选择，为解决人类问题贡献了中国智慧和中国方案。"

中国特色社会主义新时代的内涵是什么？党的十九大报告概括了五个方面："这个新时代，是承前启后、继往开来、在新的历史条件下继续夺取中国特色社会主义伟大胜利的时代，是决胜全面建成小康社会、进而全面建设社会主义现代化强国的时代，是全国各族人民团结奋斗、不断创造美好生活、逐步实现全体人民共同富裕的时代，是全体中华儿女勠力同心、奋力实现中华民族伟大复兴中国梦的时代，是我国日益走近世界舞台中央、不断为人类作出更大贡献的时代。"

中国特色社会主义进入新时代的主要依据是什么？就是我国社会主要矛盾的历史性变化。党的十九大报告指出，"中国特色社会主义进入新时代，我国社会主要矛盾已经转化为人民日益增长的美好生活需要和不平衡不充分的发展之间的矛盾。"这个重大判断，揭示了制约我国发展的症结所在，指明了解决当代中国发展问题的根本着力点，为新时代谋划发展、推动发展指明了正确方向，具有重大的理论意义和实践意义。

我国是在生产力落后、商品经济不发达条件下进入社会主义社会的，长期处于社会主义初级阶段，社会物质文化生产的发展远远不能满足人民日益增长的需要，落后的生产与人民不断增长的需要之间的矛盾十分突出，严重制约了社会主义制度优越性的发挥。对此，党的八大已经有了明确的认识，强调指出，社会主义制度建立之后，"我们国内的主要矛盾，已经是人民对于建立先进的工业国的要求同落后的农业国的现实之间的矛盾，已经是人民对于经济文化迅速发展的需要同当前经济文化不能满足人民需要的状况之间的矛盾"。党的十一届三中全会以后，我们党科学分析了我国社会主义初级阶段主要矛盾，对党的八大的提法作了进一步提炼，明确提出，在社会主义改造基本完成以后，我国所要解决的主要矛盾，是人民日益增长的物质文化需要同落后的社会生产之间的矛盾，党和国家工作的重点必须转移到以经济建设为中心的社会主义现代化建设上来，大大发展社会生产力，并在这个基础上逐步改善人民的物质文化生活。这一重要论断明确了我们面临的主要问题、奋斗目标和工作的重点，为改革开放的顺利推进、为中国特色社会主义事业的成功实践提供了科学的指引。

我国社会主要矛盾的新表述深刻反映了新时代我国发展的阶段性特征。随着时代的发展，我国社会生产力和生产关系、经济基础和上层建筑都发生了深刻变化，主要矛盾的两个方面即人民需要和社会生产也都发生了深刻变化。一方面，我国稳定解决了十几亿人的温饱问题，并且已经全面建成小康社会，人民美好生活需要日益广泛，不仅对物质文化生活提出了更高要求，而且在民主、法治、公平、正义、安全、环境等方面的要求日益增长；另一方面，我国社会生产力水平总体上显著提高，社会生产能力在很多方面进入世界前列，更加突出的问题是发展不平衡不充分，这已经成为满足人民日益增长的美好生活需要的主要制约因素。发展不平衡，主要指各区域各方面发展不够平衡，制约了全国发展水平提升。发展不充分，主要指一些地方、一些领域、一些方面还有发展不足的问题，发展的任务仍然很重。现阶段我国发展不平衡不充分表现在很多方面，比如：发展质量和效益还不高，创新能力不够强，实体经济水平有待提高，生态环境保护任重道远；民生领域还有不少短板，脱贫攻坚任务艰巨，城乡区域发展和收入分配差距依然较大，群众在就业、教育、医疗、居住、养老等方面面临不少难题；社会文明水平尚需提高；等等。在这些问题中，不平衡的问题更加明显，突出表现在区域、城乡、经济和社会、物质文明和精神文明、经济建设和国防建设等关系上，特别是突出地表现在居民收入和财富差距扩大问题上。这些发展不平衡不充分问题相互掣肘，是现阶段各种社会矛盾的主要根源，已经成为社会主要矛盾的主要方面，必须将其作为下一步工作的着力点，下功夫加以认识并解决。

我国社会主要矛盾的变化是关系全局的历史性变化，对党和国家工作提出了许多新要求。我们要在继续推动发展的基础上，着力解决好发展不平衡不充分问题，大力提升发展质量和效益，更好满足人民在经济、政治、文化、社会、生态等方面日益增长的需要，更好推动人的全面发展、社会全面进步。

党的十九大依据新时代我国发展新的历史方位和主要矛盾的变化，明确提出了新时代中国特色社会主义发展的战略安排。从党的十九大到2020年，是全面建成小康社会决胜期。从党的十九大到党的二十大，是“两个一百年”奋斗目标的历史交汇期。从2020年到本世纪中叶可以分两个阶段来安排。第一个阶段，从2020年到2035年，在全面建成小康社会的基础上，再奋斗十五年，基本实现社会主义现代化。第二个阶段，从2035年到本世纪中叶，在基本实现现代化的基础上，再奋斗十五年，把我国建成富强民主文明和谐美丽的社会主义现代化强国。到那时，我国物质文明、政治文明、精神文明、社会文明、生态文明将全面提升，实现国家治理体系和治理能力现代化，成为综合国力和国际影响力领先的国家，全体人民共同富裕基本实现，我国人民将享有更加幸福安康的生活，中华民族将以更加昂扬的姿态屹立于世界民族之林。

四、我国进入新发展阶段

正确认识党和人民事业所处的历史方位和发展阶段，是我们党明确阶段性中心任务、制定路线方针政策的根本依据，也是我们党领导革命、建设、改革不断取得胜利的重要经验。党的十九届五中全会提出，全面建成小康社会、实现第一个百年奋斗目标之后，我们要乘势而上开启全面建设社会主义现代化国家新征程、向第二个百年奋斗目标进军，这标志着我国进入了一个新发展阶段。进入新发展阶段，是中华民族伟大复兴历史进程的大跨越。这在我国发展进程中具有里程碑意义。

新发展阶段是社会主义初级阶段中的一个阶段，同时是其中经过几十年积累、站到了新的起点上的一个阶段。社会主义初级阶段不是一个静态、一成不变、停滞不前的阶段，而是一个阶梯式递进、不断发展进步、日益接近质的飞跃的量的积累和发展变化的过程。经过中华人民共和国成立以来特别是改革开放40多年的不懈奋斗，我们已经拥有开启新征程、实现新的更高目标的雄厚物质基础。全面建设社会主义现代化国家、基本实现社会主义现代化，既是社会主义初级阶段我国发展的要求，也是我国社会主义从初级阶段向更高阶段迈进的要求。新发展阶段是社会主义初级阶段中的一个阶段，同时是其中经过几十年积累、站到了新的起点上的一个阶段。

基本实现社会主义现代化，是实现第二个百年奋斗目标的第一步。党的十九届五中全会通过的《中共中央关于制定国民经济和社会发展第十四个五年规划和二〇三五年远景目标的建议》，勾勒了基本实现社会主义现代化远景的目标的宏伟蓝图，这就是：我国经济实力、科技实力、综合国力将大幅跃升，经济总量和城乡居民人均收入将再迈上新的大台阶，关键核心技术实现重大突破，进入创新型国家前列；基本实现新型工业化、信息化、城镇化、农业现代化，建成现代化经济体系；基本实现国家治理体系和治理能力现代化，人民平等参与、平等发展权利得到充分保障，基本建成法治国家、法治政府、法治社会；建成文化强国、教育强国、人才强国、体育强国、健康中国，国民素质和社会文明程度达到新高度，国家文化软实力显著增强；广泛形成绿色生产生活方式，碳排放达峰后稳中有降，生态环境根本好转，美丽中国建设目标基本实现；形成对外开放新格局，参与国际经济合作和竞争新优势明显增强；人均国内生产总值达到中等发达国家水平，中等收入群体显著扩大，基本公共服务实现均等化，城乡区域发展差距和居民生活水平差距显著缩小；平安中国建设达到更高水平，基本实现国防和军队现代化；人民生活更加美好，人的全面发展、全体人民共同富裕取得更为明显的实质性进展。

需要强调的是，我们所推进的现代化具有中国特色，是中国式现代化，是社会主义现代化。我国现代化是人口规模巨大的现代化，是全体人民共同富裕的现代化，是物质文明和精神文明相协调的现代化，是人与自然和谐共生的现代化，是走和平发展道路的现代化。毛泽东说过："中国应当对于人类有较大的贡献。"① 邓小平指出："衡量我们是不是真正的社会主义国家，不但要使我们自己发展起来，实现四个现代化，而且要能够随着自己的发展，对人类做更多的贡献。"② 中国式现代化既切合中国实际，体现了社会主义建设规律，也体现了人类社会发展规律。在新发展阶段，我国要坚定不移推进中国式现代化，以中国式现代化推进中华民族伟大复兴，不断为人类作出新的更大的贡献。

进入新发展阶段，国内外环境发生了深刻变化。从国外看，当今世界正经历百年未有之大变局。新冠疫情全球大流行使这个大变局加速变化，保护主义、单边主义上升，世界经济低迷，全球产业链、供应链因非经济因素而面临冲击，国际经济、科技、文化、安全、政治等格局都在发生深刻调整，世界进入动荡变革期。今后一个时期，我们将面对更多逆风逆水的外部环境，必须做好应对一系列新的风险挑战的准备。

---

① 毛泽东．毛泽东文集：第7卷．北京：人民出版社，1999：157.

② 中共中央文献研究室．邓小平思想年谱（1975—1997）．北京：中央文献出版社，1998：70.

从国内看，我国已进入高质量发展阶段，社会主要矛盾已经转化为人民日益增长的美好生活需要和不平衡不充分的发展之间的矛盾，人均 GDP 超过 1.3 万美元，城镇化率超过 60%，中等收入群体超过 4 亿人，人民对美好生活的要求不断提高。我国制度优势显著，治理效能提升，经济长期向好，物质基础雄厚，人力资源丰厚，市场空间广阔，发展韧性强大，社会大局稳定，继续发展具有多方面优势和条件。同时，我国发展不平衡不充分问题仍然突出，创新能力不适应高质量发展要求，农业基础还不稳固，城乡区域发展和收入分配差距较大，生态环保任重道远，民生保障存在短板，社会治理还有弱项。

总之，进入新发展阶段，国内外环境的深刻变化既带来了一系列新机遇，也带来了一系列新挑战，是危机并存、危中有机、危可转机。我们要辩证认识和把握国内外大势，统筹中华民族伟大复兴战略全局和世界百年未有之大变局，深刻认识我国社会主要矛盾发展变化带来的新特征新要求，深刻认识错综复杂的国际环境带来的新矛盾新挑战，增强机遇意识和风险意识，准确识变、科学应变、主动求变，勇于开顶风船，善于转危为机，努力实现更高质量、更有效率、更加公平、更可持续、更为安全的发展。

五、全面推进中国式现代化

党的二十大报告明确提出了新时代新征程党的使命任务："从现在起，中国共产党的中心任务就是团结带领全国各族人民全面建成社会主义现代化强国、实现第二个百年奋斗目标，以中国式现代化全面推进中华民族伟大复兴。"

现代化是人类社会发展的必然趋势。马克思指出："工业较发达的国家向工业较不发达的国家所显示的，只是后者未来的景象。"① 但是，马克思所说的现代化是资本主义条件下的现代化。资本主义现代化存在着深刻的弊病，给本国人民和世界人民带来了深重灾难。中国共产党领导人民建设社会主义现代化国家，成功走出了中国式现代化道路。

中国式现代化道路是我们党团结带领全国各族人民开创和形成的。鸦片战争之后，中国人民和无数仁人志士不屈不挠，苦苦寻求中国现代化之路。但事实证明，在半殖民地半封建社会的条件下，中国现代化没有也不可能取得成功。中国共产党建立百年来，团结带领中国人民所进行的一切奋斗，就是为了把我国建设成为现代化强国，实现中华民族伟大复兴。中华人民共和国成立后，我们党孜孜以求，对社会主义现代化建设进行了艰辛探索，团结带领全国人民发奋图强、艰苦奋斗，在旧中国"一穷二白"的基础上建立起了独立的比较完整的工业体系和国民经济体系。改革开放和社会主义现代化建设新时期，我们党提出了"中国式的现代化"战略构想，我国实现了从生产力相对落后的状况到经济总量跃居世界第二的历史性突破，实现了人民生活从温饱不足到总体小康、奔向全面小康的历史性跨越。进入新时代，在中华人民共和国成立特别是改革开放以来长期探索和实践的基础上，我国成功推进和拓展了中国式现代化，国家经济实力、科技实力、综合国力跃上新台阶，我国经济迈上更高质量、更有效率、更加公平、更可持续、更为安全的发展之路。事实充分证明，中国实现现代化，不可能照搬别国的模式和经验，

① 马克思，恩格斯．马克思恩格斯文集：第 5 卷．北京：人民出版社，2009：8.

必须走自己的道路，走社会主义现代化之路，才能获得成功。

什么是中国式现代化？中国式现代化是中国共产党领导的社会主义现代化，既有各国现代化的共同特征，更有基于自己国情的中国特色。中国式现代化是人口规模巨大的现代化，是全体人民共同富裕的现代化，是物质文明和精神文明相协调的现代化，是人与自然和谐共生的现代化，是走和平发展道路的现代化。这五个方面的中国特色，深刻揭示了中国式现代化的科学内涵。这既是理论概括，也是实践要求，为全面建成社会主义现代化强国、实现中华民族伟大复兴指明了一条康庄大道。

经济现代化是中国式现代化的经济基础，既有中国式现代化的本质和特色，又有自己的特殊内涵。从经济方面看，中国式现代化具有以下一些显著特点：（1）全体人民共同富裕是中国式现代化的本质特征，现代化道路最终能否走得通、行得稳，关键要看是否坚持以人民为中心。（2）中国式现代化是以新发展理念为指导的现代化，体现了创新、协调、绿色、开放和共享的新发展理念的要求。（3）实现新型工业化是实现中国式现代化的关键任务，要把高质量发展的要求贯穿新型工业化全过程，把建设制造强国同发展数字经济、产业信息化等有机结合。（4）要坚持走中国特色新型工业化、信息化、城镇化、农业现代化道路，推动工业化、信息化、城镇化、农业现代化同步发展。（5）要加快建设以实体经济为支撑的现代化产业体系，推进产业智能化、绿色化、融合化，建设具有完整性、先进性、安全性的现代化产业体系。（6）中国式现代化以社会主义基本经济制度为根本制度保障，坚持把社会主义基本经济制度的优势同市场经济的优势相结合。在中国共产党的领导下，经过全体人民的共同奋斗，中国式经济现代化已经取得了巨大成功，中国生产力的发展取得了历史性跃升，创造了经济持续快速发展的奇迹。中国式现代化打破了“现代化=西方化”的迷思，展现了现代化的另一幅图景，拓展了发展中国家走向现代化的路径选择，为人类探索更加合理的经济发展道路贡献了中国智慧、中国方案。

为贯彻落实党的二十大作出的战略部署，党的二十届三中全会研究了进一步全面深化改革、推进中国式现代化问题，作出了《中共中央关于进一步全面深化改革 推进中国式现代化的决定》。决定指出，当前和今后一个时期是以中国式现代化全面推进强国建设、民族复兴伟业的关键时期。中国式现代化是在改革开放中不断推进的，也必将在改革开放中开辟广阔前景。全党必须自觉把改革摆在更加突出位置，紧紧围绕推进中国式现代化进一步全面深化改革。

第四节　坚持完善社会主义基本经济制度

一、社会主义基本经济制度的发展和深化

马克思主义经典作家根据人类社会发展的规律和趋势，科学地阐明了社会主义代替资本主义的历史必然性，提示了未来社会主义经济制度的基本特征，包括：生产资料社会占有、有计划调节社会生产、按劳分配和按需分配、消除城乡和脑体对立、个人自由全面发展等。同时，恩格斯强调：“所谓‘社会主义社会’不是一种一成不变的东西，而

应当和任何其他社会制度一样，把它看成是经常变化和改革的社会。”① 中华人民共和国成立以后，中国共产党坚持把马克思主义基本原理与中国具体实践相结合，通过对农业、手工业和资本主义工商业的社会主义改造，建立了以公有制和按劳分配为基础的社会主义经济制度，为当代中国发展进步奠定了根本政治前提和制度基础。

改革开放以来，我们党立足社会主义初级阶段我国基本国情，总结社会主义建设正反两方面的经验，围绕完善社会主义基本经济制度进行了不懈探索，逐步确立了公有制为主体、多种所有制经济共同发展的社会主义初级阶段的基本经济制度，按劳分配为主体、多种分配方式并存的社会主义基本分配制度，实现了从高度集中的计划经济体制向充满活力的社会主义市场经济体制的历史性转变，推动了我国社会主义基本经济制度的不断发展完善。

基本经济制度是经济制度体系中具有长期性和稳定性的部分，具有基础性决定性地位，这种决定性地位，作为全体人民的共同意志，在《中华人民共和国宪法》（简称《宪法》）中得到了明晰表达和有效确认。《宪法》第一章第六条指出：“中华人民共和国的社会主义经济制度的基础是生产资料的社会主义公有制，即全民所有制和劳动群众集体所有制。社会主义公有制消灭人剥削人的制度，实行各尽所能、按劳分配的原则。国家在社会主义初级阶段，坚持公有制为主体、多种所有制经济共同发展的基本经济制度，坚持按劳分配为主体、多种分配方式并存的分配制度。”第一章第十五条指出：“国家实行社会主义市场经济。”《宪法》关于我国经济制度的规定，是社会主义基本经济制度的日趋成熟定型的有力保障和可靠证明。

党的十八大以来，以习近平同志为核心的党中央，立足于国际国内形势的深刻变化，围绕新时代如何坚持完善中国特色社会主义基本经济制度、推动高质量发展这一时代课题，在理论和实践的结合中进行了深入的探索，取得了一系列新的重要理论和实践成果。党的十九届四中全会着眼于新的实践和发展需要，明确将公有制为主体、多种所有制经济共同发展，按劳分配为主体、多种分配方式并存，社会主义市场经济体制三项制度并列，都作为社会主义基本经济制度，这是对基本经济制度认识的重大创新，对于更好发挥社会主义制度优越性、不断解放和发展社会生产力、推动经济持续健康发展意义重大。

二、社会主义基本经济制度的科学内涵

公有制为主体、多种所有制经济共同发展，按劳分配为主体、多种分配方式并存，社会主义市场经济体制，是社会主义基本经济制度的三项主要内容。

（1）公有制为主体、多种所有制经济共同发展。生产资料所有制是生产关系的核心，决定着社会的基本性质和发展方向。公有制为主体、多种所有制经济共同发展的基本经济制度，是中国特色社会主义制度的重要支柱，也是社会主义市场经济的根基。公有制经济和非公有制经济都是社会主义市场经济的重要组成部分，都是我国经济社会发展的重要基础。要毫不动摇巩固和发展公有制经济，发挥国有经济的主导作用，做强做优做大国有资本，建设中国特色国有企业制度，发展混合所有制经济，完善农村基本经营制

① 马克思，恩格斯．马克思恩格斯选集：第4卷．3版．北京：人民出版社，2012：601.

度，发展壮大集体经济；要毫不动摇鼓励、支持、引导非公有制经济发展，坚持民营经济是我国经济制度的内在要素，建立新型政商关系。把公有制经济巩固好、发展好，同鼓励、支持、引导非公有制经济发展是有机统一的。

（2）按劳分配为主体、多种分配方式并存。分配决定于生产，又反作用于生产，“而最能促进生产的是能使一切社会成员尽可能全面地发展、保持和施展自己能力的那种分配方式”[①]。按劳分配是社会主义的基本分配原则，要求以劳动者的数量和质量为依据分配个人收入，多劳多得。按生产要素分配是生产要素所有权在经济上的实现，要求劳动、资本、土地、知识、技术、管理、数据等生产要素由市场评价贡献、按贡献决定报酬。健全以税收、社会保障、转移支付等为主要手段的再分配调节机制，重视发挥第三次分配的作用，发展慈善等社会公益事业，促进效率和公平的有机统一。

（3）社会主义市场经济体制。市场经济是市场决定资源配置的经济，体现了以等价交换为基础的商品关系和制度形态。社会主义市场经济是在中国共产党领导和社会主义制度的前提下发展的市场经济，既体现了不同经济主体之间的独立平等经济关系，也体现了社会主义条件下人们之间根本利益的一致性。政府和市场关系是市场经济体制的核心，应使市场在资源配置中起决定性作用，更好发挥政府作用。着力构建市场机制有效、微观主体有活力、宏观调控有度的经济体制，实现产权有效激励、要素自由流动、价格反应灵活、竞争公平有序、企业优胜劣汰，努力形成市场作用和政府作用有机统一、相互补充、相互协调、相互促进的格局。

上述三项基本经济制度相互联系、相互支持、相互促进，是一个有机整体。马克思主义政治经济学基本原理告诉我们，生产、分配、交换等各个环节是紧密联系的统一体，生产环节在其中起着支配作用，这是人类社会一般的经济规律。“分配的结构完全决定于生产的结构。分配本身是生产的产物”[②]，生产和分配在本质上是统一的。生产决定交换，交换反作用于生产，生产和交换是经济曲线的横坐标和纵坐标，缺一不可。在中国特色社会主义经济中，生产、分配、交换之间的辩证统一关系集中体现为：在公有制为主体、多种所有制经济共同发展的生产资料基础上，实行按劳分配为主体、多种分配方式并存的分配制度和社会主义市场经济。这三项基本经济制度作为一个有机整体，反映了中国特色社会主义经济制度的本质特征，在我国经济制度体系中具有基础性决定性地位，对我国的经济改革、经济运行和经济发展有着决定性的影响。把按劳分配为主体、多种分配方式并存，社会主义市场经济体制上升为基本经济制度，将三项基本经济制度相并列，这一新的概括符合社会主义经济发展的内在规律，具有科学的理论基础，必将对坚持和完善中国特色社会主义制度、推进国家治理体系和治理能力现代化产生深远影响，确保党和国家事业蓬勃发展、长治久安。

三、中国特色社会主义基本经济制度的显著优势

党的十九届四中全会通过的《中共中央关于坚持和完善中国特色社会主义制度 推进

---

① 马克思，恩格斯．马克思恩格斯文集：第9卷．北京：人民出版社，2009：209.

② 马克思，恩格斯．马克思恩格斯文集：第8卷．北京：人民出版社，2009：19.

国家治理体系和治理能力现代化若干重大问题的决定》指出："新中国成立七十年来，我们党领导人民创造了世所罕见的经济快速发展奇迹和社会长期稳定奇迹，中华民族迎来了从站起来、富起来到强起来的伟大飞跃。实践证明，中国特色社会主义制度和国家治理体系是以马克思主义为指导、植根中国大地、具有深厚中华文化根基、深得人民拥护的制度和治理体系，是具有强大生命力和巨大优越性的制度和治理体系，是能够持续推动拥有近十四亿人口大国进步和发展、确保拥有五千多年文明史的中华民族实现'两个一百年'奋斗目标进而实现伟大复兴的制度和治理体系。"它同时强调，我国国家制度和国家治理体系具有多方面的显著优势，从经济方面看，具有"坚持公有制为主体、多种所有制经济共同发展和按劳分配为主体、多种分配方式并存，把社会主义制度和市场经济有机结合起来，不断解放和发展社会生产力的显著优势"，具体来说，就是既有利于发挥公有制经济在保障人民共同利益、增进民生福祉，以及在关系国家安全、国民经济命脉和国计民生的重要行业和关键领域的重要作用，又有利于发挥非公有制经济在稳定增长、促进创新、增加就业、改善民生等方面的重要作用。推动各种所有制取长补短、相互促进、共同发展，形成推动高质量发展的强大合力，既有利于调动广大劳动者的积极性和创造性，消除两极分化，使全体人民共享改革与发展的成果，实现共同富裕，又有利于调动各经济主体的积极性，让一切劳动、知识、技术、管理和资本的活力竞相迸发，让一切创造社会财富的源泉充分涌流，使各种资源都得到充分有效的利用；既有利于发挥市场在资源配置中的决定性作用，发挥市场机制信息灵敏、激励有效、调节灵活的优势，增强经济发展的活力和效率，又有利于发挥政府在健全宏观调控、加强市场监管、优化公共服务、保障公平正义、保护生态环境、维护国家安全、促进共同富裕方面的主导作用，实现有效市场和有为政府的有机统一。

归结起来就是，它既体现了市场经济的普遍原则，又体现了社会主义制度的基本特征，兼顾了长远和当前、集体和个人、效率和公平，使社会主义制度的优越性和市场经济的长处都得到了更好发挥，有效克服、防范了资本主义市场经济的弊端，为生产力的发展和社会的进步开辟了广阔道路。

四、中国特色社会主义经济制度的成熟定型

社会主义基本经济制度是中国特色社会主义经济制度，在此基础上，形成了包括企业、价格、财税、金融、收入分配、劳动工资、社会保障、政府职能、对外开放等在内的一系列新的相互衔接、相互联系的具体制度和体制机制，共同组成了中国特色社会主义经济制度的完整体系。

1992年邓小平南方谈话提出："恐怕再有三十年的时间，我们才会在各方面形成一整套更加成熟、更加定型的制度。"① 经过长期的努力，我国经济体制改革取得重大进展，向着形成更加成熟、更加定型制度的目标不断向前推进。党的十八大和党的十八届三中全会提出了新时代全面深化改革的目标，即到2020年，在重要领域和关键环节改革上取

① 邓小平．邓小平文选：第3卷．北京：人民出版社，1993：372.

得决定性成果，形成系统完备、科学规范、运行有效的制度体系，使各方面制度更加成熟、更加定型。

党的十八大以来，我国经济体制改革取得新的重大成果，全面深化改革进入了系统整体设计推进改革的新时代，开创了我国改革开放的全新局面。在此基础上，党的十九届四中全会进一步提出，坚持和完善中国特色社会主义制度、推进国家治理体系和治理能力现代化的总体目标是：到我们党成立一百年时，在各方面制度更加成熟更加定型上取得明显成效；到二〇三五年，各方面制度更加完善，基本实现国家治理体系和治理能力现代化；到新中国成立一百年时，全面实现国家治理体系和治理能力现代化，使中国特色社会主义制度更加巩固、优越性充分展现。从经济方面看，就是要坚持和完善社会主义基本经济制度，推动经济高质量发展，人民生活更加美好，人的全面发展、全体人民共同富裕取得更为明显的实质性进展，社会主义经济制度的优越性得到更加充分的发挥。

中国特色社会主义经济制度虽已确立并不断走向成熟定型，但是，还不是尽善尽美的，还存在不少问题，比如，市场体系不完善、城乡体制分割、政府市场关系不顺、收入差距较大、公平保障不足、收入调节乏力等，需要通过全面深化经济体制改革加以解决，以推动社会主义经济制度的自我完善和发展，不断解放和发展生产力，更好促进人的全面发展、社会成员的共同富裕。这是一个止于至善的过程，绝不能停顿。

第五节　社会主义经济制度的本质

一、社会主义经济制度的本质规定

社会主义本质的内涵是十分丰富的，可以从三个方面加以认识。

（1）社会主义的制度。首先是生产资料所有制制度和分配制度。社会主义社会不同于资本主义和其他一切剥削制度的根本特征，就在于它是以生产资料公有制和按劳分配为基础的。

（2）社会主义的目的。首先是生产目的，即运用什么手段达到目的、什么目的的问题，社会主义生产目的体现社会主义制度的根本性质和根本要求，是社会主义不同于资本主义制度的重要标志。

（3）社会主义的本质要求。社会主义的本质要求是社会主义基本制度在生产、分配、交换和消费以及经济、政治和文化等各种领域和各种活动中的具体体现，反映了社会主义制度的实现形式。

上述三个方面从不同角度概括和反映了社会主义的本质，准确把握它们三者之间的关系，是科学认识社会主义本质问题的关键。社会主义的制度是社会主义的目的和本质要求得以产生的客观基础，离开社会主义的制度，社会主义的目的就成为无源之水、无本之木；社会主义的目的体现了社会主义制度的价值追求，离开社会主义的目的，社会主义制度的建立和完善就失去了方向和动力；社会主义的本质要求则是社会主义制度的实现形式，离开社会主义的本质要求，社会主义的目的和社会主义的制度就无法落到实处。因此，社会主义的目的、制度和本质要求这三个方面是一个内在联系、不可分割的有机整体。只有在上述三个方面的有机联系中，我们才能完整准确地说明社会主义的本质特征。历史和现实中出现的对于社会主义本质的一些片面认识，都与不能正确理解上述三个方面的内在联系有关。

二、社会主义生产目的

社会生产目的反映了一个社会生产的实质，体现了生产资料所有制的性质，表明了社会生产发展的动力。

资本主义生产的目的是最大限度追求剩余价值，在这一目的的支配下，生产力获得巨大发展，科技日新月异。但资本主义生产是以资本和劳动的对立为基础的，必然导致财富占有的两极分化，一极是财富在少数人手中不断积累和增大，另一极则是大多数人的生活相对贫困，导致了阶级对立、经济危机和生产的无政府状态。在社会主义社会，随着生产资料公有制的建立和阶级对立的消失，全体成员成了生产资料的共同主人，生产力的发展不再是少数人剥削大多数人的手段，而是满足社会成员需要的物质条件，生产的目的是满足人民日益增长的美好生活需要、实现人的全面发展及社会成员的共同富裕。

（1）人民日益增长的美好生活需要。概括起来它包括两个方面：一方面是个人的需要，包含维持劳动者及其家庭生存的需要，提高劳动者物质文化生活水平的需要，全面发展劳动者的体力和智力所需的发展的需要等。人民的需要是不断增长的。随着生存需要得到满足，对发展和享受方面的需要就会增长；随着物质生活水平的提高，对教育文化方面的需要日益增长。总的来看，经过改革开放 40 多年的发展，我国社会生产力、综合国力、人民生活水平实现了历史性跨越，人民对美好生活的向往更加强烈，期盼有更好的教育、更稳定的工作、更满意的收入、更可靠的社会保障、更高水平的医疗卫生服务、更舒适的居住条件、更优美的环境、更丰富的精神文化生活。另一方面是社会的公共需要，包括发展科学、教育、文化、艺术、卫生、公用事业以及社会福利设施等方面的需要。随着社会生产的发展，这种公共消费的需要将会日益增加。在社会主义条件下，人民群众日益增长的需要中有一部分属于社会的基本需要，即与人民群众最基本的生存权和发展权直接相关的需要，包括基本的教育、卫生、就业、医疗、住房、公共服务、环境保护、养老等，这些领域关系人民群众最关心、最直接、最现实的利益，需要由社会来提供和满足，也具有公共需要的性质。

（2）人的全面发展。马克思认为，生产力的发展与人的发展是一致的。“整个所谓世界历史不外是人通过人的劳动而诞生的过程”[①]。正因为如此，马克思把共产主义社会概括为人自由而全面发展的社会，即“建立在个人全面发展和他们共同的、社会的生产能力成为从属于他们的社会财富这一基础上的自由个性”[②]。人的全面发展的主要含义是：

---

① 马克思，恩格斯．马克思恩格斯文集：第 1 卷．北京：人民出版社，2009：196.

② 马克思，恩格斯．马克思恩格斯文集：第 8 卷．北京：人民出版社，2009：52.

①人类认识和改造自然的能力不断增强，在德、智、体、美、劳等各方面的素质得到充分发展；②人类创造出的超出谋生需要的“自由时间”不断增多，为人的全面发展提供了日益广阔的空间；③满足人类生存和发展的基本需求得到充分保障，从而使享受和发展的需要日益成为人类生产的主要目的；④迫使个人奴隶般地服从分工以及脑力劳动和体力劳动的对立逐步消失，人们的劳动具有了更多选择。

（3）社会成员的共同富裕。实现社会成员的共同富裕是社会主义的一个根本原则，科学社会主义的创始人马克思和恩格斯一再强调，在未来的共产主义社会中，生产将以所有的人富裕为目的。[①] 大家“共同享受大家创造出来的福利”[②]。共同富裕的主要内涵是：①人们各尽所能，在共同劳动的基础上促进生产力的不断发展和财富的不断增加；②人们在生产资料的占有上实现了平等，消灭了阶级剥削，人们共享社会创造的财富；③消灭财富分配上存在的资本和劳动之间的两极分化，实行按需分配和按劳分配等有利于广大劳动者利益的公平分配方式；④共同富裕不是平均主义，承认人们在富裕程度上有先有后、有多有少，但这种差别不是基于资本积累和阶级剥削，而是基于劳动的能力和贡献。

社会主义生产目的体现了社会主义生产关系的根本特征，是社会主义经济的一般规律。但在不同的历史阶段和经济体制下，这一规律具有不同的实现形式。在马克思的设想中，社会主义生产目的是通过有计划地组织生产直接满足人们的需要来实现的，是以消灭私有制和商品生产为前提的。社会主义市场经济则是以多种所有制共同发展和价值规律的调节作用为前提的，从微观经济的角度看，无论是私有企业还是公有企业，都要追求利润最大化，而不以满足人民的物质和文化生活需要为直接目的。那么，这是否意味着社会主义市场经济中社会主义生产的目的就不发挥作用了？不是的。我国的市场经济是建立在公有制和按劳分配的主体地位基础上的社会主义市场经济，企业的微观逐利行为和价值规律的调节作用要受社会主义国家调控的引导和制约，从全社会的层面看，社会主义市场经济中生产发展的目的已经不是利润的最大化，而是最大限度地满足人民的物质和文化生活需要，实现人的全面发展和社会成员的共同富裕。

社会主义生产目的既是一个相对的概念，又是一个绝对的概念。一方面，我们应当看到，实现社会主义生产目的，满足人民日益增长的美好生活需要、促进人的全面发展和实现全体人民共同富裕，不可能一蹴而就，需要一个漫长的历史过程。另一方面，我们也要看到，实现社会主义生产目的，满足人民日益增长的美好生活需要、促进人的全面发展和实现全体人民共同富裕，是社会主义的本质要求，是指导我们经济工作的根本原则，这一点任何时候都不能动摇。正如习近平指出的：“我国正处于并将长期处于社会主义初级阶段，我们不能做超越阶段的事情，但也不是说在逐步实现共同富裕方面就无所作为，而是要根据现有条件把能做的事情尽量做起来，积小胜为大胜，不断朝着全体人民共同富裕的目标前进。”[③]

---

① 马克思，恩格斯．马克思恩格斯文集：第 8 卷．北京：人民出版社，2009：200.

② 马克思，恩格斯．马克思恩格斯文集：第 1 卷．北京：人民出版社，2009：689.

③ 习近平．深入理解新发展理念．求是，2019（10）：4－16.

三、以人民为中心的发展

中华人民共和国成立以来，我们党领导人民努力探索社会主义建设的正确道路，不断深化对社会主义本质和发展规律的认识。毛泽东指出，社会主义经济是为人民服务的经济，邓小平指出："社会主义的本质，是解放生产力，发展生产力，消灭剥削，消除两极分化，最终达到共同富裕。"① 进入新时代，站在新的历史起点上，面对人民群众的新期待，我们党鲜明地提出了以人民为中心的发展思想，强调必须坚持发展为了人民、发展依靠人民、发展成果由人民共享，不断满足人民日益增长的美好生活需要，促进人的全面发展、全体人民共同富裕，并将其作为做好一切经济工作的出发点和落脚点。这是对社会主义生产目的和社会主义本质认识的深化和发展。

坚持以人民为中心的发展思想，关键在于实现共享发展的理念，体现逐步实现共同富裕的要求，表现在以下方面：第一，共享是全民共享，共享发展是人人享有、各得其所，不是少数人共享、一部分人共享；第二，共享是全面共享，共享发展就要共享国家经济、政治、文化、社会、生态各方面建设成果，全面保障人民在各个方面的合法权益；第三，共享是共建共享，要充分发扬民主，广泛汇聚民智，最大程度激发民力，形成人人参与、人人尽力、人人都有成就感的生动局面；第四，共享是渐进共享，共享发展必将是一个从低级到高级、从不均衡到均衡的过程，即使达到很高的水平也会有差别。

实现以人民为中心的发展，是中国特色社会主义经济的逻辑主线，贯穿于中国特色社会主义经济发展的全部过程和各个环节，这就包括：在继续推动经济发展的基础上，着力解决好发展不平衡不充分问题，大力提升发展质量和效益，更好满足人民在经济、政治、文化、社会、生态等方面日益增长的需要；发展人民民主，保障人民平等参与、平等发展的权利，特别是发扬经济民主，将人民当家作主的原则贯彻到国家经济管理的各个领域和各个方面；毫不动摇地巩固公有制经济，毫不动摇地鼓励、支持、引导非公有制经济发展；完善社会主义基本分配制度，调整收入分配格局，完善以税收、社会保障、转移支付等为主要手段的再分配调节机制，缩小收入差距，实现共同富裕；在发展中补齐民生短板、促进社会公平正义，在幼有所育、学有所教、劳有所得、病有所医、老有所养、住有所居、弱有所扶上不断取得新进展；普遍提高群众的生活水平，实施脱贫攻坚工程，形成以工促农、以城带乡、工农互惠、城乡一体的新型工农城乡关系，让广大农民平等参与现代化进程、共享现代化成果；等等。

四、坚持党对经济工作的全面领导

经济与政治的高度统一是社会主义制度的一个突出特点。

马克思主义认为，经济是政治的基础，政治是经济的集中表现，二者既有区别又存在密切联系，没有离开政治的经济，也没有离开经济的政治。特别是在社会主义条件下，

① 邓小平．邓小平文选：第3卷．北京：人民出版社，1993：373.

经济与政治的关系是高度统一的。

在以私有制为基础的社会，存在着尖锐的阶级对立和阶级斗争，因此难以形成共同的社会利益和统一的社会意志，社会发展总体上是自发的、盲目的。与资本主义制度不同，社会主义制度是以生产资料公有制为基础的，国家是生产资料公有制的人格化代表。这样，在人类历史上就出现了一种新的国家形式，即经济和政治有机统一的社会主义国家。在这里，国家不仅是社会主义上层建筑的核心，作为政权组织处理各阶级和阶层的关系，通过立法、司法和行政部门维护社会主义经济制度和正常经济秩序，从上层建筑角度保证和促进生产力发展，而且是经济基础的核心，作为生产资料公有制的主体，代表全体人民的共同利益，深入社会经济生活的内部，行使对生产资料的管理权，以创造更多的物质财富，满足人民日益增长的物质文化需要。

社会主义国家经济与政治的高度统一，为克服资本主义社会存在的生产社会化与生产资料私有制之间的矛盾，以及由此导致的阶级对立、贫富分化、经济危机、金钱政治和社会的盲目无政府状态等深刻弊端创造了制度保障，为社会生产力发展开辟了前所未有的广阔空间。这是社会主义制度优越性的一个重要表现，也是社会主义社会发展的一条重要规律。列宁深刻地指出："政治同经济相比不能不占首位。不肯定这一点，就是忘记了马克思主义的最起码的常识。"① 毛泽东强调："政治工作是一切经济工作的生命线。"② 邓小平强调："社会主义市场经济优越性在哪里？就在'四个坚持'。'四个坚持'集中表现在党的领导。"③ 习近平指出："中国特色社会主义有很多特点和特征，但最本质的特征是坚持中国共产党领导。加强党对经济工作的领导，全面提高党领导经济工作水平，是坚持民主集中制的必然要求，也是我们政治制度的优势。"④

这些重要论述深刻揭示了社会主义条件下经济与政治有机统一的辩证关系。

改革开放40多年来，我国经济社会发展之所以能够取得世所罕见的巨大成就，我国人民生活水平之所以能够大幅度提升，都同我们坚定不移坚持党的领导、充分发挥各级党组织和全体党员作用是分不开的。在我国，党的坚强有力领导是政府发挥作用的根本保证。在全面深化改革过程中，我们要坚持和发展我们的政治优势，以我们的政治优势来引领和推进改革，调动各方面积极性，推动社会主义市场经济体制不断完善、社会主义市场经济更好发展。

坚持党对经济工作的全面领导，必须发挥党总揽全局、协调各方的领导核心作用，党的领导要在中心工作中得到充分体现，党中央必须对经济工作负总责、实施全面领导。必须提高党把握方向、谋划全局、提出战略、制定政策、推进改革的能力，为发展航船定好向、掌好舵。必须创新党领导经济社会发展的观念、体制、方式方法，不断加强和完善党领导经济工作的体制机制。必须提高党领导经济工作的能力和水平，提高党领导经济工作的科学化水平、法治化水平、专业化能力，切实把党领导经济工作的制度优势转化为治理效能。

---

① 列宁．列宁选集：第4卷．北京：人民出版社，2012：407.

② 毛泽东．毛泽东文集：第6卷．北京：人民出版社，1999：449.

③ 中共中央文献研究室．邓小平思想年编（1975—1997）．北京：中央文献出版社，2011：718.

④ 习近平．中国共产党领导是中国特色社会主义最本质的特征．求是，2020（14）：4-17.

主要名词概念

中国特色社会主义　中国特色社会主义经济制度　“卡夫丁”峡谷　苏联模式　计划经济体制　社会主义初级阶段　新时代中国特色社会主义　新发展阶段

复习思考题

1. 如何理解马克思关于跨越资本主义“卡夫丁”峡谷的思想?
2. 列宁对社会主义建设道路进行了哪些探索?
3. 怎样认识苏联模式的成就与局限?
4. 中国是如何选择走社会主义道路的?
5. 中国的社会主义经济制度是怎样建立起来的?
6. 如何认识计划经济体制的作用和弊端?
7. 社会主义基本经济制度有什么优势?
8. 如何认识我国进入了新发展阶段?
9. 如何认识经济和政治的关系?

第三章

社会主义所有制制度

生产资料所有制是社会生产关系的核心，公有制为主体、多种所有制经济共同发展是社会主义初级阶段的基本经济制度的核心，是中国特色社会主义的重要支柱、社会主义市场经济的根基。坚持和完善基本经济制度，必须毫不动摇巩固和发展公有制经济，毫不动摇鼓励、支持、引导非公有制经济发展，推动各种所有制取长补短、相互促进、共同发展。同时不能动摇公有制的主体地位，不能动摇国有经济的主导作用。

第一节　社会主义所有制制度的内涵

一、所有制制度的核心地位

马克思主义理论认为，经济基础决定上层建筑，而在经济基础中，基本制度即生产资料所有制结构又处于核心地位。这是因为，生产资料所有制是一个社会最基本的经济资源，谁控制了生产资料，谁就控制了包括生产、分配、交换以至消费等社会经济的各个环节，并由此成为这个社会政治上的统治者和意识形态上的主导者。因此，生产资料所有制是构成一个社会经济制度的基础，也是决定社会基本性质和发展方向的根本因素。

生产资料所有制为什么会有如此重要的地位呢？在《资本论》第2卷中，马克思简要地回答了这一问题：

> 不论生产的社会的形式如何，劳动者和生产资料始终是生产的因素。但是，二者在彼此分离的情况下只在可能性上是生产因素。凡要进行生产，它们就必须结合起来。实行这种结合的特殊方式和方法，使社会结构区分为各个不同的经济时期。①

① 马克思．资本论：第2卷．2版．北京：人民出版社，2004：44.

从历史上看，社会的不同形态，如从原始社会到奴隶社会、封建社会和资本主义社会等形态的更替，都是以生产资料所有制的变革为基础的。同一社会形态，如从自由资本主义到垄断资本主义和国家垄断资本主义的演变，也是以生产资料所有制的具体形式和内部结构的变化为基础的。正因为如此，马克思主义才高度重视所有制问题，把所有制的变革作为社会主义革命、建设和改革的关键环节。

中华人民共和国成立后，我国建立了以公有制为基础的社会主义经济制度。这一根本变革，为当代中国的一切发展进步奠定了根本政治前提和制度基础。但是由于受极左思想的影响，长期以来我们脱离了生产力发展的状况，以为越公越好、越纯越好，急于建立单一的公有制经济，形成了过分单一的所有制结构和僵化的经济体制，严重束缚了生产力和社会主义商品经济的发展，使我们付出了十分重大的代价。

改革开放以来，我们党立足我国基本国情，围绕完善社会主义初级阶段的所有制结构进行了不懈探索，1997 年党的十五大报告中第一次明确提出了社会主义初级阶段基本经济制度这一概念。报告指出：

> 公有制为主体、多种所有制经济共同发展，是我国社会主义初级阶段的一项基本经济制度。这一制度的确立，是由社会主义性质和初级阶段国情决定的：第一，我国是社会主义国家，必须坚持公有制作为社会主义经济制度的基础；第二，我国处在社会主义初级阶段，需要在公有制为主体的条件下发展多种所有制经济；第三，一切符合“三个有利于”的所有制形式都可以而且应该用来为社会主义服务。

公有制为主体、多种所有制经济共同发展的基本经济制度，体现了中国特色社会主义经济的根本特征，这一制度的确立为中国特色社会主义经济发展奠定了深刻的制度基础。

实行公有制为主体、多种所有制经济共同发展的基本经济制度，是中国共产党确立的一项大政方针，是中国特色社会主义制度的重要组成部分，也是完善社会主义市场经济体制的必然要求，公有制为主体、多种所有制经济共同发展的基本经济制度，体现了中国特色社会主义经济的根本特征，这一制度的确立为中国特色社会主义经济发展奠定了深刻的制度基础。对此，习近平作了深刻阐述：“改革开放以来，我们党总结正反两方面经验，确立了社会主义初级阶段的基本经济制度，强调坚持公有制为主体、多种所有制经济共同发展，明确公有制经济和非公有制经济都是社会主义市场经济的重要组成部分，都是我国经济社会发展的重要基础。我们要毫不动摇巩固和发展公有制经济，毫不动摇鼓励、支持、引导非公有制经济发展，推动各种所有制取长补短、相互促进、共同发展。同时，我们也要十分明确，我国基本经济制度是中国特色社会主义制度的重要支柱，也是社会主义市场经济体制的根基，公有制主体地位不能动摇，国有经济主导作用不能动摇。这是保证我国各族人民共享发展成果的制度性保证，也是巩固党的执政地位、坚持我国社会主义制度的重要保证。”① 公有制为主体、多种所有制经济共同发展的基本经济制度，体现了中国特色社会主义经济的根本特征，这一制度的确立为中国特色社会

---

① 习近平．不断开拓当代中国马克思主义政治经济学新境界．求是，2020（16）：4－9.

主义经济发展奠定了深刻的制度基础。

二、坚持“两个毫不动摇”

党的十六大报告明确将社会主义基本经济制度的内涵概括为“两个毫不动摇”，坚持“两个毫不动摇”成为坚持基本经济制度的一以贯之的重大方针。

第一，必须毫不动摇地巩固和发展公有制经济。《宪法》第一章第六条明确指出：“中华人民共和国的社会主义经济制度的基础是生产资料的社会主义公有制”。第七条明确指出：“国有经济，即社会主义全民所有制经济，是国民经济中的主导力量。”发展和壮大国有经济，国有经济控制国民经济命脉，对于发挥社会主义制度的优越性，促进生产力发展，具有关键作用。集体经济是公有制经济的重要组成部分，可以体现共同富裕原则，可以广泛吸收社会分散资金，缓解就业压力，增加公共积累和国家税收。

第二，必须毫不动摇地鼓励、支持和引导非公有制经济发展。包括个体、私营等形式在内的非公有制经济，是社会主义市场经济的重要组成部分，是我国经济社会发展的重要基础，有利于繁荣城乡经济、增加财政收入，有利于扩大社会就业、改善人民生活，有利于优化经济结构、促进经济发展，对加快社会主义现代化进程具有重大的战略意义。

第三，要把坚持公有制为主体、促进非公有制经济发展统一于社会主义现代化建设的进程中，不能把两者对立起来。各种所有制经济可以在市场竞争中发挥各自优势，相互促进，共同发展。要划清坚持基本经济制度与私有化以及单一公有制的界限，既不会因为坚持公有制的主体地位而影响非公有制经济的发展，也不会因为发展非公有制经济而影响公有制的主体地位。

有人提出，既然我们强调不同所有制之间的关系是一种平等竞争的关系，为什么还要强调公有制的主体地位呢？为什么还要在不同所有制之间区分主次关系呢？其实，公有制的主体地位与不同所有制之间的平等竞争是不同层次的问题，并不矛盾。一方面，在市场经济中，不同所有制的企业都要接受价值规律的调节、服从等价交换的原则，从这个角度看，它们之间是平等竞争的关系。另一方面，任何社会的经济成分都不是单一的，都存在多种经济成分，而且不同经济成分的地位和作用是不一样的。马克思指出，

> 在一切社会形式中都有一种一定的生产决定其他一切生产的地位和影响，因而它的关系也决定其他一切关系的地位和影响。这是一种普照的光，它掩盖了一切其他色彩，改变着它们的特点。这是一种特殊的以太，它决定着它里面显露出来的一切存在的比重。①

例如，在资本主义社会里，既存在资产阶级私有制，也存在大量的个体经济，还有一定的国有经济，某些时期甚至还有奴隶主经济。既然如此，我们为什么还要称之为资本主义社会呢？关键在于资产阶级私有制在整个社会的生产关系体系中占据主体地位，它就是普照的光，决定着、制约着其他经济成分的存在和发展。在社会主义初级阶段，

---

① 马克思，恩格斯．马克思恩格斯选集：第2卷．3版．北京：人民出版社，2012：707.

既有公有制经济，又有非公有制经济。但是，我国之所以是社会主义社会，从经济上说，就是因为公有制占主体地位，如果没有占主体地位的公有制经济，没有占主导地位的社会主义国有经济，如果让资本主义私有制占据主体地位，社会的性质就会发生变化，社会主义社会就会改变颜色，转变成资本主义社会。

坚持“两个毫不动摇”的关键在于，必须完善落实“两个毫不动摇”的体制机制，充分激发各类经营主体的内生动力和创新活力。党的二十大报告提出了落实“两个毫不动摇”的主要举措：“深化国资国企改革，加快国有经济布局优化和结构调整，推动国有资本和国有企业做强做优做大，提升企业核心竞争力。优化民营企业发展环境，依法保护民营企业产权和企业家权益，促进民营经济发展壮大。完善中国特色现代企业制度，弘扬企业家精神，加快建设世界一流企业。支持中小微企业发展。深化简政放权、放管结合、优化服务改革。”

三、社会主义所有制制度的实现形式

一种生产资料所有制建立之后，其生产关系通过什么样的具体形式体现出来并发挥作用，如何推动和组织实际的生产、分配和交换活动，这就是所有制的实现形式问题。所有制与所有制的实现形式既相互联系，又有所不同。一方面，所有制的内容决定着所有制的实现形式，例如，资本主义所有制必然要求自由经营的企业组织形式，社会主义所有制必然要求社会对企业的监督管理。另一方面，同一种所有制可以有不同的实现形式。例如，同样的资本主义私有制，就存在独资经营的业主制、私人股份所有制、法人股份所有制等多种形式。同样的社会主义公有制，也存在国有国营制、承包制、现代企业制度等多种形式。

党的十八届三中全会作出的《中共中央关于全面深化改革若干重大问题的决定》提出，混合所有制是基本经济制度的重要实现形式，这一论断反映了社会主义市场经济中我国所有制结构变动的趋势。一方面，公有制为主体、多种所有制经济共同发展，要求各种形式的所有制取长补短、相互促进、有机结合，这表现在企业组织形式上，就是混合所有制的出现。另一方面，社会主义市场经济的发展，要求各类商品和生产要素自由流动、交易、组合，这必然会打破各种所有制之间的相互分割，促进国有资本、集体资本、非公有资本等不同所有制资本之间的自由流动、交叉持股、相互融合。

作为基本经济制度的重要实现形式，混合所有制是随着社会主义基本经济制度的发展而发展的。党的十五大报告明确指出股份制是公有制的主要实现形式，公有制经济不仅包括国有经济和集体经济，还包括混合所有制经济中的国有成分和集体成分。党的十六大报告提出，除极少数必须由国家独资经营的企业外，积极推行股份制，发展混合所有制经济。党的十七大报告进一步指出，“以现代产权制度为基础，发展混合所有制经济”。在此基础上，《中共中央关于全面深化改革若干重大问题的决定》明确提出了混合所有制“是基本经济制度的重要实现形式”，并强调国有资本、集体资本、非公有资本等交叉持股、相互融合的混合所有制经济，是基本经济制度的重要实现形式，有利于国有资本放大功能、保值增值、提高竞争力。

混合所有制并不是一种独立的所有制形式，而是由不同的所有制混合而成的企业组织形式，它既可以建立在私有制的基础上，也可以建立在公有制的基础上。国家和集体控股具有明显的公有性，而私人控股则具有明显的私有性。因此，在社会主义基本制度下发展混合所有制，必须坚持以公有制为主体，具体到不同的领域和部门，公有制的主体地位又有不同的要求。从发展混合所有制的角度看，国有企业大体可以分为两种类型：

第一种类型的国有企业处于关系国家安全和国民经济命脉的重要行业和关键领域，以国有独资或绝对控股为主。这类企业包括：公益性企业，如从事公办教育、公共医院、公共交通、保障性住房、环境卫生的企业等；自然垄断企业，如从事电网、铁路运输、自来水、天然气的企业等；涉及国家安全的企业，如从事军事工业、航天航空、核工业的企业等；开采战略性或稀缺资源的企业，如从事石油开采、稀土挖掘的企业等。上述企业的共同特点是：不以利润最大化为主要目标，而是优先服务于公共利益和国家战略，因此，政府要对其保持较强的控制力。当然，在这些领域中也存在一些具有竞争性的项目和环节，可以适当引进社会资本，搞混合所有制。

第二种类型的国有企业处于关系国家安全和国民经济命脉的重要行业和关键领域之外，国有资本既可以保持绝对控股，也可以相对控股和参股，还可以根据资本运营的需要进行有进有退的流动。这类国有企业广泛存在于国民经济的各个部门，其主要特点是：以利润最大化为主要目标，主要按照市场经济的规则和市场竞争的要求从事经营活动，其发展的前途、范围、数量和规模也都是根据竞争的结果来确定的，政府对于这些企业一般不进行行政干预。这类国有企业适合发展混合所有制，大部分应当按照现代企业制度的要求进行改制，引入多元投资主体，发展成为混合所有制企业，成为真正自主经营、自负盈亏的市场主体，实现公有制经济与非公有制经济的优势互补、相互融合、共同发展。

第二节　公有制经济的主体地位

一、社会主义公有制的本质特征

科学认识社会主义基本经济制度，必须准确把握公有制关系的本质特征。

应当看到，生产资料公有制并不是社会主义社会独有的现象，它在原始社会曾经是占统治地位的所有制形式，并将在共产主义社会的高级阶段获得更加充分的发展。但是，社会主义生产资料公有制既不同于原始公有制，也不同于共产主义公有制。

在原始社会，由于生产力极其低下，没有多少剩余产品，因此，人们只能集体劳动，平均分配，这就是原始的公有制。与原始公有制不同，社会主义公有制是生产社会化高度发展的产物，其基本特征是：劳动者共同占有生产资料，并在此基础上形成新型的平等关系，这种关系排除任何私人对生产资料的占有并获得特殊的利益，生产的目的是为了满足人们的共同需要，实现人的全面发展和共同富裕。在生产资料共同占有的基础上，社会产品的分配实行按劳分配或按需分配，人们共享社会创造的财富。

那么，社会主义公有制和共产主义高级阶段的公有制又有什么区别呢？概括地说，社会主义公有制与共产主义高级阶段的公有制最主要的区别在于：前者是以存在分工、劳动是谋生的手段为基础的，后者则是以消灭分工、个人实现自由全面发展为基础的。由于存在分工，社会主义社会的劳动者就不能像在消灭了分工的共产主义社会里那样，单纯以生产资料的共有者的身份与生产资料发生实际联系，还必须把劳动作为自己的谋生手段，以劳动者的身份实现与公共的生产资料的结合，以获得与自己付出的劳动相应的报酬。

因此，在社会主义公有制中，虽然生产资料是社会成员共同所有的，但是，由于旧分工的存在，属于社会共同所有的生产资料又是通过具有独立利益的个人和单位如企业来分别使用的，这就不可避免地使生产资料的占有关系带有局部占有的性质。每个从业者个人以及每个从业者集体之间在对生产资料的使用上具有明显的利益上的差别，公有制内部的商品生产和商品交换由此而生。

社会主义生产资料公有制有什么特点呢？

第一，社会调节。由全体社会成员按照集体意志统一支配和调节社会所属的生产资料既是公有制的历史起点，又是公有制的必然结果。正像自发的秩序是资本主义经济运行的典型状态一样，社会主义公有制必然要以有计划地满足社会的共同利益作为自己存在的历史根据。公有制企业在追求自身利益的同时必须满足社会的共同利益，承担一定的社会责任，接受全体人民的代表即国有资产监管部门的监督管理，否则，国有经济就会成为单纯追求个人利益和小集团利益的工具，成为事实上的私有制，公有制就会被瓦解。

第二，经济民主。生产资料公有制使劳动者在生产资料占有上形成了平等的关系，在全社会范围内结成了利益共同体，这就首先需要一种民主化的管理制度，以保障共同利益的实现。没有这样一种民主的管理结构，就会滋生各种官僚主义和腐败现象，作为公共利益代表的各级管理者就有可能蜕化变质，公有制关系的要求就无法得到实现，公共利益就无法得到保证。正如毛泽东所强调的那样，劳动者管理国家、管理军队、管理各种企业、管理文化教育的权利，实际上是社会主义制度下劳动者最大的权利，最根本的权利。①

第三，按劳分配。按劳分配是社会主义公有制的本质要求，是生产资料公有制在分配环节的实现。在市场经济条件下，由于劳动不能直接计算，因而现实中的按劳分配只能是按经营收入分配，而经营收入的大小又受供求、竞争和价格波动多种因素的影响，因此，按劳分配的实现与理想中的状态有很大的不同，但是，就国有经济来说，按劳分配原则的基本精神是必须坚持的，这就是：既反对剥削，又反对平均主义，只承认能力和贡献上的差别及其对收入分配的影响，而不承认生产资料占有上的差别及其对收入分配的影响。

第四，剩余共享。对经济剩余的占有是生产资料所有权的基本职能，在私有制中，经济剩余归私人所有者占有，而在公有制经济中，经济剩余则归社会成员共同占有。具

① 毛泽东．毛泽东文集：第8卷．北京：人民出版社，1999：129.

体来说，在公有制经济中，企业上缴国家的收入包括两个部分：一部分是一般的税收，另一部分则是公有资本收益，这是国家以所有者身份从企业获得的收益，是公有所有权在经济上的实现。这部分收入要用于满足社会的共同利益，如改善公共福利、保障和改善民生等。

二、为什么必须坚持公有制的主体地位

为什么必须坚持以生产资料公有制为主体？通常的回答是，社会主义是以公有制为基础的，因此，坚持社会主义就必须坚持以公有制为主体。这样的回答并没有抓住问题的关键。按照历史唯物主义的观点，生产力决定生产关系，一种社会制度是否合理，不能由这种制度自己加以证明，而必须把能否促进生产力的发展作为判断的标准。

还有一种流行的观点认为，公有制和私有制都是手段，只有发展生产力才是目的，因此，是否以公有制为主体并不重要，可有可无。这种观点貌似有理，其实是片面的，割裂了生产力与生产关系的辩证联系，把公有制与生产力的发展不恰当地对立起来了。科学社会主义之所以坚持用生产资料公有制代替私有制，并不是基于公平正义的道德考虑，而是因为资本主义私有制阻碍了社会化大生产的发展，只有建立生产资料公有制才能克服资本主义私有制的弊端，适应生产力发展的要求，更好地解放和发展生产力。更何况生产力的发展本身还有一个为了谁的问题：是为了少数剥削者的利益，还是为了广大劳动者的利益，从这个角度看，实行什么样的所有制是极为重要的。

社会主义初级阶段基本经济制度之所以必须坚持以公有制为主体，主要的原因在于：

第一，以公有制为主体是社会主义经济制度的根本特征。如前所述，生产资料所有制是一个社会经济制度的基础，它决定着一个社会的基本性质和发展方向，决定着人们在生产过程中的地位和相互关系以及分配和交换的性质。没有公有制作为经济基础就不会有社会主义的经济制度，也不会有社会主义的上层建筑。

第二，以公有制为主体是解放和发展生产力的根本要求。生产的社会化与生产资料资本主义私人占有之间的矛盾，是导致资本主义经济贫富两极分化、经济危机、阶级对立等一切弊病的总根源。消除这些弊病要求在生产资料公有制的基础上，对整个社会生产和经济发展进行有计划的合理的调控，以推动生产力更快地发展。生产资料公有制是实现这种有计划调控的制度基础。

第三，以公有制为主体是实现共同富裕的根本前提。马克思主义认为，生产决定分配，不同的所有制关系决定了不同的收入分配制度，只有在生产资料社会占有的基础上才能形成以按劳分配为主体的比较公平的分配关系，对收入分配的源头即生产条件的占有环节进行有效调节，防止两极分化，实现共同富裕，使全体人民共享改革与发展的成果。

第四，以公有制为主体是构建社会主义和谐社会的重要条件。在公有经济内部，生产资料的所有权归社会占有而不是归任何个人占有，这样就有利于从根本上消除资本与劳动的阶级对立和对抗性的社会矛盾，有利于维护社会的公平正义，有利于实现社会整体利益与局部利益、长远利益与当前利益、公共利益与个人利益的有机结合，为构建社

会主义和谐社会创造有利条件。

第五，以公有制为主体是全球化条件下实现自主发展的有力保障。坚持公有制的主体地位和发挥国有经济的主导作用，有利于国家大力实施自主创新的战略，建设创新型国家，提高国家的竞争力，保持国家对关键行业和领域的控制力，维护国家的经济安全，把坚持独立自主同参与经济全球化结合起来。

第六，以公有制为主体是社会主义政治制度的经济基础。人民当家作主是社会主义民主政治的本质。而这样一种民主制度只有在社会的财富特别是生产资料占有相对公平的基础上才能产生。如果生产资料特别是关系国民经济命脉的战略性资源和生产资料被私有化了，被少数私人和私有利益集团垄断占有了，那么就不可能形成社会主义民主政治，而只能形成垄断资本占主导地位的资产阶级民主政治。

经济基础决定上层建筑，坚持以公有制为基础，既是一个重大经济问题，也是一个关系国家前途命运的重大政治问题。坚持和发展中国特色社会主义制度，推进国家治理体系和治理能力现代化，加快发展社会主义市场经济、社会主义民主政治、社会主义先进文化、社会主义和谐社会、社会主义生态文明，都离不开基本经济制度这个重要支柱。

三、以公有制为主体的含义

正确认识以公有制为主体需要弄清以下几个问题：

第一，公有制经济的范围。公有制经济不仅包括国有经济和集体经济，还包括混合所有制经济中的国有成分和集体成分；不仅包括生产领域的国有经济，还包括流通、金融、文化等领域的公有制经济；不仅包括属于中央管理的公有制经济，还包括各级政府所有的公有制经济。此外，还应当包括许多新型的公有制形式，如各种新型的农村合作制等。

第二，以公有制为主体的含义。公有制的主体地位主要体现在两个方面：一是公有资产在社会总资产中占优势；二是国有经济控制国民经济命脉，对经济发展起主导作用。下面我们对这两个方面进行具体分析。

（1）关于公有资产在社会总资产中占优势。生产资料有两种具体形态，即物质形态和价值形态。物质形态表现为矿藏、土地、厂房、机器设备、原材料等物质要素，价值形态则表现为以货币形式存在的各种资产。由于物质形态的生产资料在不同的企业和部门千差万别，难以加总计算，因而以生产资料公有制为主体通常是用公有资产在社会总资产中占优势来表示的。

公有资产有狭义和广义之分。狭义的公有资产是指以保值增值为主要目的而投资于各种行业的资产，包括国有经营性资产、集体经营性资产以及混合所有制经营性资产中的国有成分和集体成分。而广义的公有资产，除公有经营性资产外，还包括投资于行政、国防、公益事业等形成的公有非经营性资产，以及具有开发和使用价值的能带来收益的公有资源性资产。

那么，“公有资产在社会总资产中占优势”中所指的“公有资产”是哪种类型的公有资产呢？虽然广义的公有资产和狭义的公有资产都很重要，但是，从社会主义生产关系的本质来看，狭义的公有资产，即经营性资产更为重要。因为只有进入经营过程的生产资料或资产，才能纳入社会的再生产体系，形成一定的经济关系，对社会经济的运动过程产生影响。而非经营性资产和资源性资产则不具有这样的经济作用。另外，还有一些公有制生产资料，如农村集体所有制的土地，其中的许多部分虽然没有进入经营过程，转化为经营性资产，却进入了直接的生产过程，并构成了农村社会主义生产关系的重要基础。显然，在实际生活中如何准确估算公有资产的数量和质量，是一个比较复杂的问题。

（2）关于国有经济控制国民经济命脉，对经济发展起主导作用。国有经济对经济发展起主导作用是生产资料公有制的必然要求，是社会主义生产关系的客观规律。这是因为，建立公有制的目的就是要克服生产社会化与生产资料资本主义私人占有之间的基本矛盾，由社会按照社会的需要计划组织生产，满足社会成员的共同利益，实现人的全面发展和社会的共同富裕。在社会主义初级阶段，由于存在多种所有制经济特别是众多的非公有制经济，公有制经济存在的范围是比较有限的。在这种条件下，只有国有经济控制国民经济命脉，对经济发展起主导作用，发挥国有经济的控制力、影响力和带动力，才能保证经济制度的社会主义性质，保证经济发展的社会主义方向，支撑、引导和带动社会经济的发展，保障经济的持续健康发展。

第三，公有制为主体的时空特点。从时间上看，以公有制为主体是从长期趋势上看的，在不同的历史阶段，依据生产力发展的不同情况以及经济结构的变化、国家发展战略等因素，公有资产的比重也应有所变化，有时多一些，有时少一些。因此，不能脱离长期的历史趋势机械地看待公有资产的比重。比如，今年公有资产占社会总资产的比重是51%，就断定是社会主义；明年公有资产占社会总资产的比重下降到了49%，就断定是资本主义。这样认识基本经济制度，显然是不科学的。

从空间上看，公有资产占优势是就全国而言的，有的地方、有的产业可以有所差别。党的十五届四中全会确定的国有经济需要控制的行业和领域主要包括：涉及国家安全的行业，自然垄断的行业，提供重要公共产品和服务的行业，以及支柱产业和高新技术产业中的重要骨干企业。其他行业和领域，可以通过资产重组和结构调整，集中力量，加强重点，提高国有经济的整体素质。党的十八届三中全会对国有资本投资运营的领域以及实现的目标提出了新的要求，即“国有资本投资运营要服务于国家战略目标，更多投向关系国家安全、国民经济命脉的重要行业和关键领域，重点提供公共服务、发展重要前瞻性战略性产业、保护生态环境、支持科技进步、保障国家安全”。

2023年11月召开的中央全面深化改革委员会第三次会议强调，聚焦推进国有经济布局优化和结构调整，推动国有资本向关系国家安全、国民经济命脉的重要行业和关键领域集中，向关系国计民生的公共服务、应急能力、公益性领域等集中，向前瞻性战略性新兴产业集中，更好服务构建新发展格局、推动高质量发展。

第四，公有制的主体地位的保障实施。虽然社会主义初级阶段基本经济制度已被写入《宪法》，成为指导我国经济改革发展的根本准则和最高依据，但是在市场经济条件下，所有制结构的变动在很大程度上取决于市场机制的作用，受到市场竞争、全球化、资本流动等多种因素的影响，必然处于动态变化之中。在这样的条件下，如果缺乏有效的体制机制和法律措施的保障，基本经济制度的实现就有可能落空。这就需要建立和完善基本经济制度的保障机制，确立基本经济制度的调控主体，使基本经济制度的各项法律和政策措施得以落实，促进各种所有制经济的共同发展，保障公有制经济的主体地位。

第五，公有制生产关系的特征。通常人们对所有制的分析主要是从所有权的法律归属的角度进行的，这种分析是必要的，然而是不全面的。按照马克思主义政治经济学的观点，生产资料所有制在本质上是一种经济关系、经济过程和行为规范，脱离开这些关系、过程和行为的抽象的所有权，只不过是一种形而上学的或“法学的幻想”。

> 在每个历史时代中所有权是以各种不同的方式、在完全不同的社会关系下面发展起来的。因此，给资产阶级的所有权下定义不外是把资产阶级生产的全部社会关系描述一番。①

要想把所有权作为一种独立的关系、一种特殊的范畴、一种抽象的和永恒的观念来下定义，这只能是形而上学的或法学的幻想。

因此，正确认识和实现公有制的本质特征不能仅仅停留在所有权的归属上，而必须弄清公有制生产关系的内涵和实现公有制生产关系的要求，即我们前面所指出的社会调节、经济民主、按劳分配和剩余共享等。

第三节　国有经济的主导作用

一、国有经济主导作用的含义

国有经济的主导作用，是社会主义基本经济制度的核心内容，是坚持和完善社会主义基本经济制度的关键。那么，国有经济主导作用的含义是什么？表现在哪些方面？认识这一问题，需要从生产关系和生产力两个方面加以考察。

从生产关系看，国有经济的主导作用体现为国有经济在多种所有制结构中的支配地位，保证各种所有制经济沿着社会主义道路前进。

在现阶段，生产资料公有制包括全民所有制和集体所有制两种主要形式，而全民所有制又是以国有制的形式存在的。社会主义公有制是以社会化大生产为基础的，生产的高度社会化要求全体劳动者在全社会范围内联合起来实现共同利益。为了使这种全社会的联合和占有不致流于形式，不致被局部利益的冲突所瓦解，不致成为一种理论上的虚构，就需要有客观的人格化的组织来代表社会共同的利益。在国家存在的条件下，国家就是整个社会的正式代表，公共的所有权只能由国家来代表。因此，公有制表现为国家所有具有必然性。只要存在公有制，同时又存在国家这种社会组织，国有制就不可避免。这一点，马克思和恩格斯有过明确的说明。在《共产党宣言》中，他们写道：“无产阶级将利用自己的政治统治，一步一步地夺取资产阶级的全部资本，把一切生产工具集中在

---

① 马克思，恩格斯．马克思恩格斯选集：第1卷．3版．北京：人民出版社，2012：258.

国家即组织成为统治阶级的无产阶级手里，并且尽可能快地增加生产力的总量。”[①] 在《社会主义从空想到科学的发展》中，恩格斯也明确指出：“无产阶级将取得国家政权，并且首先把生产资料变为国家财产。”[②]

在当今世界，无论是资本主义国家还是社会主义国家，所有制结构都是多元化的混合形态，既有私有制，也有国有制，不存在纯而又纯的单一的所有制形态。其区别在于，在资本主义国家，生产资料私有制在多种所有制中处于主体地位，国有经济只是私人资本的一种补充形式。资本主义的经济规律如资本积累规律、剩余价值规律、贫富两极分化规律等在经济生活中起支配作用。与此不同的是，在社会主义国家，生产资料公有制处于主体地位，建立在国有经济基础上的社会主义经济特征或规律如有计划发展、共同富裕、按劳分配和满足人民日益增长的美好生活需要等，是支配我国生产关系发展变化的主要力量。

从生产力看，国民经济的主导作用体现为国有经济在整个国民经济中的控制力，保证国民经济的持续协调健康发展。具体来说：

（1）在工业化和现代化的过程中，经济发展对能源、交通、电信等基础设施存在巨大需求，但基础设施投资规模巨大且周期较长，私人资本往往不愿或无力投资，需要国家从长远和全局利益出发加以建设，以保障社会再生产的条件。

（2）实现国民经济全面协调可持续发展需要国家有计划地调控国民经济的发展方向、速度、结构和重大比例关系，但国家的计划调控依靠以私人利益最大化为目标的私有企业是难以完成的，必须以相当规模的国有经济为依托才可能得以实现。

（3）社会主义生产目的是满足人民日益增长的美好生活需要，而这些需要中的许多部分如科学、教育、文化、艺术、卫生、公用事业以及社会福利设施等方面的需要都具有较强的公益性，必须由国有经济提供保障。

（4）在经济全球化不断加深、国际竞争日趋激烈的条件下，发展国有经济有利于加速国内资本的集中和积累，加强对战略性资源的开发和利用，加快发展一批具有国际竞争力的大型跨国企业，提高国家的竞争力。

（5）建设强大的社会主义现代化国家，必须建立强大的现代化国防工业体系，而这一点离开了国有经济是不可能实现的。发展国有经济有利于维护国家的主权和经济安全，保持国家对关键行业和领域的控制力，防范和化解国际风险的冲击。

二、国有经济主导作用的变化

国有经济的主导作用在不同的历史阶段和经济体制下有着不同的特点。在计划经济时期和改革开放初期，国有经济在国民经济中占绝对优势，在当时的条件下，国有经济的主导作用主要是通过对国有企业的生产、分配、交换过程下达直接的指令性计划来实现的，排斥了市场机制的作用。改革开放以来，随着市场经济的发展，指令性计划逐步

---

① 马克思，恩格斯．马克思恩格斯选集：第1卷．3版．北京：人民出版社，2012：421.

② 马克思，恩格斯．马克思恩格斯选集：第3卷．3版．北京：人民出版社，2012：812.

减少和取消，国有经济在国民经济中的比重明显降低，体制机制也发生了重要变化。这种变化体现在以下几个方面：

（1）国有经济的总规模大幅度增长，1998—2022 年，工业中国有及国有控股资产规模增长了 7 倍，主导作用得到了发挥，但在社会总资产中的比重明显下降了（见表 3－1）。

表 3－1 工业中各种经济类型资产总计及其占规模以上企业资产比例

年份	国有及国有控股资产		私营企业资产		外商投资和港澳台商投资企业资产	
	总计（亿元）	比例（%）	总计（亿元）	比例（%）	总计（亿元）	比例（%）
1998	74 916.27	68.84	1 486.98	1.37	21 326.95	19.60
2005	117 629.61	48.05	30 325.12	12.39	64 308.47	26.27
2008	188 811.37	43.78	758 79.59	17.59	112 145.01	26.00
2014	371 308.84	38.81	213 114.42	22.27	198 162.05	20.71
2019	469 679.85	38.95	282 829.60	23.45	228 743.88	18.97
2022	604 246.76	37.72	446 756.59	27.89	292 953.58	18.29

资料来源：国家统计局．中国统计年鉴（2023）．北京：中国统计出版社，2023.

（2）国有资产在一般竞争领域中的比重减少，主要集中于能源、交通、通信、军工和公用事业等关系国家安全和国民经济命脉的重要行业和关键领域（见表 3－2）。

表 3－2 2022 年分行业国有控股企业资产占规模以上企业资产比例

行业	国有控股企业资产占比（%）	行业	国有控股企业资产占比（%）
煤炭开采和洗选业	74.8	化学纤维制造业	17.3
石油和天然气开采业	84.1	橡胶和塑料制品业	6.3
黑色金属矿采选业	66.5	非金属矿物制品业	21.9
有色金属矿采选业	53.8	黑色金属冶炼和压延加工业	41.4
非金属矿采选业	48.3	有色金属冶炼和压延加工业	36.5
开采专业及辅助性活动	82.5	金属制品业	13.9
农副食品加工业	7.9	通用设备制造业	20.3
食品制造业	10.5	专用设备制造业	20.3
酒、饮料和精制茶制造业	43.5	汽车制造业	38.4
烟草制品业	99.3	铁路、船舶、航空航天和其他运输设备制造业	67.0
纺织业	5.0	电气机械和器材制造业	9.5
纺织服装、服饰业	1.5	计算机、通信和其他电子设备制造业	17.3
木材加工和木、竹、藤、棕、草制品业	5.5	仪器仪表制造业	17.9
家具制造业	3.0	其他制造业	58.7
造纸和纸制品业	9.3	废弃资源综合利用业	17.9

续表

行业	国有控股企业资产占比（%）	行业	国有控股企业资产占比（%）
印刷和记录媒介复制业	15.8	金属制品、机械和设备修理业	75.3
文教、工美、体育和娱乐用品制造业	4.2	电力、热力生产和供应业	83.8
石油、煤炭及其他燃料加工业	51.4	燃气生产和供应业	50.3
化学原料和化学制品制造业	27.1	水的生产和供应业	83.7
医药制造业	15.5		

资料来源：国家统计局．中国统计年鉴（2023）．北京：中国统计出版社，2023.

（3）中小型国有企业的数量大幅减少，国有企业主要集中于具有较强国际竞争力的大公司、大企业集团。2023年，按企业法人个数算，国有企业占比很小，但在世界500强的入围数量中，国有企业占到接近70％（见表3-3）。

表3-3　1996—2023年世界500强企业入围情况统计表　单位：个

年份	美国企业	日本企业	中国企业	国有企业	央企
1996	153	142	4	2	1
2000	178	107	11	9	5
2005	176	81	18	15	9
2010	140	71	54	40	30
2015	128	54	106	83	47
2019	121	66	133	88	48
2023	136	41	142	97	46

资料来源：根据《财富》杂志历年世界500强数据整理。

上述变化是高度集中的计划经济向社会主义市场经济过渡的必然产物，是单一公有制结构向多元所有制结构发展的必然产物，反映了社会主义初级阶段基本经济制度的要求，一方面保持了国有经济的主导作用，另一方面促进了多种所有制经济的共同发展，总的来说，是正常和有益的。

三、国有经济主导作用的实现

在国有经济的地位、作用、体制机制发生了上述重要变化之后，国有经济的主导作用如何实现呢？

第一，保持必要数量的国有企业。企业是市场经济的微观基础，国有企业是实现国有经济主导作用的微观基础。国有企业不是越多越好，国有企业的数量必须与其所具有的地位和所承担的任务相适应。但是这并不意味着国有企业的数量无足轻重，更不是说国有企业越少越好。无论是从推动社会生产力的发展还是从保障社会主义生产关系来看，没有必要数量的国有企业，国有经济的主导作用就难以实现，其影响力、控制力、带动力就会大大削弱，就难以引导其他所有制经济的发展。

第二，坚持“抓大放小”。从19世纪末开始，自由竞争的资本主义逐渐被垄断资本主义所替代。全球许多重要的生产部门都存在着生产的集中和垄断趋势，少数几家跨国公司垄断了众多产业50%以上的全球市场份额。在这样的条件下，必须着力培育一大批实力雄厚、竞争力强的大型企业，培养一大批跨地区、跨行业、跨所有制和跨国经营的大企业集团，使之成为国民经济的支柱和参与国际竞争的主要力量。其他一般的中小型国有企业，则可以采取改组、联合、兼并、租赁、承包经营和股份合作制、出售等形式，放开放活。

第三，放大国有资本的功能。国有经济的主导地位既要通过国有独资企业来实现，更要大力发展股份制，探索通过国有控股和参股企业来实现。通过国有控股和参股等形式吸引和组织更多的社会资本，有利于扩大公有资本的支配范围，增强公有制的主体作用，放大国有资本的功能，提高国有资本的控制力、影响力和带动力。随着改革的不断深入和社会主义市场经济的不断发展，国有独资企业在国有经济中的比重将明显减少，国有控股和参股企业在国有经济中的比重将会明显增加。

第四，优化国有经济的布局。在多种所有制经济共同发展的条件下，国有经济的主导作用主要体现在控制力上，而控制力又主要体现为国有经济在关系国民经济命脉的重要行业和关键领域占支配地位，支撑、引导和带动整个社会经济的发展，在实现国家宏观调控目标中发挥重要作用。因此，必须优化国有经济的布局，有进有退，有所为有所不为，集中力量，加强重点，提高国有经济的整体素质。

第五，完善国有企业的管理体制。在市场经济体制下，国有企业要建立现代企业制度，逐步实行政企分离，从政府机构的附属变为相对独立的商品生产者，积极参与市场竞争，遵循市场经济的规律。但是，从总体上看，国有企业与非国有企业不同，不以利润最大化为唯一经营目标，要建立集中与分散、统一性与灵活性相结合的国有企业管理体制，既要赋予企业独立的经营自主权和独立的财产权，又要强化国家所有权的约束，加强对国有资产运营的监督管理，以实现国家的战略目标和人民的共同利益。

四、澄清对国有经济的若干片面认识

坚持和完善社会主义初级阶段的基本经济制度，必须划清公有制为主体、多种所有制经济共同发展的基本经济制度同私有化和单一公有制的界限。在这一问题上，目前流行着若干片面的认识，需要加以澄清。

有人认为，既然是公有制，那就意味着人人都是所有者，人人都有份，因此，应当把公有财产如公有制企业的股份平分到个人手中，这样才能使人们共同享受公有制创造的财富。这种看法错误地理解了公有制的含义，是不正确的。我们所说的公有制是全体人民的共同所有制，在这种所有制关系中，每个社会成员都是所有者，但每个人都是不独立的所有者，他们联合起来才能成为共同的所有者，这就是公有制的真实含义。如果把公有的财产如大型国有企业、农村集体的土地分到个人手中，从表面上看好像是实现了社会的公平，实际上却把公有制转变成为私有制，而且是个人私有制，这种个人私有制会通过资本积累和市场竞争很快两极分化财富，财富迅速集中到少数掌握巨额财富的大资本手中，所谓的“人民资本主义”最后无一例外地转变为垄断资本主义。俄罗斯的私有化实践就是一个很好的例子。20 世纪 90 年代初，在新自由主义理论的指导下，俄罗斯实行了大规模的私有化政策，主要方法就是通过给每个公民发放私有化证券，全面瓜分公有财产，其结果并没有使绝大多数俄罗斯人变成“所有者”，哪怕是名义上的“股东”，却使少数俄罗斯人一夜间成为亿万富翁。

有人认为，公有制产权不清，无人负责，效率低下。然而，这种论断既缺乏经验的支持，又缺乏理论的证明。实际上，影响企业效率的因素有很多，如管理水平、技术水平、体制机制、宏观环境等，与企业的所有制形式并不存在简单的对应关系。随着国有企业改革的不断深化，我国国有企业的效率得到了明显的提高，不少国有企业在生产规模、科技创新、全员工效、安全指标以及发展速度等主要技术指标上不仅在国内一流，而且在国际上也处于领先地位。还需要强调的是，评价国有企业的效率不能仅仅局限于微观的财务指标，还必须看到国有企业在保持社会稳定、保障宏观调控、维护国家安全、实现国家战略、推动自主创新以及实现科学发展和促进社会和谐等方面的重要作用。这样才能更加真实地反映出国有企业的效率，体现国有企业在促进国民经济的持续、稳定和协调发展中的关键作用。

有人认为，公有制与市场经济是不能兼容的，只有彻底的私有化或民营化，才能建立真正的市场经济。事实上，经过 40 多年的深入改革，我国绝大部分国有企业的生产经营活动已经纳入了市场调节的轨道，具有了独立的财产权和经济利益，广泛参与到了国内和国际市场竞争的大潮流中，企业的管理体制日益完善，国有经济在市场经济竞争中获得了很大发展，在各行各业中都出现了许多效益好、活力足的优秀的国有企业。公有制与市场经济的这种有机结合，一方面有效地利用了市场对各种经济信号反应比较灵敏等优点，发挥了市场在资源配置中的决定性作用，同时又有效地发挥了公有制经济的主体作用，有利于克服市场经济的盲目性、自发性等弱点，实现宏观调控的目标，把社会主义的优越性与市场经济的长处更好地结合起来。实现公有制与市场经济的有效结合，使国有企业形成适应市场经济要求的管理体制和经营机制，是中国经济改革和经济发展获得成功的一条重要经验。

有人认为，公有经济的存在会造成垄断，不利于市场竞争。这种观点把反垄断与私有化混为一谈。垄断作为一种市场结构状态，与所有制形式并没有直接的关系。在市场经济中，某些行业中的某些企业由于在技术优势、对稀缺资源的占有、规模经济和政府特许等方面具有特殊的地位，从而在生产、交换和价格的形成上具有一定程度的控制力，进而形成垄断地位。这种情况无论是在公有制企业还是私有制企业中都会存在。自从资本主义由自由竞争阶段进入垄断阶段后，垄断就日益成为资本主义经济的常态，并随着资本主义经济的发展而不断加强。事实上，当前我国市场结构所面临的主要问题不是垄断，而是企业规模相对较小，产业组织结构分散，国际竞争力低下，不能适应激烈的国际竞争的需要。一些关键行业集中度的提高和国有企业的做强做大，是面对全球竞争的挑战和维护国家经济安全的必要选择。在事关国家安全和国家经济命脉的战略性部门以及自然垄断行业，问题的关键不在于有没有垄断，而在于谁来垄断。一般来说，在这些特殊的部门和行业，由公有制企业经营要比由私有制企业经营更好地体现社会的利益和国家的战略。

有人认为，公有制企业的发展壮大会挤压私人企业的空间，导致国进民退，不利于市场经济的发展。这种观点把国有经济的发展与非国有经济的发展不恰当地对立起来了。多种所有制经济共同发展是中国经济模式和中国经济奇迹的核心要素。不同的所有制具有不同的特点和相对优势，需要相互促进、共同发展。在社会主义市场经济中，公有制经济与非公有制经济之间是相互促进、共同发展的。如国有企业多数是大企业，在国民经济中具有骨干和支柱作用，可以带动非公有制经济的发展；当前我国的国有企业除少数由国家独资经营外，绝大多数实现了投资主体多元化，进行了股份制改造，成为以公有制为主的混合所有制经济，与非公有制经济你中有我、我中有你、融为一体；国有经济在宏观稳定、技术创新、维护安全等方面的作用为非公有制经济的发展创造了有利的宏观条件；与此同时，非公有制经济的发展对于推动国有经济的改革与发展也有积极作用，它为国有企业的改革与发展提供了有效的竞争环境、广阔的市场需求和全面的分工协作。

有人认为，国有经济战略调整的目的就是要使国有企业全面退出竞争性领域，国有企业不应当参与市场竞争，只能存在于非竞争性领域。这种观点并不符合我国国有企业改革的原则和方针。需要明确的是，建立和发展社会主义市场经济以及推动国有企业改革的根本目的，就是要把公有制与市场经济结合起来，使公有制企业特别是国有企业适应市场竞争的要求，在市场竞争中得到发展壮大。如果说国有企业只能存在于非竞争性领域，国有企业都要退出竞争领域，就等于说，国有经济根本不应当存在于市场经济中，那么发挥国有经济的主导作用就失去了客观基础，深化国有经济改革就失去了方向，也就不可能形成各种所有制经济平等竞争、相互促进的新格局，建立和完善社会主义市场经济就成了一句空话。

有人认为，目前非公有制经济在我国整体国民经济中的比重已经大幅增长，在不少部门和地区公有制经济的比重已经不足50%，因此，公有制的主体地位已经丧失，中国的基本经济制度已经私有化了。正确认识这一问题需要弄清私有化的含义。在我国，所谓的私有化并不是指把个别国有企业转变为非国有企业，而是指以公有制为主体的社会主义制度向以私有制为主体的资本主义制度的根本转变。在这里，私有化是一个宏观的基本制度的概念，而不是微观的企业产权结构的调整。同时，我们讲的以公有制为主体是就全国而言的，有的地方、有的产业可以有所差别，不完全一样。在社会主义国家，在坚持公有制为主体的前提下，国有经济多一点或少一点并不会影响社会主义性质。

第四节　鼓励、支持和引导非公有制经济发展

一、为什么发展多种所有制经济

我国处于社会主义初级阶段，生产力发展水平总的来说还比较低，又很不平衡。高度社会化的生产与用手工工具进行的自给半自给的生产并存；现代化的工业与落后的农业并存；经济水平比较发达的地区与不发达地区和贫困地区并存。生产力的多层次和不平衡的特点，客观上要求有多种所有制形式与之相适应。各种所有制形式都是与特定的生产力相联系的，具有相对的优势，脱离开特定的条件抽象地判断所有制形式的优劣，

或者抹杀它们之间的差别，用某种单一的所有制囊括复杂多样的生产力体系是不科学的，不利于生产力发展。

公有制经济特别是国有经济是社会化大生产体系中的核心部分，在国民经济中具有主导地位，但是国有经济的这种主导作用是以非公有制经济的广泛存在为条件的，需要非公有制经济的广泛发展作为补充。

首先，在现实的生产力结构中，与公有制相适应的高度社会化的生产方式是比较有限的，需要由国家统一支配的生产资料也是十分有限的。如果无视上述情况，把国有经济的发展当作对其他所有制形式的排斥，一方面会使国有经济遭受超过其吸收能力的就业压力的冲击，造成“在职等待业”，人浮于事，劳动生产率低下；另一方面，还会使过多的劳动人口处于待业状态，限制和堵死了许多就业门路，产生严重的就业问题以及一系列社会问题。

其次，多种所有制经济的共同发展，还是解决国有经济生产能力与社会需要之间矛盾的必要条件。国有经济在满足社会的生产和生活需要方面所起的巨大作用是不容低估的。但是，国有经济所具有的生产能力还远不足以提供社会所需要的全部产品。国家只能将有限的生产资料用在对整个国民经济的有计划发展具有重大影响的关键领域，其他领域的产品则需要由大量的非公有制经济来提供。只有非公有制经济的充分发展，才能形成广泛而丰富的分工体系，创造出丰富多彩的物质和精神产品，推动社会生产的蓬勃发展，满足人民日益增长的美好生活需要。

最后，多种所有制经济的共同发展有利于形成各种所有制优势互补、相互促进的新格局。国有经济的发展有利于国家对经济发展进行有计划的调控，发挥社会主义制度集中力量办大事的优势；有利于消灭剥削，消除两极分化，实现共同富裕；有利于促进民生建设，保障公平正义；有利于维护国家的经济安全，实现自主发展；有利于建立和谐的劳动关系。而非公有制经济的发展则有利于形成各种所有制之间独立自主的市场竞争关系，发挥市场机制的调节作用，调动各个经济主体的积极性和创造性，保证市场经济的活力和效率。

二、非公有制经济与民营经济

“非公有制经济”是同公有制经济相对应的一个概念。公有制指的是生产资料归国家和集体所有。从实现形式上看，公有制经济不仅包括国有经济和集体经济，还包括混合所有制经济中的国有成分和集体成分。与之相对应，非公有制经济从本质上讲，是生产资料归私人所有，包括个体经济、私营经济、外资经济和混合所有制经济中的非公有成分。

个体经济是劳动者个人或家庭占有生产资料，从事个体劳动和经营的所有制形式。这里，生产资料私有者个人直接参与劳动，以个人及其家庭成员的劳动为基础，不存在雇佣关系。个体经济包括个人所有、个人经营的工商户，家庭所有、家庭经营的工商户，若干自然人合伙经营的工商户，基本不雇工或雇工很少。

与个体经济不同，私营经济是建立在雇佣劳动基础上的，区分个体经济和私营经济的关键是是否存在雇佣劳动关系。

外资经济是我国发展对外经济关系、吸引外资形成的所有制形式，是外国投资者和港澳台地区的投资者依照中华人民共和国有关涉外经济的法律、法规，以合资、合作或独资等形式在我国大陆境内建立的一种经济成分，通常在我国也被称为“三资”企业。

一般而言，“民营经济”这一概念主要是指私营经济和个体经济等非国有经济成分，而国有经济则是全民所有制经济，是公有制经济。在清楚界定内涵和外延的前提下，使用“民营经济”这一概念有一定的实际意义，可以避免把非公有制经济简单等同于资本主义条件下的私有制经济，进而在道德和制度上加以批判的片面认识，有利于促进非公有制经济的发展。

改革开放 40 多年来，我国民营经济从小到大、从弱到强，不断发展壮大。我国民营经济已经成为推动我国发展不可或缺的力量，成为创业就业的主要领域、技术创新的重要主体、国家税收的重要来源，为我国社会主义市场经济发展、政府职能转变、农村富余劳动力转移、国际市场开拓等发挥了重要作用。我国经济发展能够创造中国奇迹，民营经济功不可没。

但是，需要注意的是，在实际生活中，有些看法有意无意地把所谓的“国”与“民”对立起来，将全民所有制经济或国有经济说成是“官僚资本”，而将民营经济当作是“人民群众”的代表，甚至将国有企业与民营企业正常的市场竞争说成是“与民争利”，并进一步将这种对立夸大为“国家与人民的对立”“政府和群众的对立”。这种概念上的混淆导致了认识上的混乱，是需要澄清的。

三、对非公有制经济认识的发展

在改革开放以前，受极左思想的影响，私有制经济被作为资本主义尾巴而加以扫除。党的十一届三中全会以后，非公有制经济蓬勃发展起来，逐步成为社会主义初级阶段基本经济制度的重要组成部分。

1982 年，党的十二大报告提出：“在农村和城市，都要鼓励劳动者个体经济在国家规定的范围内和工商行政管理下适当发展，作为公有制经济的必要的、有益的补充。”1987 年，党的十三大报告提出：“对于城乡合作经济、个体经济和私营经济，都要继续鼓励它们发展。”“在不同的经济领域，不同的地区，各种所有制经济所占的比重应当允许有所不同。”党的十四大报告指出：“在所有制结构上，以公有制包括全民所有制和集体所有制经济为主体，个体经济、私营经济、外资经济为补充，多种经济成分长期共同发展，不同经济成分还可以自愿实行多种形式的联合经营。”在以上认识的基础上，党的十五大报告确立了社会主义初级阶段的基本经济制度，并对非公有制经济作了这样的定位：“非公有制经济是我国社会主义市场经济的重要组成部分。对个体、私营等非公有制经济要继续鼓励、引导，使之健康发展。这对满足人们多样化的需要，增加就业，促进国民经济的发展有重要作用。”《宪法》第十一条规定：“在法律规定范围内的个体经济、私营经济等非公有制经济，是社会主义市场经济的重要组成部分。国家保护个体经济、私营经济等非公有制经济的合法的权利和利益。国家鼓励、支持和引导非公有制经济的发展，并对非公有制经济依法实行监督和管理。”

党的十八届三中全会通过的《中共中央关于全面深化改革若干重大问题的决定》，从多个层面提出鼓励、支持、引导非公有制经济发展，激发非公有制经济活力和创造力的改革举措。在功能定位上，明确公有制经济和非公有制经济都是社会主义市场经济的重要组成部分，都是我国经济社会发展的重要基础；在产权保护上，明确提出公有制经济财产权不可侵犯，非公有制经济财产权同样不可侵犯；在政策待遇上，强调坚持权利平等、机会平等、规则平等，实行统一的市场准入制度；鼓励非公有制企业参与国有企业改革，鼓励发展非公有资本控股的混合所有制企业，鼓励有条件的私营企业建立现代企业制度。这将推动非公有制经济健康发展。党的十八届四中全会提出要“健全以公平为核心原则的产权保护制度，加强对各种所有制经济组织和自然人财产权的保护，清理有违公平的法律法规条款”。党的十八届五中全会强调要“鼓励民营企业依法进入更多领域，引入非国有资本参与国有企业改革，更好激发非公有制经济活力和创造力”。党的十九大把“两个毫不动摇”写入新时代坚持和发展中国特色社会主义的基本方略，作为党和国家一项大政方针进一步确定下来。党的二十大进一步强调要坚持“两个毫不动摇”，促进民营经济发展壮大。党的二十届三中全会提出要坚持致力于为非公有制经济发展营造良好环境和提供更多机会的方针政策，并提出要制定民营经济促进法。

从以上政策演变过程可以看出：

第一，毫不动摇地鼓励、支持、引导非公有制经济发展不是权宜之计，而是一个必须长期坚持的战略方针。我们国家这么大、人口这么多，又处于并将长期处于社会主义初级阶段，生产力的结构复杂多样，因此，需要发展多种形式的所有制，调动各方面的积极性，发挥各方面的优势。

第二，我国非公有制经济从小到大、由弱变强，是在我们党和国家方针政策指引下实现的。非公有制经济在支撑增长、促进创新、扩大就业、增加税收等方面具有重要作用。

第三，我国现阶段的非公有制经济不同于资本主义国家的私有制经济，它是社会主义初级阶段基本制度的重要组成部分，是在社会主义制度下产生和发展起来的，是中国特色社会主义事业的建设者。

第四，民营经济是我国经济制度的内在要素，民营经济是社会主义市场经济发展的重要成果，是推动社会主义市场经济发展的重要力量。

四、促进非公有制经济的持续健康发展

改革开放以来，我国非公有制经济获得了巨大发展，也面临一些问题，导致这些问题的既有外部因素，也有内部因素。从外部因素看，遇到了所谓的“三座大山”，即市场的冰山、融资的高山、转型的火山。从内部因素看，存在经营模式粗犷、社会责任意识薄弱、“家族式”“家长制”治理方式等弊病。因此，需要从改善外部环境和提升自身素质两个方面齐头并进、共同努力，促进非公有制经济健康发展。

从外部因素看，要重点解决好以下问题：一是要着力解决中小企业融资难问题，健全完善金融体系，为中小企业融资提供可靠、高效、便捷的服务。二是要着力放开市场

准入，凡是法律法规未明确禁入的行业和领域都应该鼓励民间资本进入，凡是我国政府已向外资开放或承诺开放的领域都应该向国内民间资本开放。三是要着力加快公共服务体系建设，支持建立面向非公有制企业的共性技术服务平台，积极发展技术市场，为非公有制企业自主创新提供技术支持和专业化服务。四是要着力引导民营企业利用产权市场组合民间资本，开展跨地区、跨行业兼并重组，培育一批特色突出、市场竞争力强的大企业集团。五是要进一步清理、精简涉及民间投资管理的行政审批事项和涉企收费，规范中间环节、中介组织行为，减轻企业负担，降低企业成本。

从内部因素看，要重点解决好以下问题：

非公有制企业要适应生产社会化要求，建立多元、开放、社会化的产权结构，发展现代企业制度，完善企业内部的治理结构，建立和谐的劳动关系。同时要加快转变发展方式，促进科技创新，提升产业层次，努力摆脱家庭作坊式的低、小、散状态，促进企业的转型升级。

非公有制经济的企业家要十分珍视和维护好自身社会形象，做爱国敬业、守法经营、创业创新、回报社会的典范。要注重对年轻一代非公有制经济人士的教育培养，引导他们继承发扬老一代企业家的创业精神和听党话、跟党走的光荣传统。

要建立新型的政商关系。党政领导干部和非公有制经济人士不能搞成封建官僚和“红顶商人”之间的那种关系，也不能搞成西方国家大财团和政界之间的那种关系，更不能搞成吃吃喝喝、酒肉朋友的那种关系。

总之，促进非公有制经济健康发展和非公有制经济人士健康成长，要坚持团结、服务、引导、教育的方针，一手抓鼓励支持，一手抓教育引导，推动广大非公有制经济人士做合格的中国特色社会主义事业建设者。①

第五节　农村基本经营制度

农村基本经营制度是我国基本经济制度的重要组成部分，在农村经济中居于基础性地位。从中华人民共和国成立到现在，中国的农村基本经营制度经历了探索、形成和发展的历程，逐步趋于成熟。同时在新起点、新形势下，我国农村基本经营制度还需要进一步完善。

一、农村基本经营制度的形成与演变

1. 农村集体所有制的确立

中华人民共和国成立后，党领导人民在全国范围内进行了轰轰烈烈的土地改革，废除地主所有的封建土地所有制，实行了“耕者有其田”的政策，农民成为土地的主人，真正获得了解放，生产积极性大大提高，农业生产得到了迅速发展。但是，土地改革后

① 习近平．毫不动摇坚持我国基本经济制度 推动各种所有制经济健康发展．人民日报，2016－03－09．

也出现了一些新的情况和问题，一是农村中出现了新的分化，一些刚刚获得土地的农民，由于生产生活上的困难等原因，不得不典当甚至变卖土地，面临重新失去土地的危险。另外一些经济条件比较好的农民则上升为新的富农。二是个体的、分散的和落后的农业生产，不能向城市和国家的工业化提供更多的粮食和其他农产品，许多农村还处于自给半自给的经济状态，这种情况与城市大规模的工业化建设和整个国民经济有计划发展的需要产生了很大的矛盾。形势的发展要求加快农村社会主义改造进程，引导农民尽快走向集体化、走向社会主义。因此，从中华人民共和国成立之初，党就十分重视土地改革完成后农村出现的各种形式的互助合作。1951 年发布的《中共中央关于农业生产互助合作的决议（草案）》明确提出了发展农业互助合作的基本方针、政策和指导原则。1953 年以后，农村社会主义改造全面展开。特别是 1955 年夏季之后，全国范围内掀起了农业社会主义改造的高潮。1955 年 10 月，党的七届六中全会通过了《关于农业合作化问题的决议》，对农业合作化的发展作了全面规划。到 1956 年年底，加入农业生产合作社的社员总户数已达全国农业总户数的 96.3%，农业合作化任务基本完成。①

1958 年 8 月，中共中央发布《关于在农村建立人民公社问题的决议》，提出随着我国农业生产“大跃进”和农民政治觉悟的不断提高，几十户、几百户单一的农业生产合作社已经不能适应形势发展的要求，建立农、林、牧、副、渔全面发展，工、农、商、学、兵互相结合的人民公社，是指导农民加速社会主义建设，提前建成社会主义并逐步过渡到共产主义所必须采取的方针，人民公社的规模一般以一乡一社、两千户左右农户为宜。在《关于在农村建立人民公社问题的决议》的推动下，人民公社化运动迅猛发展。这一运动由于脱离了当时的实际条件，造成了平均主义和“大锅饭”问题，农民的利益受到损害，积极性受到打击，农业生产遭到了破坏。为了纠正这些错误，中央明确提出了人民公社的三级所有制，即人民公社所有制、生产大队（原高级社）所有制和生产队所有制。1962 年 9 月公布的《农村人民公社工作条例（修正草案）》（即“农业六十条”）再次明确，人民公社的基本核算单位是生产队，实行独立核算、自负盈亏，直接组织生产，组织收益分配。直到 1978 年启动农村改革前，中国农村一直实行“三级所有，队为基础”的土地集体所有制。

农村土地集体所有制的建立，标志着我国基本上完成了对个体农业的社会主义改造，亿万农民彻底摆脱了个体私有制的束缚，进入了建设社会主义农村的历史时期，为我国的工业化和农村经济社会的发展创造了基本条件。但是，实践证明，以生产队为基本核算单位的生产体制不利于调动农民的生产积极性，不适应农村生产力发展的要求，需要进行改革。

2. 农村基本经营制度的形成

党的十一届三中全会后，改革开放在各个领域全面展开，其中起步最早的是农村。农村改革的突破口则是推行家庭联产承包责任制。1978 年年底，安徽省凤阳县小岗村等贫困村率先实行了“包产到户”“包干到户”的尝试，并逐步在全国范围得到推广发展。1982 年中央一号文件明确指出，目前实行的各种责任制度，包括“包产到户”“包干到

---

① 中共中央党史研究室．中国共产党历史：第 2 卷（1949—1978）上册．北京：中共党史出版社，2011：344.

户”等，不同于合作化以前的小私有的个体经济，而是社会主义农业经济的组成部分，正式承认了“双包”责任制的合法性。此后，中央连续3年出台一号文件，肯定和完善了以家庭联产承包为主要形式的农业生产责任制，认为这是在党的领导下中国农民的伟大创造，是马克思主义农业合作化理论在中国实践中的新发展，家庭联产承包责任制得到了巩固和完善。到1984年年底，全国实行“大包干”的生产队占生产队总数的99%。1991年，党的十三届八中全会通过了《中共中央关于进一步加强农业和农村工作的决定》，把这一体制正式表述为“统分结合的双层经营体制”。1993年3月宪法修正案正式把这一体制纳入宪法。同年7月2日第八届全国人民代表大会常务委员会第二次会议通过的《中华人民共和国农业法》第六条指出：“国家稳定农村以家庭联产承包为主的责任制，完善统分结合的双层经营体制”。至此，农村基本经营制度正式确立。

3. 农村基本经营制度的发展

1994年以来，我国农村土地制度存在如下特点：首先，坚持农村土地农民集体所有，这是坚持农村基本经营制度的“魂”，农村土地属于农民集体所有，这是农村最根本的制度。其次，在土地所有权保持不变的前提下，稳定土地承包关系，保障农民土地承包经营权长久不变。最后，通过承包经营权的流转，土地承包主体同经营主体开始发生分离，土地利用效率得到提高。

1993年中央11号文件对承包期限作了明确规定，即“为了稳定土地承包关系，鼓励农民增加投入，提高土地的生产率，在原定的耕地承包期到期之后，再延长三十年不变”，并提倡“增人不增地，减人不减地”，推进了土地承包经营权的稳定。1998年10月召开的党的十五届三中全会总结了农村改革20年的经验，强调要长期稳定“以家庭承包经营为基础、统分结合的双层经营体制”，关键是稳定完善土地承包关系。2002年，《中华人民共和国农村土地承包法》出台，其第四条为“国家依法保护农村土地承包关系的长期稳定”，从而把土地经营权的稳定上升到法律地位。2007年出台的《中华人民共和国物权法》把土地承包经营权界定为用益物权，进一步强化了土地承包经营权的法律地位，从财产权角度保障了农村基本经营制度的稳定。

2008年召开的党的十七届三中全会指出：“赋予农民更加充分而有保障的土地承包经营权，现有土地承包关系要保持稳定并长久不变。”

2016年，中共中央办公厅、国务院办公厅颁布《关于完善农村土地所有权承包权经营权分置办法的意见》，将农村土地产权中的土地承包经营权进一步划分为承包权和经营权，实行所有权、承包权、经营权分置并行。这一意见的出台具有非常重要的意义，是继家庭联产承包责任制后农村改革又一重大制度创新。党的十九大报告提出，巩固和完善农村基本经营制度，深化农村土地制度改革，完善承包地“三权分置”制度。2018年12月29日第十三届全国人民代表大会常务委员会第七次会议第三次审议后通过了《中华人民共和国农村土地承包法修正案》。修正案重点围绕农村集体土地所有权、土地承包权、土地经营权“三权分置”，农村土地承包关系保持稳定并长久不变、土地二轮承包到期后继续延长，完善土地承包经营权权能，维护进城务工落户农民土地承包权益，保护妇女土地权益等重大问题作了修改。以“长久不变”为核心内容的一系列农业政策的实施，给广大农民吃了一颗“定心丸”，大大促进了土地承包经营权的流转和农村基本经营制度的动态稳定。

2020年颁布的《中华人民共和国民法典》落实农村承包地“三权分置”改革的要求，对土地承包经营权的相关规定作了完善。

二、坚持发展农村集体经济

（1）坚持土地集体所有制，不搞土地私有化。农村土地集体所有制是农村社会主义生产关系的基础，是实现城乡一体化和广大农民共同富裕的重要保障，必须长期坚持，绝不能搞土地私有化。当前坚持土地集体所有制需要处理好土地集体所有和赋予农民更多财产权之间的关系。放活土地经营权，给农民更多的财产权，是当前农村土地经营制度改革的一个重要方向，有利于调动农民生产积极性，有利于推动土地经营权的有序流转、发展规模经济，有利于提高农业生产的效率。但是，放活土地经营权以坚持土地集体所有权为前提，绝不意味着土地的私有化，改变土地的集体所有制，把土地所有权完全交给私人。国内外经济发展的历史表明，土地私有化的危害是十分巨大的，包括：会使大量贫困农民失去土地，丧失最后一道保障线，加剧农村贫富两极分化；使土地向少数掌握资本的人手中集聚，导致农村经济的资本主义化，瓦解农村社会主义关系；导致大量农村人口涌向大中城市，引起过度城市化，造成大面积“贫民窟”，严重危害社会稳定；增加合理农地非农化的成本和困难，不利于工业化和城镇化的有效推进；造成农村公共基础设施的退化和建设困难，加剧中国粮食风险，无益于社会主义新农村的建设和“三农”问题的最终解决。①

（2）发展壮大农村集体经济。发展壮大农村集体经济，是巩固完善农村基本经营制度的重要内容，有利于提高服务于农民群众的物质基础，有利于增强农村基层组织的凝聚力和战斗力，有利于推动农村公共事业发展和社会主义新农村建设，实现共同富裕，是推进中国特色农业现代化、城镇化和美丽乡村建设的重要举措，不仅关系到农民的切身利益，而且关系到农村改革发展和大局的稳定。

发展壮大农村集体经济，需要因地制宜，多途径培育壮大农民专业合作社、农村土地股份合作组织等各类农村集体经济组织，推动集体经济的发展；充分发挥农村集体组织的协调带动作用，利用农村的集体土地，通过集体自办、招商引资、能人领办、入股联营等形式，大力发展农业产业化项目，增加集体收入；充分利用土地委托流转、承包出租和入股等方式推进农村集体经济组织的规模化、集约化、产业化经营。

发展壮大农村集体经济，还需要创新涉农项目扶持方式，完善粮食主产区利益补偿、耕地保护补偿、生态补偿、农村基本公共服务均等化等制度措施。政府支持实施的农业产业化经营、生态环境保护、农村公共服务与基础设施等项目，要与发展村级集体经济结合起来，共同促进农村集体经济的发展壮大。鼓励农村集体经济组织的企业搞村企合作开发、投资兴建农业产业化基地、开展农产品加工，对其在基础设施建设、农业综合开发、高标准农田建设等项目上给予政策倾斜，同时按照市场化运作原则，促进农村集

① 简新华．中国农地制度和经营方式创新研究：兼评中国土地私有化．政治经济学评论，2016（4）：36－40.

体经济组织的可持续发展。发展壮大农村集体经济，还需创新完善农业服务体系，以适应农村经济延长农业产业链、提高农业附加值的现代化需求，推进农业生产全程社会化服务机制新模式。

（3）发展新型合作组织。在新的经济社会发展背景下，传统的农业发展方式和农业生产组织已不能适应社会主义市场经济现代化建设的需要。在日益错综复杂的市场竞争环境中，农民自身的力量较为薄弱，不能适应社会化大生产和现代市场经济的要求。为此，必须大力发展农村新型合作组织，不断提高农民的组织化程度。

农村新型合作组织是在农民平等、自愿、互利的基础上，按照现代市场经济规律的内在要求，在农产品的种植、技术加工、运输、购销、信息等环节开展的互助式合作联盟，在家庭联产承包经营责任制基础上发展社会化生产，以克服“小生产”与“大市场”之间的矛盾，推进农业农村现代化。

大力发展农村新型合作组织，需要将发展农民专业合作经济组织作为重点。通过建立各种类型的农民专业合作经济组织，为农民提供信息、资金、技术、生产资料以及农产品加工、销售等服务，促进农业生产在种植、技术服务、生产加工、消费、流通领域的有机结合，逐步形成“利益共享，风险共担”的利益共同体。从合作组织形成的方式来看，可以是农民自发组建不同规模的专业合作社；也可以是农村专业协会、商会和其他社会中介组织在吸收农民入股的基础上发展成合作社；或是以龙头企业为主体，在整合产业链的基础上吸收农户入股，组建股份合作制企业等。

大力发展农村新型合作组织，需要制定对农民专业合作经济组织的扶持政策。农民专业合作经济组织既不同于一般的企业，也不同于一般的非营利组织，它必须通过自身的经济活动为广大成员提供服务，才能实现可持续发展。因此，各级政府需要对处于创新发展初期的专业合作社给予一定的扶持，促使各类专业合作社稳步发展，不仅要对专业合作经济组织及农村地区的生产性基础设施建设、技术推广与服务、专业培训等方面给予适当的补贴或奖励，还要在农村新型合作组织享受其他社会化服务组织应有的税收优惠等方面给予支持。在制度创新层面，也需要对农村新型合作组织的法律地位、形式、性质、组织架构和管理模式等作出规定，使农村新型合作组织有法可依，并可依据法律规定解决发展中所遇到的各类新问题。

三、推动“三权分置”改革

农村土地至少涉及三种权利：一是所有权，属于农村集体所有；二是承包权，属于农村集体成员所有；三是经营权，农村集体成员承包土地后，自然获得了经营权，二者是合一的，但当他把土地流转出去时，他就失去了经营权，而转入者则得到了相应的经营权。因此，土地的三种权利在现实中是分离的。但是，在以往的法规和政策中，只是对所有权和承包权作出了相应规定，没有对经营权作出相应规定，这种情况不适应现阶段我国农村社会主义市场经济的发展。为了推动农村土地的集约经营和有序流转，在坚持土地集体所有的前提下赋予农民更多财产权利，实现所有权、承包权、经营权“三权分置”，2014 年中央一号文件提出了“三权分置”即落实所有权、稳定承包权、放活经营权的政策思路。2016 年 8 月 30 日，中央全面深化改革领导小组第二十七次会议审议通过了《关于完善农村土地所有权承包权经营权分置办法的意见》，再度明确要深化农村土地制度改革，实行所有权、承包权、经营权“三权分置”，这是我国农村土地制度改革的又一次重大创新，既可以维护集体土地所有者权益，保护农户的承包权益，又能够放活土地经营权，解决土地要素优化配置的问题；既可以适应第二、第三产业快速发展的需要，让农村劳动力放心转移就业、放心流转土地，又能够促进土地规模经营的形成，为我国农村和农业的发展提供新的动力。

推动“三权分置”需要进一步明晰土地产权，加强对农村土地确权登记颁证工作，明晰土地产权，稳定土地承包关系，完善土地承包经营权登记制度，坚持从实际出发，依法规范操作，严格执行政策。设立和完善土地承包经营权信息收集平台，实现土地承包经营权流转管理的数据化、网络化和信息化。

推动“三权分置”需要探索土地承包经营权的流转机制。积极探索转包、出租、互换、转让、股份合作等形式流转土地承包经营权，发展多种形式的适度规模经营。在这一过程中要充分尊重农民的意愿，不能限制或者强制农民流转、承包土地，保障农民的土地承包经营权，严格坚持依照“依法、自愿、有偿”的原则流转农地。

推动“三权分置”需要政府发挥应有的作用。针对流转出土地的农民要加大相关政策、资金的扶持力度和保护力度，用于保障其必要的生活并提供相应的创业或就业培训，加快农民市民化进程。针对带动作用强、经济效益好的专业大户、家庭农场、农民合作社进行必要的奖励或支持，例如从技术指导、税收政策等方面给予扶持。

推动“三权分置”需要规范土地承包经营权流转程序。加快农村土地流转的立法进程，尽快把农村土地流转纳入法制轨道，要在现行法律框架内将农村集体建设用地使用权流转得到法律的承认和保护纳入《中华人民共和国土地管理法》中，依法保护各方面的合法权益，健全土地流转纠纷调解机制，使土地承包经营权流转程序合法化、规范化。

主要名词概念

社会主义初级阶段基本经济制度　社会主义公有制　社会主义国有经济
集体经济　农村基本经营制度　非公有制经济　民营经济

复习思考题

1. 社会主义初级阶段所有制制度的内涵是什么？
2. 怎样认识社会主义公有制的本质特征？
3. 为什么必须坚持公有制的主体地位？
4. 怎样认识和把握国有经济的主导作用？
5. 我国农村基本经营制度是怎样的？如何坚持和发展农村集体经济？
6. 怎样鼓励、支持和引导非公有制经济发展？

第四章
社会主义市场经济

在社会主义制度下发展市场经济，是中国特色社会主义经济制度最鲜明的特点。实现社会主义基本制度与市场经济的结合，是中国改革开放和经济发展的核心与主线。社会主义基本制度与市场经济的有机结合，既发挥了市场经济的长处，又发挥了社会主义制度的优势，超越了资本主义市场经济的局限，为人类社会探索新的更加合理的社会制度和发展道路作出了贡献。

第一节　从计划经济到社会主义市场经济的历史转变

一、对社会主义市场经济认识的发展

1949 年之后，我国逐步建立了高度集中的计划经济体制，在较短的时期内建立起了独立的比较完整的工业体系和国民经济体系，但高度集中的计划经济体制存在政企职责不分、忽视商品生产和市场作用等弊端，严重束缚了生产力的发展。

改革开放以后，我们党对市场机制的认识不断深入。党的十一届三中全会提出要按经济规律办事，重视价值规律的作用。党的十二大提出“计划经济为主、市场调节为辅”的原则，指出：

> 我国在公有制基础上实行计划经济。有计划的生产和流通，是我国国民经济的主体。同时，允许对于部分产品的生产和流通不作计划，由市场来调节，也就是说，根据不同时期的具体情况，由国家统一计划划出一定的范围，由价值规律自发地起调节作用。这一部分是有计划生产和流通的补充，是从属的、次要的，但又是必要的、有益的。

1984年10月，党的十二届三中全会通过了《中共中央关于经济体制改革的决定》，提出社会主义经济“是在公有制基础上的有计划的商品经济”的新论断。党的十三大报告提出“社会主义有计划商品经济的体制，应该是计划与市场内在统一的体制”，并强调计划和市场的作用范围都是覆盖全社会的。新的经济运行机制总体上来说应当是“国家调节市场，市场引导企业”的机制。

邓小平对社会主义市场经济理论的发展作出了重要的贡献。早在1979年11月，在会见美国不列颠百科全书出版公司编委会副主席吉布尼等人的谈话中，他就指出：“说市场经济只存在于资本主义社会，只有资本主义的市场经济，这肯定是不正确的。社会主义为什么不可以搞市场经济，这个不能说是资本主义。我们是计划经济为主，也结合市场经济”①。1985年在会见美国高级企业家代表团时他又指出：“社会主义和市场经济之间不存在根本矛盾。问题是用什么方法才能更有力地发展社会生产力。我们过去一直搞计划经济，但多年的实践证明，在某种意义上说，只搞计划经济会束缚生产力的发展。把计划经济和市场经济结合起来，就更能解放生产力，加速经济发展。”② 1987年，他再次强调：“为什么一谈市场就说是资本主义，只有计划才是社会主义呢？计划和市场都是方法嘛。”③ 1990年他又指出：“我们必须从理论上搞懂，资本主义与社会主义的区分不在于是计划还是市场这样的问题。”④ 1992年年初在南方谈话中邓小平提出了以下著名论断：

> 计划多一点还是市场多一点，不是社会主义与资本主义的本质区别。计划经济不等于社会主义，资本主义也有计划；市场经济不等于资本主义，社会主义也有市场。计划和市场都是经济手段。⑤

1992年6月，江泽民根据邓小平的南方谈话精神，提出了“社会主义市场经济体制”的概念。同年10月，党的十四大报告中明确提出了社会主义市场经济体制的改革目标：

> 我国经济体制改革的目标是建立社会主义市场经济体制，以利于进一步解放和发展生产力。我们要建立的社会主义市场经济体制，就是要使市场在社会主义国家宏观调控下对资源配置起基础性作用，使经济活动遵循价值规律的要求，适应供求关系的变化；通过价格杠杆和竞争机制的功能，把资源配置到效益较好的环节中去，并给企业以压力和动力，实现优胜劣汰；运用市场对各种经济信号反应比较灵敏的优点，促进生产和需求的及时协调。

社会主义市场经济体制改革目标的确立，是我们党总结国内外社会主义建设的经验教训，对社会主义建设规律和改革的认识不断深化的结果，彻底消除了改革开放以来在理论和实践中的困惑，正确解决了事关社会主义现代化建设全局和方向的重大问题，实

---

① 邓小平．邓小平文选：第2卷．2版．北京：人民出版社，1994：236.
② 邓小平．邓小平文选：第3卷．北京：人民出版社，1993：148-149.
③ 同②203.
④ 同②364.
⑤ 同②373.

现了改革开放的历史性突破。在此基础上，党的十四届三中全会作出了《中共中央关于建立社会主义市场经济体制若干问题的决定》，全面系统地阐明了建立社会主义市场经济体制的基本框架和主要任务：

> 建立社会主义市场经济体制，就是要使市场在国家宏观调控下对资源配置起基础性作用。为实现这个目标，必须坚持以公有制为主体、多种经济成份共同发展的方针，进一步转换国有企业经营机制，建立适应市场经济要求，产权清晰、权责明确、政企分开、管理科学的现代企业制度；建立全国统一开放的市场体系，实现城乡市场紧密结合，国内市场与国际市场相互衔接，促进资源的优化配置；转变政府管理经济的职能，建立以间接手段为主的完善的宏观调控体系，保证国民经济的健康运行；建立以按劳分配为主体，效率优先、兼顾公平的收入分配制度，鼓励一部分地区一部分人先富起来，走共同富裕的道路；建立多层次的社会保障制度，为城乡居民提供同我国国情相适应的社会保障，促进经济发展和社会稳定。这些主要环节是相互联系和相互制约的有机整体，构成社会主义市场经济体制的基本框架。

2003 年 10 月，党的十六届三中全会通过的《中共中央关于完善社会主义市场经济体制若干问题的决定》提出了进一步完善社会主义市场经济体制的目标和任务。党的十七大强调，要完善社会主义市场经济体制，加快重点领域和关键环节改革步伐，着力构建充满活力、富有效率、更加开放、有利于科学发展的体制机制。党的十八大报告提出，必须以更大的政治勇气和智慧，不失时机深化重要领域改革，构建系统完备、科学规范、运行有效的制度体系，使各方面制度更加成熟、更加定型。党的十八届三中全会根据我国社会主义市场经济理论和实践发展的新的形势和新的要求，提出了使市场在资源配置中起决定性作用和更好发挥政府作用的重大理论观点，在完善社会主义市场经济体制上迈出了新的步伐。党的十九大报告提出加快完善社会主义市场经济体制。党的十九届四中全会将社会主义市场经济体制上升为我国的一项基本经济制度，这是社会主义市场经济理论的又一次重大发展。党的十九届五中全会提出，构建高水平社会主义市场经济体制，充分发挥市场在资源配置中的决定性作用，更好发挥政府作用，推动有效市场和有为政府更好结合。党的二十大再次重申了构建高水平社会主义市场经济体制的重大意义，将其作为推动高质量发展的首要举措。党的二十届三中全会进一步强调指出，高水平社会主义市场经济体制是中国式现代化的重要保障，必须更好发挥市场机制作用，创造更加公平、更有活力的市场环境，实现资源配置效率最优化和效益最大化，既“放得活”又“管得住”，更好维护市场秩序、弥补市场失灵，畅通国民经济循环，激发全社会内生动力和创新活力。

经过 40 多年的深入改革，我国社会主义市场经济体制已经建立并不断成熟完善，这是市场经济发展历史上的一次革命，也是社会主义发展历史上的一次革命。

二、计划经济不等于社会主义

把计划经济当作社会主义制度的本质特征，是传统社会主义政治经济学的一个基本观点，其主要逻辑是：社会化的大生产把整个国民经济的各个部门、各个地区和各个企业连成了一个相互依赖的整体，要求国民经济各部门之间的生产保持一定的比例关系。但是，在资本主义社会中由于生产资料私有制，整个生产处于竞争的无政府状态，企业的生产只是为了追求利润，生产什么、生产多少完全取决于市场价格，从而造成了巨大的浪费。只有建立社会主义制度，实行生产资料公有制，才能消除生产过程的自发性和盲目性，实现国民经济的有计划按比例发展。在社会主义经济中，人们的利益是共同的，生产的目的是满足人民群众的共同需要，因而国家可以根据社会的需要对经济运行过程进行直接有计划的调节，这是社会主义经济的本质特征和社会主义优越性的重要体现。实践证明，上述逻辑虽然有一定道理，但并不能完全成立。

首先，市场对经济的调节虽然是自发的，却是有秩序的。历史的经验已经证明，到目前为止，市场经济仍然是人类社会按比例分配社会劳动和合理配置资源的有效方式，其作用不可替代。

其次，社会主义公有制的建立并没有完全消除人们经济利益上的差别和矛盾，从而也不能消除各个企业在生产资料占有上的独立性，个人的经济利益仍然是人们从事经济活动的重要推动力。

最后，单纯靠计划经济配置资源存在明显的问题，如结构失调、供求脱节、资源浪费、创新不足等，妨碍了社会主义制度优越性的发挥。

其实，高度集中的计划经济并不是社会主义的本质。我们知道，在 15 世纪末 16 世纪初，西欧国家曾经经历了资本主义原始积累过程，这个过程一方面使大量的社会财富迅速集中到少数人手中并转化为资本，另一方面使大批的直接生产者被剥夺了生产资料而变成一无所有的自由劳动者，这样就造成了生产者和生产资料相分离，从而为资本主义的产生奠定了基础。社会主义生产方式也需要自己的原始积累，为社会主义的产生创造条件。但是，与资本主义不同的是，社会主义生产方式建立的前提是要对剥夺者进行剥夺，把资产阶级占有的生产资料重新交还给社会，实现劳动者与生产资料的直接结合，并在此前提下大力发展生产力。那么，在实行生产资料社会占有之后，如何才能尽快发展生产力呢？是依靠市场经济还是依靠计划经济呢？实践证明，在社会主义经济发展的初期，建立计划经济体制有利于发展生产力，这是因为：

第一，由于经济文化十分落后，又面临着帝国主义的封锁包围，因而我国的工业化必须从优先发展重工业开始，迅速建立自己完整的工业体系，这就需要实行集中的计划经济体制，依靠国家的力量来集中有限的资源进行大规模的建设，而不能依靠自发的市场调节配置资源。

第二，在社会主义国家，全面快速的工业化需要的大规模资金积累既不可能像资本主义国家那样通过殖民掠夺和对外战争等方式来完成，也不可能依靠企业自身缓慢地、一点一点地积累来完成，而必须依靠国家的力量，运用税收、信贷等手段，把分散的资金集中起来统一加以使用。

第三，在社会主义制度建立初期，党的组织和干部队伍刚刚从革命战争年代走出来，具有崇高的革命理想和政治觉悟，比较习惯和熟悉行政手段乃至军事化管理，而不习惯和熟悉经济规律的“自然力”，特别是以私人利益为出发点的市场规律。

但是，随着国内国际环境的变化，特别是党和国家工作的重点从阶级斗争转向经济建设，集中的计划经济越来越难以适应经济发展的需要，这主要是因为：

第一，国家的主要任务从阶级斗争转为经济建设，个人经济利益代替政治热情成为经济发展的主要动力。因此，依靠自上而下的行政命令来推动经济发展难以充分调动生产者的积极性。

第二，经济发展从外延式为主转变为内涵式为主，技术的创新和资源配置的效率成了经济发展的关键问题，而没有生产者的自主决策和内在动力，技术创新的效率问题是难以很好解决的。

第三，供求日益复杂多变，信息的纵向搜集和传递日益困难，集中的计划经济体制难以充分反映供求的变化，造成了经济结构的严重扭曲。

为了从根本上改变束缚生产力发展的经济体制，必须改革高度集中的计划经济，实行社会主义市场经济。

三、社会主义可以搞市场经济

马克思认为，商品交换实质上是不同所有权的交换，“使用物品成为商品，只是因为它们是彼此独立进行的私人劳动的产品”①。正因为商品交换是以彼此独立的私人所有权为基础的，因而社会一旦占有生产资料，商品生产就将消除。

但是，马克思关于社会主义不存在商品生产和市场经济的论述是有条件的，这个条件就是社会占有全部生产资料，彻底消灭生产资料私有制。然而，在现实生活中，特别是在我国社会主义初级阶段，生产资料的所有制结构是公有制为主体、多种所有制经济共同发展，除公有制经济之外，还存在着个体经济、私营经济和外资经济以及混合所有制经济等多种所有制经济形式。既然商品交换产生于不同所有者之间，那么多种所有制经济的共存必然要求发展商品关系、发展市场经济。

进一步深入思考就会发现，社会主义可以搞市场经济的结论不仅适用于社会主义初级阶段，而且适用于整个社会主义经济制度。在社会主义公有制中，虽然生产资料是社会成员共同所有并由国家代表社会行使所有权，但属于社会共同所有的生产资料只能通过每一具体劳动者的联合即企业来分别使用，不同企业在生产资料的使用上具有各自的经济利益，具有独立的经营权，它们之间的交换关系也是等价交换的商品交换关系。从这个意义上可以说，市场经济是内生于社会主义基本制度的，社会主义可以搞市场经济。

四、市场经济的长处

实行市场经济到底有什么长处呢？

第一，经济信息处理和传递的“自动化”。在市场经济中，各种商品的生产者是依据以价格为主的市场信号自主地作出生产什么、生产多少、怎样生产的决定的，而价格的

---

① 马克思．资本论：第1卷．2版．北京：人民出版社，2004：90.

变动又是这些互为供求的生产者通过市场自发进行的横向的和直接的交易活动的结果，具有自动揭示有关生产和销售的信息并在生产者之间自动传递信息的作用。在现代市场经济中，社会分工日益细密，产品种类数以百万计，技术创新呈加速度状态，人们的消费需要多样多变，社会需求结构与供应结构空前复杂，市场调节所特有的信息处理和传递的“自动化”显示出突出的优势，其处理和传递有关生产与消费、供应与需求的巨量信息的能力是其他机制所无法比拟的。通过政府行政指令直接分配社会劳动的传统计划经济的弊端之一就是，因为排斥市场调节而缺少生产者之间横向的、直接的信息传递，仅仅依靠纵向等级结构来传递信息，造成信息传递的迟滞、衰减以至扭曲，结果生产与需要的脱节也就成为经济生活的常态。这从反面证明了市场调节在信息处理方面的优势。

第二，利益关系协调的“自动化”。在作为有效的信息处理机制的同时，市场调节还是一种与价值规律的作用相适应的自动的利益协调与激励机制。等价交换是商品生产条件下调节各种经济活动主体之间利益关系的基本尺度。各种经济活动主体在自发的市场交易中，都会自觉或不自觉地用这把尺子来度量自身利益的损益，以争取最大限度地增进自身利益。因此，各种经济活动主体自发进行的市场交易，从总体趋势来看，具有使他们相互间的利益关系自动地达成等量劳动相交换的平衡状态的作用。这种状态的达成又会在社会生产中形成一种良性的激励机制，即谁的产品更符合社会需要，谁能更节约地利用各种经济资源，谁的劳动生产率更高，谁就能获得更大利益。当然，我们也可以设想由一个权威机构来掌握等量劳动相交换的这把尺子，由它通过行政命令来强制地实现经济主体之间的利益平衡。但是，它马上就会碰到无法搜集和处理有关信息的巨大困难。由于无法克服这种困难，结果只能是应有的利益平衡不能达成，而这又会使价值规律对生产者应有的激励作用发挥不出来，浪费社会劳动，压抑生产者的积极性。

第三，校正供求偏离的“自动化”。在自动处理和传递经济信息、自动协调经济主体利益关系的基础上，以价格调整与供求变动的相互作用为支点，又形成了市场调节的另一个优势，即自动地校正商品的供给与需求的偏离，从而形成社会劳动在各个生产部门按比例合理分配的长期趋势。这种自发调节机制的优点就在于它能够通过不断微调，使社会的生产和需要趋向一致，从而使价值规律的要求和社会劳动的合理分配作为一种自动趋势得到实现。当然，如果我们能够按照马克思当年的设想，通过社会的计划自觉达到供求的平衡，那是最理想不过了。但是，由于前面所说的信息和利益方面的障碍，这一问题显得非常复杂，计划调节的效果往往难如人意。但市场调节可以让这一复杂的问题大大简化。具体来说，价格以其自身变动的方向和幅度向生产者传递着明确的信号，引导其作出正确的决策：当供大于求时，价格下降，生产减少，需求增加；当求大于供时，价格上升，生产增加，需求减少；当供求平衡时，各部门的生产比例得到合理分配，资源配置实现合理化。这样，通过供求、竞争、价格的波动和生产要素的转移，市场机制调节着社会生产的比例和资源的配置过程。

以上长处主要是从资源配置的角度而言的。但是，市场经济不仅是一种资源配置方式，还是一种社会关系。与自然经济相比，市场经济的社会关系具有自由、平等、开放的特点。自由，是因为商品生产者是彼此独立的生产者和消费者，行为只取决于自己的意志。平等，是因为他们作为商品所有者是具有平等权利的，相互之间实行等价交换。

开放，是因为生产的目的是价值增值而不是使用价值增值，价值的增值在本质上是无限的。正是在这样特殊的社会关系下，才形成了广泛的社会分工、普遍的社会交往、丰富的人类个性、多方面的社会需要和发达的生产体系，科学技术不断进步，社会发展日新月异。所有这些都促进了生产力的不断发展和社会的不断进步，因而市场经济是发展中国特色社会主义最为有效、必不可少的历史杠杆。

第二节　社会主义市场经济的性质

一、市场经济的社会属性

市场经济有没有社会属性？对此问题，理论界存在不同的认识。有的学者认为，市场经济作为资源配置的方式是没有社会属性的，现代市场经济只有先进与落后之分，没有姓“社”与姓“资”之分；有的学者认为，社会主义意味着社会公平，而市场经济意味着高效率，社会主义市场经济就是社会公平加高效率。还有的学者认为，建立市场经济就必须与国际接轨，完全照搬发达资本主义国家的市场经济模式。上述认识的错误在于否认市场经济的社会属性，有意无意地把市场经济与社会主义割裂开来。

社会主义市场经济果真没有社会属性吗？当然不是。社会主义市场经济就是社会主义性质的市场经济，它具有明确的制度属性。对于这一点，党的十四大以来，党中央的许多重要文献都有过明确的论述。党的十四大报告第一次明确提出了我国经济体制的改革目标是建立社会主义市场经济体制，并强调“社会主义市场经济体制是同社会主义基本制度结合在一起的”。邓小平指出：“社会主义市场经济优越性在哪里？就在‘四个坚持’。”[①]（“四个坚持”即“四项基本原则”。）江泽民指出：

> 我们搞的市场经济，是同社会主义基本制度紧密结合在一起的。如果离开了社会主义基本制度，就会走向资本主义。[②]
>
> “社会主义”这几个字是不能没有的，这并非多余，并非画蛇添足，而恰恰相反，这是画龙点睛。所谓“点睛”，就是点明我们的市场经济的性质。[③]

习近平强调：

> 我们是在中国共产党领导和社会主义制度的大前提下发展市场经济，什么时候都不能忘了“社会主义”这个定语。之所以说是社会主义市场经济，就是要坚持我们的制度优越性，有效防范资本主义市场经济的弊端。[④]

总之，社会主义市场经济中的社会主义鲜明地体现了我国市场经济的社会属性，有

① 中共中央文献研究室．邓小平思想年编（1975—1997）．北京：中央文献出版社，2011：718.
② 江泽民．论社会主义市场经济．北京：中央文献出版社，2006：202.
③ 同②203.
④ 习近平．不断开拓当代中国马克思主义政治经济学新境界．求是，2020（16）：4-9.

着深刻的制度内涵和明确的实践要求，因而它绝不是可有可无的修饰词，绝不可去掉，否则就必然会背离社会主义方向。

二、市场经济的共性与个性

正确认识社会主义市场经济的性质，需要把握共性与个性的辩证法。一方面，市场机制是一个存在于许多社会形态中的共有的经济现象，具有某些共同的特点和属性，从这一点来看，市场经济是中性的。另一方面，市场机制又不可能脱离特定的社会历史环境而孤立存在，它总是与某种特殊的社会制度结合在一起的。在不同的历史发展阶段和不同的社会制度下，市场机制具有不同的规定性，市场的性质、地位和作用也是很不相同的。从这一点来看，市场机制又不完全是中性的，具有自己特殊的社会属性，市场经济是共性与个性的统一。从共性的角度看，它是中性的；从个性的角度看，它是非中性的。正如马克思曾经指出的那样：

> 商品生产和商品流通是极不相同的生产方式都具有的现象，尽管它们在范围和作用方面各不相同。因此，只知道这些生产方式所共有的抽象的商品流通的范畴，还是根本不能了解这些生产方式的不同特征，也不能对这些生产方式作出判断。①

在这一问题上，马克思对于资本主义市场经济的分析为我们提供了一个光辉的典范。我们知道，马克思对于资本主义经济的研究是从商品货币开始的，资本主义社会的所有经济规律都是建立在市场经济和价值规律基础上的。但是，商品交换的规律和资本的规律在这里就产生了尖锐的矛盾：

> 全部困难是由这样一个事实产生的：商品不只是当作商品来交换，而是当作资本的产品来交换。这些资本要求从剩余价值的总量中，分到和它们各自的量成比例的一份，或者在它们的量相等时，要求分到相等的一份。②

问题和解决问题的方法同时产生。一般利润率通过竞争而平均化，从而价值转化为生产价格、价值规律转化为生产价格规律就成了解决这一矛盾的现实方法。而价值向生产价格的转化不是对价值规律的否定，而是对价值规律的发展。市场经济的一般性与资本主义的特殊性就这样有机结合在了一起。

社会主义市场经济是同社会主义基本制度相结合的，既要体现市场经济的规律，又要体现社会主义制度的要求。中国经济体制改革的成功从根本上说，就是因为坚持了社会主义市场经济的改革方向，从中国实际出发形成了实现社会主义基本制度与市场经济相结合的一系列体制机制，其中包括：在所有制结构的改革上，既坚持公有制的主体地位，又发挥多种所有制经济的积极作用，既坚持国有企业的市场化，又坚持发挥国有经济的主导作用；在收入分配改革上，既坚持以按劳分配为主体，又坚持多种分配方式并存，既注重提高效率，又注重实现公平；在生产要素市场的发育上，既促进国有资本在

① 马克思，恩格斯．马克思恩格斯全集：第23卷．北京：人民出版社，1972：133.

② 马克思，恩格斯．马克思恩格斯全集：第25卷．北京：人民出版社，1974：196.

市场上的自由流动，又保障国有资本的保值增值和发展壮大，既促进劳动力资源通过市场进行配置，又保障劳动者比较充分的就业和劳动关系的和谐；在对外经济关系上，既坚持对外开放的基本国策，又坚持独立自主、自力更生，既积极参与经济全球化的进程，又强调维护国家经济安全、走自主发展的道路；在政府职能的改革上，既强调为发挥市场的基础作用创造条件，又强调加强和完善政府的宏观调控，既坚持中央政府在宏观调控中的权威性，又坚持发挥地方的积极性；在改革方式上，既坚持尊重群众的首创精神，鼓励一切从实际出发，大胆创新、大胆试验，又强调统筹兼顾、协调配套，有计划、有重点、有步骤地推进改革；等等。这样，就从理论和实践上超越了以私有制为基础的资本主义市场经济的流俗教条，为中国特色社会主义事业的发展和人类文明的进步开辟了前所未有的广阔道路。

三、资本主义市场经济的深刻弊端

市场经济是有缺陷或弊端的，这是大家都知道的事实。但是，由于受到西方经济学的影响，人们对市场经济的弊端的认识存在很大的局限：一是只从微观而不是宏观的视角看问题，认为市场的弊端在于存在市场失灵，即存在着垄断、外部性、公共产品和信息不对称等情况，使市场的作用受到了限制。二是只从市场经济一般而不是市场经济特殊的视角看问题，把不同社会制度下的市场经济混为一谈。这两个方面的局限严重妨碍了人们对市场经济的科学认识。

商品经济的产生已有几千年的历史，但是，在资本主义产生之前，商品经济的规模和范围都比较小，属于小商品生产或简单商品经济。随着生产力的发展，特别是在人类社会进入资本主义社会阶段之后，由于生产社会化的发展和资本主义雇佣劳动制度的出现，商品经济有了极大的发展，成为占统治地位的普遍的社会经济形态，形成了资本主义市场经济或现代市场经济。

资本主义与市场经济的结合赋予了市场经济前所未有的巨大活力和创造力，同时，也给市场经济带来了前所未有的深刻弊端和破坏力。正如马克思所形容的："这个曾经仿佛用法术创造了如此庞大的生产资料和交换手段的现代资产阶级社会，现在像一个魔法师一样不能再支配自己用法术呼唤出来的魔鬼了。"①

资本主义市场经济的深刻弊端有哪些呢？

（1）劳动和资本对立。由于工资和利润的变化成反比，在新创造的价值一定的条件下，资本为了实现利润的最大化必然要压低工人的工资，牺牲劳动者的利益。

（2）相对人口过剩或失业。随着生产力的发展和资本有机构成的提高，资本对劳动的需要相对减少，导致了严重的失业问题，劳动者的相对地位不断恶化。

（3）贫富两极分化。随着资本的积累和劳动者的相对地位的恶化，社会财富日益集中到少数人手中，劳动者阶级与资产阶级之间的贫富差距不断扩大。

（4）生产过剩危机。资本主义生产无限扩大的趋势和劳动人民有支付能力的需求相

---

① 马克思，恩格斯．马克思恩格斯选集：第1卷．3版．北京：人民出版社，2012：406.

对缩小之间的矛盾发展到一定程度，必然导致生产过剩经济危机的发生。

（5）发展的盲目性。资本主义经济发展总体上是无计划、无组织的，社会生产和需要的平衡只能通过危机、动荡甚至是生产力的巨大浪费和破坏，自发地、强制地加以实现。

（6）经济的虚拟化。资本主义的发展使金融资本相对于其他一切形式的资本获得了统治地位，虚拟资本和金融部门相对于实体经济急剧膨胀，金融危机频繁爆发，金融投机严重泛滥。

（7）生态危机突出。资本无止境地追求利润的冲动和社会生产的无组织性，必然引发全球性的人口、资源、环境和生态难题，日益威胁着环境和生态的平衡，危害人类的生存条件。

（8）世界市场扭曲。一方面，没有价值支撑的主权货币如美元充当国际货币，等价交换的商品经济基本规律受到了破坏；另一方面，在贸易和投资实现自由化的同时，劳动力的国际流动却受到严格的管制，因此，在世界范围内，市场经济是扭曲的。

资本主义市场经济的上述弊端只有运用马克思主义政治经济学的观点才能深刻理解，与此相对照，西方经济学所理解的市场经济是脱离社会历史条件的抽象的市场经济，这样的经济学很难对资本主义市场经济的内在规律、基本矛盾和历史趋势作出科学的解释，当然也不可能真正认识现代市场经济的根本弊端，当这些弊端严重地暴露出来时，也难以找到解决问题的有效办法。

四、社会主义市场经济对资本主义市场经济的扬弃

从 18 世纪资本主义生产方式出现直到 20 世纪三四十年代以前，国家在资本主义社会中都是作为社会的“守夜人”和市场经济的“局外人”出现的，奉行自由放任主义。1929—1933 年大危机之后，特别是第二次世界大战以后，面对资本主义市场经济的深刻弊端，作为资产阶级总代表的资本主义国家不得不出面对经济进行直接和间接的干预，以保证经济的稳定和持续发展，维护资本的整体利益，包括：建立国有经济，投资基础产业，调节社会总需求，创建社会福利和保障制度，政府购买商品和劳务，进行市场管制，等等。这些措施在一定程度上适应了生产力发展的要求，缓和了资本主义市场经济的矛盾，创造了 20 世纪五六十年代经济增长的黄金时期。但资本主义市场经济的弊端并没有因此而得以消除。

从 20 世纪 70 年代起，发达资本主义国家陷入了失业和通货膨胀并存的“滞胀”危机，国家干预主义受到猛烈批判，以私有化、自由化和国家干预最小化为核心的新自由主义政策获得了支配地位。资本主义市场经济在全球迅猛扩张、高歌猛进的同时，它的内在矛盾和深刻弊端也随之迅速膨胀起来：日趋严重的失业问题、日益加剧的两极分化、频繁爆发的经济危机、国际垄断资本对全世界的剥夺，特别是苏联和东欧国家向资本主义的过渡以迅雷不及掩耳的速度引发的空前的灾难，以及 2008 年以来始于美国、席卷全球、至今仍在发酵的国际金融危机。事实再次证明，资本主义生产关系的发展越是充分，其内在的矛盾就越是尖锐，其自身的危机也就越是深重。“资本主义生产的真正限制是资

本自身”，“资本主义生产总是竭力克服它所固有的这些限制，但是它用来克服这些限制的手段，只是使这些限制以更大的规模重新出现在它面前”①，从而使矛盾和危机在更大的范围和更广的区域里爆发，这就是历史的辩证法。

为什么国家干预无法消除资本主义市场经济的弊端？这是因为资本主义国家对经济的干预由于私有制的羁绊而始终面临着这样的困境，即如果国家干预程度过轻，则难以解决资本主义市场经济所固有的失业、经济危机和贫富分化等严重问题；如果国家干预程度过重，则会损害私有制神圣不可侵犯的原则，抑制市场经济的活力。

从表面上看，自由主义经济学和凯恩斯主义经济学对政府与市场关系的看法是对立的，但实际上它们在思维方法上是相通的。其一，都以私有制市场经济最有效率为前提，都把维护资本主义制度作为其理论的职责。其二，对市场和政府关系的认识都是形而上学的思维，认为政府和市场之间是“二元的”、非此即彼的关系，二者的分歧主要在于政府多一点还是市场多一点的问题，并不涉及资本主义制度是否合理、是否需要改变的问题。因此，这两种理论在本质上都是资本主义意识形态，不可能从根本上解决资本主义的基本矛盾。

事情正如马克思早就指出的那样，“资产阶级社会的症结正是在于，对生产自始就不存在有意识的社会调节”②，对社会生产过程的任何有意识的社会监督和调节，都被说成是侵犯资本家的财产权、自由和自决的“独创性”。市场失灵与政府失效交织，是资本主义基本矛盾发展不可避免的后果，也是资本主义市场经济不可能实现持续快速发展的根本原因。只有把社会主义制度与市场经济结合起来，既发挥市场经济的长处，又发挥社会主义制度的优势，才能从根本上消除资本主义市场经济的深刻弊端。

第三节　社会主义市场经济的制度优势

社会主义市场经济是对资本主义市场经济的扬弃，它既体现了市场经济的普遍原则，又体现了社会主义制度的基本特征，使社会主义制度的优越性和市场经济的长处都得到了更好发挥，社会主义市场经济具有超越资本主义市场经济的新特点和新优势。

一、发展目的

体现在发展目的上，社会主义市场经济是以实现人的全面发展和社会成员的共同富裕为目的的市场经济。资本主义经济的基本规律是剩余价值规律，在这一规律的支配下，虽然生产力获得了巨大发展，却导致了阶级对立、贫富分化、经济危机和生产的无政府状态等一系列深刻的弊端。在社会主义社会，随着生产资料公有制的建立和阶级对立的消失，全体成员成为生产资料的共同主人，形成了互助合作的经济关系，生产力的发展

① 马克思．资本论：第3卷．2版．北京：人民出版社，2004：278.
② 马克思，恩格斯．马克思恩格斯文集：第10卷．北京：人民出版社，2009：290.

不再是少数人剥削大多数人的手段，而是满足社会成员需要的物质条件，这样就为实现人的全面发展和社会的共同富裕，从而为消除资本主义市场经济的深刻弊端创造了客观条件。

毋庸讳言，在社会主义市场经济中，由于存在着多种所有制经济，国有企业是独立的商品生产者，因此，从微观经济的角度看，无论是私有制企业还是公有制企业，都要追求利润最大化，从而资本主义市场经济的一些弊端如贫富分化、经济危机也会在一定范围内和一定程度上出现。但是，从全社会的层面看，由于公有制和按劳分配的主体地位，由于社会主义国家的宏观调控，生产发展或资源配置的目的已经不是利润的最大化，而是实现社会主义的发展目标。

为此，必须建立一系列具体有效的体制机制以保障人民的利益，包括：发展人民民主，维护社会公平正义，保障人民平等参与、平等发展的权利；坚持完善基本经济制度，保障人民的共同利益，促进非公有制经济的健康发展，使其成为中国特色社会主义事业的建设者；调整收入分配格局，维护社会公平正义，解决好收入差距问题，使发展成果更多更公平地惠及全体人民；建立完善的民生保障体制，努力做到学有所教、劳有所得、病有所医、老有所养、住有所居等。只有形成有效的体制机制，社会主义的生产目的在社会主义市场经济的条件下才能得以实现。

二、所有制结构

体现在所有制结构上，社会主义市场经济是建立在公有制为主体、多种所有制经济共同发展基础上的市场经济。社会主义市场经济是以公有制为基础的，公有制与市场经济的结合使市场经济自身的盲目性、自发性和滞后性在体制上得到了遏制，为市场经济的发展开辟了更加广阔的前景。通过完善国有资本有进有退、合理流动的机制，优化国有经济的结构和布局，增强国有经济的控制力、影响力和竞争力，能够更好地发挥国有经济对国民经济的主导作用，从而增强市场经济运行的稳定性、协调性，避免出现大起大落。通过在公有制企业中建立合理的企业制度与和谐的社会主义劳动关系，兼顾国家、集体、个人以及各方面的利益，提高了市场经济的和谐性。通过提供公共产品、投资基础设施、保障国计民生，把经济发展同社会发展目标紧密结合起来，提高了市场经济的效益，实现了效率与公平的有机统一。

社会主义市场经济的特点和优势还来自多种所有制经济的共同发展。通过建立和完善现代企业制度，公有制企业以市场主体的身份平等参与市场竞争，有利于增强公有制经济的活力和竞争力，发挥社会主义制度的优越性，引导、促进和带动非公有制经济的发展。发展非公有制经济，适应了我国现阶段生产力的发展要求，有利于繁荣城乡经济、增加财政收入、扩大社会就业、改善人民生活、优化经济结构、增强市场经济的活力。特别需要强调的是，我国的公有制企业除少数由国家独资经营外，绝大多数实现了投资主体多元化，股份制成为公有制的主要实现形式，国有资本、集体资本和非公有资本等参股的混合所有制经济已经形成。各种所有制经济在社会主义市场经济中相互竞争、各展所长、共同发展，为我国经济发展注入了强大持久的推动力。

三、分配制度

体现在分配制度上，社会主义市场经济是实行按劳分配为主体、多种分配方式并存的分配制度的市场经济。按劳分配是社会主义市场经济的主要分配原则。实行这一分配原则，有利于调动广大劳动者的积极性和创造性，为消灭剥削、消除两极分化、实现共同富裕创造条件。按劳分配能够把每个劳动者的劳动和报酬直接联系起来，从而使每个劳动者从物质利益上关心自己的劳动成果；强调多劳多得，少劳少得，实现劳动平等和报酬平等，有利于实现社会分配的公平与公正。正如邓小平曾指出的："坚持社会主义，实行按劳分配的原则，就不会产生贫富过大的差距。"①

在社会主义市场经济条件下，坚持按劳分配为主体，同时坚持多种分配方式并存，允许资本、知识、技术、信息、管理、土地和其他自然资源等生产要素按贡献参与分配，有利于调动各经济主体的积极性，让一切劳动、知识、技术、管理和资本的活力竞相迸发，让一切创造社会财富的源泉充分涌流，使各种资源都得到充分有效的利用。允许多种分配方式并存，是由当前我国的所有制结构决定的，是适合社会主义初级阶段生产力发展水平和发展要求的，是有利于促进生产力发展的。

四、调节方式

体现在调节经济的方式上，社会主义市场经济是充分运用国家调控与市场调节两种手段的市场经济。从自由放任到国家干预的转变，是资本主义市场经济发展中的普遍现象。之所以需要国家干预，是因为随着生产社会化的发展和市场经济规模的扩大，资本主义市场经济出现了市场失灵、经济危机、贫富分化等严重的经济问题和社会问题，不利于资本主义的稳定和发展。但是，由于根本制度的原因，资本主义市场经济的国家干预只能在一定程度上缓解这些问题，而不能从根本上解决这些问题。

社会主义市场经济中的国家调控与资本主义市场经济中的国家干预存在着本质的区别，它既强调市场的调节作用，又重视国家调控的主导作用，既反映现代市场经济的一般特点，又体现社会主义制度的独特优势，既强调有效市场，又强调有为政府。这主要表现在：第一，国家调控的主体不仅是市场规则的制定者和宏观经济的调节者，而且是全民所有的生产资料所有权和社会公共利益的总代表，能够集中更多资源调控经济运行。第二，国家调控的目标不局限于维护市场秩序，为市场机制运行创造稳定的宏观条件，还强调确立符合最广大人民根本利益要求的经济发展战略，引导国民经济沿着正确的方向发展。第三，国家调控的手段不局限于财政政策和货币政策，还把经济社会发展需要和社会财力、物力合理地结合起来，突出计划规划、统筹协调、市场监管、国有资产管理、产业政策等的作用。第四，国家要实现共同富裕的目标，不可能单凭市场的力量，也要求发挥政府对财富分配的调控作用，最大限度地维护社会公平正义，促进社会和谐。

---

① 邓小平．邓小平文选：第3卷．北京：人民出版社，1993：64.

第五，国家调控的模式不仅局限于短期的总量调节，而是把当前与长远、总量与结构、供给与需求、中央与地方、市场调节与国家调控有机结合起来，有力彰显了社会主义市场经济宏观调控的独特优势。

五、开放模式

体现在对外开放的模式上，社会主义市场经济是积极参与经济全球化、坚持互利共赢的对外开放战略的市场经济。经济全球化是生产社会化和市场经济发展的客观要求与必然结果。经济全球化使生产社会化程度不断提高，推动商品、劳务、资本、技术等在全球范围内流动起来，使生产要素得到更加合理的配置，有力推动了人类社会生产力的发展。但是，我们也要看到，经济全球化是一把“双刃剑”。当今世界的经济全球化是西方发达国家主导的资本主义生产关系的全球化，不可避免地打上了深深的资本主义烙印，产生了一系列新的矛盾，例如：世界范围内的两极分化；对全球生态系统的过度开发与破坏；权力集中到几乎不受任何监督控制的少数经济单位手中；全球性经济混乱，金融危机不断爆发；发展中国家对发达国家依附的加深；等等。

社会主义市场经济是在积极参与经济全球化的过程中不断发展的市场经济，既坚持对外开放，又坚持独立自主，并致力于合作共赢，造福世界人民。首先，社会主义市场经济是开放的经济，致力于建立全方位、多层次、宽领域的开放格局，充分利用国际国内两个市场、两种资源，把“走出去”与“引进来”结合起来，在不断扩大对外开放中发展自己。其次，社会主义市场经济是全球市场经济中的重要稳定力量，坚持把发展的基点和重心放在国内，主要依靠自身力量和改革创新推动经济社会发展，注重保持对关键行业和领域的控制力，降低世界经济波动可能产生的冲击和危害，不把问题和矛盾转嫁给别国。最后，社会主义市场经济坚持互利共赢的对外开放战略，强调自身利益与人类共同利益的一致性，在追求自身发展的同时努力实现与他国发展的良性互动，促进世界各国共同发展。实践证明，社会主义市场经济顺应了经济全球化的发展趋势，使中国经济不断壮大，与各国各地区的经济联系日益密切，为世界经济发展作出了重要贡献。

六、经济民主

体现在民主制度上，社会主义市场经济是与社会主义民主相结合的市场经济。资本主义制度与奴隶制度和封建制度相比，实现了政治的民主化，这无疑是一个巨大的历史进步。但是，资本主义社会的民主在很大程度上是一种资本的民主和金钱的民主，它以资本主义私有制为基础，并为资本主义私有制服务。根据美国学者林德布洛姆的分析，资本主义社会的多头政治或多党政治为有特权的实业界控制政府提供了一种有效的制度结构，这种控制是通过多种渠道进行的，如：在任何私有制下，多数重要的资源和决策被实业家们所控制，他们事实上成为一种公共官员，从而取得了对公共事务的支配权；为了经济的正常运行，政府的公共决策不得不对实业界的需要加以迁就，不得不尽可能加以满足，实业家们因此获得了对政府公共决策的广泛的影响力；实业界由于拥有极其雄厚的资金、一切就绪的组织结构，以及接近政府的特殊通道，因而在争夺多头政治的控制权中享有主导地位；等等。①

因此，林德布洛姆认为，西方多头政治之所以与市场制度相连，不是因为它是民主的，而是因为它是不民主的。也就是说，也许真正的民主不依赖市场制度。只有现有的多头政治（也仅仅因为它，虽然它是鼓吹自由的）是由实业界和财产关系用非民主的方式控制的。②

经济基础决定上层建筑，在社会主义制度下，民主是与社会主义公有制相适应、相联系的，具有资本主义民主制度所不具备的特殊优势。

首先，资本主义的多党政治是私有市场经济的产物，而社会主义民主则是以生产资料公有制为基础的，生产资料公有制使劳动者在生产资料占有上形成了平等的关系，成了社会的主人，这赋予了人民群众当家作主和民主管理公有的生产资料与社会资源的权利，从而使民主成为社会主义制度的一个内在的本质属性。

其次，资本主义的多党制把普通公民具体的利益变成了抽象的党派利益，把普通公民的民主权利归结为每过几年才履行一次的投票权，实际上否认了这些具体的人有权以这些利益直接的、真正的代表身份出现，并对政治决策产生影响。③ 社会主义民主则要求保证人民当家作主的权利，从各层次各领域扩大公民有序参与政治的权利，发展基层民主，推进协商民主。

最后，资本主义的多党竞争制造就了多元化的政治集团，加剧了社会各阶层的冲突，阻碍了共同利益和集体意志的实现，影响了公共决策的效率。而在社会主义公有制基础上产生的政治代议机构和政治代表人，则是直接从社会的成员中产生的，代表了社会各个组织、各个阶层和各个方面的利益，并对其所代表的社会成员负责，受其所代表的社会成员的监督。

因此，社会主义民主是一种更真实、更全面的民主，是公有制基础上的新型民主。

总之，社会主义市场经济是中国这个世界上最大的发展中国家探索形成的一种新型经济体制，它既不同于美国完全市场化的经济体制，不同于欧洲高福利、高税收的经济体制，也不同于其他发展中国家和新兴工业化国家的经济体制。社会主义市场经济是当代中国的一大发明，对当今世界试图摆脱贫困、实现国家发展的广大发展中国家选择发展道路具有重要的启示和借鉴意义。社会主义市场经济发展的历史虽然还不长，但已经展示出极大的优越性和强大的活力。随着这一经济体制的不断发展和完善，必将对人类文明的发展作出更大贡献。

第四节　公有制与市场经济的有机结合

一、社会主义市场经济发展的两条主线

社会主义市场经济的发展主要包括两个方面的问题：一是计划与市场或政府与市场

---

①② 林德布洛姆．政治与市场：世界的政治-经济制度．上海：上海三联书店，上海人民出版社，1992.

③ 关于这一问题的分析可参见：卡德尔．民主与社会主义．北京：人民出版社，1981。

的关系；二是公有制与市场经济的兼容或结合。前者属于资源配置方式或经济运行机制的问题，后者属于所有制或基本经济制度的问题，前者为表层关系，后者为深层关系。这两个问题既相互联系又相互区别，共同构成了社会主义市场经济的有机整体。

逻辑与历史是一致的。社会主义市场经济在理论和实践上的发展就是围绕着上述两个方面、两条主线展开的，并经历了由表及里、由浅入深的过程。比如，20 世纪 60—80 年代东欧经济学派提出的许多改革理论，如兰格的试错模式、布鲁斯的分权模式、奥塔·锡克的宏观收入计划协调下的自由市场模式、科尔内的宏观间接控制下的自由市场模式，都是围绕着社会主义经济中计划和市场的关系展开的。但是，随着理论和实践的发展，人们逐步认识到，对于构建完整的市场经济来说，仅仅关注计划和市场的关系是远远不够的，关键问题在于，公有制企业能不能以及如何适应市场机制，即公有制与市场经济的结合问题。科尔内等人发现，关于社会主义市场经济的一些设想，如奥斯卡·兰格著名的计划模拟市场的理论模型，假定社会主义企业家们在竞争市场上的实际行为与私人企业完全相同，但对这一假定的根据并未作充分说明，因而缺乏微观基础，而以完全竞争的市场为基础的改革方案，如果不能认真考虑传统国有制形式能否容纳这些改革措施的问题，那就只能是一种天真的幻想。① 针对这一问题，奥塔·锡克等人提出了资本中立化理论，设想在公有制企业中，劳动者是集体资本的所有者，以民主自治的方式管理企业，共同参与对利润的分享，以此克服了劳动与资本的对立，实现了经济的民主化与人道化。② 布鲁斯另辟蹊径，提出了生产资料社会化的理论。他认为，社会主义的所有制不应当是国家所有制，而应当是社会所有制，它有两个基本标准：（1）生产资料必须用于满足社会利益；（2）社会必须对其占有的生产资料具有有效的支配权。其中，第二个标准具有决定性意义，其实质是政治的民主化问题。③ 总之，苏联、东欧的学者们深入研究了社会主义经济中市场机制的作用问题，也认真思考了公有制与市场经济的结合问题，并取得了一些有益的成果。

在中国，对于社会主义经济中市场机制作用的探索从社会主义制度一建立就开始了，最初关注的焦点问题也是计划与市场的关系。党的十一届三中全会提出“重视价值规律的作用”。党的十二大提出“计划经济为主、市场调节为辅”。党的十二届三中全会提出“有计划的商品经济”。党的十三大提出“新的经济运行机制，总体上来说应当是‘国家调节市场，市场引导企业’的机制”。党的十三届四中全会后，提出“建立适应社会主义有计划商品经济发展的、计划经济与市场调节相结合的经济体制和运行机制”④。与此同时，社会主义市场经济的另一条主线即公有制与商品经济和市场经济的结合问题也逐步被提出来了，特别是随着国有企业改革被确立为经济体制改革的中心环节，公有制的体制、机制和实现形式的改革日益受到重视。1984 年党的十二届三中全会通过的《中共中央关于经济体制改革的决定》已经提出，增强企业的活力，特别是增强全民所有制的大、

---

① 科尔内．理想与现实：匈牙利的改革过程．北京：中国经济出版社，1987：61－71.

② 锡克．一种未来的经济体制．北京：中国社会科学出版社，1989；锡克．争取人道的经济民主．北京：华夏出版社，1989.

③ 布鲁斯．社会主义所有制与政治体制．北京：华夏出版社，1989：58.

④ 江泽民．江泽民文选：第 1 卷．北京：人民出版社，2006：153.

中型企业的活力，是以城市为重点的整个经济体制改革的中心环节，“要使企业真正成为相对独立的经济实体，成为自主经营、自负盈亏的社会主义商品生产者和经营者”。党的十三大报告提出，“按照所有权经营权分离的原则，搞活全民所有制企业”，“围绕转变企业经营机制这个中心环节”，建立起有计划商品经济新体制的基本框架。

党的十四大报告明确提出，我国经济体制改革的目标是建立社会主义市场经济体制，并从基本制度和资源配置两个方面对社会主义市场经济的本质特征进行了概括。从基本制度上看，“社会主义市场经济体制是同社会主义基本制度结合在一起的”。从资源配置方式上看，“我们要建立的社会主义市场经济体制，就是要使市场在社会主义国家宏观调控下对资源配置起基础性作用”。这样，社会主义市场经济的两个方面和两条主线即计划与市场的关系和公有制与市场经济的结合都被作为社会主义市场经济的本质特征而明确地提出来了。党的十五届四中全会通过的《中共中央关于国有企业改革和发展若干重大问题的决定》明确指出：“国有企业改革是整个经济体制改革的中心环节。建立和完善社会主义市场经济体制，实现公有制与市场经济的有效结合，最重要的是使国有企业形成适应市场经济要求的管理体制和经营机制。”

党的十八大后，以加快完善社会主义市场经济体制为目标的新一轮经济体制改革全面展开，改革的两个方面和两条主线依然十分清晰。一方面，党中央提出，经济体制改革的核心问题是处理好政府和市场的关系，使市场在资源配置中起决定性作用和更好发挥政府作用；另一方面，党中央强调，公有制为主体、多种所有制经济共同发展的基本经济制度是中国特色社会主义制度的重要支柱，也是社会主义市场经济体制的根基。习近平深刻地指出，要坚持社会主义市场经济改革方向，坚持辩证法、两点论，继续在社会主义基本制度与市场经济的结合上下功夫，把两方面优势都发挥好。[①] 习近平的这一论述充分体现了社会主义市场经济的两个方面、两条主线的辩证关系的本质。

需要强调的是，社会主义市场经济的两个方面的地位和作用是不一样的。如前所述，计划与市场或政府与市场的关系属于资源配置方式或经济运行机制的问题，公有制与市场经济的兼容或结合则属于所有制或基本经济制度的问题。科学揭示社会主义市场经济的本质和发展规律，必须深入研究公有制与市场经济的关系。

二、公有制与市场经济的结合是社会主义市场经济的核心

公有制与市场经济的结合对于坚持和完善社会主义市场经济具有关键作用，这是因为：(1) 生产资料公有制是社会主义经济制度的基础，因此，离开了公有制与市场经济的结合，就不可能发展社会主义市场经济。(2) 在社会主义初级阶段，存在着多种性质的商品交换，其中，作为基本经济制度主体的公有制与市场经济能否结合以及如何结合，在很大程度上决定着社会主义市场经济的性质、特点及其发展方向。(3) 中国的经济体制改革中存在的很多问题，归根到底取决于公有制与市场经济的结合是否有效、是否完善。

从实践看，社会主义市场经济最根本的特点和成功的经验就在于社会主义基本制度

---

① 立足我国国情和我国发展实践发展当代中国马克思主义政治经济学．人民日报，2015－11－25.

与市场经济的有机结合，特别是公有制与市场经济的有机结合，这种结合一方面要发挥市场机制信息灵敏、激励有效、调节灵活等优点，增强经济发展的活力，另一方面要发挥社会主义公有制经济的人民为本、统筹兼顾、独立自主、共享共建等制度优势，克服资本主义市场经济固有的盲目性、自发性和滞后性以及经济危机、贫富分化等深刻的缺陷和弊病；一方面要坚持社会主义经济制度的公有制、按劳分配、计划调节、共同富裕、全面发展等基本原则，另一方面要适应市场经济基础的要求，发展多种所有制经济，实行多种分配方式，扩大市场调节的作用，强化个人利益，鼓励自由竞争。如何把两种相互对立的因素有机结合起来，在相互冲突、相互改造、相互制约中实现有机的结合，是中国经济体制改革的核心问题。“两个相互矛盾方面的共存、斗争以及融合成一个新范畴，就是辩证运动。”[①] 社会主义市场经济就是这种辩证运动的生动写照。

在公有制与市场经济的结合问题上，一直存在着两种片面观点：一种观点认为，发展所谓真正的市场经济，只能走全面私有化的道路，从根本上否定了社会主义经济制度。另一种观点则认为，市场经济是中性的，没有“姓社姓资”的问题，公有制经济应当完全适应市场经济。这种观点看似合理，但在理论和实践上面临一个根本问题，这个问题在兰格 1938 年出版的《社会主义经济理论》一书中已经被明确地提出来了。兰格说：

> 如果竞争执行的分配资源规则与一个理性指导的社会主义经济必须接受的规则相同，考虑社会主义有何用？如在现有制度内能达到同样结果，如果只要迫使它保持竞争标准，为什么要改变整个经济制度？[②]

换句话说，如果市场经济与社会主义是完全一致的，如果只需要达到市场配置资源的目标，那么，建立社会主义制度的意义何在？这个问题是社会主义市场经济理论和实践发展必须回答的。

这里存在着这样一个悖论，即如果公有制与市场经济完全相融，公有制就失去了存在的意义；如果公有制与市场经济完全对立，社会主义市场经济就失去了存在的根据。如何解开这个悖论呢？问题与解决问题的方法同时产生。中国的社会主义市场经济就是在解决这一问题的过程中产生和发展起来的，公有制与市场经济因此实现了从对立到统一的历史转变。

三、公有制与市场经济的对立统一

认识公有制与市场经济的关系，追根溯源，还要回到社会主义公有制经济中商品关系存在的原因和特点上来。马克思、恩格斯认为，社会一旦占有生产资料，商品生产就将消除。上述推论就公有制的一般属性来说是合乎逻辑的，因为在公有制的条件下，生

---

① 马克思，恩格斯．马克思恩格斯选集：第 1 卷．3 版．北京：人民出版社，2012：225.

② 对于这个问题，兰格的回答是：竞争资本主义和社会主义经济中资源配置的相似性只是纯粹形式上的，实际的分配可能很不同。它们之间的主要差异表现在两个方面：一是只有在社会主义经济中才能使收入分配达到最大的社会福利；二是社会主义可以把一切不同的选择纳入经济计算，解决私人成本与社会成本的差异问题。参见：兰格．社会主义经济理论．北京：中国社会科学出版社，1981：24。

产资料归全体劳动者共同所有，人们在生产资料的占有上处于完全平等的地位，任何个人或者集团都不能凭借对生产资料的所有权而获得特殊的利益，满足人民群众的需要成为社会生产的唯一目的，这样的生产关系自然不可能产生出等价交换的商品关系。但是，如果我们从社会主义公有制的特殊结构出发考察问题，就会得出不同的结论。正如前面我们曾经说明的那样，在社会主义公有制中，虽然生产资料是社会成员共同所有并由国家代表社会行使所有权，但属于社会共同所有的生产资料只能通过每一具体劳动者的联合即企业来分别使用，不同企业在生产资料的使用上具有各自的经济利益，具有独立的经营权，它们之间的交换关系也是等价交换的商品交换关系。

然而，公有制企业的这种商品性只是一种局部的商品性，它与私有制生产者之间的完整意义上的商品交换存在本质的区别。这主要体现在，生产资料公有制是一个宏观概念而不是微观概念，公有制企业的生产具有直接社会性，这种直接社会性虽然不像马克思所设想的那样，可以通过直接的计划调节加以实现，但是也并没有因为实行了社会主义市场经济体制而完全丢失。

第一，公有制企业的生产不能只追求私人利益，还必须满足社会的共同利益，不能只追求企业微观效率即利润的最大化，还必须承担重要的社会责任，如保障民生需求、维护经济安全、实施宏观调控、推动自主创新、增进社会的宏观效率等。

第二，公有制企业的管理不完全是企业内部的事情，还具有明显的公共性。作为公共所有权的代表，公有资产管理部门享有对企业投资、分配和人事等方面重大决策的决定权，社会的各相关利益主体也对企业的经营活动享有监督权，以保证社会利益不被企业集团利益所压倒。

第三，在公有制企业的分配中经济剩余不归任何个人和集团所有，它在本质上属于社会所有的公共积累，由社会共享。国家除了以公共权力的身份向企业征税之外，还要以所有者的身份向国有企业收取资本收益。劳动者个人收入的分配则实行按劳分配。

第四，生产资料的公有制以及在此基础上产生的国民经济有计划按比例发展的规律，要求国家作为生产资料公共所有权和社会公共利益的总代表，在全社会范围内按照社会的需要有计划地调节社会再生产过程，从社会根本的和长远的利益出发合理地配置社会的资源。

第五，实现社会的共同富裕，要求国家加大对收入再分配的调节力度，包括完善社会保障制度、增加公共支出、加大转移支付力度等措施，加快健全以税收、社会保障、转移支付为主要手段的再分配调节机制等，以便对市场分配的结果进行二次调节。

总之，社会主义公有制经济具有商品性与非商品性的二重属性，从这一点出发必然会得出这样的结论，即公有制与市场经济之间是一种对立统一的关系，它们之间的有机结合既要遵循市场经济的规律，又要体现公有制的要求；既要发挥市场经济的长处，又要彰显社会主义制度的优越性。公有制与市场经济之间的这种对立统一的有机结合，是社会主义市场经济的精髓。商品性与非商品性这两个方面都是公有制的内在属性，都是社会主义公有制的本质要求。传统的社会主义理论只看到了公有制与市场经济之间对立的一面，而没有看到公有制与市场经济相容的一面，从而严重排斥商品货币关系的发展和市场的作用，束缚了社会主义经济的活力。在改革开放和发展社会主义市场经济的过程中，一些人则往往只看到公有制与市场经济相容的一面，而忽视了公有制与市场经济之间存在的矛盾和冲突，有意无意地削弱和淡化了社会主义制度特殊的目标和要求。只有深刻把握公有制与市场经济在对立统一中实现有机结合的内在逻辑，才能深刻理解社会主义市场经济的精髓。

第五节　社会主义市场体系

一、社会主义市场体系的构成和特点

建立社会主义市场经济，必须发展和健全完整、统一、开放、竞争、有序的现代市场体系，为市场主体营造公开、公正、公平的竞争环境，引导商品和要素的有效流动。

完整的市场体系既包括商品市场，也包括生产要素市场。商品市场包括消费品市场、生产资料市场和服务贸易。消费品市场直接满足人们的物质文化需要；生产资料市场满足社会再生产的需要；服务贸易包括金融、电信、交通、旅游等，它们之中有的满足最终消费的需要，有的满足社会再生产的需要。人类的一切经济活动都是为了满足人们的消费需要，生产资料为生产消费品提供物质条件，生产要素则为生产生产资料和消费品提供物质条件，因此，商品市场是市场体系的基础，商品市场的价格信号引导着生产要素资源的配置，对商品的最终消费需求会形成对生产要素的派生需求，商品市场上的供求不平衡会引起价格变动，价格信号传导到生产要素市场上，会使对生产要素的派生需求发生变动，引导要素资源实现再配置。如果商品市场价格形成机制存在扭曲，必然会使要素资源的配置发生扭曲。

生产要素市场提供各类生产要素的交易，包括金融市场、劳动力市场、土地市场等。在市场经济的发展过程中，生产要素市场具有十分重要的地位。没有发达的生产要素市场，市场机制在资源配置中的调节作用就不可能实现。这是因为：第一，社会再生产过程实际上就是生产要素的配置过程，如果生产要素市场发育不全，生产要素配置的价格扭曲甚至失真，商品市场的供求就不能及时达到平衡，市场机制对资源的有效配置就不可能实现。第二，只有形成完善的生产要素市场，从而使得不仅企业的产出要面向市场，接受市场的检验和选择，而且企业投入的各种生产要素也能从市场上获取，也要受市场价格与竞争机制的调节，企业的经济行为才能真正趋向合理，市场机制的优胜劣汰功能才能充分发挥出来。第三，国家对市场运行过程的有效调控、监督和引导，也需要一个发育良好的生产要素市场。完善的生产要素市场和价格体系可以准确反映宏观经济的运行状况，为国家的宏观调控提供充分的信息。

完整的市场体系是现代市场经济的一般要求，也是建立和完善社会主义市场经济的必要条件。但是，除这个一般要求外，社会主义市场体系还具有自己的特殊规定。

首先，在社会主义经济中，并不是所有的资源和产品都是商品、都要进入市场、都要接受市场机制的调节。例如，政治、思想领域就不能让市场起决定性作用，不能实行政治市场化、思想市场化；公益领域如教育、医疗、社会保障等，也不能听任市场进行

调节；文化产业也不能完全市场化，而要把社会效益放在第一位；涉及国家安全的一些重要的军工产品，也不能实行完全的市场调节，而要服从国家的战略。

其次，在社会主义经济中，劳动力的配置虽然也要通过市场来进行，但这只是一种表象，透过现象看本质，在公有制经济中，劳动者是生产资料的主人，享有作为生产资料主人应当具有的权益，如充分就业、按劳分配、民主管理、利益分享、民生保障等，生产是为了广大劳动者的共同利益，因此，劳动者并不是真正意义上的商品。此外，劳动力的供给不同于一般的物质产品，在很大程度上受人口规律的影响，并不完全受劳动力市场和劳动力价格的调节。

最后，社会主义市场经济不是自由放任的市场经济，而是国家调控下有计划的市场经济。在我国，无论是商品市场的发育还是生产要素市场的发育，都不完全是自发生长、自然演化的结果，而是改革开放以后，在国家有计划、有组织的指导、安排和推动下，根据改革发展的需要，分领域、分地区、分步骤，循序渐进地发展起来的。虽然在这一过程中也难免会有自发性和盲目性，有时甚至会出现混乱的局面。

二、商品市场

在计划经济体制下，商品和劳务的生产、分配以及价格的形成主要由政府行政命令加以调节，不存在严格意义上的商品市场。目前除少部分关系国计民生的重要商品、少数具有资源垄断性质的商品以及少部分服务的价格仍由国家决定之外，其余的绝大部分商品和服务的生产、分配以及价格的形成已经放开，由市场自主调节，与社会主义市场经济要求相适应的商品市场已经形成。

以 1978—2000 年快速改革期的数据来看（见图 4－1），在价格的形成方面，2000 年，我国市场调节价在商品零售环节、农产品收购环节和生产资料出厂环节中所占的比例分别达到了 95.8％、92.5％和 87.4％。此外，从竞争程度看，政府对商品市场进入和退出的限制已大大减少了，对电信、航空、铁路、电力等自然垄断产业的管制也大大放松了。2015 年 9 月，国务院常务会议决定，在近年来陆续放开部分电信、药品、交通运输等价格的基础上，将中央定价目录压减至 7 个种类，以改革举措推动市场发挥更大作用。目前，我国商品价格的市场化程度已经相当高，由市场决定价格的商品种类占 97％以上。虽然我国商品市场的发育取得了巨大成就，但目前还存在一些问题需要解决：第一，流通体制不尽合理，流通方式落后，流通体系分散、规模小，不能适应现代化生产的要求。第二，市场交易行为不规范，商品市场上存在假冒伪劣商品、商标侵权、虚假广告等欺诈现象，市场也存在一些不规范现象和违法违规行为。第三，个别地方政府的管理部门运用行政手段搞地方封锁，使商品和要素难以自由进出当地市场，造成了市场价格的扭曲。第四，流通成本过高、环节过多，既损害了消费者的利益，又降低了生产者的利润，成了制约当前中国经济发展的一个突出问题。

为了进一步完善现代商品市场体系，必须深化流通体制改革，规范市场主体的行为，整顿和规范市场经济秩序，完善市场制度和规则，鼓励市场竞争，降低流通成本，着力清除市场壁垒，提高资源配置效率和公平性。

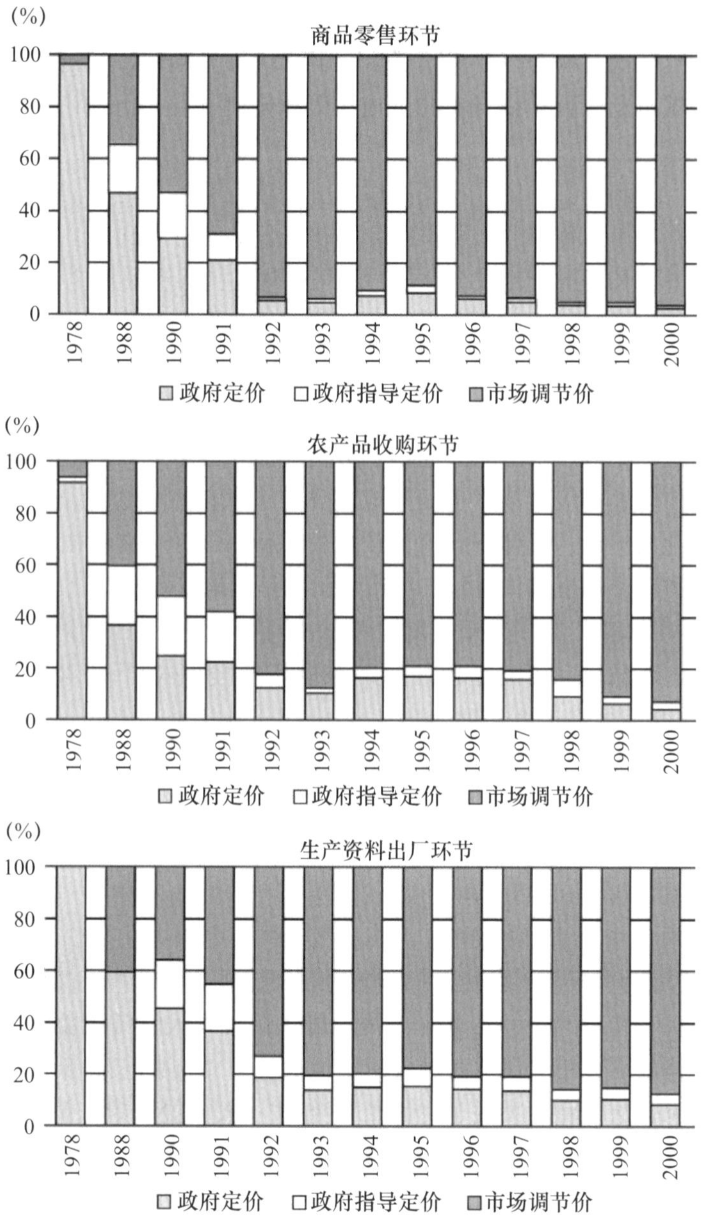

图 4-1 1978—2000 年三种价格形式比重变化情况

三、土地市场

由于土地不可再生所导致的自然稀缺性、不可移动所产生的区位差异性以及所有权的垄断性，土地的价格形成机制有很大的特殊性，土地价格的持续上涨就是一个突出表现。土地的价格实质上是资本化的地租，可以看作按利率计算的地租的价格。影响土地价格的因素十分复杂，包括国民经济和城市经济发展状况、交通运输和基础设施建设状况、规划和用途管制对土地功能的制约、国家宏观经济政策等宏观因素，以及土地区位、人口密度、地理条件、交通状况等微观因素。

我国土地实行公有制，城市土地归国家所有，农村土地（主要是耕地和宅基地）归村民集体所有，土地所有权的自由买卖受到限制，因而土地使用权的转让是土地市场的主要形式。由于城市土地国有制与农村土地集体所有制并存，土地市场也分为城市土地市场和农村土地市场。

在传统的计划经济体制时期，我国的城市土地使用采取无偿、无期限的行政划拨制度，无法发挥价格对土地资源的指导作用，不利于土地的有效利用。1986 年第六届全国人民代表大会常务委员会第十六次会议通过了《中华人民共和国土地管理法》，明确规定国家依法实行国有土地有偿使用制度。1990 年 5 月 19 日国务院发布《中华人民共和国城镇国有土地使用权出让和转让暂行条例》，对土地使用权的出让、转让、出租、抵押、终止以及划拨土地使用权等作了明确具体的规定，从而在法律上确认了土地市场的合理性。

根据转让形式的不同，我国的土地市场分为两种类型：（1）土地使用权出让市场。该类型市场也叫作土地一级市场，由国家或集体将土地使用权让与土地使用者，并由土地使用者支付土地出让金。具体方式有协议出让、招标出让和拍卖出让。（2）土地使用权转让市场。该类型市场也叫作土地二级市场，它是土地使用权出让后的再转让。

2002 年国土资源部出台《招标拍卖挂牌出让国有建设用地使用权规定》，规定对商业、旅游、娱乐、商品住宅四类经营性用地采取招拍挂方式出让。2004 年国务院出台《国务院关于深化改革严格土地管理的决定》，明确工业用地也要实行招拍挂出让，我国城市国有建设用地市场基本建立。市场在配置土地资源中的基础性作用逐步确立。此后，全国土地出让总收入由 2004 年的 5 894 亿元增长到 2018 年的 6.5 万亿元，土地出让收入规模增长了约十倍，剔除通货膨胀率后的实际增长量仍然巨大，土地出让收入已经逐渐成为各级财政的重要收入来源。

我国农村土地市场发育也很迅速。2016 年，中共中央办公厅、国务院办公厅印发《关于完善农村土地所有权承包权经营权分置办法的意见》，对“三权分置”作出系统全面的制度安排。2018 年 12 月 29 日第十三届全国人民代表大会常务委员会第七次会议审议通过了《关于修改〈中华人民共和国农村土地承包法〉的决定》，新修订的《中华人民共和国农村土地承包法》将中央关于“长久不变”“三权分置”等有关制度安排转化为法律规定，进一步保障了农民权益，为乡村振兴打下了坚实的制度基础。截至 2017 年年底，全国家庭承包耕地流转面积为 5.12 亿亩，流转面积占家庭承包经营耕地面积的 37%，有 5 个省市家庭承包耕地流转比重达到 50%以上，分别是：上海（75.4%）、北京（63.2%）、江苏（61.5%）、浙江（56.8%）和黑龙江（52.1%）。流转出承包耕地的农户达 7 070.6 万户，占家庭承包农户数的 31.2%。

我国土地市场的发育虽然取得了很大进展，但当前还面临着一些问题，如农村集体土地使用权流转机制不完善，城市土地市场的价格和交易秩序不够规范、土地出让收入管理缺乏制度规范等，需要加以解决和完善，促进土地市场健康发展。

四、劳动力市场

在社会主义市场经济中，劳动力资源也要通过市场来配置。从生产力的发展要求看，在社会化大生产的条件下，技术结构和经济结构的不断变化要求劳动者在不同部门和不同企业之间进行流动，只有这样，才能适应生产发展的需要。从制度上看，无论是在公有制企业中还是在非公有制企业中，企业和劳动者都是相对独立的产权主体，具有不同的经济利益，因而需要进行双向选择，通过劳动力市场实现企业和劳动者的结合。

在改革开放前，中国实行的是“城乡分割”“统包统配”的就业制度和“固定用工”制度。改革开放以来，适应从计划经济到社会主义市场经济转型的要求，中国就业制度的改革不断深化，劳动力供求双方“双向选择”“自主择业”的就业制度和劳动合同制的用工制度已经基本形成，劳动力的自由流动得到了保障，劳动力市场在劳动力资源配置中的基础性作用已开始发挥，维护了社会稳定，促进了劳动者的就业。特别是 2008 年 1 月《中华人民共和国劳动合同法》的实施，促进了我国用工制度的规范化，保障了劳动者的合法权益，完善了我国的劳动力市场。

进一步完善我国的劳动力市场重点需要解决以下三个问题：

第一，打破城乡分割。由社会福利、社会保障、医疗卫生和教育机会等方面的巨大差异导致的城乡分割，是当前中国劳动力市场发展中存在的主要问题。这一问题的存在不利于让广大农民平等参与现代化进程、共同分享现代化成果，制约着城乡一体化的发展，必须着力加以解决。为此，必须推进城乡要素平等交换和公共资源均衡配置，统筹城乡义务教育、社会保障、医疗卫生和公共服务的发展。特别是要加快推进户籍制度改革，完善城乡劳动者平等就业制度，逐步让农业转移人口在城镇进得来、住得下、融得进、能就业、可创业，维护好农民工合法权益，保障城乡劳动者平等就业权利。

第二，实现充分就业。就业是民生之本，关系亿万人民群众的切身利益，关系改革发展稳定的大局。在社会主义社会，劳动者既是生产资料的主人，也是国家的主人，他们与资本主义制度下的劳动力商品有着本质的区别，不能混为一谈。但是，如果没有充分就业，没有劳动者与生产资料的直接结合，那么劳动者的主人翁地位就无从实现，实现社会主义的生产目的、实现人的全面发展和实现社会的共同富裕也就无从谈起。从这一点来说，保障充分就业是社会主义经济的本质要求，有着特殊重要的意义。必须实施就业优先战略和更加积极的就业政策，努力实现更加充分的就业。

第三，完善社会保障。在劳动力市场的发展过程中，由于劳动力供求的变化和就业市场的激烈竞争，难免会出现劳动力下岗和失业问题。特别是在经济体制全面转型和经济结构深刻调整的过程中，还会出现较大规模的劳动力下岗和比较严重的失业问题，这必然会影响居民的生活，妨碍社会的稳定，扩大贫富差距，激化社会矛盾，制约经济发展。因此，在劳动力市场化的过程中必须建立完善的社会保障制度，保证社会成员的基本生活需要不会因为市场经济的发展而受到损害。没有完善的社会保障制度，劳动力市场的持续健康发展是不可能的。

五、金融市场

金融市场也就是资金融通的市场，包括资本市场、货币市场、外汇市场等，它的基本功能是将居民手中的资金集中起来投向企业。在现代市场经济中，金融活动是社会经济的血脉，没有资金的融通，市场就无法运转，企业就无法生存，因此，金融市场是社会主义市场体系的重要组成部分，不断健全和完善金融体系对市场经济的健康发展至关重要。

改革开放以来，我国的金融市场有了长足的进步。目前，以同业拆借市场、银行间债券市场、票据市场为主体的货币市场已渐趋成熟。资本市场的发展成就令人瞩目，上市公司家数逐年上升，投资者数量不断增加，为国民经济服务的功能日益显现。截至2020年9月，沪深股市上市公司总数突破4 000家，股票总市值超过80万亿元。债券市场规模发展迅速，2020年8月末，中国债券市场存量规模达112万亿元人民币，发展成为仅次于美国的全球第二大债券市场。但是，从总体上看，我国目前直接融资的比例仍然偏低，资本市场也不够成熟和规范，存在市场结构单一、层次少、投资品种不足等问题。因此，必须进一步推进资本市场的改革开放和稳定发展。

利率是市场资金要素的价格，利率的市场化是金融市场发育的重要表现。自1996年以来，我国利率市场化改革已经推行20多年，改革的进程主要分为银行间同业拆借利率和债券利率的市场化、贷款利率和贴现利率的市场化、存款利率的市场化三个阶段。当前贷款利率管制已完全放开。2015年对金融机构等不再设置存款利率浮动上限。2019年中国人民银行启动改革完善贷款市场报价利率（LPR）形成机制，标志着中国利率市场化改革基本完成。

我国外汇市场的发展也取得了重要的进展。1994年人民币汇率并轨，实行以市场供求为基础的、单一的、有管理的浮动汇率制度，取消外汇留成与上缴，实行银行结售汇，建立全国统一、规范的银行间外汇市场，实现了人民币经常项目有条件可兑换，并于1996年年底正式接受《国际货币基金组织协定》第八条款，取消经常项目汇兑限制，实现了人民币经常项目可兑换。至此，我国正式确立了适合当前实际的“人民币经常项目完全可兑换、资本项目有一定管制”的外汇管理框架，形成了以市场供求为基础的、单一的、有管理的浮动汇率制度，并不断得到完善和巩固。2015年8月，进一步完善了人民币兑美元汇率中间价报价机制，实行“上一日收盘价＋参考一篮子货币的中间价”定价机制，增强中间价市场化程度和基准性，发挥外汇市场的价格发现功能。随着更多境外投资主体获准进入，中国外汇市场的广度和深度持续增强。2023年，人民币外汇市场成交额达到35.85万亿美元。

现阶段，我国在保证人民币经常项目可兑换的前提下，对资本项目仍保持一定的管制。近年来在外汇管理部门的努力下，资本项目的控制范围已大大缩小。按照国际货币基金组织的定义，资本与金融项目下需要管制的子项有40个，截至2015年年底，我国已有37个子项达到了部分可兑换及以上水平，比率达到全部项目的92.5%。2015年年底，国际货币基金组织的特别提款权（SDR）审查认为人民币已符合“可自由使用”货币的要求。2016年10月，国际货币基金组织把人民币正式纳入特别提款权（SDR）货币篮子，人民币成为国际储备货币。根据《2023年人民币国际化报告》，截至2022年年末，人民币作为外汇储备的规模达2 984亿美元，居全球第5位。据不完全统计，目前全球已有80多个央行或货币当局将人民币纳入外汇储备。

六、建设高标准市场体系

市场体系是社会主义市场经济体制的重要组成部分和有效运转基础。改革开放以来，特别是党的十八大以来，我国市场体系建设取得长足进展，市场在资源配置中的决定性作用日益增强，市场发展环境持续改善。与此同时，一些束缚市场主体活力释放的体制机制障碍依然存在。

针对这些问题，党的十九届四中全会提出要建设高标准市场体系，党的十九届五中全会明确提出要实施高标准市场体系建设行动，对市场体系建设提出了新的更高要求。2021 年 1 月，《建设高标准市场体系行动方案》出台，对“十四五”时期深化推进关键领域改革、建设高标准市场体系提供了纲领性意见。方案提出，要通过 5 年左右的努力，基本建成统一开放、竞争有序、制度完备、治理完善的高标准市场体系，为推动经济高质量发展、加快构建新发展格局、推进国家治理体系和治理能力现代化打下坚实基础。

具体来说，高标准市场体系包括六方面基本内容：

一是高标准的市场体系基础制度。这是市场体系有效运行的基础。严格的产权保护是激发各类市场主体活力的基础动力。实施全国统一的市场准入负面清单制度，是形成全国统一市场，发挥超大市场规模优势的前提条件。公平竞争是有效的市场运行机制，可促进市场主体充分竞争、优胜劣汰，实现资源优化配置。

二是高标准的要素市场体系。土地、劳动力、资本、技术、数据等要素市场发育不足是高标准市场体系的短板。推动经营性土地要素市场化配置，推动劳动力要素有序流动，促进资本市场健康发展，发展知识、技术和数据要素市场，形成生产要素从低质低效领域向优质高效领域流动的机制。这是建设高标准市场体系的重点和难点。

三是高标准的市场环境和质量。要全面提升产品和服务质量，加强消费者权益保护，大幅降低消费者权益受侵害后的维权难度和维权成本，使各类市场主体获得感更强。

四是高标准的市场基础设施。要强化市场基础设施建设，推动互联互通，与虚拟市场崛起为代表的市场形态变化相适应，建设智能市场，引导平台企业健康发展。这是建设高标准市场体系的重要支撑。

五是高标准的市场开放。高标准的市场开放不仅体现为国内外开放领域的持续扩大，更体现为开放深度的持续拓展。要深化市场化改革，深化竞争规则领域开放合作，推动规则等制度型开放。

六是高标准的现代市场监管机制。必须将该放的权放足放到位，该管的事管好管到位，维护市场安全和稳定，提高市场监管的科学性和有效性。

第六节 社会主义市场经济中的政府和市场关系

一、对政府和市场关系认识的发展

改革开放以来，中国共产党对政府和市场关系的认识经历了以下几个主要的发展阶段：

（1）党的十二大提出“计划经济为主、市场调节为辅”，并强调计划调节是基本的、主要的，市场调节是从属的、次要的。

（2）党的十三大提出要建立有计划的商品经济，并强调新的运行机制是“国家调节市场，市场引导企业”。

（3）党的十四大报告提出建立社会主义市场经济体制的改革目标，并强调“我们要建立的社会主义市场经济体制，就是要使市场在社会主义国家宏观调控下对资源配置起基础性作用”。

（4）党的十八届三中全会提出“使市场在资源配置中起决定性作用和更好发挥政府作用”的理论观点，并强调“决定性作用”和“基础性作用”这两个定位是前后衔接、继承发展的。

（5）党的十九届五中全会提出“充分发挥市场在资源配置中的决定性作用，更好发挥政府作用，推动有效市场和有为政府更好结合”。

对于如何在理论和实践上准确把握政府和市场的关系，目前的学术界和实务界都还存在不同的认识。比如，一些学者认为，使市场在资源配置中起决定性作用意味着政府必须全面从资源配置中退出，其经济职能只限于为市场经济提供公共服务，在经济发展中起拾遗补阙的作用。另外一些学者则认为，不能片面理解和过分夸大市场的决定性作用。

有的学者提出，必须分清社会主义市场经济中市场的决定性作用和西方新自由主义市场决定论的根本区别，前者有五个特点：一是国家宏观调控和微观规制并存；二是限于一般资源的短期配置，而非地下资源等特殊资源和一般资源的长期配置；三是文化、教育等某些非物质资源的配置，只是引进适合本领域的市场机制，而非由市场决定；四是以公有制为主体、以国有经济为主导，并体现在市场经济体系和市场活动中；五是在财富和收入分配领域由市场和政府各自发挥应有的调节作用，在国民收入初次分配中市场的作用大些，在再分配中政府的作用大些。①

还有学者提出，资源配置有宏观、微观两个不同的层次，还有许多不同领域的资源配置。在资源配置的微观层次，即多种资源在各个市场主体之间的配置，市场价值规律可以通过供求变动和竞争机制促进效率提升，发挥非常重要的作用，也可以说是“决定性”的作用。但是在资源配置的宏观层次，如供需总量的综合平衡、部门和地区的比例结构、自然资源和环境的保护、社会分配公平等方面，以及涉及国家社会安全、民生福利（住房、教育、医疗）等领域的资源配置，就不能主要依靠市场来调节。在这些宏观领域市场机制会存在很多缺陷和不足，需要国家干预、政府管理、计划调节来矫正、约束与补充市场的行为，用“看得见的手”来弥补“看不见的手”的缺陷。②

还有的学者提出，市场经济有两种模式，即资本主义的市场经济和社会主义的市场经济。如果我国的微观和宏观经济领域都完全由市场决定资源配置，任由市场经济自发发展，其最后导向的是什么？可以肯定：不会导向社会主义公有制经济的巩固和发展，不会导向基本经济制度的完善和发展，不会导向贫富分化的消除和收入分配的公平，不会导向以人为本的科学发展，不会导向共同富裕的实现。总之，不会导向社会主义的巩固和发展。③

---

① 程恩富．要分清两种市场决定性作用论．环球时报，2013-12-10.

② 刘国光．资源配置的两个层次和政府市场的双重作用．社会科学报，2014-06-05.

③ 卫兴华，闫盼．论宏观资源配置与微观资源配置的不同性质：兼论市场“决定性作用”的含义和范围．政治经济学评论，2014，5（4）：3-14.

总之，在深化经济体制改革的过程中处理好政府和市场的关系，是当前经济理论和实践中面临的一个重大课题，需要我们以马克思主义理论为指导并结合中国的实践进行深入研究，取得理论上的突破，推进实践的发展。

二、认识政府和市场关系的三个维度

处理政府和市场的关系有没有一个普遍适用的最优模式呢？回答是否定的。因为无论是政府还是市场，都是社会历史的范畴，随着社会生产力和生产关系的发展而变化。比如，社会主义国家不同于资本主义国家，发展中国家不同于发达国家，大国不同于小国。同样是发达的资本主义市场经济，也存在着美国的自由市场经济、日本的法人垄断市场经济、德国的社会市场经济和瑞典的福利市场经济等不同的模式。

正确认识社会主义市场经济中政府和市场的关系，必须从中国的实际出发，把握三个主要的维度：

一是市场经济的一般规律。核心是价值规律，通过市场机制的供求、竞争和价格的波动，调节生产，配置资源。不过，即使在发达的市场经济中，政府的作用也是不可缺少的。一方面，市场机制的作用是有条件的，包括法律体系、竞争规则、宏观环境、社会保障等，这些条件的形成和完善离不开政府的作用；另一方面，市场经济存在局部失灵问题以及盲目性、自发性和滞后性的弊端，弥补市场失灵和克服市场缺陷也离不开政府的作用。

二是国情和发展阶段。现实的市场不是抽象的，而是具体的，总是存在于一定的时间和空间之中，受技术、经济、法律、政治和历史文化等因素的影响。我国是一个发展中大国，幅员辽阔，人口众多，文化传统深厚而独特，生产力发展总体仍然处于较低水平，区域发展不平衡，二元结构长期存在，处于构建高水平社会主义市场经济体制的历史过程之中。这种特殊的社会历史条件无疑会对政府和市场关系产生很大影响。

三是我国的基本经济制度。基本经济制度是一个社会经济制度的核心与基础，也是决定政府和市场关系的主要因素。我国实行的是社会主义市场经济，即与社会主义基本制度相结合的市场经济，既要遵循市场经济的一般规律，又要体现社会主义基本制度的要求，这样就赋予了政府和市场新的特点。社会主义国家的政府与资本主义国家的政府相比，性质不同，职能不同，运行方式也不完全相同。

三、有效市场，有为政府

在政府和市场关系问题上，新自由主义的观点认为，市场是有效的，政府是无效的，因此，发挥市场机制的作用就必须弱化甚至取消政府的作用，政府管得越少越好，主张大市场、小政府、私有化。这种观点只看到了政府和市场相冲突的一面，而没有看到政府和市场相辅相成的一面。

政府和市场的关系本质上是社会和个人、公共利益和私人利益的关系。市场是商品交换关系的总和，体现了相互独立的商品生产者之间的经济关系。而政府或国家则是社会的中心和社会利益的代表，在阶级社会，首先是阶级统治的中心和阶级利益的代表。因此，乍看上去，政府和市场是对立的，它们之间有明确的边界，尊重市场的规律就必须尊重私人生产者和消费者的权益，否则就会破坏市场的规律，压抑市场的活力。每个人都追求自己私人利益的时候，就自然达到了私人利益的总体即普遍利益的最大化，政府管得越少越好，政府对经济的干预是不必要的、有害的。

然而，这只是一种肤浅的认识。事实恰恰相反，在市场竞争中，“每个人都互相妨碍别人利益的实现，这种一切人反对一切人的战争所造成的结果，不是普遍的肯定，而是普遍的否定”①。也就是说，追求私人利益不一定会自动达到社会的利益，相反会损害社会的利益；政府不是管得越少越好，而是必须积极有为；政府与市场不是对立的，而是相辅相成的。为什么？原因就在于市场经济的基本矛盾。

我们知道，市场经济是以分工和私有制为基础产生的。分工和私有制一方面造成了不同生产者的相互分离，另一方面造成了它们之间全面的相互依赖，这样就产生了市场经济的基本矛盾即私人劳动与社会劳动的矛盾，这一矛盾既为市场经济的发展提供了内在的动力，又内生出了否定市场经济的种种因素。比如：个别企业是有组织的，而整个社会生产却是无政府的，导致生产和消费的脱节以及各部门之间的比例失衡；生产具有无限扩大的趋势，市场需求却由于劳动与资本的对立而相对狭小，导致了生产过剩的经济危机周期性爆发；自由竞争通行弱肉强食的丛林法则，必然导致优胜劣汰、两极分化，加剧社会的冲突和对抗，破坏社会的和谐稳定；商品关系的普遍发展使生命和健康、文化和教育、自然和环境、安全和自由等人类的基本需要与基本价值被纳入了商品化的范围，成为资本的附属物和生产的要素，人们的共同利益受到了威胁；自由竞争必然导致生产的集中和垄断，这种集中和垄断发展到一定程度就会妨碍甚至消除竞争，瓦解市场经济的基础。市场经济所包含的这些深刻的弊端是其自身所不能克服的，必须依靠政府和社会的调节。虽然政府的作用有其局限，并不能包治百病，但是毫无疑问的是，政府的作用是克服市场经济弊端不可缺少的重要手段。

因此，从微观个体的角度看，政府与市场似乎是对立的。但若从宏观和社会的角度看，就会发现，政府与市场并不是对立的，而是相辅相成的。政府有为，市场才能有效。我们可以看到，许多发展中国家市场经济的落后不仅表现为市场作用比较弱、市场体系不全、市场秩序混乱、价格信号扭曲等，也表现为政府作用比较弱、能力不足、效率低下、缺乏权威等。因此，离开有效的政府调节，就不可能形成有效的市场调节；反过来说，离开有效的市场调节，有效的政府调节也是难以做到的。

我国是以公有制为主体的社会主义国家，政府的有效调节在经济发展中起着主导作用。习近平反复强调，使市场在资源配置中起决定性作用和更好发挥政府作用，二者是有机统一的，不是相互否定的，不能把二者割裂开来、对立起来。要学会正确运用“看不见的手”和“看得见的手”，成为善于驾驭政府和市场关系的行家里手。市场有效，政府有为，这两个方面有机统一起来，才能完整体现社会主义市场经济的要求，发挥社会主义制度的优势。

---

① 马克思，恩格斯．马克思恩格斯文集：第8卷．北京：人民出版社，2009：50.

什么是有效市场？就是能够充分发挥市场在资源配置中的决定性作用，能够充分发挥市场在信息传递、激励创新、调节供求等方面的优势的市场。什么是有为政府？就是能够更好发挥政府作用，能够充分发挥政府在经济调节、市场监管、社会管理、公共服务、生态环境保护等方面的职能的政府。推动有效市场和有为政府更好结合，就是要把社会主义基本制度和市场经济两方面的优势都发挥好，更好解放和发展生产力，满足人民日益增长的美好生活需要。

深化经济体制改革、正确处理政府和市场的关系，既要做到市场有效，又要做到政府有为。一方面，要围绕更加尊重市场规律和增强市场活力推进相关领域的改革，进一步简政放权，大幅度减少政府对资源的直接配置，构建全国统一大市场，完善市场经济基础制度，激发各类市场主体活力，建设高标准的市场体系；另一方面，要围绕更好地发挥政府作用和提高政府效率推进相关领域改革，加强和改善党对经济的领导，维护中央的权威，深化行政体制改革，转变政府职能，完善财税体制、金融监管体制和国家经济治理调控体系，维护公平正义，促进共同富裕，推动有效市场和有为政府更好结合。

四、社会主义国家的宏观主导作用

市场经济通过市场机制即供求、价格和竞争的作用来调节资源配置的经济体系，体现了价值规律的作用。市场的决定性作用是市场经济的一般规律和本质特征。但是，在不同的社会制度下，市场的决定性作用所发生的范围和条件是不完全相同的。

在简单商品经济中，整个社会的经济和社会秩序是以血缘、等级、权力等非市场的原则为主的，市场的决定性作用主要体现在小商品经济中。而在资本主义市场经济中，市场的决定性作用不仅体现在商品生产和商品交换中，而且体现在资本、劳动力和自然资源等生产要素的配置中；不仅体现在微观层面，即市场对生产者和消费者经济活动的调节，而且体现在宏观层面，即对整个社会各部门和各种经济关系的调节；不仅体现在经济领域，而且体现在社会生活的各个层面。而市场的决定性作用归根结底又是资本的决定性作用，资本由此成为支配社会经济、政治、文化等各个领域的“普照之光”。资本主义经济的特殊规律如剩余价值规律、资本积累规律、利润平均化规律等成为市场经济的一般规律。资本主义的基本矛盾及其表现形式如阶级对立、经济危机、贫富分化等随着资本主义的发展而日益加剧。

与此不同的是，社会主义市场经济是以公有制为基础的，社会主义国家政府对经济的调节不仅源自外在的行政干预，而且源自生产关系的内在要求，公有制的生产关系要求国家必须按照社会的共同利益在全社会范围内有计划地合理配置资源，保证国民经济的总体效率。因此，从宏观领域和全局的角度看，政府或国家在社会主义经济的发展中发挥着主导作用。[①]

前面我们曾经指出，在社会主义市场经济条件下，从微观经济的角度看，无论是非

① 在一般情况下，人们把国家和政府当作同一概念使用。但实际上二者是有差别的，关于这一问题，我们在第十章将作专门的讨论。

公有制企业还是公有制企业，都要追求利润最大化，都要接受市场机制的调节，也就是说，市场在资源配置中起着决定性作用。但是，从整个社会来看，生产发展或资源配置的目的已经不是利润的最大化，而是最大限度地满足人民日益增长的美好生活需要，实现人的全面发展和社会的共同富裕。那么，要实现这一目的，单纯依靠市场调节行不行呢？显然是不行的。单纯依靠资本主义国家的那种宏观经济政策行不行呢？也是不行的。实现社会主义经济的发展目的必须依靠国家在宏观和全局上的主导作用，这种主导作用体现了全体人民的共同利益和共同意志，体现了社会主义经济制度的本质要求。

在社会主义市场经济中，国家的主导作用体现在哪些方面呢？

第一，党的领导。中国共产党是中国特色社会主义事业的领导核心，党的总揽全局、协调各方的作用，以及党领导经济的路线方针政策，从总体上引导着国民经济的发展方向，保障国民经济的持续健康发展。

第二，国民经济与社会发展的计划、规划和战略。计划、规划和战略是指导经济发展的全局性、总体性和根本性原则，体现了社会成员根本的、全局的利益，是指导国民经济发展的总依据。

第三，社会主义基本经济制度。社会主义基本经济制度是社会主义市场经济的根基，决定着社会主义经济的生产、分配、交换、消费各个环节，决定着各个经济主体的利益关系和行为方式。

第四，国有经济的主导作用。发挥国有经济的主导作用，有利于保证政府对社会经济的控制力，有利于各种所有制经济沿着社会主义道路前进，有利于国民经济的有计划按比例发展。

第五，国家作用的全面性。社会主义国家对经济的作用不仅仅是为了弥补市场失灵，而是包括了总量平衡、结构优化、市场有效、民生保障、环境优美、社会公平、共同富裕等多方面的内容。

第六，国家作用的长期性。社会主义国家对经济的作用不局限于短期的平衡问题，而是致力于经济的长期发展，把总量平衡与结构优化、长期目标与短期目标有机地结合起来了。

因此，从宏观经济领域和发展的全局可以看出，微观领域市场的决定性作用与宏观层面国家的主导作用相结合，是社会主义市场经济中政府和市场关系的突出特点。

第七节　社会主义市场经济中的国有企业

一、国有企业的性质

公有制与市场经济的结合是社会主义市场经济的核心，国有企业是社会主义公有制的主要载体。因此，建立与市场经济相适应的国有企业制度，是经济体制改革的中心环节。

所谓国有企业，是使用一定数量的社会主义国家所有的资金进行生产和经营，并以营利为目的的基本经济单位，它具有双重属性：一方面，国有企业属于全民所有，是推进国家现代化、保障人民共同利益的重要力量，是我们党和国家事业发展的重要物质基础和政治基础；另一方面，社会主义国有企业是独立的商品生产者，必须适应市场经济的规律，在市场竞争中发展壮大。这两个方面的有机结合体现了社会主义国有企业的本质属性。

从国有企业的双重属性出发，深化国有企业改革必须既充分尊重市场经济的规律，又充分体现社会主义制度的要求，把社会主义的优越性与市场经济的长处有机结合起来，只有这样，才能超越和扬弃私有制的逻辑，发挥出国有经济制度的优势。

从尊重市场经济规律的角度看，深化国有企业改革必须继续坚持市场化的方向，使企业成为自主经营的独立的商品生产者，健全协调运转、有效制衡的公司法人治理结构，建立有效的激励约束机制，规范经营决策，确保资产保值增值，确保企业公平参与竞争，提高企业效率，增强企业活力。

从体现社会主义制度的要求看，深化国有企业改革必须更好体现全民所有、为民服务的性质和要求。具体来说：第一，建立覆盖全部国有企业、分级管理的国有资本经营预算管理制度，提高国有资本收益上缴公共财政比例，更多用于保障和改善民生，划转部分国有资本充实社会保障基金。第二，紧紧围绕服务国家战略，落实国家产业政策和重点产业布局调整总体要求，优化国有资本重点投资方向和领域，推动国有资本向关系国家安全、国民经济命脉和国计民生的重要行业与关键领域、重点基础设施集中，向前瞻性、战略性产业集中，向具有核心竞争力的优势企业集中。第三，完善国有资产管理体制，国有资产监管机构要准确把握依法履行出资人职责的定位，科学界定国有资产出资人监管的边界。第四，大力推进厂务公开，健全以职工代表大会为基本形式的企业民主管理制度，加强企业职工民主监督。第五，实行与社会主义市场经济相适应的企业薪酬分配制度，完善既有激励又有约束、既讲效率又讲公平、既符合企业一般规律又体现国有企业特点的分配机制。第六，坚持党对国有企业的领导，充分发挥企业党组织的政治核心作用，全心全意依靠工人阶级，维护职工合法权益。第七，进一步完善国有企业监管制度，切实防止国有资产流失，确保国有资产保值增值。

二、积极发展混合所有制

积极发展混合所有制是深化国有企业改革的重要内容，有利于国有资本放大功能、保值增值、提高竞争力，有利于各种所有制资本取长补短、相互促进、共同发展。

积极发展混合所有制主要有以下三种途径：

一是引入非国有资本参与国有企业改革。鼓励非国有资本投资主体通过出资入股、收购股权、认购可转债、股权置换等多种方式，参与国有企业改制重组或国有控股上市公司增资扩股以及企业经营管理。在石油、天然气、电力、铁路、电信、资源开发、公用事业等领域，向非国有资本推出符合产业政策、有利于转型升级的项目来开展多类型政府和社会资本合作试点，逐步推广政府和社会资本合作模式。

二是鼓励国有资本以多种方式入股非国有企业。充分发挥国有资本投资、运营公司的资本运作平台作用，通过市场化方式，以公共服务、高新技术、生态环保、战略性产业为重点领域，对发展潜力大、成长性强的非国有企业进行股权投资。鼓励国有企业通过投资入股、联合投资、重组等多种方式，与非国有企业进行股权融合、战略合作、资源整合。

三是探索实行混合所有制企业员工持股。通过实行员工持股建立激励约束长效机制。优先支持人才资本和技术要素贡献占比较高的转制科研院所、高新技术企业、科技服务型企业开展员工持股试点，支持对企业经营业绩和持续发展有直接或较大影响的科研人员、经营管理人员和业务骨干等持股。员工持股主要采取增资扩股、出资新设等方式。

国有企业发展混合所有制必须从实际出发，不能不分行业属性、企业层级、业务特点一哄而上，全面开花。比如，对于涉及国家安全的少数国有企业，国有独资的形式不仅是必要的而且是必需的。而对于国有资本投资公司、国有资本运营公司而言，在母公司层面采取国有独资的形式，在子公司层面采取混合所有制形式，则更有利于增强国有资本的控制力，提高投资运营的效率。其他适合发展成为混合所有制的国有企业，也存在国有绝对控股、国有相对控股、国有参股等多种混合形式，到底应当采取何种形式，只能从实际出发，具体问题具体分析。

三、建立现代企业制度

建立现代企业制度是国有企业改革的重要目标。现代企业制度的基本特征是：第一，产权关系明晰，企业中的国有资产所有权属于国家，企业拥有包括国家在内的出资者投资形成的全部法人财产权，成为享有民事权利、承担民事责任的法人实体。第二，企业以其全部法人财产，依法自主经营、自负盈亏、照章纳税，对出资者承担资产保值增值的责任。第三，出资者按投入企业的资本额享有所有者的权益，即资产收益、参与重大决策和选择管理者等权利。当企业破产时，出资者只以投入企业的资本额对企业债务负有限责任。第四，企业按照市场需求组织生产经营，以提高劳动生产率和经济效益为目的，政府不直接干预企业的生产经营活动。企业在市场竞争中优胜劣汰，长期亏损、资不抵债的应依法破产。第五，建立科学的企业领导体制和组织管理制度，调节所有者、经营者和职工之间的关系，形成激励和约束相结合的经营机制。

现代企业制度的主要形式是公司制。规范的公司能够有效地实现出资者所有权与企业法人财产权的分离，有利于政企分开、转换经营机制，有利于企业摆脱对行政机关的依赖，有利于国家解除对企业承担的无限责任，也有利于筹集资金、分散风险。公司可以有不同的类型。具备条件的国有大中型企业是单一投资主体的，可依法改组为独资公司，是多个投资主体的，可依法改组为有限责任公司或股份有限公司。国有股权在公司中占有多少份额比较合适，可按不同产业和股权分散程度区别处理。生产某些特殊产品的公司和军工企业应由国家独资经营，支柱产业和基础产业中的骨干企业，国家要控股并吸收非国有资金入股，以扩大国有经济的主导作用和影响范围。

从 1993 年党的十四届三中全会提出建立现代企业制度以来，国有企业推进公司制股份制改革取得了很大进展，截至 2015 年年底，全国国有及国有控股企业（不含金融类企业）改制面超过 80%，国务院国有资产监督管理委员会（简称国资委）监管的中央企业及子企业改制面超过 90%，中央企业资产总额的 61%、营业收入的 63%、利润的 76%集中在上市公司。从总体上看，国有企业已经建立起了现代企业制度。2020 年，中央全面深化改革委员会审议通过了《国企改革三年行动方案（2020—2022 年）》，其中将完善中国特色现代企业制度，形成科学有效的公司治理机制作为首要任务。

四、企业法人治理结构

法人治理结构是由股东大会、董事会、经理层和监事会所组成的一种制度安排与运行机制，主要处理由于企业所有权与经营权分离而产生的委托代理关系，主要是股东与董事会之间以及董事会与经理层之间的关系。法人治理结构是现代公司制企业的核心，具有各司其职、权责明确、有效制衡、运转协调的特征，有利于从企业内部建立起运转机制、约束机制和激励机制。

在社会主义市场经济下健全国有企业的法人治理结构，必须解决好以下三个问题：

首先，国有企业的经营管理者的身份是什么，是企业家还是政府公务员？国有企业属于全民所有，是推进现代化、保障人民共同利益的重要力量；同时是独立的商品生产者和经营者，是市场竞争的主体。与此相联系，国有企业的经营管理人员也具有双重属性：既是国家利益的代表，又是市场经济的主体或企业家，完善企业法人治理结构必须把这两个属性结合起来。因此，我们不能把国有企业的经营管理者与私有企业的经营管理者混为一谈，否认其国家利益代表的身份，更不能把国有企业的经营管理者与政府公务员混为一谈，否认其具有的企业家身份。在社会主义市场经济条件下发展壮大国有企业，必须造就一大批德才兼备、善于经营、充满活力的优秀企业家，充分调动企业家的积极性、主动性和创造性。

其次，国有企业经营管理者薪酬制度改革的方向是什么，是坚持市场化的方向还是行政决定的方向？经过 40 多年的改革，我国的国有企业总体上已经同市场经济相融合，绝大多数国有企业的经营管理者都是从市场竞争中成长起来的职业经理人和优秀企业家，而不是政府公务员，国有企业经营管理者薪酬制度理应按照市场化的方式加以确定。深化国有企业经营管理者薪酬制度改革，必须坚持以激励约束相一致、尊重企业家的劳动、鼓励企业家的创造、保障企业家的利益、充分发挥企业家的才智作为根本出发点。特别是地方国有企业和商业类国有企业，其经营管理者的薪酬水平要大体与经理人市场的薪酬水平相当，否则难以调动管理者的积极性，难以吸引优秀管理人才，必将造成大量优秀人才流失，削弱企业的竞争力。

最后，坚持党的领导与尊重市场规律是什么关系，是统一的还是对立的？党的领导是中国特色社会主义的本质特征，健全国有企业的法人治理结构必须充分发挥国有企业党组织的政治核心作用，把加强党的领导和完善公司治理统一起来，将党建工作总体要求纳入国有企业章程，明确国有企业党组织在公司法人治理结构中的法定地位，创新国有企业党组织发挥政治核心作用的途径和方式。坚持党的领导是为了更好体现国有企业的社会主义属性，推动国有企业做强做优做大；尊重市场规律也是为了更好促进国有企业的发展，实现全体人民的共同利益。因此，坚持党的领导与尊重市场规律不是对立的，而是相互补充、相互结合、相互促进的。

五、国有经济的结构调整与分类改革

国有经济的主导作用与结构调整和体制创新是紧密相连的，在不同的领域，国有经济的范围、作用和运行体制各有差别。2015 年 8 月 24 日印发的《中共中央 国务院关于深化国有企业改革的指导意见》以及 2015 年 12 月 7 日国资委、财政部、发展改革委印发的《关于国有企业功能界定与分类的指导意见》明确提出，国有企业分为商业类和公益类，在发展方向、监管方式和考核方式上，两类国有企业都将分类施策。

商业类国有企业以增强国有经济活力、放大国有资本功能、实现国有资产保值增值为主要目标，按照市场化要求实行商业化运作，依法独立自主开展生产经营活动，实现优胜劣汰、有序进退。商业类国有企业具体又分两种情况：

（1）主业处于充分竞争行业和领域的商业类国有企业，原则上都要实行公司制股份制改革，积极引入其他国有资本或各类非国有资本实现股权多元化，国有资本可以绝对控股、相对控股，也可以参股，并着力推进整体上市。对这些国有企业，重点考核经营业绩指标、国有资产保值增值和市场竞争能力。

（2）主业处于关系国家安全、国民经济命脉的重要行业和关键领域、主要承担重大专项任务的商业类国有企业，要保持国有资本控股地位，支持非国有资本参股。对自然垄断行业实行以政企分开、政资分开、特许经营、政府监管为主要内容的改革，根据不同行业特点实行网运分开、放开竞争性业务，促进公共资源配置市场化；对需要实行国有全资的企业，要积极引入其他国有资本实行股权多元化；对特殊业务和竞争性业务实行业务板块有效分离，独立运作、独立核算。对这些国有企业，在考核经营业绩指标和国有资产保值增值情况的同时，要加强对服务国家战略、保障国家安全和国民经济运行、发展前瞻性战略性产业以及完成特殊任务的考核。

公益类国有企业以保障民生、服务社会、提供公共产品和服务为主要目标。这类企业可以采取国有独资形式，具备条件的也可以推行投资主体多元化，还可以通过购买服务、特许经营、委托代理等方式，鼓励非国有企业参与经营。对公益类国有企业，重点考核成本控制、产品质量、服务水平、营运效率和保障能力，根据企业的不同特点有区别地考核。

上述两种类型国有企业的划分是原则上的、粗线条的，实际的情况要复杂得多，而且是不断变化的。从总体上看，国有企业改革的思路应当以发挥国有经济的主导作用为依据，根据不同情况分类推进，使结构调整与机制创新有机结合起来。

六、国有资产管理体制

国家作为生产资料的所有者、政权机关与宏观经济管理者的性质、职能和运行方式是不同的。但是，在传统经济体制中，国家的这三种职能是合而为一的，这造成了政企不分、政资不分。改革开放以来，政企不分的状况得到很大改变，党的十六大总结了改革开放以来国有资产管理体制改革的经验，对国有资产管理体制改革的战略进行了新的部署，主要精神是：

(1) 在坚持国家所有的前提下，充分发挥中央政府和地方政府两个积极性。国家要制定法律法规，建立中央政府和地方政府分别代表国家履行出资人职责，享有所有者权益，权利、义务和责任相统一，管资产和管人、管事相结合的国有资产管理体制。

(2) 关系国民经济命脉和国家安全的大型国有企业、基础设施和重要自然资源等，由中央政府代表国家履行出资人职责。其他国有资产由地方政府代表国家履行出资人职责。

(3) 中央政府和省、市（地）两级地方政府设立国有资产监督管理委员会，专司国有资产的管理，包括运营和监督。

(4) 各级政府要严格执行国有资产管理的法律法规，坚持政企分开，实行所有权和经营权分离，使企业自主经营、自负盈亏，实现国有资产保值增值。

成立国有资产监督管理委员会，实现政资分开，是完善国有资产管理体制的重要步骤。国有资产监督管理委员会作为国有资产的所有者代表，根据国家的授权对国有资产进行监管，依法履行出资人的职责，监督企业实现国有资产保值增值，防止国有资产流失，保证出资人各项权利的充分行使和所有者权益的充分实现。按照权利、义务和责任相统一，管资产和管人、管事相结合的原则，国有资产监督管理委员会的主要职责是：根据授权，依照《中华人民共和国公司法》等法律和行政法规履行出资人职责，指导和推进国有企业改革和重组；代表国家向部分大型企业派出监事会；通过法定程序对企业负责人进行任免和考核，并根据其经营业绩进行奖惩；通过统计、稽核对所管理的国有资产的保值增值情况进行监管；拟订国有资产管理的法律、行政法规和制定规章制度，依法对地方国有资产进行指导和监督。

国有资产出资人监管体制的确立，有力提升了国有经济的发展质量和运行效率。党的十八大后，完善国有资产管理体制有了新的要求，《中共中央 国务院关于深化国有企业改革的指导意见》对此进行了细化，就是要以管资本为主推进国有资产监管机构职能转变、以管资本为主改革国有资本授权经营体制、以管资本为主推动国有资本合理流动优化配置、以管资本为主推进经营性国有资产集中统一监管。

推进国有资产监管机构职能转变，就是要实现以管企业为主向以管资本为主转变。要科学界定国有资产出资人监管的边界，建立监管权力清单和责任清单。该管的要科学管理、决不缺位，重点管好国有资本布局、规范资本运作、提高资本回报、维护资本安全。不该管的要依法放权、决不越位，将依法应由企业自主经营决策的事项归位于企业，将延伸到子企业的管理事项原则上归位于一级企业，将配合承担的公共管理职能归位于相关政府部门和单位。

改革国有资本授权经营体制，主要是改组组建国有资本投资、运营公司。对投资公司和运营公司，一般认为两者有所差异，投资公司具有产业使命，对所出资企业的战略管控和财务管控并重；运营公司更侧重资本的保值增值，对所出资企业主要采取财务管控。当然两者也不是截然不同的，在一定条件下两者可以相互转化。目前我国已经建立了从中央到地方的若干资本投资和运营公司，取得了一定效果和经验，还有相当多的大型国有企业的集团公司实际上已经具备了国有资本投资公司和运营公司的属性与功能。但如何全面推进，还需要继续探索，要在试点取得经验的基础上推进。

推动国有资本合理流动优化配置，要坚持以市场为导向、以企业为主体，有进有退、有所为有所不为，优化国有资本布局结构，增强国有经济整体功能和效率。主要要在优化存量和做好增量上下足功夫。优化存量主要是优化国有资本重点投资方向和领域，推动国有资本向重要行业和关键领域、重点基础设施集中，向前瞻性战略性产业集中，向具有核心竞争力的优势企业集中。做好增量主要是培育发展国有企业新的增长点，保持国有资本在量上的优势，这是保证国有资本结构优化的前提与基础。

目前我国国有资本广泛分布在工业、商业、服务业、金融业等不同领域，属于国资委监管的只是其中的一个部分。推进经营性国有资本集中统一监管，有利于进一步实现政资分开、政企分开，有利于从整体上提高国有资本配置效率、提升监管质量、促进企业重组整合、放大国有资本的功能。目前部分省市在这方面走在了前头，取得了重要进展和明显成效。中央国家机关在这方面还需继续探索统一监管的方式和路径。

党的二十届三中全会作出的《中共中央关于进一步全面深化改革 推进中国式现代化的决定》，以构建高水平社会主义市场经济体制的高度，对进一步深化国资国企改革，完善管理监督体制机制提出了新要求，突出了国资国企服务于推进中国式现代化的核心功能。一是要增强各有关管理部门战略协同，推进国有经济布局优化和结构调整，推动国有资本和国有企业做强做优做大，增强核心功能，提升核心竞争力。二是要进一步明晰不同类型国有企业功能定位，完善主责主业管理，明确国有资本重点投资领域和方向。推动国有资本向关系国家安全、国民经济命脉的重要行业和关键领域集中，向关系国计民生的公共服务、应急能力、公益性领域等集中，向前瞻性战略性新兴产业集中。健全国有企业推进原始创新制度安排。三是要深化国有资本投资、运营公司改革。建立国有企业履行战略使命评价制度，完善国有企业分类考核评价体系，开展国有经济增加值核算。

第八节　促进资本健康发展

规范和引导资本健康发展，是新时代中国特色社会主义经济理论和实践发展的重大创新。习近平强调，在社会主义市场经济条件下规范和引导资本发展，既是一个重大经济问题，也是一个重大政治问题，既是一个重大实践问题，也是一个重大理论问题，关系坚持社会主义基本经济制度，关系改革开放基本国策，关系高质量发展和共同富裕，关系国家安全和社会稳定。要深化社会主义市场经济条件下资本理论研究，用科学理论指导实践，促进各类资本良性发展、共同发展，发挥其发展生产力、创造社会财富、增进人民福祉的作用。

一、对社会主义市场经济条件下资本的认识

马克思主义政治经济学认为，资本是一个历史范畴，在资本主义之前的社会形态中

就存在了，但是，只有进入资本主义社会，资本才从流通领域进入生产领域，成为占统治地位的生产方式，支配着社会的生产、分配、交换、消费等各个环节，成为资本主义社会支配一切的经济权力。

马克思的资本理论是以资本主义生产方式为研究对象的，马克思、恩格斯没有设想社会主义条件下可以搞市场经济，更没有设想社会主义条件下可以存在资本、可以发挥资本的作用。他们认为，资本是资本家占有生产资料、并用来剥削雇佣工人、生产并占有剩余价值的一种特殊的生产关系，因此，一旦社会占有生产资料，商品生产和雇佣劳动就将消除，市场经济不存在了，资本也不存在了。

我国在社会主义制度建立之初，实行高度集中的计划经济体制，在这种体制下，市场经济和资本被当作资本主义的东西受到排斥。改革开放以后，我国在实践中逐步确立了社会主义公有制为主体、多种所有制经济共同发展，按劳分配为主体、多种分配方式并存的基本经济制度，实现了从高度集中的计划经济体制向充满活力的社会主义市场经济体制的转变，各种形态的资本大量涌现、大规模发展，成为社会主义市场经济的基本要素和推动社会经济繁荣发展的重要力量。在理论上我们逐步摆脱了把社会主义与市场经济相对立、社会主义与资本相对立的传统观念的束缚，认识到资本在社会主义市场经济中的重要作用，认识到社会主义国家也可以利用各类资本推动经济社会发展。这是我们党深入总结中华人民共和国成立以来特别是改革开放以来对待和处理资本的正反两方面经验得出的科学认识，是对发展马克思主义政治经济学的重大贡献。

在社会主义市场经济条件下，资本在促进经济和社会的发展中发挥着不可替代的重要作用。

资本是市场经济的基本要素，只有在运动中才能创造价值、实现价值增殖。在其运动过程中，它首先表现为货币资本，货币资本是“发动整个过程的第一推动力”，货币资本通过购买生产要素转化为生产资本，在生产经营活动中使劳动力与生产资料相结合，形成商品供给和市场需求，创造就业岗位，促进以商品生产和流通为基础的市场经济的发展。

资本是市场配置资源的工具，是发展经济的方式和手段，是带动各类生产要素集聚配置的重要纽带。通过价值规律的作用，资本可调节生产资料和劳动力在社会各生产部门之间的分配比例。对于劳动生产率高的生产部门，由于可以获得更多利润，资本将进行更多投资，进一步提高生产资料和劳动力等资源的利用效率。

资本推动社会生产力的发展和社会财富的创造。在市场经济条件下，资本为了在市场竞争中占据优势，获得更多利润，不断改进技术、提高劳动生产率、推动产品创新、加强经营管理，从而推动社会生产力的发展。资本还会不断开发市场、满足需求、加速流通，便利人民生活，促进生产和消费的平衡。

因此，在发展社会主义市场经济的过程中，必须注重激发各类资本活力，发挥其促进科技进步、繁荣市场经济、便利人民生活、参与国际竞争的积极作用，使之始终服从和服务于人民和国家利益，为全面建设社会主义现代化国家、实现中华民族伟大复兴贡献力量。

二、社会主义市场经济条件下资本的特点

马克思指出："资本不是物，而是一定的、社会的、属于一定历史社会形态的生产关系，后者体现在一个物上，并赋予这个物以独特的社会性质。"① 资本作为市场经济的基本要素，具有市场经济的一般特点，包括资本都要以货币为存在的主要形态，都要追逐利润，都要在生产过程和流通过程相统一的运动中实现价值增殖，都要遵从供求、竞争、价格和利润平均化等规律的调节，等等。资本作为一种生产关系，在不同历史条件和社会制度下又具有不同的特点和规律。

在资本主义制度下，资本是与资本主义生产关系相结合的，一方面体现了社会化大生产和市场经济条件下资本的一般属性和一般规律，另一方面体现了资本雇佣劳动和无偿占有劳动者剩余价值的对抗性生产关系，因此，它在促进社会生产力发展的同时，也包含着深刻的矛盾和弊端，表现为无产阶级和资产阶级的阶级对立、相对人口过剩或失业、贫富两极分化、生产过剩的经济危机、经济发展的盲目性、生产的集中和垄断、金融资本的统治，等等。

社会主义市场经济条件下的资本是与社会主义生产关系相结合的，它一方面体现了社会化大生产和市场经济条件下资本的一般属性和一般规律，另一方面体现了社会主义生产关系的特殊属性和特殊规律，具有新的特点和优势，主要有以下方面：

其一，社会主义市场经济条件下的资本发展坚持以公有制经济为主体。公有制为主体，将资本置于广大劳动者的控制之下，为实现全体人民共同富裕和社会主义现代化提供了物质基础。社会主义市场经济条件下的非公有资本的发展，也要服从和服务于人民和国家利益，为全面建设社会主义现代化国家、实现中华民族伟大复兴贡献力量。

其二，社会主义市场经济条件下的资本发展坚持有效市场和有为政府相统一。要发挥市场在资源配置中的决定性作用，更好发挥政府的作用，既要"有效的市场"，也要"有为的政府"，努力形成市场作用和政府作用有机统一、相互补充、相互协调、相互促进的格局，使资本的发展始终沿着高质量发展的轨道稳步向前。

其三，社会主义市场经济条件下资本发展坚持效率和公平相统一。要注重经济发展的普惠性和初次分配的公平性，既注重保障资本参与社会分配获得增殖和发展，更注重维护按劳分配的主体地位，在"做大蛋糕"的同时"分好蛋糕"，将效率和公平原则贯穿于生产与收入分配各环节。

其四，社会主义条件下的资本服务于以人民为中心的发展。必须把以人民为中心的发展思想落实到经济社会发展各个环节，包括资本发展的各个环节。在社会主义市场经济条件下，资本不能背离人民的利益和社会主义制度的要求无序发展，而应当以增进人民的利益为目的、在社会主义制度的基础上有序发展。

总之，我们是在中国共产党领导和社会主义制度的大前提下发展市场经济，什么时候都不能忘了"社会主义"这个定语。在社会主义市场经济条件下促进资本发展、发挥

---

① 马克思，恩格斯．马克思恩格斯文集：第7卷．北京：人民出版社，2009：922.

资本的作用，必须始终坚持党的领导和社会主义制度，始终坚持社会主义方向，服务于人民利益。

三、依法规范和引导我国资本健康发展

党的二十大报告提出，“依法规范和引导资本健康发展”，这是新时代新阶段构建高水平社会主义市场经济体制、推动高质量发展的一项重大战略任务。必须认识到，资本具有逐利本性，如不加以规范和约束，就会给经济社会发展带来不可估量的危害。要趋利避害、扬长避短，有效发挥资本的积极作用，同时有效控制资本的消极作用，自觉规范和引导资本健康发展。

首先，正确处理不同形态资本之间的关系。当前我国既存在国有资本、集体资本，也存在大量包括私人资本、外国资本在内的非公有资本，对这些资本在性质上要区分，在定位上要明确，毫不动摇巩固和发展公有制经济，毫不动摇鼓励、支持、引导非公有制经济发展，为各类资本发展释放出更大空间。促进各类资本良性发展、共同发展，发挥其发展生产力、创造社会财富、增进人民福祉的作用。

其次，要设立“红绿灯”，健全资本发展的法律制度，形成框架完整、逻辑清晰、制度完备的规则体系。完善资本行为制度规则。加强反垄断和反不正当竞争监管执法，依法打击滥用市场支配地位等垄断和不正当竞争行为。培育文明健康、向上向善的诚信文化，教育引导资本主体践行社会主义核心价值观，讲信用信义、重社会责任，走人间正道。

再次，要全面提升资本治理效能，总结经验、把握规律、探索创新，增强资本治理的针对性、科学性、有效性，健全事前引导、事中防范、事后监管相衔接的全链条资本治理体系。深化监管体制机制改革，坚持依法监管、公正监管、源头监管、精准监管、科学监管，全面落实监管责任，创新监管方式，弥补监管短板，提高资本监管能力和监管体系现代化水平。

最后，坚持党对规范和引导资本健康发展的领导，提升资本治理本领，加强资本领域反腐败，保持反腐败高压态势，坚决打击以权力为依托的资本逐利行为，着力查处资本无序扩张、平台垄断等背后的腐败行为。

主要名词概念

市场经济　资本主义市场经济　社会主义市场经济　社会主义国有企业
混合所有制　现代企业制度　法人治理结构　国有资产管理体制　社会主义市场体系

复习思考题

1. 为什么说社会主义可以搞市场经济？
2. 怎样认识社会主义市场经济的性质？

3. 社会主义市场经济的制度优势有哪些?

4. 社会主义市场经济的核心是什么?

5. 完善的社会主义市场体系包含哪些内容?

6. 如何推动有效市场和有为政府更好结合?

7. 如何认识社会主义市场经济中国有企业的性质? 怎样发挥其作用?

8. 如何认识社会主义市场经济条件下资本的性质和作用?

第五章
社会主义分配制度

社会产品和国民收入的分配是社会基本经济制度的重要内容和表现形式，直接决定了一个社会的利益关系。我国社会主义初级阶段实行的是按劳分配为主体、多种分配方式并存以及效率和公平相结合的分配制度。坚持和完善这一分配制度，对于完善社会主义基本经济制度、保障人民群众的利益和优化资源配置具有重大意义。

第一节　按劳分配

一、按劳分配的实质

按劳分配是马克思在1875年所写的《哥达纲领批判》中最早提出来的。在这篇文献中，他明确区分了共产主义的高级阶段和低级阶段，并对低级阶段的分配问题进行了讨论，把共产主义社会社会总产品的分配分为三个部分：一是为了满足社会再生产需要而进行的必要扣除，包括用来补偿消耗的生产资料的部分，用来扩大再生产的追加部分，用来应付不幸事故、自然灾害等的后备基金或保险基金。二是为了满足社会的公共需求而进行的必要扣除，包括同生产没有直接关系的一般管理费用，用来满足共同需要如学校、保健设施等的部分，为丧失劳动能力的人等设立的基金。三是个人消费品的分配。在作了上述必要的扣除之后，才能进行个人消费品的分配，在具体的分配方式上，共产主义的高级阶段和低级阶段有着重要的区别。在共产主义的高级阶段，实行“各尽所能，按需分配”的原则；而在共产主义的低级阶段则实行按劳分配原则。马克思这样说：

> 我们这里所说的是这样的共产主义社会，它不是在它自身基础上已经发展了的，恰好相反，是刚刚从资本主义社会中产生出来的，因此它在各方面，在经济、道德和精神方面都还带着它脱胎出来的那个旧社会的痕迹。所以，每一个生产者，在作

> 了各项扣除以后，从社会领回的，正好是他给予社会的。他给予社会的，就是他个人的劳动量。例如，社会劳动日是由全部个人劳动小时构成的；各个生产者的个人劳动时间就是社会劳动日中他所提供的部分，就是社会劳动日中他的一份。他从社会领得一张凭证，证明他提供了多少劳动（扣除他为公共基金而进行的劳动），他根据这张凭证从社会储存中领得一份耗费同等劳动量的消费资料。他以一种形式给予社会的劳动量，又以另一种形式领回来。①

在社会主义公有制经济中实行按劳分配制度固然有利于社会公平和共同富裕，但是，实行按劳分配不是出于公平或伦理上的考虑，也不是因为人们的道德觉悟不高，而是由社会主义公有制的基本性质决定的。在社会主义公有制的条件下，一方面，生产资料归社会占有，人们在生产资料的占有上处于平等地位，任何人都不能凭借对生产资料的垄断占有获得特殊的经济利益，劳动成了他们占有生产资料和获得社会产品的唯一根据；另一方面，由于存在社会分工，劳动还主要是一种谋生的手段，脑力劳动与体力劳动、简单劳动与复杂劳动等不同劳动之间存在着差别，劳动的能力还是一种个人“天赋”的权利，具有私人性质，因此，劳动者之间的关系还是一种等量劳动相交换的关系，对劳动产品的分配既不能实行按需分配，也不能实行平均主义的分配，而必须实行按劳分配，在对劳动者所创造的产品作了各项社会扣除之后，还必须以劳动者各自付出的劳动量为基础分配个人消费品。

实行按劳分配对于巩固和完善社会主义制度具有十分重要的意义。一方面，按劳分配用劳动主权代替了资本主权，使劳动成为占有社会产品和获得收入的唯一根据，体现了生产资料公有制中人们在占有生产资料上的平等关系，从而为消灭剥削、消除两极分化、实现共同富裕奠定了制度基础；另一方面，承认个人劳动能力和与此相关的利益差别是个人天然的权利，承认社会主义经济中劳动者所具有的“经济人”的身份，要求不同的个人和不同的企业之间具有明确的利益边界和产权边界，要求企业实行自主经营、自负盈亏，这为公有制企业产权的明晰化和市场化奠定了基础，从而为社会主义经济的有效运行提供了有效的激励和约束机制。

因此，坚持公有制就必须切实实行按劳分配原则，反对剥削，反对平均主义。但是，按劳分配的具体实现形式是多种多样的，应当根据实际情况不断进行调整。在社会主义初级阶段，按劳分配的实现形式应当随着公有制实现形式的变化而变化。

二、按劳分配与市场经济

马克思在《哥达纲领批判》中提出的按劳分配是以不存在商品货币关系为前提的。但值得注意的是，他同时提出了这样一个新的重要的观点，即在共产主义的低级阶段消费资料的分配中，“通行的是商品等价物的交换中通行的同一原则，即一种形式的一定量劳动同另一种形式的同量劳动相交换”，这个原则是“调节商品交换（就它是等价的交换

① 马克思，恩格斯．马克思恩格斯文集：第3卷．北京：人民出版社，2009：434.

而言）的同一原则”。[1] 既然马克思在这里已经承认在共产主义的低级阶段还要实行等价交换的原则，为什么还坚持对商品货币关系的否定态度呢？他对这一问题的说明是，因为内容和形式都变了，“在改变了的情况下，除了自己的劳动，谁都不能提供其他任何东西，另一方面，除了个人的消费资料，没有任何东西可以转为个人的财产”；“因为这时，同资本主义社会相反，个人的劳动不再经过迂回曲折的道路，而是直接作为总劳动的组成部分存在着”。[2] 然而，如果我们对马克思的观点进行一些逻辑和经验上的推演，就不难发现，商品关系和市场机制在他的理论中已经呼之欲出了。

劳动者之间的等量劳动交换首先意味着，他们的劳动至少在个人消费品范围内具有私人性，个别劳动与社会劳动即使在公有制条件下仍然是有差别的；其次，等量交换需要某种社会尺度，这种社会尺度只能是抽象的社会劳动，这一点已经类似于商品的交换价值了；最后，从实践的角度看，即使不考虑生产和消费的复杂多变，公有制经济中具有私人性质的个别劳动也不能像马克思和恩格斯所设想的那样，不经过曲折迂回的途径而无条件地直接转化为社会劳动，而必须经过一个抽象化、平均化和社会化的过程，具有独立经济权益的生产者根据自己的利益按照市场的需要进行生产，并通过市场机制交换各自的产品，是实现等量劳动交换最为可行的途径。因此，商品货币关系的出现绝不是外在于社会主义公有制的，它虽然与公有制经济中的按劳分配或等量劳动交换关系存在着本质的差别，却是这一关系的一种必然的表现形式。

不过，由于马克思设想的公有制和按劳分配是以消灭商品货币关系和市场机制为前提的，因而，一旦我们把按劳分配与市场经济联系在一起，它的内容和形式必然会产生重大变化。从表面上看，劳动创造价值，按劳分配与按价值分配没有什么大的区别，其实不然。在市场经济中，社会必要劳动决定价值的规律是作为一种盲目的趋势而存在着的，价格与价值、价值与劳动的相符只是偶然的事情。既然劳动不能直接计算，那么现实中的按劳分配只能是按在市场中实现了的商品的价值或经营收入分配，而经营收入的大小又受供求、竞争和价格波动多种因素的影响。这样，企业和个人的收入就要在很大程度上取决于与人的主观努力无关的市场因素，纯粹意义上的按劳分配显然大大变形了，按劳分配因而具有了新的含义。

但是，我们不能由此得出结论说，按劳分配在市场经济条件下是不可能和不现实的。应当把按劳分配的本质和按劳分配的实现形式区别开。按劳分配的实质是反对剥削，反对平均主义，承认能力和贡献上的差别及其对收入分配的影响，按劳分配的形式则涉及的只是这一原则的实现方式问题。从马克思非市场型的按劳分配发展成为市场型的按劳分配不是对按劳分配本质的否定，而是在市场经济条件下更好地实现了按劳分配原则。在市场型的按劳分配中，一方面，消灭了阶级剥削，消灭了靠生产资料的私人垄断无偿占有剩余价值的私有制分配关系，实现了生产资料占有上的平等；另一方面，找到了现实可行的既符合市场经济要求又体现按劳分配本质的劳动计量方式，使按劳分配与市场机制有机地结合在了一起，不仅有利于按劳分配的实现，而且有利于社会主义市场经济的形成和发展。

---

①② 马克思，恩格斯．马克思恩格斯选集：第3卷．3版．北京：人民出版社，2012：363.

三、按劳分配的实现过程和实现形式

在马克思设想的按劳分配中，个别劳动从一开始就直接成为社会总劳动的一个部分，因而劳动时间是劳动支出直接的计量单位。但是，在市场经济条件下，个别劳动不能直接转化为社会劳动，按劳分配不能通过直接计算劳动时间来分配个人消费品，而只能通过市场机制和价值形式以迂回曲折的形式来间接地完成。具体来说，社会主义公有制经济的按劳分配是通过以下两个主要环节实现的，即国家与企业的分配和企业内部的分配。

在国家与企业的分配关系上，国家以政权机关和生产资料的所有者两种不同的身份与企业发生关系。在前一种场合下，国家以政治上层建筑和公共的行政权力的身份，以税收这种无偿、强制的形式参与企业收入分配过程，获取一部分公共收入，目的是满足国防、治安、行政等公共需要，以保证国家政权的正常运转。在后一种场合下，国家不再是一种上层建筑的范畴，不再是一种单纯的政治组织，而是生产关系的内在环节，它以所有者的身份介入经济生活的内部，从整体上对社会的再生产过程进行统一的调节。国家作为生产资料所有者从企业获得的收入实质上就是所有权收益，它在现实中体现为上缴利润、承包和租赁收入、国有股权的股息等多种形式。从本质上讲，它是国家为了实现公有制经济的共同目标而对社会积累的一种扣除。企业总收益中扣除了国家的财产收益后形成的企业收益，就构成了企业自有收入，它是国家对企业进行劳动评价和实行按劳分配的基础，构成了企业所具有的经济利益的真实内涵。

在对企业内部劳动者实行按劳分配之前，企业的自有收入首先要分解为积累和消费两个部分，积累部分用于企业的扩大再生产，消费部分构成了按劳分配的对象。在一个合理的经济体制中，企业消费的增长是与生产的发展和积累的增长相适应的，企业的分配行为具有良好的激励作用和经济合理性。但是，在企业制度不合理、缺乏有效的约束与监督机制的条件下，企业的分配行为就可能与生产的发展和积累相脱离，导致重消费轻积累、工资收入与劳动效益脱节、不同企业和部门收入的盲目攀比等短期化行为。因此，为了保证按劳分配的实现，首先必须完善各种监督和约束机制，使企业的短期利益与长期利益紧密地结合起来。

企业内部消费基金的按劳分配主要是通过企业内部的劳动计量来实现的，企业根据不同的岗位、职责以及劳动的质量和数量来确定其报酬（包括工资、奖金等形式）水平。但是，这一过程的实现也要借助于劳动力市场。因为按劳分配首先需要对不同种和不同质的劳动进行比较和通约，从而在不同质的劳动和不同报酬之间形成合理的比例关系。只有把不同质的劳动化为量的差别之后，才能在企业内部对劳动进行监督和计算，而这一点离不开劳动力市场的作用。

但是，社会主义市场经济借助于劳动力市场实现按劳分配，不同于资本主义市场经济将劳动力市场和产业后备军作为榨取剩余劳动的手段，具有不同技能、质量的劳动力自由择业，企业和劳动者双向选择，是社会主义市场经济有效配置劳动力资源的一种方式。但如果双向选择的结果是大量工人失业，劳动者连通过劳动参与分配的权利都没有，那么就根本谈不上按劳分配了。因此，努力实现充分就业，避免大规模失业，积极创造就业机会，防止浪费劳动力资源，是保障劳动者具有参与按劳分配的权利的必要条件，也是社会主义市场经济条件下劳动力市场有效、平稳运行的前提。

四、关于按劳分配为主体

社会主义初级阶段的基本分配制度是“按劳分配为主体、多种分配方式并存”。

将按劳分配作为社会主义初级阶段的基本分配制度，有利于调动广大劳动者的积极性和创造性，为消灭剥削、消除两极分化、实现共同富裕创造条件，它的重要意义是毋庸置疑的。但是，对于按劳分配为主体的具体含义，人们的认识不尽一致。

一般认为，按劳分配是以生产资料的社会主义公有制为基础的，按劳分配的主体地位是公有制主体地位的必然体现。但实际的情况是，在改革开放之初，公有制经济在质和量上都具有优势，公有制的资产在国民经济中占主要部分，在公有制经济中就业的劳动者占大多数，这使得按劳分配在所有分配方式中必然居于主体地位。然而，随着我国改革的不断深入，公有制经济在经济总量中的比重明显下降，在公有制性质的企业中就业的劳动者人数也大量减少。出现这种情况的一个重要原因是，在国有企业中，资本有机构成较高，这使得在国有企业中就业的劳动者的比重低于资产所占比重。

还有一种观点认为，按劳分配为主体的内涵是在整个社会的分配中，劳动所得占据主导和统治地位，按劳动获取的收入的比例高于按资本等其他要素获取的收入的比例。这种观点混淆了按劳分配收入和按要素分配中的劳动要素所得，将两种分配形式中的劳动所得混为一谈。按劳分配的前提是社会主义公有制，而按要素分配中的劳动要素所得的前提是资本、劳动、技术、管理等生产要素归不同个体所有，各种要素所得是其所有权在经济上的体现。在按要素分配中，劳动者以工资的形式获得其劳动力价值的等价物，即商品价值 $c+v+m$ 中 v 的部分，资本、土地、技术等其他生产要素则分别获得剩余 m 的一部分。资本主义国家的劳动所得也可能在初次分配中占大部分，但不能由此说资本主义国家是以按劳分配为主体的。比如，欧美发达资本主义国家的劳动报酬的占比目前一般都超过 50%，但不能由此断定这些国家实行的是按劳分配。

因此，如何科学全面地认识按劳分配为主体的含义，仍然是一个需要深入研究的问题。需要把按劳分配的基本原则与我国社会主义市场经济实践相结合，从实际出发，发展出符合实际的马克思主义按劳分配理论。从原则上说，在社会主义市场经济中实现按劳分配应该做到以下四个方面：

第一，不断巩固公有制经济的主体地位，这是按劳分配主体地位的前提。因此，要做大做强国有企业，深化国有企业分配制度改革，建立有效、公平的激励方式，纠正一些国有企业以逐利为目的而采用的违背按劳分配原则的分配制度，让国有企业成为按劳分配的典范。

第二，防范财产性收入的过快增长，尤其是限制通过金融市场所取得的投机性收入。虽然劳动收入和财产性收入的共存是社会主义市场经济的现实，但是实现按劳分配要求人们之间的收入差距更多地反映劳动能力、劳动付出的差别，更少地反映家庭财产、投机性收入的差别。

第三，促进劳动收入与劳动生产率一同增长。劳动生产率的增长意味着劳动者在同一时间内生产的产品增加了，劳动者有权通过劳动收入的增长从劳动生产率的增长中获益，体现了按劳分配中“多劳多得”的原则，使劳动者能够分享社会进步的好处，有利于实现共同富裕。

第四，努力保障劳动者通过劳动参与社会产品分配的权利。按劳分配的实现要求劳动者有工作的机会，只要生产出社会所需要的产品，只要自己的劳动得到社会承认，就能够参与社会产品的分配。努力增加工作机会，避免劳动者由于非个人原因而失业，是实现按劳分配的一个必要条件。

第二节　多种分配方式与按生产要素分配

一、多种分配方式的形成

我国在改革开放以前实行单一的公有制经济，非劳动生产要素即生产资料完全掌握在国家或集体手中，任何社会成员都不可能再凭非劳动要素获得收入，他们只能向社会提供劳动，以劳动为尺度获得个人收入。但在实际经济生活中，则存在着平均主义倾向，在极左思想盛行时，按劳分配曾经被看作“资产阶级法权”而受到限制。

改革开放以来，随着公有制为主体、多种所有制经济共同发展的基本经济制度的确立，分配方式也呈现出了多元化趋势。

在个体经济中，劳动者利用自己的生产资料进行劳动，生产产品并通过出售产品取得收入。个体劳动者的收入虽然是以劳动收入的形式出现的，但它包含着资产性收益。也就是说，个体劳动者的收入包含两部分，一部分是劳动者的劳动性收入，另一部分则是劳动者所有的生产资料的收益。

在以雇佣劳动为基础的私营经济中，雇主以生产资料所有者、雇工以雇佣劳动者的身份出现，由此决定了私营经济中的分配方式必然采取按资本和按劳动力价值分配的双重分配方式。雇主所得收入除少部分是管理劳动报酬（如果雇主参与管理劳动）外，主要是资本收入。而劳动者所得收入则是劳动力价值或价格的货币表现，其高低取决于劳动力价值的高低，同时受劳动力市场供求关系的影响。

在外资企业中，外商所得利润属于资本收入，而劳动者参与收入分配的方式较为复杂。在外商独资企业中，劳动者所得工资收入实质上是劳动力商品的价格。在中外合资和中外合作企业中，由于企业资本结构的二重性，职工所得收入具有二重性。从企业具有公有股份、职工是公有股份所有者的身份看，他们的收入具有按劳分配的性质；从职工受雇于外商和企业实行雇佣劳动制度看，企业与职工存在雇佣与被雇佣关系，因此职工的收入又具有劳动力价值的属性。总的来说，在“三资”企业中，分配方式是二重的或多重的。

居民个人通过持有股票、债券和房产等资产而获得的收入属于按资产分配，这种分配既不同于按劳分配，也不同于按资本分配。按劳分配是以劳动为基础的，按资本分配是以雇佣关系为基础的，而按资产分配则是根据资产的收益和价格来分配的。

此外，国家要作为宏观收入分配主体参与国民收入的分配、再分配过程，它通过税收等形式从各经济主体那里取得收入，并在此基础上根据公平原则在社会范围内进行再分配，社会成员从国家再分配收入中获得的转移性支付、福利性收入等，属于调节性收入。显然，调节性收入的分配既非按劳分配，也不是按资本或资产分配，而是按需要或公平原则进行分配。

二、按生产要素分配

所谓生产要素，是指商品生产过程中不可或缺的各种因素的总和。社会生产过程中最基本的生产要素是劳动、土地和资本三要素。但是，随着生产过程的不断发展和日益复杂化，生产要素的外延呈现出日益扩大的趋势，不少学者把企业家才能、科学技术、经营管理、服务、知识、信息等内容都纳入生产要素的范畴中来。而所谓的按生产要素分配指的是这样一种经济现象，即在市场经济中，劳动、土地、资本、技术等生产要素的所有者都要根据对生产要素的占有参与收入分配，获得相应的报酬，表现为劳动者获得工资，土地所有者获得地租，资本所有者获得利润或利息。

在传统的计划经济体制中，生产要素的配置由国家计划直接调节，因此，不存在按生产要素分配的问题。改革开放以后，随着社会主义市场经济的发展，情况逐步发生了变化。1997 年党的十五大报告第一次明确指出，“把按劳分配和按生产要素分配结合起来……允许和鼓励资本、技术等生产要素参与收益分配”。党的十九大报告强调，“坚持按劳分配原则，完善按要素分配的体制机制，促进收入分配更合理、更有序”。党的二十大报告指出：“完善按要素分配政策制度，探索多种渠道增加中低收入群众要素收入，多渠道增加城乡居民财产性收入。”

在社会主义市场经济中，实行按生产要素分配的依据是什么呢？这主要是由以下两方面原因决定的：

（1）公有制为主体、多种所有制经济共同发展的所有制结构，决定了按劳分配为主体、多种分配方式并存的分配结构。社会主义公有制经济实行的是按劳分配，这种分配方式消灭了私人对生产资料的占有，否定了任何个人和集团凭借对所有权的垄断而占有社会产品的制度基础，因此，从本质上看，生产要素（主要指生产资料）不再成为占有社会产品的根据。但是，在非公有制经济中，由于生产资料是私人所有的，因此，产品的占有必然要体现私人所有者的利益，按生产要素分配就是生产要素私人所有在经济上的实现。

（2）社会主义市场经济中不同经济主体在产权关系上的独立性，决定了各种生产条件或生产要素无论归谁所有，都要通过市场进行配置。公有制经济虽然消灭了生产资料的私人垄断，任何人都只能通过劳动获得收入，但是由于资源的稀缺性和经营权的排他性，公有的资本、土地等资源也要有偿加以使用，具有使用的“价格”，如利息、地租等。公有资源的这种有偿使用对于准确反映资源的稀缺状况、实现资源配置的合理化具有重要意义，并且或多或少地会间接地影响到按劳分配的实现过程和实现形式。

或许有人会问，按照马克思经济学的观点，劳动是价值的唯一源泉，土地和资本等非劳动生产要素不创造价值，既然如此，它们为什么要参与收入分配、获得相应的报酬呢？这首先是因为土地和资本等非劳动生产要素虽然不直接形成价值，但它们是商品生产得以进行的基本的物质条件——如果没有劳动对象和劳动资料，劳动者两手空空，是无法进行劳动的，创造不出一个使用价值原子和价值原子。讲劳动创造财富、劳动创造价值，都是以劳动与生产资料相结合为条件的。非劳动要素不是价值的源泉，只有劳动才是价值的源泉；但劳动并不是财富的唯一源泉。马克思和恩格斯一再强调，“劳动和自然界在一起才是一切财富的源泉”①。

不过，虽然土地和生产资料等物质条件对财富的创造来说是必不可少的，但这些要素本身并没有意志，并不会劳动，它们既不会创造价值，也不会因为其对生产过程作出了“贡献”而要求获得“报酬”，真正要求获得报酬的是生产要素的所有者，他们凭借着对生产要素的垄断占有而要求参与收入的分配。如果生产要素不是稀缺的并且不为某些个人和集团所垄断（比如像空气或阳光），那么，无论它在生产过程中有多大的作用，都不可能参与收入分配过程。因此，生产要素的贡献只是生产要素参与分配的前提条件，而不是其获得报酬的根据。所谓的生产要素参与分配的过程，实际上是生产要素所有者凭借着其对生产资料的所有权获得经济剩余的过程。所谓的生产要素的“报酬”或“价格”，不过是生产要素所有权的实现形式，利润、利息是资本所有权在经济上的实现，地租是土地所有权在经济上的实现，工资则是劳动力所有权在经济上的实现。只要承认非劳动生产要素所有权的合法性，它就必然要求在经济上获得实现，就要参与收入分配。

三、按生产要素分配的依据不是生产要素价值论

对于如何认识按生产要素分配，学术界有着不同的认识，生产要素价值论是其中一种比较流行的观点。这种观点认为，各种生产要素在价值创造过程中都作出了实际贡献，因此都应当获得相应的报酬，这就需要按生产要素的贡献分配产品或收入，这就是与马克思同时代的庸俗经济学家萨伊的“三位一体公式”。这个公式所要表达的内容是：各种资本主义社会的收入是各种生产要素的产物，资本产出利润，劳动产出工资，土地产出地租。持这种观点的人还认为，马克思的劳动价值论已经过时，应该用生产要素价值论或财富论取而代之。

对于这种庸俗的观点，马克思早就作过深刻的批判。他指出：“土地—地租，资本—利息，劳动—工资或劳动价格，是三个显然不可能组合在一起的部分。”② 它们“属于完全不同的领域，彼此之间毫无相同之处。它们互相之间的关系，就像公证人的手续费、甜菜和音乐之间的关系一样”③。也就是说，从物质形态上看，所谓的劳动、资本和土地完全是不同性质的东西，是不可能加总计算的，它们在生产过程中的贡献根本无从衡量。

① 马克思，恩格斯．马克思恩格斯文集：第9卷．北京：人民出版社，2009：550.

② 马克思．资本论：第3卷．2版．北京：人民出版社，2004：925.

③ 同②922.

具体来说，“三位一体公式”的主要错误是：

（1）混同了商品的使用价值和价值。使用价值是商品的物质属性，它是由劳动、土地和生产资料共同创造的。但两种使用价值不同的商品之所以能够按一定数量比例交换，原因就在于在交换双方的产品中所包含的劳动量是相等的，或者说双方的价值是相等的。土地和资本等生产要素是使用价值的源泉，但不是价值的源泉。

（2）混淆了不变资本与可变资本。不变资本是购买生产资料的资本，而生产资料是过去的物化劳动，它若不同劳动相结合，只是一堆死东西，永远不会发生价值增殖。可变资本则是用来购买劳动力的那部分资本，劳动是创造价值的活的源泉，它不仅再生产出劳动力的价值，而且生产出剩余价值。

（3）混淆了资本和生产资料。资本是带来剩余价值的价值，是以雇佣劳动为基础、以货币的增殖为目的的价值运动，是资本主义生产关系的体现。而社会主义市场经济中的资本则体现了社会主义生产关系的要求，原材料、机器、厂房等生产资料则是生产的物质要素，是一切社会进行生产所必须具有的一般物质条件，生产资料本身不是资本，只有当它成为价值增殖的手段时，才变成资本。

总之，马克思主义政治经济学在劳动价值论和剩余价值论的基础上科学地说明了生产要素参与分配的实质和过程，说明了利润、工资、地租等收入产生的来源、性质和规律。而资产阶级经济学家提出的生产要素价值论则与马克思的劳动价值论和剩余价值论相对抗，是为资本主义剥削制度作辩护的，是一种反马克思主义的意识形态。对此，我们要有清醒的认识。

第三节　国民收入初次分配、再分配、第三次分配

一、国民收入的概念

国民收入是一国在一定时期内新创造的最终产品的价值总量。这一指标衡量了一国的经济总量、生产能力和综合经济实力，而其人均值则部分地反映了一国的经济发展水平和人民的生活水平。

国民收入是一个比较宽泛的概念，在国民经济核算中，有多种口径对其进行核算，其中最为主要的是国内生产总值（GDP）和国民生产总值（GNP）。GDP 是指一个国家在一定时期内所有常住单位提供的商品和劳务的价值总和。在核算方法上强调增加值的概念，也就是说，一国生产的产品产值需要减去其中间投入的价值，只有生产过程中新增加的部分才能计入 GDP；而在核算的对象上，GDP 包含一国领土范围内的全部经济单位，而不论其国籍归属。GNP 在核算方法上与其类似，但是在核算的对象上，GNP 主要核算属于本国的经济单位所获得的收入，因此它等于 GDP 减去外国经济单位在本国获得的收入，加上本国经济单位在外国获得的收入。

除了这两个主要的指标，国民经济核算体系还会根据不同的需要得到其他有关国民收入的指标。首先，一国的国民收入应该是这一时期一国所创造的新增价值，但是 GDP

和 GNP 的核算中尚包括固定资产折旧这个部分，因此国民经济核算体系中会通过减去固定资产折旧来得到国内生产净值（NDP）和国民生产净值（NNP）。而 NDP 和 NNP 包含了一些直接被政府获得而并不会被经济单位得到的部分，因此为了更好地反映经济单位获得的产品价值，可以通过从 NDP 和 NNP 中扣减间接税和企业转移支付，再加上政府的补贴，得到狭义的国民收入。除此以外，将国民收入减去企业所得税和未分配利润可以得到个人收入，进一步减去个人所得税可以得到个人可支配收入，这两个指标能够更好地反映可以被个人用于消费或储蓄的产品的总价值。

二、国民收入的初次分配

一个国家在一定时期创造的国民收入要通过分配过程进入各个经济主体手中。收入分配分为初次分配和再分配两个过程。

国民收入首先要在参与生产的各个主体之间进行分配，这一过程就是国民收入的初次分配。初次分配过程形成各个经济主体的“原始收入”。“原始收入”按照经济活动主体分为个人收入、企业收入和政府收入。

个人收入通常包括两个部分，一是劳动者报酬，二是非劳动收入。劳动者报酬是劳动者因为自身所从事的生产活动而获得的收入，从形式上看既包括了以货币形式发放的工资、奖金、津贴，也包括非货币形式的医疗、养老、住房等方面的福利。在来源方面可分为在公有制经济中通过按劳分配原则所获得的劳动报酬和在非公有制经济中所获得的工资。非劳动收入则是依靠个人对生产条件的占有所获取的收入，主要包括利息、红利、知识产权收入和房地产收入。

企业收入广义上主要是指企业营业收入扣除了原材料成本、固定资产折旧、劳动者报酬和间接税之后的企业利润，但是由于利润会有相当一部分以利息和红利的形式变成个人收入，因此狭义的企业收入是指企业的利润进行分配之后的未分配利润。这一部分收入将主要通过企业的投资行为成为社会再生产的积累部分。

政府收入是指政府直接向生产领域征税所获得的收入减去对生产领域的补贴。直接向生产领域征收的税种主要包括流转税、行为税和资源税。这些税种的共同特点是对生产活动的过程进行征税，这一部分收入通常尚未分配到经济活动的参与者手中，因此属于初次分配的范畴。初次分配中的政府收入与通常意义上的政府收入是两个不同的概念。通常意义上的政府收入或者财政收入包括政府征收的所有税种、政府的借款收入、国有企业利润、其他国有财产收入和行政收费。而初次分配中的政府收入仅仅包含政府税收中向生产领域征收的部分。

三、国民收入的再分配

国民收入完成了新增价值在生产领域的初次分配后，还需要在全社会范围内进行分配，这个过程即国民收入的再分配。

再分配的渠道主要有政府和市场两个方面。政府主要通过税收和债券等方式将初次分配之后的资金集中到自己手中，然后通过经济建设支出、行政管理支出、社会文教支出和转移支付等在全社会范围内进行分配。市场主要通过金融市场将社会上的闲散资金集中起来，转移到有需要的企业和个人手中。

按照分配的对象不同，再分配可以分为针对社会部门的再分配、针对企业的再分配和针对个人的再分配。

针对社会部门的再分配是指将社会的新增价值分配给那些非直接从事社会产品生产的社会部门的过程。如军队、警察、政府机构以及教育、医疗等部门，本身并不直接参与生产活动，因而不能通过初次分配获得必要的资金支持，需要依靠政府用财政手段集中一部分资金分配到这些部门中。

针对企业的再分配是指将社会的新增价值分配给某些需要进行再生产活动的企业的过程。在生产过程中，很多企业由于大规模的投资、流动资金短缺或者盈利水平较低等多种原因而无法依靠自身的收入完成再生产，因此需要在社会上进行融资。另外，在很多情况下，政府也会依靠财政力量对一些对国民经济具有重要意义的企业提供资金上的支持。

针对个人的再分配是指将社会新增价值分配给社会上生活困难、需要帮助的个人的过程。针对个人的再分配的主体是政府，其手段主要有税收、社会保障和转移支付。

税收是政府最主要的收入来源，同时也是政府进行收入再分配的最有力手段。个人所得税通过超额累进税率可以调控过高收入，促进社会公平；消费税针对不同层次的消费品征税也可以间接起到控制收入分配不平等的作用。

在社会中有一部分人由于衰老、失业、生病、受伤等自然或社会原因而无法参与到劳动中，无法获得相应的收入，为了保障这一部分人基本生活的权利，需要政府和社会将一部分资金转移到这些人手中。这一过程的主要形式是社会保障，其中又包括社会保险、社会救助、社会福利等方面。

转移支付主要是指政府补贴。通过对部门、行业、企业和个人的补贴，政府可以对经济进行有效的调控，促进充分就业，保持价格稳定，缩小区域和城乡差距，从而改善社会的收入分配结构。

国民收入的初次分配和再分配是既有联系又相互区别的两个概念，其区别体现在：首先，分配的对象不同。初次分配是将尚未分配的新增价值分配到参与生产活动的人手中，而再分配则主要针对已经分配到生产参与者手中的“原始收入”，将其在全部社会成员之间进行分配。其次，二者的决定机制不同。在社会主义市场经济条件下，市场是调节初次分配的主要手段，各个市场主体根据市场供求形势的变化获得收入。而再分配则是由政府和市场共同参与的，除了金融系统通过市场对资源进行分配以外，政府还要根据经济社会发展的总体和长远利益对初次分配的结果加以调节。

另外，初次分配和再分配是在过程上相互连接的。初次分配是再分配的起点，再分配要在初次分配的基础上发挥作用。因此，要想实现公平合理的社会分配，不仅要重视政府在再分配中的作用，同时也要更好地调控初次分配，避免在初次分配领域出现收入差距过大和比例失调的现象。

四、国民收入的三次分配

党的二十大报告提出，构建初次分配、再分配、第三次分配协调配套的制度体系。

第三次分配是指企业、社会组织和个人在自愿基础上向他人进行捐赠或无偿提供帮助，其具体形式包括募集、捐赠、帮扶、志愿活动等。初次分配主要是要素所有者在市场活动中完成的分配，再分配是政府出于调节收入差距目的进行的分配，而第三次分配是企业、社会组织和个人出于慈善和公益目的而自愿进行的分配。第三次分配是社会分配体系中不可或缺的环节，有利于疏通社会分配过程的“毛细血管”，弥补初次分配和再分配的不足，解决部分困难群众的燃眉之急，弘扬社会主义核心价值观。

初次分配是基础，再分配是保障，第三次分配是补充，三个层次相互配合，形成合力，才能扎实推进共同富裕。因此，必须针对不同层次的分配过程，完善分配制度，构建三次分配协调配套的制度体系。建立健全第三次分配机制，一是要进一步调动社会各方面发展公益慈善事业的积极性，支持更多人财物投入社会公益领域，支持有意愿有能力的企业、社会组织和个人积极参与公益慈善事业。二是要探索公益慈善活动的有效实现形式，完善适合中国国情的慈善组织模式，探索各类新型捐赠模式，拓展慈善捐赠和志愿服务领域。三是要完善公益慈善事业政策法规体系和社会文化环境，落实公益慈善税收优惠政策，加强慈善领域法治建设，健全慈善综合监管体系，创造有利于公益慈善事业发展的社会环境。

第四节　国民收入分配格局

一、国民收入分配格局的现状

国民收入分配格局是指国民收入在国家、企业和居民之间分配的比例，反映了各个主体之间的利益关系。合理的收入分配格局必须兼顾国家、企业和个人的利益，有利于调动各方面的积极性，利用好各方面的资源。

初次分配的基本情况可以在国民经济核算的收入法 GDP 核算中得到反映。收入法 GDP 核算将全社会的新增价值分为固定资产折旧、劳动者报酬、营业盈余和生产税净额四个部分。固定资产折旧是指在固定资产使用寿命内，按照确定的方法对应计折旧额进行系统分摊；劳动者报酬主要是个人收入中劳动报酬的部分；营业盈余反映了企业收入和个人收入中非劳动收入的部分；生产税净额则对应了初次分配中的政府收入部分。

表 5－1 反映了中国 2001—2017 年国民收入初次分配的基本状况。从数据看，国民收入分配格局的变动以 2008 年为界，分为两个阶段。在 2008 年之前，劳动者报酬占 GDP 的比重呈下降趋势。这种下降趋势在 2008 年之后开始有所缓解，因为截至 2017 年，劳动者报酬占 GDP 的比重基本恢复到了 2001 年时的高点水平。

表 5-1 中国国民收入初次分配状况（%）

年份	劳动者报酬占GDP的比重	生产税净额占GDP的比重	固定资产折旧占GDP的比重	营业盈余占GDP的比重
2001	48.23	13.92	15.63	22.21
2002	47.75	13.80	15.59	22.85
2003	46.16	13.91	15.77	24.16
2004	46.78	14.10	14.06	25.06
2005	45.56	14.12	14.93	25.40
2006	44.54	14.16	14.56	26.73
2007	43.90	14.81	14.16	27.13
2008	45.26	15.01	13.84	25.90
2009	46.62	15.20	13.51	24.67
2010	45.01	15.24	12.87	26.88
2011	44.94	15.61	12.92	26.54
2012	45.59	15.89	12.86	25.66
2013	46.05	15.77	12.87	25.31
2014	46.51	15.64	12.89	24.97
2015	47.89	14.87	13.17	24.07
2016	47.46	14.20	13.72	24.62
2017	47.51	14.19	13.56	24.74
2018	48.21	13.08	13.81	24.45
2019	48.50	12.49	13.19	25.81
2020	48.72	10.99	13.41	26.67
2021	47.81	10.86	14.16	26.70
2022	49.09	10.81	13.48	26.20

说明：2004—2007年的数据根据统计指标变化进行了调整以保证可比性。2008年和2013年的数据缺失，因此用相邻年份的平均值代替。由于《中国统计年鉴》不再发布收入法GDP数据，2018—2022年的数据根据资金流量表数据的增长率推算得到。

资料来源：根据《中国国内生产总值核算历史资料（1952—2004）》和2006—2024年的《中国统计年鉴》计算。

在初次分配过程中获得的收入经过一系列再分配的调节最终形成居民的可支配收入。表5-2列出了我国城镇居民人均可支配收入和农村居民人均纯收入1990年、2000年、2010年和2020年的情况。可以看到，尽管两个指标在30年的时间里保持了较快的增长，但是在多数时间段内其增长速度慢于人均GDP的增长速度，城镇居民人均可支配收入与人均GDP的比值一直处于下降或停滞状态，而农村居民人均纯收入与人均GDP的比值仅在2010年后出现小幅回升。这说明，与初次分配的形势类似，在2010年之前的很长一个时期内，居民生活改善的速度慢于经济增长速度，尽管反弹趋势已经出现，但是扭转长期趋势带来的后果仍需时日。

表 5-2 居民个人收入情况

年份	1990	2000	2010	2020
城镇居民人均可支配收入（元）	1 510.20	6 280.00	19 109.44	43 833.8
农村居民人均纯收入（元）	686.30	2 253.40	5 919.01	17 131.5

续表

年份	1990	2000	2010	2020
人均 GDP（元）	1 653.86	7 902.16	30 567.50	72 000
城镇居民人均可支配收入与人均 GDP 的比值	0.91	0.79	0.63	0.61
农村居民人均纯收入与人均 GDP 的比值	0.41	0.29	0.19	0.24

说明：2020 年的农村居民人均纯收入为农村居民人均可支配收入。

资料来源：1991 年、2001 年、2011 年和 2021 年的《中国统计年鉴》。

二、重视劳动者报酬占比下降问题

长期以来，我国在贫富分化问题的研究上比较重视收入分配的基尼系数和城乡居民收入差距，但是，基尼系数和城乡居民收入差距来自家庭收入抽样调查，这些调查并未反映财产分配情况，并且，由于受调查者瞒报等因素的影响，这些调查会低估利润、利息、红利、租金等财产性收入，这样就在很大程度上忽视了财产性收入的分配问题。

实际上，劳动份额比基尼系数和城乡居民收入差距更能反映贫富分化的程度。劳动份额简单明了地反映了劳动者报酬（主要是工资性收入）和财产性收入的分配情况，并且，各国长期的历史经验表明，劳动份额还与财产分配的不平等程度相关。通常情况下，劳动份额越低，财产分配就越集中。抓住了劳动份额也就抓住了贫富分化的要害。劳动份额提高了，贫富分化就能明显得到改善。

改革开放以来，我国劳动份额在 1978 年为 50%，1990 年为 53%，1990 年以后进入了一个长期下降的过程，一直到 2008 年下降到 45%。在 2008 年国际金融危机发生之后，劳动份额才开始稳中有升。那么，导致这种变化的主要原因是什么？对此主要有两种观点。

一种观点认为，劳动份额长期下降是产业结构变化的自然结果，经济中第一产业比重的下降会自动导致劳动份额下降；等到我国产业结构升级完成之后，劳动份额就会自动上升。但是，理论和实际都表明，产业结构变化并不是导致我国劳动份额变化的唯一原因。从各国长期的历史经验来看，在产业结构保持稳定的情况下劳动份额也会出现变化，不存在劳动份额先下降后上升的规律。

另一种观点认为，劳动份额长期下降是工人相对于企业的谈判力下降的结果。在获取工资性收入的人群中，工人毫无疑问是主体，工人谈判力下降导致工资性收入在社会财富中所占比例下降。这种观点认为，有三种因素导致工人谈判力下降。一是 20 世纪 90 年代以来国有经济在我国经济中的比重大幅下降，而私有企业工人的权益普遍得不到维护。二是在全球化条件下我国严重依赖出口，导致企业在面临国际竞争的情况下竞相压低工资。三是大量农民工进城务工和国企改革过程中职工下岗，导致工人之间竞争加剧。

从这一观点来看，2008 年之后劳动份额稳中有升正是这三种因素发生变化的结果，表现为：其一，国有经济进入 21 世纪以来蓬勃发展，国有经济的比重趋于稳定。其二，2008 年国际金融危机使主要资本主义国家的经济陷入低迷，使我国对出口的依赖程度出现下降。其三，下岗职工大多数已经就业或退休，农民工数量增速放缓，部分地区甚至出现了“民工荒”，工人之间的竞争激烈程度有所缓和。其四，政府实行的一系列完善收入分配的措施，如提高最低工资标准、提高企业离退休人员基本养老标准等，发挥了积极作用。

三、改善收入分配格局

针对国民收入分配格局中劳动报酬占比过低的问题，党的十八大报告明确提出，“提高居民收入在国民收入分配中的比重，提高劳动报酬在初次分配中的比重”。党的十九届五中全会通过的《中共中央关于制定国民经济和社会发展第十四个五年规划和二〇三五年远景目标的建议》再次提出，“提高劳动报酬在初次分配中的比重”。党的二十大报告强调：“努力提高居民收入在国民收入分配中的比重，提高劳动报酬在初次分配中的比重。”

那么，应当如何提高这两个比重呢?

首先，坚持和巩固公有制的主体地位。公有制经济遵循按劳分配原则，消除了劳动与资本、工资与利润的对立关系，劳动者的工资水平相对合理，福利和社会保障比较健全，劳动收入与资本收入差距较小，因此，公有制经济的发展壮大，对于改善国民收入分配格局具有积极作用。

其次，明显增加低收入劳动者的收入，调节过高收入，扩大中等收入者的比重，努力实现居民收入增长和经济发展同步、劳动报酬增长和劳动生产率提高同步，促进充分就业，努力消除贫困、改善民生，使广大人民群众享受到经济发展带来的好处，从收入分配的源头缩小贫富差距。

再次，健全科学的工资水平决定机制、正常增长机制、支付保障机制，推行企业工资集体协商制度。完善最低工资增长机制，完善适应机关事业单位特点的工资制度，完善保护劳动者的法律法规，构建和谐劳动关系，切实保护劳动者的合法权益。

最后，完善以税收、社会保障、转移支付为主要手段的再分配调节机制，完善收入分配调控体制机制和政策体系，特别是加强对财产收益的调节，更大程度发挥税收在调节收入分配中的作用，抑制资本收入与劳动收入之间两极分化加剧的趋势。

近年来，我国的劳动收入占比出现了逐步回升的现象，这是一个可喜的变化，但是还明显低于国际水平，与实现共同富裕和促进经济可持续发展的需要相比还有一定差距，必须继续采取有效措施，进一步提高居民收入在国民收入分配中的比重，提高劳动报酬在初次分配中的比重，不断改善国民收入分配格局。

第五节　缩小收入差距，实现共同富裕

一、共同富裕是中国特色社会主义的根本原则

人类社会的发展经历了原始社会、奴隶社会、封建社会、资本主义社会等不同阶段。在原始社会中，虽然实行生产资料的公有制、平均分配，但生产力水平的低下导致了社会成员的共同贫穷。在奴隶社会和封建社会中，生产资料甚至劳动力都变成了奴隶主和封建地主的私有财产，生产发展的结果只是奴隶主和封建地主生活水平的提高，劳动者

仍然过着水深火热的生活，人与人之间存在着极大的不平等，共同富裕更是无从谈起。资本主义制度虽然极大地促进了人类生产能力的提升，创造了比之前一切社会制度加起来还要多的物质财富，并且宣称以“自由、平等、博爱”为准则，但它从诞生之日起就带有不公平的基因，在生产资料私有制的条件下，发展的成果更多地为有产者带来了福利，无产者的生活相对来说仍然是贫困的，生产的发展无法带来社会公平程度的提高，反而会拉大贫富差距，造成两极分化。

社会主义制度消灭了人剥削人的制度，为社会的共同富裕创造了坚实的制度基础。在建设社会主义的过程中，共同富裕作为科学社会主义的基本原则，受到了高度重视。列宁指出：

> 只有社会主义才可能广泛推行和真正支配根据科学原则进行的产品的社会生产和分配，以便使所有劳动者过最美好的、最幸福的生活。只有社会主义才能实现这一点。而且我们知道，社会主义一定会实现这一点，而马克思主义的全部困难和它的全部力量也就在于了解这个真理。①

中华人民共和国成立后，毛泽东一直把建立“人人平等、大家富裕”的社会主义社会放在极其重要的地位。在1955年写的《关于农业合作化问题》中，他第一次提出了“共同富裕”的概念。同年10月，他又再次强调，“要巩固工农联盟，我们就得领导农民走社会主义道路，使农民群众共同富裕起来”②。紧接着，他又在资本主义工商业社会主义改造问题座谈会上讲共同富裕。他说：

> 现在我们实行这么一种制度，这么一种计划，是可以一年一年走向更富更强的，一年一年可以看到更富更强些。而这个富，是共同的富，这个强，是共同的强，大家都有份，也包括地主阶级。③

邓小平多次强调了共同富裕的重大意义：

> 社会主义与资本主义不同的特点就是共同富裕，不搞两极分化。④
>
> 如果走资本主义道路，可以使中国百分之几的人富裕起来，但是绝对解决不了百分之九十几的人生活富裕的问题。⑤
>
> 中国情况是非常特殊的，即使百分之五十一的人先富裕起来了，还有百分之四十九，也就是六亿多人仍处于贫困之中，也不会有稳定。中国搞资本主义行不通，只有搞社会主义，实现共同富裕，社会才能稳定，才能发展。社会主义的一个含义就是共同富裕。⑥

习近平强调：“共同富裕是社会主义的本质要求，是中国式现代化的重要特征。”“适

---

① 列宁．列宁选集：第3卷．3版．北京：人民出版社，1995：546.
② 中共中央文献研究室．建国以来重要文献选编：第7册．北京：中央文献出版社，1993：308.
③ 毛泽东．毛泽东文集：第6卷．北京：人民出版社，1999：495.
④ 邓小平．邓小平文选：第3卷．北京：人民出版社，1993：123.
⑤ 同④64.
⑥ 中共中央文献研究室．邓小平年谱（1975—1997）：下卷．北京：中央文献出版社，2004：1312.

应我国社会主要矛盾的变化，更好满足人民日益增长的美好生活需要，必须把促进全体人民共同富裕作为为人民谋幸福的着力点，不断夯实党长期执政基础。”[①] 共同富裕作为社会主义的根本要求，具有丰富的内涵。

实现共同富裕，离不开生产力的发展，更离不开生产关系的保障。作为社会主义本质特征的共同富裕，是与资本主义社会的两极分化相对立的，具有鲜明的制度特征。

首先，共同富裕反映了社会主义的生产目的，社会主义的生产不是为了少数人的利益，不是为了资本家最大限度地追求剩余价值，而是为了满足人民日益增长的美好生活需要，实现人的全面发展。

其次，共同富裕反映了生产资料公有制的根本特征。生产资料公有制的建立使劳动者成为生产资料的共同主人，生产资料由剥削劳动者的条件变成了劳动者实现自身利益的手段，从而为消灭阶级对立创造了条件。

再次，共同富裕反映了按劳分配的客观后果。作为社会主义的分配原则，按劳分配只承认劳动贡献的差别对收入分配的影响，排除了生产资料占有和资本积累的差别对收入分配的影响，这样就不会产生贫富差距过大的问题。

最后，共同富裕反映了社会主义经济发展的计划性。资本主义的经济发展受自发的价值规律调节，处于盲目的无政府状态，人们之间的利益是对立的，必然导致资本与劳动之间两极分化，解决这一问题，必须依靠国家的有计划的调节。

以上关于共同富裕的说明是就社会主义制度的本质特征而言的，是以纯粹的公有制和按劳分配为前提的。但是，在我国社会主义初级阶段，实行的是公有制为主体、多种所有制共同发展的基本经济制度和按劳分配为主体、多种分配方式并存的基本分配制度。在社会主义市场经济条件下，价值规律不仅调节着社会生产和交换过程，也在很大程度上调节着分配过程。在这样的条件下，收入分配和财富占有上的差别及其不断发展在一定程度上可以说是必然的。如何正确认识和对待收入差距问题，是收入分配制度的改革和完善必须面对的重大问题。

中华人民共和国成立以来特别是改革开放以来，我们党团结带领人民向着实现共同富裕的目标不懈努力，人民生活水平不断提高。党的十八大以来，我们把脱贫攻坚作为重中之重，使现行标准下农村贫困人口全部脱贫，这是促进全体人民共同富裕的一项重大举措。当前，我国发展不平衡不充分问题仍然突出，城乡区域发展和收入分配差距较大，促进全体人民共同富裕是一项长期任务，但随着我国全面建成小康社会、开启全面建设社会主义现代化国家新征程，我们必须把促进全体人民共同富裕摆在更加重要的位置，脚踏实地，久久为功，向着这个目标更加积极有为地进行努力。因此，党的二十大报告在说明到2035年基本实现社会主义现代化远景目标中提出“人的全面发展、全体人民共同富裕取得更为明显的实质性进展”，在“增进民生福祉，提高人民生活品质”部分突出强调了“扎实推进共同富裕”，提出了一些重要要求和重大举措。这样表述，既指明了前进方向和奋斗目标，也是实事求是、符合发展规律的，兼顾了需要和可能，有利于在工作中积极稳妥把握，在促进全体人民共同富裕的道路上不断向前迈进。

---

① 习近平．扎实推动共同富裕．求是，2021（20）：4－8.

二、收入差距问题

改革开放以来，我国居民生活持续得到改善，与此同时，不同社会阶层之间的收入差距明显扩大，主要表现为：一是以基尼系数反映的居民收入总体性差距较大（见图 5－1）。二是城乡居民收入差距较大。根据国家统计局的数据，1990 年城乡居民收入之比为 2.2∶1，1995 年为 2.71∶1，2000 年为 2.79∶1，2005 年扩大到 3.22∶1，2010 年为 3.23∶1，2024 年缩小到 2.34∶1。三是地区间差距较大。虽然近年来我国东西部差距有所缩小，但地区间的差距仍然显著存在。2023 年，东部地区人均可支配收入是西部地区的 1.60 倍，人均可支配收入最高的上海市是最低的甘肃省的 3.39 倍。四是行业收入差距扩大。目前，电信、金融、保险、水电气生产和供应、烟草等行业职工的平均工资是其他行业职工平均工资的 2～3 倍，如果再加上工资外收入和福利待遇上的差异，实际收入差距可能更大。

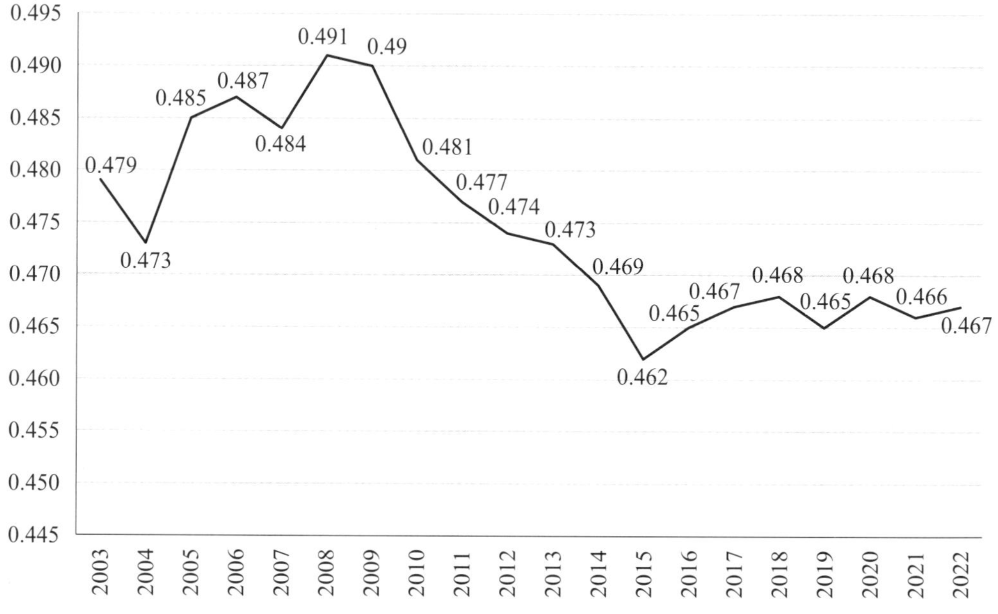

图 5－1　2003—2022 年中国居民收入基尼系数

资料来源：国家统计局。

现阶段我国居民收入差距较大的状况具有一定的必然性。在传统的计划经济体制下，收入分配中存在着严重的平均主义，收入差距很小。随着计划经济向市场经济的转变，随着按劳分配为主体、多种分配方式并存的分配制度的实行，特别是随着资本、土地、技术和信息等生产要素参与分配，收入差距逐步扩大不可避免。承认这种差别，有利于发挥市场在资源配置中的作用，有利于调动各方面的积极性，有利于推动生产力的发展。

但是，这并不意味着收入差距是合理的，其中也包含着一些不合理的因素，不符合基本分配制度的要求，不符合社会主义公平原则。

首先，收入差距的扩大中包括了部分非法收入的因素，如侵吞公有财产、偷税漏税、造假贩假、贪污受贿、不规范的市场交易等，这些非法收入成为收入分配不公突出的表现。

其次，在高收入人群收入大幅增加的同时，一部分低收入人群的基本生活还没有得到充分保障。比如，虽然经过 8 年持续奋斗，我国在 2020 年如期完成了新时代脱贫攻坚目标任务，现行标准下农村贫困人口全部脱贫，贫困县全部摘帽，消除了绝对贫困和区域性整体贫困，但相对贫困仍然存在，返贫致贫的因素仍然存在，仍需持续努力。

最后，收入差距扩大速度过快、程度过高，这种状况持续下去会带来一系列消极后果：影响劳动者的积极性，造成贫富两极分化，制约内需的扩大，引起群众的不满，加剧社会的对立，不利于安定团结和社会稳定，不利于改革与发展的顺利推进。

因此，现阶段，收入差距问题已经成为制约经济和社会发展的突出问题，缩小收入差距已经成为人们的共识，成为党和政府工作的重要目标。

三、收入差距与财产差距

实现共同富裕不仅要求逐步缩小居民的收入差距，还要求缩小居民的财产差距，二者缺一不可。收入是流量，财产是存量，二者相互联系、相互转化，共同决定着人们的财富水平。随着居民财产的不断增加，财产性收入对居民收入的影响越来越大。而且，在许多情况下，居民财产的增加并不会反映为一定时期内收入的增加。例如，如果房产和股票升值后并未出售，那么虽然收入并未增加，但财产增加了，这必将影响房产和股票所有者日后的收入水平。

从理论和现实两个方面来看，财产分配及与之伴随的收入分配往往具有一种“马太效应”，容易导致富者越富、穷者越穷，财产分布不均等造成的差距还可以代际相传，加剧收入分配的不平等。收入分配的差距与财产分布的差距又互为因果，容易形成“正反馈”而不断自我加剧。财产收入差距的背后是私有制经济的发展。私有制经济的广泛发展必然导致财产占有上的分化，并通过资本积累规律使这种分化日益扩大。

许多研究证明，现阶段我国因财产分布不均而引起的居民收入分配不公逐渐显现，特别是由金融资产和住房分布不均带来的收入分配不平等越来越引起人们的关注。面对日益加剧的居民收入分配不公，我国现有调节收入分配差距的税收体系并未起到应有的作用。由于现行税制下财产税尤其是房地产税以及遗产税和赠与税的缺位，无论在财产保有环节还是财产转让或交易环节，由财产分布不均引起的居民收入分配不公都没有得到相应的调控。[①]

因此，实现共同富裕涉及的问题有很多，但最重要的一点是需要区分两类性质不同的收入差距：一类收入差距发生在普通劳动者之间，主要是由不同部门、地区、行业之间劳动者的素质和生活费用的差别造成的。比如，高科技部门复杂劳动的收入高于其他部门简单劳动的收入，城镇居民的生活费用高于农村居民的生活费用。同时，这也与现实中存在的行业垄断、劳动力市场和工资机制不完善等因素有一定关系。这类收入差距体现了按劳分配的要求，有利于调动生产者的积极性，对于其中不合理的因素则需要采

① 郭琎，郑新业．完善财产税制，促进居民收入分配公平．政治经济学评论，2015（2）：150－167.

取措施进行调节。另一类收入差距发生在不同的财产占有者之间，主要是由人们在财产占有特别是生产资料占有上的差别造成的。这类收入差距是市场经济发展的必然产物，有利于发挥市场机制的作用，但如果没有有效的调节，则必然会导致财产占有和收入分配的两极分化：一极是财富在少数人手中的不断积累和增大，另一极则是大多数人生活的相对贫困。实现共同富裕既要关注收入差距不断扩大的问题，采取切实有效的措施，努力缩小收入差距，又要关注财产差距不断扩大的问题，采取切实有效的措施，努力缩小财产差距。

四、市场化能否解决贫富差距问题

有一种流行的观点认为，贫富差距扩大是因为市场经济发展不到位。该观点认为，只要彻底实行市场化，贫富差距就会缩小。这种观点缺乏理论和事实依据。市场竞争可以促进效率的提高，优化资源配置，激发企业活力，但必然产生两极分化，这是客观规律。法国经济学家托马斯·皮凯蒂在《21世纪资本论》一书中，运用翔实的历史统计数据和实证方法证明了财富分配的两极分化是资本主义的必然，而财富分配不平等状况的缓和则是资本主义的偶然。近几十年来，世界的贫富差距正在严重恶化，而且据预测将会继续恶化下去。现有制度只会让富人更富、穷人更穷。美国学者克鲁格曼也指出，在20世纪70年代以后近30年的时间里，普通美国家庭的收入并无明显增加，而0.1%最富者的收入增长了4倍，0.01%最富的美国人要比1973年时富裕7倍。① 可见，即使在发达的市场经济国家，两极分化也不可避免，将造成全社会两极分化的根本原因归纳为市场化不彻底、不到位是缺乏根据的。

有人认为，只要经济发展了，收入差距扩大的问题就会自然得到解决，一部分人先富起来了，就会自然带动大多数人共同富裕。这种观点割裂了生产和分配的内在联系。没有分配关系特别是初次分配关系的合理化，生产是不可能发展的，共同富裕也失去了客观的基础。同时，没有合理的生产关系，收入分配的公正公平也是不可能实现的。实际情况也证明，收入分配差距特别是财产占有差距不断扩大，如果任其发展而不加以调节，必然会导致贫富两极分化，不可能自动实现共同富裕。有许多国家经济增长了，贫困问题却更加恶化，两极分化更为严重。因此，认为经济发展了收入差距会自然缩小的观点是没有道理的。

五、实现共同富裕的途径

在社会主义市场经济条件下如何实现共同富裕呢？总的思路是，坚持以人民为中心的发展思想，在高质量发展中促进共同富裕，正确处理效率和公平的关系，构建初次分配、再分配、三次分配协调配套的基础性制度安排，加大税收、社保、转移支付等调节力度并提高精准性，扩大中等收入群体比重，增加低收入群体收入，合理调节高收入，

---

① 克鲁格曼．美国怎么了?：一个自由主义者的良知．北京：中信出版社，2008：99.

取缔非法收入，形成中间大、两头小的橄榄型分配结构，促进社会公平正义，促进人的全面发展，使全体人民朝着共同富裕目标扎实迈进。[①] 首先，从根本上来说，只有促进生产力的不断发展，创造更多的物质和精神财富，并在此基础上坚持完善社会主义基本经济制度和基本分配制度，在生产资料的占有上实现社会公平，以劳动贡献为分配的主要依据，才能逐步缩小贫富差距，真正实现共同富裕的目标。正如邓小平所指出的："只要我国经济中公有制占主体地位，就可以避免两极分化。"[②] "坚持社会主义，实行按劳分配的原则，就不会产生贫富过大的差距。"[③]

其次，关键是要解决财产分布不均且差距日趋扩大的问题，以及由此引起的居民收入分配不公问题。要建立和完善财产税收制度。在财产保有环节，提高财产保有税在税收体系中的地位，同时，明晰财产产权，完善财产信息登记制度，健全财产价值评估体系。在财产转让环节，适时开征遗产税和赠与税，以抑制社会财富分布的两极分化和居民存量财富分配不公的代际转移。

以上两个方面可以说是治本之策。此外，还要从多方面入手，探索各种有利于改善收入分配状况的具体途径和政策措施，标本兼治，综合施策，包括：

（1）通过扩大就业、建立农民增收减负长效机制、健全最低工资制度、完善工资正常增长机制、逐步提高社会保障标准等举措，提高低收入者的收入水平。

（2）加大对各种非法收入的打击力度，特别是要加强党风廉政建设，从源头上防止和杜绝权钱交易的腐败现象的滋生与蔓延。

（3）加强房地产市场和金融市场等的监管，健全市场体系，打击操纵市场、内幕交易等非法行为，维护中小投资者的利益，拓宽居民投资渠道。

（4）完善社会保障制度，保障群众的基本生活，逐步建立社会保险、社会救助、社会福利、慈善事业相衔接的覆盖城乡居民的社会保障体系。

（5）完善国民收入分配格局，逐步提高居民收入在国民收入分配中的比重，提高劳动者报酬在初次分配中的比重。

（6）完善公共财政制度，逐步实现基本公共服务均等化。同时，进一步完善税收制度，加强征管和调节，充分发挥税收调节收入差距的作用。

（7）努力解决城乡贫困人口问题，要通过完善税收制度、增加公共支出、加大转移支付力度等措施，支持和扶助欠发达地区和困难群众，努力完成精准脱贫战略目标。

六、全体人民共同富裕取得更为明显的实质性进展

中国共产党自成立之日起，就把实现共同富裕作为矢志不渝的奋斗目标。中华人民共和国成立以来特别是改革开放以来，我们党团结带领人民向着实现共同富裕的目标不懈努力，人民生活水平不断提高。党的十八大以来，以习近平同志为核心的党中央高度

---

① 习近平．扎实推动共同富裕．求是，2021（20）：4－8.

② 邓小平．邓小平文选：第3卷．北京：人民出版社，1993：149.

③ 同②64.

重视推进全体人民共同富裕，反复强调“坚定不移走共同富裕的道路”。在以习近平同志为核心的党中央坚强领导下，全党全国各族人民朝着实现共同富裕的目标不懈努力，全面建成小康社会取得伟大历史性成就，特别是决战脱贫攻坚取得全面胜利，困扰中华民族几千年的绝对贫困问题得到历史性解决，为新发展阶段推动共同富裕奠定了坚实基础。

当前，我国发展不平衡不充分问题仍然突出，城乡区域发展和收入分配差距较大，促进全体人民共同富裕是一项长期任务，但随着我国全面建成小康社会、开启全面建设社会主义现代化国家新征程，我们必须把促进全体人民共同富裕摆在更加重要的位置，脚踏实地，久久为功，向着这个目标更加积极有为地进行努力，让人民群众真真切切感受到共同富裕看得见、摸得着、真实可感。习近平强调：“实现共同富裕不仅是经济问题，而且是关系党的执政基础的重大政治问题。我们决不能允许贫富差距越来越大、穷者愈穷富者愈富，决不能在富的人和穷的人之间出现一道不可逾越的鸿沟。”①

共同富裕具有鲜明的时代特征和中国特色，是全体人民通过辛勤劳动和相互帮助，普遍达到生活富裕富足、精神自信自强、环境宜居宜业、社会和谐和睦、公共服务普及普惠，实现人的全面发展和社会全面进步，共享改革发展成果和幸福美好生活。对此，习近平强调，我们要始终把满足人民对美好生活的新期待作为发展的出发点和落脚点，在实现现代化过程中不断地、逐步地解决好这个问题。要自觉主动解决地区差距、城乡差距、收入差距等问题，坚持在发展中保障和改善民生，统筹做好就业、收入分配、教育、社保、医疗、住房、养老、扶幼等各方面工作，更加注重向农村、基层、欠发达地区倾斜，向困难群众倾斜，促进社会公平正义，让发展成果更多更公平惠及全体人民。②

第六节　正确处理效率和公平的关系

一、对效率和公平关系认识的发展

如何处理效率和公平的关系，是收入分配改革中需要处理好的一个重大问题。

1993 年《中共中央关于建立社会主义市场经济体制若干问题的决定》首次提出了效率和公平的关系问题，指出“个人收入分配要坚持以按劳分配为主体、多种分配方式并存的制度，体现效率优先、兼顾公平的原则”。1997 年党的十五大报告坚持了这一原则，指出“坚持效率优先、兼顾公平，有利于优化资源配置，促进经济发展，保持社会稳定”。2002 年党的十六大报告再次强调：“坚持效率优先、兼顾公平，既要提倡奉献精神，又要落实分配政策，既要反对平均主义，又要防止收入悬殊。”“初次分配注重效率，发挥市场的作用”，“再分配注重公平，加强政府对收入分配的调节职能”。

党的十六大后，社会公平问题日益受到重视。党的十六届三中全会通过的《中共中央关于完善社会主义市场经济体制若干问题的决定》提出，“加大收入分配调节力度，重

① 习近平．把握新发展阶段，贯彻新发展理念，构建新发展格局．求是，2021（9）：4－18.
② 习近平主持中央政治局第二十七次集体学习并讲话．中国政府网，2021－01－29.

视解决部分社会成员收入差距过分扩大问题”。党的十六届四中全会强调，注重社会公平，合理调整国民收入分配格局，切实采取有力措施解决地区之间和部分社会成员之间收入差距过大的问题，逐步实现全体人民共同富裕。党的十七大报告强调，初次分配和再分配都要处理好效率和公平的关系，再分配更加注重公平，逐步扭转收入分配差距扩大趋势，着力解决收入分配差距较大问题。党的十八大报告强调，“初次分配和再分配都要兼顾效率和公平，再分配更加注重公平”。党的十九大报告强调，“促进收入分配更合理、更有序”，“必须始终把人民利益摆在至高无上的地位，让改革发展成果更多更公平惠及全体人民，朝着实现全体人民共同富裕不断迈进”。

近年来，学术界对公平和效率的关系进行了热烈的讨论。有的学者认为，“效率优先、兼顾公平”的提法是不能改变的。这是因为，生产决定分配，“效率优先、兼顾公平”是针对改革开放前的平均主义分配提出来的，含有把生产搞上去的根本用意。而要把生产搞上去，就必须在分配制度上坚持效率优先，以调动广大生产者和经营者的积极性。改变这一提法则有走回头路的嫌疑，是不利于提高生产力的。而且，在我国市场经济的现阶段，收入差距扩大化是不可逆转的趋势。这种收入差距只可以“适当调节”，不可以过分强调，况且我们现在的收入差距扩大化是在总体收入都有所提高的情况下的差距扩大，而不是两极分化。

另一种观点则认为，效率优先不是不可以讲，在生产领域可以讲效率优先，但在分配领域，效率和公平并不是原先人们设想的权衡关系，而应当是辩证的矛盾统一的关系，要辩证统一地考虑。“效率优先、兼顾公平”的方针只适用于社会主义初级阶段的某一个时期，随着我国社会经济的发展，“效率优先、兼顾公平”的口号现在可以开始淡出，逐渐向“效率与公平并重”或“效率与公平优化组合”过渡，当前应当更加注重社会公平。①

持这种观点的学者认为，作为社会主义国家，就应强调和重视社会公平和分配公平。社会主义最大的社会公平是消灭剥削，消除两极分化，逐步实现共同富裕。从长远发展趋势来看，提高生产效率有利于实现社会主义的这种公平。在社会主义公有制经济中实行按劳分配，公平与效率可以实现内在的有机统一。只要真正贯彻实行按劳分配，多劳多得，少劳少得，奖勤罚懒，奖优罚劣，劳动收入既会拉开差距，又不会出现收入差距过大，而且会直接促进效率的提高。而效率的提高反过来又会提高按劳分配收入，二者相互促进、有机统一。显然，中央强调提出的更加重视社会公平和分配过程公平、公平与效率的有机统一，同原来流行的“效率优先、兼顾公平”是不能并存的。②

有的学者还强调，“效率优先、兼顾公平”的提法存在的主要问题概括起来有：脱离一定的社会历史条件抽象地看待社会公平，把公平的含义局限在收入分配结果的均等化这样一个狭隘的范围内；脱离人的主体性和社会制度背景孤立地考察经济效率，把效率的含义完全局限在纯粹的技术领域；片面强调效率与公平的对立，而没有认识到它们之间的统一性和存在的多方面的复杂关系；割裂了目标与手段的辩证关系，没有认识到公平与公正是社会主义社会的核心价值。因此，在新的历史条件下，我们应当更加重视社

---

① 刘国光．进一步重视社会公平问题．经济学动态，2005（4）：4－8.

② 卫兴华．实现分配过程公平与效率的统一．光明日报，2006－09－11.

会的公平，更加全面理解和贯彻社会公平原则，用“在发展社会生产力的基础上努力实现公平与效率的统一”这一新的公平效率观提法代替“效率优先、兼顾公平”的旧提法。这不仅有利于我们更加准确地认识当前社会公平问题并制定合理的政策，而且坚持了生产力的首要性这一马克思主义唯物史观的基本观点和强调以人为本、实现人的全面发展这一社会主义的根本目标。① 目前学术界对于这一问题的讨论还在进行之中。

二、效率和公平的多重含义

对于效率和公平的关系，经济学中历来有不同的认识，有的认为应当效率优先，有的认为应当公平优先，有的认为应当兼顾效率和公平。正确认识这一问题，首先需要准确界定效率和公平的含义。

马克思主义认为，任何社会公平都不是抽象的、绝对的和永恒不变的，而是具体的、相对的和历史的，不同的社会存在着不同的公平观念。“公平则始终只是现存经济关系的或者反映其保守方面，或者反映其革命方面的观念化的神圣化的表现”，“关于永恒公平的观念不仅因时因地而变，甚至也因人而异”。②

那么，社会主义社会的公平是什么呢？从马克思主义经典作家的论述看，有这样几个特点：

第一，“平等应当不仅仅是表面的，不仅仅在国家的领域中实行，它还应当是实际的，还应当在社会的、经济的领域中实行”③。

第二，“无产阶级平等要求的实际内容都是消灭阶级的要求。任何超出这个范围的平等要求，都必然要流于荒谬”④。

第三，“生产者的权利是同他们提供的劳动成比例的；平等就在于以同一尺度——劳动——来计量”⑤。

但是，上述意义上的公平是以社会主义公有制和按劳分配为基础的，是纯粹社会主义意义上的公平。在我国的现实生活中，随着公有制为主体、多种所有制经济共同发展的基本经济制度的确立，随着社会主义市场经济的发展，社会公平也有了新的含义，内容更加复杂和丰富了。除了纯粹社会主义意义上的公平之外，还包括作为市场经济基本规范的竞争的公平、与社会主义人权原则相适应的权利的公平以及收入分配的均等化等。构建社会主义和谐社会的一个重要内容，就是要依法逐步建立以权利公平、机会公平、规则公平、分配公平为主要内容的社会公平保障体系。具体来说，公平的含义主要有：

（1）作为市场经济基本规范的等价交换的公平。市场经济的发展要求有自由的、自主的商品所有者，他们根据平等的权利进行等价交换、公平竞争。这种含义的公平是市场经济的内在要求，也是建立和完善社会主义市场经济体制的基本保证。

---

① 张宇．“效率优先、兼顾公平”的提法需要调整．经济学动态，2005（12）：14－19.

② 马克思，恩格斯．马克思恩格斯文集：第3卷．北京：人民出版社，2009：323.

③ 马克思，恩格斯．马克思恩格斯文集：第9卷．北京：人民出版社，2009：112.

④ 同③113.

⑤ 同②435.

（2）与社会主义人权原则相适应的权利的公平。人权是社会每一个人应当享有的自由平等的权利，尊重和保障人权是我国宪法制度的一个基本内容。社会主义的人权观强调要将尊重和保障人权贯彻到社会生活的各个方面，特别是要把保障每个人的生存权、发展权放在首位。

（3）与社会主义公有制和按劳分配相适应的劳动的公平。在社会主义公有制经济中，人们在生产资料的占有上处于平等地位，劳动者之间的关系是等量劳动相交换的关系。这种含义的公平既强调要消灭剥削和两极分化，又强调劳动者之间利益的差别。

（4）收入分配结果的平等，即收入分配的均等化。这种含义的公平反映了不同社会阶层或不同社会成员之间在国民收入再分配后形成的收入差距的大小，也是目前人们讨论效率和公平关系时使用的概念。

在经济学理论中，效率一词同样也存在着多种含义，如宏观效率、微观效率、静态效率、动态效率、生产效率、分配效率、技术效率、利润率、帕累托效率、卡尔多效率等，而且这些不同的效率含义也都是以一定的制度属性、价值标准和假设条件为前提的。

效率和公平的关系是复杂的和不确定的，它们之间有相互矛盾的一面，但在许多方面是相互促进的。因此，认识效率和公平的关系必须从实际出发，具体问题具体分析。

三、把提高效率同促进公平相结合

效率和公平的关系可以从广义和狭义两个方面加以认识。广义的公平是包括了以权利公平、机会公平、规则公平、分配公平为主要内容的社会公平保障体系，体现了社会主义的本质要求。广义的效率则是指生产力的发展、劳动生产率的提高。在社会主义条件下，广义的效率和公平体现了生产力与生产关系的有机统一和相互促进，二者不存在对立和交替的关系。

但是，在现实生活中，人们对公平原则的理解往往侧重于收入分配平均化的角度，经济学中的所谓效率和公平的替代理论也是在这个含义上讲的。那么，从这个角度看，效率和公平的关系是怎样的呢？在改革开放初期，由于经济体制改革的主要任务是反对平均主义，提高经济效率，因此，这一时期人们比较强调效率和公平的矛盾，强调效率的优先性。

但是问题在于，效率和公平的关系并不完全是对立的，相反，在许多情况下它们是相互促进的，过分的收入差距扩大到一定程度会损害经济发展，这是因为：

（1）随着收入的增加，人们的消费倾向是递减的，因而收入分配的过分不平等和收入向高收入阶层的过分集中，会造成社会有效需求的不足，妨碍经济增长。

（2）收入分配的过分不公平会造成大量的贫困人口或弱势群体，使他们生存和发展的权利得不到保障，住房、医疗、营养、教育等条件得不到改善，这必然会制约劳动力素质的提高。

（3）收入分配的严重不公平会导致贫富的两极分化，并进而损害政治民主和社会公正，加剧社会矛盾，危害社会的和谐与稳定。

特别要注意的是，当前人民群众之所以对收入分配的现状不太满意，不仅仅是因为居民之间的收入差距较大，更重要的是因为这种差距中存在一些不公平不合理的因素，并没有反映各种生产要素的真实贡献，如非法收入、灰色收入等，由此导致的收入差距不仅破坏了社会主义的公平原则，也损害了正常的市场竞争，降低了经济效率。

在当今世界，资本主义经济制度造成的贫富两极分化的弊端日趋深重，由此导致的市场疲软、消费不足、阶级对立严重阻碍了世界经济的发展，导致社会冲突和动荡不断加剧。效率和公平相互促进的作用越来越为人们所认识，实现公平的经济增长，使社会上大多数成员都能分享到经济增长的成果，正日益成为人们的共识。

我国是一个社会主义国家，社会主义不是少数人富起来、大多数人穷，社会主义最大的优越性就是共同富裕。如果我们对于收入差距不断扩大的问题无动于衷、无所作为，最后导致了两极分化，使社会的财富集中到少数人手中，而大多数人则陷入贫穷之中，离共同富裕的目标越来越远，使无产阶级和资产阶级的对立重新出现，那么中国的社会主义制度就瓦解了，社会主义的改革开放就失败了。这是一个生死攸关的问题，绝不能掉以轻心。

因此，在收入分配的改革中必须坚持提高效率同促进公平相结合的原则，在做大“蛋糕”的同时，要分好“蛋糕”，前者是手段，后者是目的；在生产中，我们要注重提高效率，在分配中，我们要注重促进公平，这两个方面都很重要，不可偏废。习近平深刻地指出：

> 我国经济发展的“蛋糕”不断做大，但分配不公问题比较突出，收入差距、城乡区域公共服务水平差距较大。在共享改革发展成果上，无论是实际情况还是制度设计，都还有不完善的地方。为此，我们必须坚持发展为了人民、发展依靠人民、发展成果由人民共享，作出更有效的制度安排，使全体人民朝着共同富裕方向稳步前进，绝不能出现“富者累巨万，而贫者食糟糠”的现象。①

四、初次分配和再分配都要处理好效率和公平的关系

初次分配和再分配都要处理好效率和公平的关系，再分配更加注重公平，这是正确处理效率和公平关系的一个具体方针。

一般认为，在市场经济条件下，初次分配关系主要是通过市场机制形成的。劳动与各生产要素价格的高低决定了劳动者和其他要素所有者的收入水平，并同时调节着资源配置的过程。对于初次分配的这一过程，国家不宜过多地进行直接干预，国家的过多干预可能会导致价格的扭曲，从而会影响资源配置和利用的效率。因此，为了既保证市场配置资源的效率，又不能不顾收入分配的公平，曾提出过初次分配注重效率、再分配注重公平的原则。但是，经过深入的思考就会发现，在初次分配中仅仅强调效率而不注重公平是不够的和有局限的，这主要是因为：

第一，初次分配由市场决定只是表面现象，真正决定初次分配结果的因素是生产要

① 习近平．在党的十八届五中全会第二次全体会议上的讲话（节选）．中国共产党新闻网，2016－01－01.

素的所有制关系。生产决定分配，不同的所有制关系下有着不同的收入分配制度，这是马克思主义政治经济学的一个基本观点。众所周知，在资本主义市场经济中，正是生产资料的私人占有导致了收入分配的两极分化和生产过剩的经济危机。也正是基于对资本主义这一基本矛盾的认识，马克思主义经典作家提出了生产资料社会占有的设想，并把生产资料的公有制当作促进社会生产力发展和实现社会成员共同富裕的基本条件。因此，在马克思看来，生产资料的社会占有是实现效率和公平统一的重要保障。因此，所有制结构和所有制关系是否合理，特别是企业内部劳动与资本的关系是否和谐，在很大程度上既决定着收入分配的公平与否，也决定着生产效率的高低，初次分配与生产效率是紧密联系在一起的。

第二，作为初次分配主要调节者的市场机制本身也存在一个是否完善和是否有效的问题，而市场机制是否完善和是否有效又在很大程度上取决于公平与公正的原则能否得到充分保障。现实的市场机制特别是我国这种处在转型和发展中的市场机制是不完善的，统一、开放、竞争、有序的现代市场体系的形成还需要一个较长的过程。在这种条件下，单纯依靠市场机制并不能保证初次分配的合理和资源配置的效率。同时，在市场机制不完善的条件下，通过市场机制来调节的收入分配关系和收入分配过程也不可能是公平和公正的。比如，不同部门之间的不合理的比价关系必然会导致这些部门之间收入分配关系的不合理；要素市场和要素价格的不合理必然会导致利息、工资等要素报酬的不合理。初次分配中的这种不公平和不公正与初次分配中的低效率在许多情况下互为因果。

第三，市场机制的基本要求是优胜劣汰，因此，即使在比较完善的市场经济条件下，由于人们在资源占有、工作的能力和面临的机会等方面存在着差别，因而竞争的结果也会趋向于贫富两极分化。同时，由于市场经济中微观主体都以追求局部利益的最大化为目标，从宏观和社会整体利益的角度看其分配关系并不一定是最优的。因此，在资本主义社会，为了缓和阶级矛盾，西方资本主义国家都逐步实行了最低工资法，并在此基础上形成了劳资集体谈判制度，以保障企业所确立的工资水平能够满足劳动力再生产的要求，避免个别资本家为了追求利润的最大化而过分压低工资，破坏资本主义社会再生产的基本条件。因此，即使在企业初次分配的领域，市场机制和微观效率也不是决定分配关系和过程的唯一标准，公平也是企业分配必须考虑的一个重要因素。

为什么说再分配过程也需要讲求效率和公平的统一呢？一般来讲，社会的再分配是以国家为主体、以社会的整体和长远的利益为导向的，并且承担着弥补市场缺陷的功能，再分配过程要特别重视处理好初次分配中没有完全解决的公平问题，要比较多地强调社会的公平，因此，在政策措施上要强调“再分配更加注重公平”。但是，这并不意味着再分配可以不讲效率只讲公平。因为国家对收入再分配的调节如果完全脱离了效率标准，损害了市场机制功能，会导致资源配置的低效率，阻碍社会生产力的发展，最终也必然会影响社会福利的提高，损害社会的公平。从根本上来说，再分配过程之所以也要处理好效率和公平的关系，是因为社会主义的根本任务是发展生产力，并在发展生产力的基础上更好地满足人民日益增长的美好生活需要，实现人的全面发展。因此，无论是初次分配还是再分配，都要把效率和公平统一起来。

主要名词概念

按劳分配　按生产要素分配　多种分配方式　国民收入初次分配　国民收入再分配　收入差距　共同富裕　效率与公平

复习思考题

1. 如何认识按劳分配的原因、实质和作用？
2. 按劳分配与市场经济是怎样结合起来的？
3. 现实经济生活中按劳分配的实现过程和实现形式是怎样的？
4. 为什么要实行按劳分配为主体、多种分配方式并存的分配制度？
5. 怎样理解按生产要素分配？如何完善按生产要素分配的体制机制？
6. 国民收入的初次分配与再分配是怎样实现的？
7. 当前怎样才能缩小收入差距，实现共同富裕？
8. 如何正确处理效率和公平的关系，促进收入分配更合理、更有序？

第六章

中国特色社会主义经济体制改革

社会主义基本制度建立以后，选择什么样的经济体制是一个重大的理论和实践问题。社会主义经济体制改革就是在坚持社会主义基本制度的前提下，改革生产关系和上层建筑中不适应生产力发展的环节和方面，建立起具有中国特色的、充满生机和活力的社会主义经济体制，促进社会生产力的发展。中国经济体制改革的成功不仅在于它向世人昭示社会主义与市场经济是可以结合的，而且在于它在实践中探索出了一条有中国特色的经济体制改革道路，积累了丰富的经验。

第一节　经济体制改革的性质和方向

一、改革是社会主义的自我完善和发展

在整个经济制度体系中，有些制度处于基础的地位，另一些制度则是由处于基础地位的制度派生出来的。据此，可以把经济制度分为基本经济制度和经济体制两个层次。社会的基本经济制度是由生产资料所有制构成的，反映了社会基本的生产关系，决定着一个社会的生产、交换和分配的基本规则，也是一个社会政治和法律制度的基础。社会的经济体制则是指在一定的基本经济制度的基础上，资源配置的具体方式和具体规则，如经济决策权的分配规则、经济信息的传递规则、经济主体的行为规则、经济活动的协调规则，等等。例如，生产资料公有制和按劳分配是社会主义的基本经济制度，而公有财产的管理方式和劳动报酬的支付形式则属于经济体制的范畴。

生产力和生产关系的矛盾运动是人类社会发展的根本动力，也仍然是社会主义社会向前发展的根本动力。马克思和恩格斯在100多年前就明确指出："所谓'社会主义社会'不是一种一成不变的东西，而应当和任何其他社会制度一样，把它看成是经常变化

和改革的社会。”① 改革只有进行时，没有完成时。

革命是解放生产力，改革也是解放生产力，但是二者的性质有所不同。革命是要推翻旧的社会制度，从根本上改变社会制度和国家政权的性质，通过建立新的社会制度以适应生产力发展的要求。而社会主义条件下进行经济体制改革，就是要适应生产力发展的要求，自觉调整社会主义生产关系中不适应生产力发展要求的部分，调整和改革社会主义上层建筑中不适应经济基础的部分，不断推进社会主义制度自我完善和发展，促进生产力的解放和发展，使社会主义制度充满生机和活力，使社会主义制度的优越性得到更为充分的发挥。

以人民为中心是社会主义制度的本质要求。不断推进社会主义制度自我完善和发展，必须以促进社会公平正义、增进人民福祉、促进人的全面发展和社会的共同富裕为出发点和落脚点，使改革发展成果更多更公平惠及全体人民。如果不能给人民群众带来实实在在的利益，不能创造更加公平的社会环境，不能实现共同富裕，甚至导致更多不公平，导致贫富两极分化，改革就失去了意义，也不可能持续。

二、改革是一场深刻革命

改革和革命虽然有着本质的区别，改革不同于推翻旧制度的革命，经济体制改革也不是可有可无的点缀，而是使生产关系适应生产力性质的一场深刻的革命。但就其本质来看，改革和革命都是为了解放和发展生产力，都是为了社会更进一步的发展，都是要改变不合理的生产关系和上层建筑。从这个意义上说，改革也是一场革命。对此，改革的总设计师邓小平讲道：“改革是中国的第二次革命”②，“改革的性质同过去的革命一样，也是为了扫除发展社会生产力的障碍，使中国摆脱贫穷落后的状态。从这个意义上说，改革也可以叫革命性的变革”③。

从我国经济发展史上看，我国通过新民主主义革命推翻了半殖民地半封建社会，经过社会主义改造以后，建立起以计划经济体制为基础资源配置形式的社会主义制度，解放和发展了生产力，推动了经济快速发展，为中国屹立于世界民族之林创造了条件。从 1978 年开始，我国进行了市场取向的改革，基础资源配置方式逐渐从“计划经济”转向了“市场经济”，解放和发展了生产力，创造了世界经济史上持续快速经济发展的奇迹，这是一个前所未有的伟大社会大变革。对此，习近平多次强调，改革开放是一场深刻革命，改革开放是前无古人的崭新事业。因此，必须以强烈的历史使命感，最大限度集中全党全社会智慧，最大限度调动一切积极因素，敢于啃硬骨头，敢于涉险滩，以更大决心冲破思想观念的束缚、突破利益固化的藩篱，推动中国特色社会主义制度自我完善和发展。

---

① 马克思，恩格斯．马克思恩格斯文集：第 10 卷．北京：人民出版社，2009：588.

② 邓小平．邓小平文选：第 3 卷．北京：人民出版社，1993：113.

③ 同②135.

三、坚持社会主义市场经济改革方向

建立和完善社会主义市场经济体制是我国经济体制改革的目标。因此，深化经济体制改革必须坚持社会主义市场经济改革方向。在这一点上，不能有丝毫动摇。

社会主义市场经济体制是社会主义制度与市场经济体制的有机结合，是我们党在探索社会主义建设规律进程中的一个伟大创造，是完善和发展中国特色社会主义制度的重要内容，是加快推进社会主义现代化的必由之路。同时要清醒地认识到，在社会主义条件下建立市场经济是一个前所未有的崭新的事业，必然要经历一个从突破原有体制路径依赖下新体制的建立到逐步完善的长期过程，加上人们对社会主义市场经济的认识也需要在实践中不断丰富和完善，绝不可能一蹴而就，因此，要充分认识建立社会主义市场经济是一个长期的艰巨的任务，社会主义市场经济改革是一个长期的不断探索的过程。

坚持社会主义市场经济的改革方向包括了两个方面的内容：一是发挥市场机制在资源配置中的决定性作用，二是坚持完善社会主义基本经济制度，必须把这两个方面有机结合起来，使两方面的优势都发挥出来。为此，要特别警惕与克服两种片面观点：一种观点认为，经济体制中存在的主要问题是私有化、自由化程度不够，深化改革的关键是要对国有企业实行私有化；另一种观点则对市场经济的改革方向提出质疑，把经济中存在的诸多问题归罪于市场经济。这两种观点看似对立实则相通，都否定了社会主义与市场经济结合的必要性，从而否定了社会主义市场经济的改革方向。

四、改革不能犯颠覆性错误

改革至关重要，但必须坚持正确的改革方向，不能犯颠覆性错误。习近平多次强调，中国是一个大国，决不能在根本性问题上出现颠覆性错误，一旦出现就无法挽回、无法弥补。①

这里的颠覆性错误指的是根本性、方法性错误，具体而言，一是指封闭僵化的老路，即否定改革开放、走高度集中的计划经济体制的老路；二是指改旗易帜的邪路，即否定社会主义、走资本主义道路的邪路。要避免犯颠覆性错误，就必须把坚持改革开放与坚持四项基本原则统一起来，把发展市场经济与坚持社会主义基本制度统一起来，坚定不移地走中国特色社会主义道路。

因此，面对复杂形势和各种风险考验，我们既要有冒的勇气、闯的劲头，更要有战略定力和底线思维。所谓战略定力，就是要在坚持走中国特色社会主义道路上不能有丝毫动摇；所谓底线思维，就是要坚决守住中国特色社会主义制度这条底线，坚决反对任何改变社会主义制度性质的图谋。必须始终保持清醒头脑，不为各种错误观点所左右，不为各种干扰所惑，不生搬硬套西方思想理论和制度模式，坚持一切从实际出发，以我为主，该改的坚决改，不能改的坚决守住，牢牢把握改革的领导权和主动权。

---

① 习近平．深化改革开放 共创美好亚太．人民日报，2013－10－08．

第二节　经济体制改革的历程与成就

一、经济体制改革的历程

在改革前，中国经济体制是高度集中的计划经济体制，这一体制在中华人民共和国成立初期各种资源极度匮乏的条件下，对于奠定社会主义建设的物质基础起过十分重要的作用。但随着经济总量的增加和经济部门的增加，这种经济体制缺乏应对活力，严重束缚了生产力的发展，对这种高度集中的计划经济体制进行根本性的改革势在必行。为此，以党的十一届三中全会为标志，我国对不适应社会生产力发展的经济体制（国民经济管理制度和管理方式）进行了全面的改革，大体经历了改革计划经济体制、发展有计划商品经济、建立社会主义市场经济体制、完善社会主义市场经济体制、全面深化改革等五个历史阶段。

（1）改革计划经济体制阶段。1978 年，党的十一届三中全会开启了改革开放和社会主义现代化建设新时期。经济体制改革率先在农村展开。农村改革首先废除了实行 20 多年的“三级所有、队为基础”的人民公社经济体制，确立了以家庭承包经营为基础、统分结合的双层经营体制，废除了农副产品的统购统销制度，为推动改革的深入进行奠定了重要基础。在农村进行改革的同时，城市中的改革试验也开始起步，开展了扩大企业自主权试点，逐步推进“划分收支、分级包干”的财政体制改革，推行两步“利改税”，设立了深圳、珠海、汕头、厦门四个经济特区，等等。

（2）发展有计划商品经济阶段。1984 年，党的十二届三中全会通过了《中共中央关于经济体制改革的决定》，确定社会主义经济是“公有制基础上的有计划的商品经济”，提出改革的目标是建立具有中国特色的、充满生机和活力的社会主义经济体制。1987 年 10 月，党的十三大进一步提出“社会主义有计划商品经济的体制，应该是计划与市场内在统一的体制”，“新的经济运行机制，总体上来说应当是‘国家调节市场，市场引导企业’的机制”。这从理论上确认了市场机制的作用，为进一步深化改革指明了方向。此外，围绕国有企业改革这一经济体制改革的中心环节，我国进行了计划体制、价格体制、商业经营管理体制、财政体制、银行体制等多方面的改革，进一步扩大了对外开放，在若干方面都取得了一系列重大进展。

（3）建立社会主义市场经济体制阶段。1992 年，邓小平在南方谈话中提出：“计划多一点还是市场多一点，不是社会主义与资本主义的本质区别。计划经济不等于社会主义，资本主义也有计划；市场经济不等于资本主义，社会主义也有市场。计划和市场都是经济手段。”① 党的十四大报告明确提出，我国经济体制改革的目标是建立社会主义市场经济体制。至此，人们对社会主义的认识就从传统的计划经济思想中彻底摆脱出来，市场经济开始与社会主义基本制度相结合，成为中国经济改革的基本目标。1993 年党的

---

① 邓小平．邓小平文选：第 3 卷．北京：人民出版社，1993：373.

十四届三中全会通过的《中共中央关于建立社会主义市场经济体制若干问题的决定》，进一步提出了中国社会主义市场经济体制的基本框架。在实践方面，一是以建立现代企业制度为核心的微观基础的转型。通过建立现代企业制度，使企业成为独立的商品生产者和经营者，全面参与市场竞争，成为真正的市场主体。二是以配套改革为内容的宏观制度的创新。对财政、税收、外汇、金融、投资、外贸以及流通体制等综合配套体系进行改革，取得了良好效果。三是以市场流通和社会保障为主的宏观体制改革。通过市场流通领域改革，健全了市场规则、整顿了市场秩序、探索建立了多层次的社会保障体系。

（4）完善社会主义市场经济体制阶段。2003 年党的十六届三中全会通过了《中共中央关于完善社会主义市场经济体制若干问题的决定》，对建立完善的市场经济体制进行了全面部署。以科学发展观为指导，从各个方面全面推进社会主义市场经济体制的不断完善。2007 年 10 月，党的十七大提出，要深化对社会主义市场经济规律的认识，从制度上更好地发挥市场在资源配置中的基础性作用，经济体制改革在重点领域和关键环节有了新的进展。

（5）全面深化改革阶段。2013 年党的十八届三中全会通过了《中共中央关于全面深化改革若干重大问题的决定》，对全面深化改革作出了战略部署，改革进入了全面深化改革的新阶段。全面深化改革的总目标是完善和发展中国特色社会主义制度、推进国家治理体系和治理能力现代化。经济体制改革是全面深化改革的重点，核心问题是处理好政府和市场的关系，使市场在资源配置中起决定性作用和更好发挥政府作用。

党的十八届三中全会以来，党中央以前所未有的决心和力度冲破思想观念的束缚，突破利益固化的藩篱，坚决破除各方面体制机制弊端，积极应对外部环境变化带来的风险挑战，开启了气势如虹、波澜壮阔的改革进程。在经济方面，围绕全面深化改革的目标，以习近平同志为核心的党中央作出了一系列重大部署、提出了一系列改革举措，在坚持完善基本经济制度、发展混合所有制、完善现代市场体系、完善宏观调控体系、推进政府职能转变、深化财税和金融体制改革、推进新型城镇化和农业农村经济改革、推进收入分配制度改革和促进共同富裕、深化生态文明体制改革和建设美丽中国、构建开放型经济新体制等方面取得了一系列重要进展。党的十八届三中全会确定的目标任务全面推进，为中国特色社会主义经济制度的更加成熟定型奠定了坚实基础，全面深化改革取得了历史性伟大成就。

在总结评估全面深化改革成果时，习近平指出，全面深化改革开创了以改革开放推动党和国家各项事业取得历史性成就、发生历史性变革的新局面。第一，全面深化改革是一场思想理论的深刻变革。全面深化改革坚持以思想理论创新引领改革实践创新，以总结实践经验推动思想理论丰富和发展，从改革的总体目标、主攻方向、重点任务、方法路径等方面提出一系列具有突破性、战略性、指导性的重要思想和重大论断，科学回答了在新时代为什么要全面深化改革、怎样全面深化改革等一系列重大理论和实践问题。第二，全面深化改革是一场改革组织方式的深刻变革。全面深化改革加强了党的集中统一领导，以全局观念和系统思维谋划推进改革，从前期夯基垒台、立柱架梁，到中期全面推进、积厚成势，再到现阶段加强系统集成、协同高效，蹄疾步稳、有力有序解决各领域各方面体制性障碍、机制性梗阻、政策性创新问题，方向目标清晰，战略部署明确，方法路径高效，实现由局部探索、破冰突围到系统协调、全面深化的历史性转变。第三，全面深化改革是一场国家制度和治理体系的深刻变革。全面深化改革始终突出制度建设这条主线，不断健全制度框架，筑牢根本制度、完善基本制度、创新重要制度。第四，全面深化改革是一场人民广泛参与的深刻变革。全面深化改革以人民为中心推进改革，坚持加强党的领导和尊重人民首创精神相结合，坚持顶层设计和摸着石头过河相协调，坚持试点先行和全面推进相促进，抓住人民最关心最直接最现实的利益问题推进重点领域改革，不断增强人民群众的获得感、幸福感、安全感。

当前，我国已经总体上完成了党的十八届三中全会确定的改革任务，进入了新发展阶段。当前和今后一个时期是以中国式现代化全面推进强国建设、民族复兴伟业的关键时期，围绕落实新发展理念、构建新发展格局、推动高质量发展、推动中国式现代化建设等战略目标任务，必须接续推进创造性、引领性改革，推动改革在新发展阶段打开新局面。面对纷繁复杂的国际国内形势，面对新一轮科技革命和产业变革，面对人民群众新期待，必须继续把改革推向前进。这是坚持和完善中国特色社会主义制度、推进国家治理体系和治理能力现代化的必然要求，是贯彻新发展理念、更好适应我国社会主要矛盾变化的必然要求，是坚持以人民为中心、让现代化建设成果更多更公平惠及全体人民的必然要求，是应对重大风险挑战、推动党和国家事业行稳致远的必然要求，是推动构建人类命运共同体、在百年变局加速演进中赢得战略主动的必然要求，是深入推进新时代党的建设新的伟大工程、建设更加坚强有力的马克思主义政党的必然要求。党的二十届三中全会作出的《中共中央关于进一步全面深化改革 推进中国式现代化的决定》，提出了进一步全面深化改革的指导思想、总目标和原则，并对进一步全面深化改革作出了系统部署。全会指出，进一步全面深化改革的总目标是继续完善和发展中国特色社会主义制度，推进国家治理体系和治理能力现代化。到二〇三五年，全面建成高水平社会主义市场经济体制，中国特色社会主义制度更加完善，基本实现国家治理体系和治理能力现代化，基本实现社会主义现代化，为到 21 世纪中叶全面建成社会主义现代化强国奠定坚实基础。要聚焦构建高水平社会主义市场经济体制，聚焦发展全过程人民民主，聚焦建设社会主义文化强国，聚焦提高人民生活品质，聚焦建设美丽中国，聚焦建设更高水平平安中国，聚焦提高党的领导水平和长期执政能力，继续把改革推向前进。

二、中国经济体制的改革成就

经过 40 多年的不懈努力，中国成功实现了从高度集中的计划经济体制到充满活力的社会主义市场经济体制的历史转折，推动了经济持续快速的发展、人民生活水平的不断提高、科技进步和综合国力的大幅提升，创造了经济快速发展的奇迹，体现了社会主义市场经济体制的显著优势。

（1）从高度集中的计划经济体制到社会主义市场经济体制的历史转折。党的十一届三中全会后，中国的经济改革从农村到城镇、从沿海到内地、从商品市场到生产要素市场、从经济体制改革到政治体制和社会体制改革，改革的内容日益全面、改革的进程不断深入，经过 40 多年的不懈努力，高度集中的计划经济体制被彻底改变，社会主义市场经济体制初步建立，经济体制充满生机和活力。在社会主义条件下发展市场经济，是我国社会主义建设事业中的一个伟大创举，是探索社会主义道路的重大成就。

（2）从封闭半封闭到全方位开放。在改革开放进程中，我国实现了改革和开放相互促进和良性互动，以开放促改革、促发展，以改革和发展适应更大范围、更高水平的开放，不断融入经济全球化，并日益成为推动全球化前行的重要力量。1978 年中国贸易进出口总额只有 206.4 亿美元，占 GDP 的 9.7%，到 2024 年中国的贸易进出口总额达到了 6.2 万亿美元，创历史新高，是 1978 年的 300 倍，贸易总量由居世界第 22 位跃居到首位。自 1992 年以来，中国利用外资连续 30 年位居发展中国家首位。2023 年，中国实际使用外资金额达 11 339.1 亿元人民币，规模仍处历史高位。

（3）经济持续快速发展。改革开放以来，我国 GDP 从 1978 年的 1 482 亿美元增长到 2024 年的 18.94 万亿美元，增长了约 127 倍，年均增长速度超过 11%，世界排名由第 10 位跃居第 2 位，远高于同期世界平均水平和其他新兴市场国家的平均水平。图 6－1 显示了 1996—2023 年主要经济体经济增长率数据，其间中国经济平均增长率为 8.96%，大大高于同期经济合作与发展组织（OECD）成员平均值 2.21%的水平。

另外，在经济高速增长的同时，我国工业化和城市化的水平也在稳步提高。2023 年，我国全部工业增加值达到 39.91 万亿元，其中制造业增加值达到 33 万亿元，占世界的比重稳定在 30%左右，规模连续 14 年居世界首位。我国城市化水平也由 1978 年的 17.9%上升到 2022 年的 66.2%。

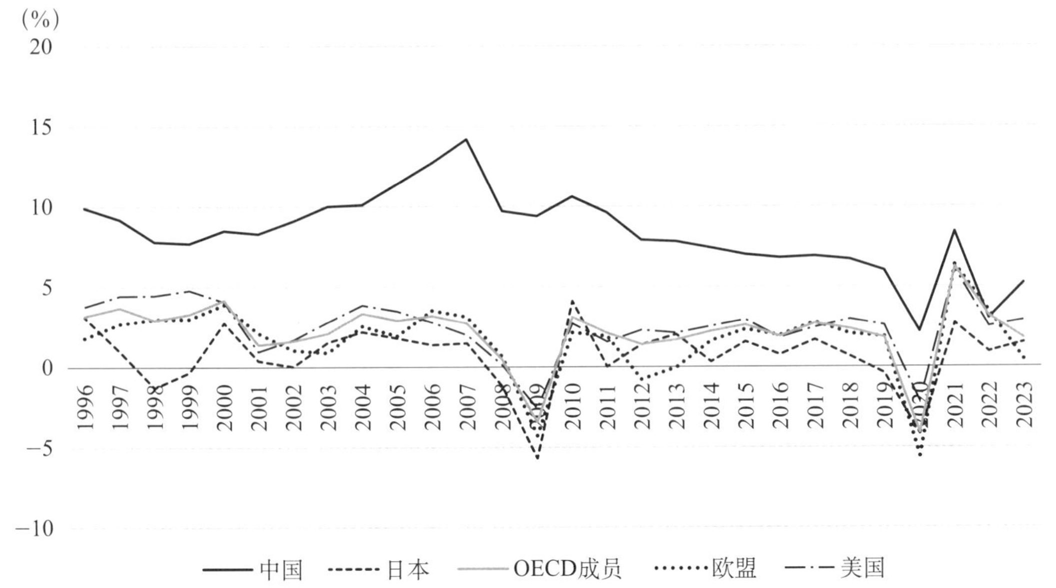

图 6－1　主要经济体经济增长率

资料来源：OECD 年度数据库。

（4）人民生活水平大幅提升。经过多年努力，我国在 2020 年实现了现行标准下农村贫困人口全部脱贫，贫困县全部摘帽，消除了绝对贫困和区域性整体贫困，人民生活水平大幅提高，实现了全面建成小康社会的目标。1978—2020 年，城镇居民人均可支配收入从 343 元增长到 43 834 元，农村居民人均纯收入从 134 元增长到 17 131 元（2020 年为可支配收入）。2021 年，用来衡量家庭富足程度的农村居民恩格尔系数为 32.7%，城镇居民恩格尔系数更是下降到了 28.6%，分别比 2000 年下降了 16.4%和 10.8%，反映出我国家庭生活水平的整体提高（见表 6-1）。家庭耐用消费品拥有量大幅增长。以家用汽车为例，2000 年，城镇居民每百户仅拥有 0.51 辆家用轿车，而到 2023 年，这一数字已经增长到 49.72 辆。从教育、卫生、文化等方面看，2023 年，我国学龄儿童净入学率已经接近 100%。2023 年，每千人拥有卫生技术人员数达到 8.87 人，每千人拥有的医疗卫生机构床位数达到 7.23 张。从公共基础设施看，人民所能享受到的公共设施越来越完备、水平越来越高，城市道路建设水平、公交车数量、公园绿地面积大幅增加，城市燃气及用水普及率在 2023 年分别达到 98.25%和 99.43%。农村全社会用电量 2023 年达到 7 991.9 亿千瓦时，是 2000 年的三倍多。

表 6-1　居民恩格尔系数

年份	1996	2000	2005	2010	2015	2019	2020	2021
城镇居民恩格尔系数（%）	48.8	39.4	36.7	35.7	29.7	27.6	29.2	28.6
农村居民恩格尔系数（%）	56.3	49.1	45.5	41.1	33	30.0	32.7	32.7

（5）中国在国际上的经济地位稳步提升。中国 GDP 占全球的比重由 1978 年的 1.8%上升到目前的 18%左右。2008 年国际金融危机之后，中国经济仍然维持了中高速增长，远高于同时期全球平均增长率和 OECD 成员的平均增长率，中国成为世界经济最强劲的引擎，对全球经济增长的贡献超过 30%。中国的金融和资本市场在全球的重要性日益提升，目前，中国股市的流通市值已跃升至全球第二位，成为全球第二大资本市场。2023 年，我国进出口规模达 5.94 万亿美元，连续 7 年保持全球货物贸易第一大国地位。中国的外汇储备目前也已居世界第一。钢、煤、电视、水泥、化肥等 100 多种产品的产量位居世界前列。

（6）实现了经济增长与技术进步的同步。科学技术的进步既是经济增长的重要动力，也是经济发展水平的重要体现。发展中国家在经济增长过程中并不必然带来科学技术的进步，从而陷入有增长而无发展的困境。中国的社会主义市场经济体制在发挥市场对资源配置的决定性作用的同时，充分发挥政府作用，重视科学技术研发，深刻认识到“科学技术是第一生产力”“创新是引领发展的第一动力”，坚持实施科教兴国战略、创新驱动发展战略，不断增强自主创新能力，科技实力伴随经济增长同步提高，使我国成为具有全球影响力的科技创新大国，体现了社会主义市场经济的体制优势。从投入看，目前我国研发人员总量稳居世界第一位；研发经费仅次于美国，是世界第二大研发经费投入国；研发经费投入强度（研发经费与 GDP 之比）整体上已超过欧盟 15 国平均水平，达到中等发达国家水平。从产出看，中国科学论文被引用次数已超过德国、英国，位居世界第二位；基础研究进展迅猛，在量子科学、铁基超导、外尔费米子、暗物质粒子探测卫星、CiPS 干细胞等研究领域取得重大突破；高技术领域成就斐然，探月工程、北斗导航卫星、蛟龙号载人潜水器、自主研发超算系统“神威·太湖之光”等都处于世界尖端水平，国产大飞机、高速铁路、三代核电、新能源汽车等部分战略必争领域抢占了制高点，实现了从“跟跑”到“并跑”“领跑”的跃升。

第三节 经济体制改革的方式

一、激进式改革

从20世纪50年代末60年代初开始，实行计划经济体制的国家都不同程度地开始对原有的体制进行改革，改革的内容各不相同，改革的步伐有快有慢，但都是围绕如何在社会主义制度中发展商品关系和发挥市场的作用展开的。20世纪80年代末90年代初，苏联解体，东欧剧变，社会主义制度被否定、瓦解，以此分界，从传统计划经济向市场经济的过渡形成了两条截然不同的道路，即中国的渐进式改革和苏联东欧国家的激进式改革。当苏联和东欧国家发生剧变时，西方正统经济学家立刻达成了一种共识，即向市场经济的过渡必须采取激进的方式，人们不可能两步跨越一道鸿沟，渐进式改革是难以成功的。激进式改革包括稳定化、私有化、自由化和制度化四个部分，它试图通过紧缩货币、放开价格，全面推进私有化，在短时期内实现计划经济向市场经济的过渡，推动经济的稳定增长。激进式改革的理论基础是“华盛顿共识”，其核心内容是政府的角色最小化、快速地私有化和快速地自由化。

激进式改革的设计者们认为，虽然实行激进式改革会造成经济的短期衰退，但是少则几个月、多则两三年，随着自由市场经济的建立，经济发展就会走向繁荣。然而，实践的结果却出人意料。在《转型与经济学》一书中，美国学者热若尔·罗兰概括了转型的结果出人意料的若干事实：经济学家事先没有预料到价格自由化和宏观稳定化之后产量的大幅度下降；私有化的结果导致了“内部人”获益；有组织的犯罪活动的增长引人注目，俄罗斯的所谓“黑手党”现象严重；如此之多的国家分崩离析；最大的正面意外是中国经济改革的成功。这些出乎意料的事实表明，经济学家还没有准备好面对转型的任务，人们有关转型的知识和对转型的理解相当有限，并且大部分是“事后诸葛亮”。[①]中国经济的持续快速发展与苏联和东欧各国经济的持续停滞和衰退形成了鲜明的对比。

对联合国统计局在1988—2012年间的实际GDP数据进行定量比较。在24年间（俄罗斯与乌克兰为在22年间），主要国家和地区的年均GDP增长率依次为：中国（9.7%），拉丁美洲（6.7%），印度（6.4%），东亚（3.8%），波兰（2.9%），世界平均（2.8%），美国（2.5%），德国和西欧（1.8%），日本（1.3%），东欧（1.0%），匈牙利（0.8%），俄罗斯（0.6%），乌克兰（−1.6%）。东欧转型国家只有波兰略高于世界平均水平。如果比较24年间经济增长的比例，中国为930%，世界为179%，美国为183%，西欧为153%，东欧为128%，匈牙利为120%，俄罗斯为116%，乌克兰只为1990年的70%。[②]

---

① 罗兰．转型与经济学．北京：北京大学出版社，2002.

② 陈平．资本主义战胜社会主义了吗?：科尔奈自由主义的逆转和东欧转型神话的破灭．政治经济学评论，2015（6）：102-128.

针对这种情况，有学者指出，成功与失败的差别是如此之大，以至如果我们不试图从中汲取一些教训，那未免太不负责任了。[①] 以“华盛顿共识”为基础的激进式改革受到了广泛的批评，对中国的渐进式改革道路成功经验的探讨成了举世瞩目的重大课题。

二、渐进式改革

与苏联和东欧国家的激进式改革不同，中国的经济体制改革被称作渐进式改革，其主要特点是：

（1）自上而下与自下而上相结合，在坚持统一领导的前提下，充分发挥地方和基层单位在制度创新中的积极性和创造性，尊重群众的首创精神。

（2）双轨过渡，增量先行，在保留计划调节的前提下，通过在新增资源中逐步扩大市场调节比重的办法来逐步向市场经济过渡。

（3）整体协调，重点突破，在坚持全国一盘棋的前提下，分部门、分企业、分地区各个突破，由点到面，实现经济体制的整体转换。

（4）兼顾改革、发展与稳定，把改革的力度、发展的速度和社会可承受的程度统一起来。

（5）一切从实际出发，循序渐进，大胆试验，摸着石头过河，先试验后推广，并根据实践的发展不断调整改革的思路。

（6）坚持问题导向，坚持实践标准，总结国内成功做法，借鉴国外有益经验，勇于推进理论和实践创新。

从西方经济学的观点看，激进式改革比渐进式改革显然更接近资本主义市场经济的标准，也更符合西方经济学的一般原理，比如：激进式改革目标明确，理论完整，而渐进式改革则摸着石头过河，走一步看一步；激进式改革整体推进，一步到位，渐进式改革则分步推进，双轨过渡；激进式改革崇尚自由市场，反对政府干预，渐进式改革则主张有效市场与强有力政府的结合；激进式改革全盘移植资本主义经济、政治和文化制度，渐进式改革则坚持四项基本原则，不走全盘西化的道路；等等。因此，在西方主流学者看来，激进式改革的成功与渐进式改革的失败是大概率事件。然而，事实却恰恰相反，中国渐进式改革获得了成功，而激进式改革却陷入了困境。

三、对渐进式改革经验的不同解释

中国的渐进式改革为什么取得了成功？不同的学者给出了不同的答案。

以萨克斯为代表的新古典经济学家认为，中国渐进式改革的成功主要得益于一系列有利的初始条件，如落后的经济结构、传统体制的松散性等，因而不具有普遍意义。具体来说，中国是作为一个农业社会开始改革进程的，而东欧和苏联则已经完成了城市化和工业化；中国面临的是典型的经济发展问题，即劳动者从低生产率的农业部门向高生

① 斯蒂格利茨．改革向何处去？//胡鞍钢，王绍光．政府与市场．北京：中国计划出版社，2000.

产率的工业部门转移的问题，而苏联和东欧国家面临的则是经济结构的调整问题，即削减被政府补贴的低效率工业部门的就业，使劳动者向新的高效率的工业和服务业转移；标准的经济发展通常是一种帕累托改进，即所有的社会群体都能在工业化的过程中受益，而经济结构的调整则很可能引起利益上的巨大冲突。因此，苏联和东欧国家和中国在经济结构上的差别，是导致二者经济绩效不同的主要原因。①

但是，多数学者不赞同这种观点，他们认为经济转型的不同绩效与改革的道路和政策有着密切的联系，渐进式改革的成功是符合规律的现象。

斯蒂格利茨认为，不完全且代价很高的信息、不完全的资本市场、不完全的竞争，这些都是市场经济的现实。以完全竞争范式为基础的新古典经济学不仅在转型经济和制度选择中用处很小，即使在解释发达的市场经济方面也存在着根本的局限性。② 促进发展需要更广的目标和更多的手段，人们的目光不能只盯住 GDP 数值，而应当追求民主、平等与可持续发展；市场的有效运转不仅需要自由化、稳定化和减少政府干预，而且需要健全的金融规制、有效的竞争政策、促进技术的转化和鼓励透明化、维护社会组织并提高社会资本；发展要取得成功，就必须着眼于这样一个有机的整体，它必须包括公共部门、社区、家庭和个人的发展问题；等等。③

阿姆斯登和泰勒等人认为，向市场经济的过渡更需要的是"看得见的手"，而不是新自由主义的"看不见的手"，国家在制度的建设中处于核心地位。东欧建设的是缺乏资本长期积累制度的"假资本主义"。中国的渐进式改革证明，在经济转型这样不确定的环境下，私人行为更倾向于短期化，市场失灵的范围更大，强有力的政府干预是解决市场失灵的有效保证。④

蒙勒认为，市场是信息加工的手段，任何改革方案最初都只能以旧体制下获得的信息为基础，根据一个预定的时间表进行一揽子改革必然会面临信息不足的问题。因此，改革只能采用渐进方式，最成功的改革将属于那些在一个较长的时期里不断进行变革的国家，而不是那些用经济战略在过去和未来之间造成突然断裂的国家。⑤

林毅夫等人认为，经济改革的核心是经济发展战略的转轨，改革以前中国发展缓慢的根本原因在于推行了重工业优先发展的赶超战略，而改革以来中国经济迅速发展的关键则在于改革三位一体的传统经济体制，使中国的资源比较优势能发挥出来。同时，中国改革成功的一个重要保证是采取了一条代价小、风险小，又能及时带来收益的渐进式改革道路。⑥

---

① Jeffrey Sachs and Wing Thye Woo，"Structural Factor in the Economic Reforms of China，Eastern Europe and the Former Soviet Union，" *Economic Policy*，1994（18）：101－145.

② Joseph E. Stiglitz. *Whither Socialism*. Cambridge，Mass.：MIT Press，1994.

③ Joseph E. Stiglitz，"More Instruments and Broader Goals：Moving toward the Post-Washington Consensus，" Presented as the WIDER Annual Lecture，at the World Institute for Development Economics Research in Helsinki（January），1998.

④ Alice Amsden，Jacek Kochanowicz，and Lance Taylor. *The Market Meets Its Match*：*Restructuring the Economies of Eastern Europe*. Cambridge，Mass.：Harvard University Press，1994.

⑤ 蒙勒．论激进经济改革与渐进经济改革//李兴耕，李宗禹，荣敬本．当代国外经济学家论市场经济．北京：中共中央党校出版社，1994.

⑥ 林毅夫，蔡昉，李周．中国的奇迹：发展战略与经济改革．上海：上海三联书店，上海人民出版社，1994.

世界银行在对中国经济的考察报告《中国：90 年代的改革和计划的作用》一书中，把中国改革具有普遍意义的经验概括为五个重要特征：以农业改革为突破口；强调市场化而不是私有化；采取渐进的改革方式；重视发展出口以及进入世界市场；发挥国家在维护社会稳定方面的作用。①

樊纲认为，渐进式改革的基本特征是在旧体制因阻力较大还“改不动”的时候，先在旁边或周围发展起新体制，并随着新体制的逐步壮大逐步改革旧体制。② 张军认为，以价格双轨制为特征的“边界改革”的经验在于，国有部门在计划外边界上通过对价格信号作出反应去捕捉获利机会，要比突然被私有化的国有部门对经济扭曲和短缺作出反应更迅速。③

以上观点从不同角度概括了中国渐进式改革的特点和经验，这些概括虽然各有侧重，但大都是在改革的性质和目标相同的假定前提下，围绕着改革方式的差别而展开讨论的。但是，改革方式的优与劣、改革政策的成功与失败、改革的成本与收益的比较等问题，都只有在明确了改革的性质和目标的条件下才有意义。

四、中国为什么走渐进式改革之路

实行渐进式改革还是激进式改革，并不取决于人们的主观偏好，而是取决于经济体制改革的性质、目标和指导思想。中国之所以没有实行激进式改革而是走渐进式改革之路，主要是由以下一些原因决定的。

第一，中国的改革是社会主义制度的自我完善和发展，而不是对社会主义制度的根本否定，因而在制度变迁道路的选择上不搞推倒重来，反对历史虚无主义。在这里，新旧体制之间一开始就不是泾渭分明、截然对立的，而是具有明显的连续性和继承性。它们之间的转换要经历许多不同阶段，经过许多中间环节，采取许多中间形式。同时，把社会主义基本制度与市场经济相结合，在社会主义条件下发展市场经济，是一个前无古人的崭新的事业，必然要经历一个从建立到完善、再到成熟定型的长期复杂的历史过程，绝不可能一蹴而就，人们对于社会主义市场经济的认识也需要在实践中不断丰富和发展。这就从根本上决定了中国的经济改革不可能选择苏联和东欧国家当年实行的那种激进式改革。也正因为如此，中国在经济改革的过程中保持了持续稳定的发展，避免了激进式改革的灾难性后果。

第二，建立市场经济体制固然需要科学的战略规划和具体的实施方案，并有计划地加以推进，但是社会制度的变迁毕竟不同于修路、盖房子，必须事先有一个精确细致的施工图样，遵循固定的工艺流程。社会经济形态特别是市场经济形态是一个复杂的有机系统，自发的价值规律调节着经济生活，与此相适应，市场经济的形成和发展也在一定程度上具有自发演进的特点，并不完全取决于人们的主观意志和预先设计。之所以强调

---

① 世界银行．中国：90 年代的改革和计划的作用．北京：中国财政经济出版社，1993.

② 樊纲．渐进改革的政治经济学分析．上海：上海远东出版社，1996.

③ 张军．“双轨制”经济学：中国的经济改革（1978—1992）．上海：上海三联书店，上海人民出版社，1997.

摸着石头过河，这是一个重要的原因。摸着石头过河就是摸规律，从实践中获得真知。在深化改革的过程中，必须坚持尊重人民的首创精神，发挥基层单位的积极性、主动性、创造性，把摸着石头过河和加强顶层设计有机统一起来。

第三，改革是生产关系的调整，实质是利益关系的调整，目的在于调动各方面的积极性，保障各方面的利益，推动生产力的发展。正是从这个意义上说，改革开放是亿万人民自己的事业。但是，在中国这样一个地域辽阔、情况复杂的大国里，各方面的利益是极其复杂、多种多样的，包括城乡之间、区域之间、国内和国外之间、中央和地方之间、个人和集体之间、局部和整体之间、当前和长远之间等各个方面的利益。这就要求我们在改革中既要注重坚持原则，整体设计，统筹兼顾，系统推进，又要尊重各方面的利益和诉求，鼓励探索试验，包容多元多样，反映各方面的意见，调动各方面的积极性，避免整齐划一，搞“一刀切”。

第四，改革是为了更好地解放和发展生产力，增进人民福祉、促进人的全面发展，实现社会的共同富裕。对改革得失的判断必须以此为标准，并由实践的效果加以检验，这种检验同样需要一个长期的交换、比较、反复的过程，这是辩证唯物主义和历史唯物主义的基本原理。如果没有一定的实践经验和过程作基础，而只从抽象的理论和原则出发设计改革方案，并自上而下强行推行激进的改革措施，就很容易犯教条主义的错误。中国的渐进式改革坚持解放思想、实事求是、一切从实际出发，坚持以是否有利于发展社会主义社会的生产力、是否有利于增强社会主义国家的综合国力、是否有利于提高人民的生活水平作为检验改革成败的标准，这就在世界观和方法论层面上获得了制胜的法宝。

第四节　经济体制改革的方法论

中国经济体制改革的实践表明，推进改革不仅需要正确的方向和目标，还需要正确的方法论。要坚持马克思主义的世界观方法论，认真总结和运用改革开放的成功经验，从纷繁复杂的事物表象中把准改革脉搏，把握全面深化改革的内在规律，探索符合中国国情的成功、有效的改革方法。

一、党的领导与尊重群众首创精神相结合

中国共产党是中国特色社会主义事业的领导核心，也是改革开放事业的领导核心。中国的改革开放始终是在党的领导下有组织、有计划地进行的，改革理论的形成和发展、改革目标的提出和调整、改革方案的设定和选择、改革政策的制定和实施，以及市场规则的建立、重大改革措施的出台等，都是在党和政府的领导下有计划、有步骤、有秩序地进行的，是社会主义制度的自我完善和发展。正是因为始终坚持党的集中统一领导，我们才能实现伟大历史转折、开启改革开放和社会主义现代化建设新时期、踏上中华民族伟大复兴新征程，才能成功应对一系列重大风险挑战、克服无数艰难险阻，才能有力

应变局、平风波、战洪水、防非典、抗地震、化危机，才能既不走封闭僵化的老路，也不走改旗易帜的邪路，而是坚定不移走中国特色社会主义道路。习近平指出："改革开放是党在新的历史条件下领导人民进行的新的伟大革命，是决定当代中国命运的关键抉择。"[①] 40 多年改革开放实践生动证明，党的领导是中国改革开放不断向前推进并取得成功的基本制度保证。

改革开放也是亿万人民自己的事业，必须坚持尊重人民的首创精神。人民群众是历史的创造者，是改革实践的开拓者、实践者和受益者。改革开放在认识和实践上的每一次突破和深化，改革开放中每一个新生事物的产生和发展，改革开放每一个领域和环节经验的创造和积累，无不来自亿万人民的智慧和实践。改革开放之所以得到广大人民群众衷心拥护和积极参与，最根本的原因在于我们一开始就使改革开放事业深深扎根于人民群众之中。没有人民的支持和参与，任何改革都不可能取得成功。提高改革决策的科学性，很重要的一条就是要广泛听取群众意见和建议，及时总结群众创造的新鲜经验，充分调动群众推进改革的积极性、主动性、创造性，把最广大人民智慧和力量凝聚到改革上来，同人民一道把改革推向前进。[②]

改革发展稳定任务越繁重，就越要加强和改善党的领导，越要保持党同人民群众的血肉联系，善于通过提出和贯彻正确的路线方针政策带领人民前进，善于从人民的实践创造和发展要求中完善政策主张，使改革发展成果更多更公平惠及全体人民，不断为深化改革开放夯实群众基础和提供不竭动力。

二、摸着石头过河与加强顶层设计相结合

摸着石头过河是富有中国特色、符合中国国情的改革方法，符合马克思主义认识论和实践论。摸着石头过河就是摸索规律，从实践中获得真知，再把成功的经验加以推广，取得全局和整体效果。就是要坚持一切从实际出发，鼓励地方、基层、群众大胆探索、先行先试，勇于推进理论和实践创新，不断深化对改革规律的认识，按照客观规律办事。

建立社会主义市场经济是一个伟大的创举，历史上没有先例。特别是在中国这样一个地域辽阔、情况复杂的大国里进行市场化改革，既没有现成的经验，又缺乏成熟的理论，因此，只有摸着石头过河，从实际出发加以探索，充分发挥基层单位在制度创新中的积极性、主动性和创造性，大胆创新、大胆试验，由易到难，循序渐进，从实践中总结经验、把握规律，逐步向前推进。

同时，社会主义改革作为党和政府的领导下有计划、有步骤、有秩序地进行的自觉的社会变革活动，必须有科学的理论指导、系统的战略谋划、精心的动员组织，按照预定的目标、沿着正确的方向稳步前进。改革开放以来，在我国改革发展的不同阶段和重要时间节点，我们党都根据新的形势、任务和人民的期待作出重大决定，如党的十二届三中全会作出的《中共中央关于经济体制改革的决定》、党的十四届三中全会作出的《中

---

① 习近平：改革开放是实现中华民族伟大复兴的关键一招．中国共产党新闻网，2014-06-25.

② 习近平．切实把思想统一到党的十八届三中全会精神上来．求是，2014（1）：3-6.

共中央关于建立社会主义市场经济体制若干问题的决定》、党的十六届三中全会作出的《中共中央关于完善社会主义市场经济体制若干问题的决定》、党的十八届三中全会作出的《中共中央关于全面深化改革若干重大问题的决定》、党的二十届三中全会作出的《中共中央关于进一步全面深化改革 推进中国式现代化的决定》等，合理布局推进改革的指导思想、目标任务、重大原则、战略重点、优先顺序、主攻方向、工作机制、推进方式和时间表、路线图，推动改革理论和实践不断取得重大突破，体现了顶层设计的巨大优势。

顶层设计和摸着石头过河是辩证统一的，它们同时贯穿于中国改革开放的整个历史进程中。局部试验和群众摸索等阶段性改革是在顶层设计的框架和原则内进行的，从而使具体的改革行动具有明确的方向性，并构成整个制度建设的一个有机组成部分。顶层设计是在局部和阶段性改革基础上来谋划的，是总结过去、规划未来，是探索规律的系统理论和政策思维。我国经济体制改革已进入深水区和攻坚期，与改革初期相比，更要加强宏观思考和顶层设计，同时也要继续鼓励大胆试验、大胆突破，不断把改革开放引向深入。

三、整体推进与重点突破相结合

改革开放是一项系统工程，不是某个领域某个方面的单项改革，而是需要整体推进。经济、政治、文化、社会、生态文明各领域改革和党的建设改革紧密联系、相互交融，任何一个领域的改革都会牵动其他领域，同时也需要其他领域改革密切配合。如果各领域改革不配套，各方面改革措施相互牵扯，改革就难以深入推进，改革的效果也会大打折扣。同时，改革开放是一场深刻而全面的社会变革，涉及重大利益关系的调整，每一项改革措施的出台都会影响许许多多人的切身利益，因而需要改革措施的相互支撑，以消解利益矛盾，凝集改革共识，不断形成改革动力。坚持改革的整体推进，就是要统筹谋划改革的各个方面、各个层次、各个要素，注重各项改革措施的相互促进、良性互动、协同配合，注重改革的整体效果和整个制度建设，从而让一切劳动、知识、技术、管理、资本的活力竞相迸发，让一切创造社会财富的源泉充分涌流，让发展成果更多更公平惠及全体人民。习近平指出，全面深化改革这项工程极为宏大，零敲碎打调整不行，碎片化修补也不行，必须是全面的系统的改革和改进，是各领域改革和改进的联动和集成，在国家治理体系和治理能力现代化上形成总体效应、取得总体效果。

同时，整体推进需要与重点突破相结合。重点突破就是紧紧抓住改革中的主要矛盾和矛盾的主要方面，在重点领域和关键环节率先取得实质性进展，从而把改革推向纵深。在改革的不同阶段，改革的重点和着力点是不同的，并依次向前推进。比如，改革初期，以农业经营体制改革为重点，通过全面推行家庭联产承包责任制，极大地调动了广大农民的积极性，促进了农村经济的快速发展。在城市经济体制改革全面展开之初，党的十二届三中全会明确提出，“增强企业活力是经济体制改革的中心环节”，围绕这一中心环节，进行计划体制、价格体系、国家机构管理经济的职能和劳动工资制度等方面的配套改革，推动了以城市为重点的整个经济体制改革的全面展开。改革开放进入新时代，党的十八届三中全会指出，经济体制改革是全面深化改革的重点，经济体制改革的核心问题是处理好政府和市场关系。在全面深化改革中，我们要坚持以经济体制改革为主轴，努力在重要领域和关键环节改革上取得新突破，以此牵引和带动其他领域改革，使各方面改革协同推进、形成合力，而不是各自为政、分散用力。[①]

党的十八大以后，随着我国社会主义市场经济体制的不断完善、更加成型、更加定型，对整体推进的需要更加强烈。习近平强调，相比过去，新时代改革开放具有许多新的内涵和特点，其中很重要的一点就是制度建设分量更重，改革更多面对的是深层次体制机制问题，对改革顶层设计的要求更高，对改革的系统性、整体性、协同性要求更强，相应地建章立制、构建体系的任务更重。[②] 因此，必须加强顶层设计、整体谋划，增强各项改革的关联性、系统性、协同性，既解决好生产关系中不适应的问题，又解决好上层建筑中不适应的问题，这样才能产生综合效应。

四、坚持问题导向和目标导向相结合

问题导向是唯物主义世界观和方法论。问题是事物矛盾的表现形式，我们强调增强问题意识、坚持问题导向，就是承认矛盾的普遍性、客观性，就是要善于把认识和化解矛盾作为打开工作局面的突破口。我们党领导人民干革命、搞建设、抓改革，从来都是为了解决中国的现实问题。对待矛盾的正确态度，应该是直面矛盾，并运用矛盾相辅相成的特性，在解决矛盾的过程中推动事物发展。经济体制改革要有强烈的问题意识，以重大问题为导向，抓住重大问题、关键问题进一步研究思考，找出答案，着力推动解决我国发展面临的一系列突出矛盾和问题。可以说，改革始终由问题倒逼而产生，又在不断解决问题中得以深化。在认识世界和改造世界的过程中，旧的问题解决了，新的问题又会产生，制度总是需要不断完善，因而改革既不可能一蹴而就，也不可能一劳永逸。

坚持目标导向，就是要坚持正确的改革方向，立足国家的整体利益、根本利益、长远利益部署和推动各项具体改革，脚踏实地、持之以恒，咬定目标不放松，向着既定的目标不断前进。每一项改革既要从实际出发，考虑到所针对的具体问题，又要从全局出发统筹谋划，符合改革大方向，要避免“只见树木，不见森林”，防止出台只顾局部和眼前需要而不利于全局和长远的改革举措。全面深化改革的总目标是完善和发展中国特色社会主义制度、推进国家治理体系和治理能力现代化。全面深化经济体制改革的目标是完善社会主义市场经济体制，把社会主义制度的优越性和市场经济的长处更好发挥出来。每一个具体领域的改革、每一项具体改革措施都要深刻把握这一根本目标，为实现这一目标服务，向着这一根本目标努力奋进。每一项改革举措都要与其他改革举措同频共振、相互促进，形成放大效应和强化效应，而不是相互抵消、相互掣肘。

五、改革、发展和稳定相结合

实现改革发展稳定的统一，是关系我国社会主义现代化建设全局的重要指导方针。

① 习近平．切实把思想统一到党的十八届三中全会精神上来．求是，2014（1）：3－6.

② 习近平．关于《中共中央关于坚持和完善中国特色社会主义制度 推进国家治理体系和治理能力现代化若干重大问题的决定》的说明．人民日报，2019－11－06.

改革是经济社会发展的根本动力，是决定中国命运的关键抉择，是实现长期稳定的基础；发展是中国共产党执政兴国的第一要务，是解决我国一切问题的基础和关键，是改革的目的和实现稳定最可靠的保证；稳定是改革发展的前提，只有社会稳定，改革发展才能不断推进。发展是硬道理，稳定是硬任务；没有稳定，什么事情也办不成，已经取得的成果也会失去。改革、发展和稳定三者相互依赖、相互促进。

处理改革发展稳定的关系，就是要坚持把改革的力度、发展的速度和社会可承受的程度统一起来，在社会稳定中推进改革发展。具体地讲，就是把保障和改善民生作为各项工作的最终目标、最高检验标准。通过改革发展，确保人民安居乐业、社会和谐稳定。

我们既要敢为天下先、敢闯敢试，又要积极稳妥、蹄疾步稳，把改革发展稳定统一起来，坚持方向不变、道路不偏、力度不减，推动新时代改革开放走得更稳、走得更远。

改革、发展和稳定是中国特色社会主义现代化建设的三个重要支点，缺一不可。我国发展走到今天，发展和改革高度融合，发展前进一步就需要改革前进一步，改革不断前进也能为发展提供强劲动力。只有改革与发展不断前进，社会稳定才能具有坚实基础，而社会稳定则对改革发展起到了保驾护航的重要作用。习近平指出："改革发展稳定各方面头绪那么多，都要照看好，不要抓了一头忘了另一头。"① 要坚持把改革的力度、发展的速度和社会可承受的程度统一起来，在保持社会稳定中推进改革发展，通过改革发展促进社会稳定，切实做到"蹄疾而步稳"。

六、改革与开放相结合

党的十一届三中全会以来，我国确立了对外开放的基本国策，坚持打开国门搞建设，实现了从封闭半封闭到全方位开放的伟大历史转折，开放已经成为当代中国的鲜明标识。习近平深刻指出："以开放促改革、促发展，是我国发展不断取得新成就的重要法宝"②；"中国不断扩大对外开放，不仅发展了自己，也造福了世界"③。

将改革和开放相提并论，融为一个有机整体，作为决定党和国家前途命运的关键一招，贯穿于社会主义现代化建设的全过程，是中国高速发展的关键一招，是高瞻远瞩的历史决策，体现了我们党对社会主义建设规律的深刻把握。早在改革开放初期，邓小平就深刻指出："一个对外经济开放，一个对内经济搞活。改革就是搞活，对内搞活也就是对内开放，实际上都叫开放政策。"④ 站在改革开放的更高起点上，习近平明确指出，必须"坚定不移深化各方面的改革，坚定不移地扩大开放，使改革和开放相互促进、相得益彰"⑤。深化改革为对外开放奠定了有效推动的体制基础；对外开放为深化改革提供了符合市场经济规律的体制规范。市场经济本质上是开放经济。没有改革，不破解旧的体

---

① 中共中央文献研究室．习近平关于社会主义经济建设论述摘编．北京：中央文献出版社，2017：333.

② 加快实施自由贸易区战略 加快构建开放型经济新体制．人民日报，2014－12－07.

③ 习近平出席首届中国国际进口博览会开幕式并发表主旨演讲．中国政府网，2018－11－05.

④ 邓小平．邓小平文选：第3卷．北京：人民出版社，1993：98.

⑤ 中共中央党史和文献研究院，中央"不忘初心，牢记使命"主题教育领导小组办公室．习近平关于"不忘初心、牢记使命"论述摘编．北京：中央文献出版社，党建读物出版社，2019：237.

制机制的弊端，就不可能实行对外开放，形成适应国际市场的开放型体制机制。没有开放，不形成统一开放、内外贯通、公平竞争、要素自由流动的市场体系，就不可能建立、发展和完善社会主义市场经济体制。

从一定意义上说，改革就是开放，开放也是改革，目的都是为了更好发展。在社会主义条件下搞市场经济没有先例可循，我们只能在摸索中前进、在借鉴中提高。改革需要开放，开放推动改革。正是通过对外开放，我们逐步了解和掌握市场经济的规律，学习国外的先进科学技术和管理经验。以开放“倒逼”改革，促使我们更加深刻自觉地认识和运用社会主义市场经济的规律，推动形成更加科学有效的体制机制。因此，改革与开放相辅相成，改革与开放从来就是相互促进、一体推进的，对于推动中国特色社会主义经济发展犹如车之两轮、鸟之双翼，缺一不可。

第五节　构建高水平社会主义市场经济体制

社会主义市场经济体制是中国共产党的伟大创举，是中国特色社会主义的重大理论和实践创新。党的二十大报告提出了“构建高水平社会主义市场经济体制”，并作出了重要战略部署。党的二十届三中全会围绕进一步全面深化改革通过了《中共中央关于进一步全面深化改革 推进中国式现代化的决定》，提出到二〇三五年，全面建成高水平社会主义市场经济体制，并聚焦构建高水平社会主义市场经济体制、围绕中国式现代化对进一步全面深化经济体制改革作出了总体部署，深刻理解全面建成高水平社会主义市场经济体制的目标任务、战略意义和改革举措，对于推动社会主义市场经济体制改革不断深入、推动高质量发展、推进中国式现代化，具有十分重大的理论意义和实践意义。

一、建成高水平社会主义市场经济体制是进一步深化经济体制改革的目标

党的十一届三中全会是划时代的，开启了改革开放和社会主义现代化建设新时期。党的十八届三中全会也是划时代的，开启了新时代全面深化改革、系统整体设计推进改革新征程，开创了我国改革开放全新局面。党的十八届三中全会提出了使市场在资源配置中起决定性作用和更好发挥政府作用的重大理论观点，在完善社会主义市场经济体制上迈出新的步伐。党的十九届四中全会将社会主义市场经济体制与社会主义所有制和分配制度一起上升为我国的基本经济制度，这是对社会主义市场经济认识的重大发展。党的十九届五中全会进一步强调，全面深化改革、构建高水平社会主义市场经济体制，充分发挥市场在资源配置中的决定性作用，更好发挥政府作用，推动有效市场和有为政府更好结合。党的二十大报告进一步强调，构建高水平社会主义市场经济体制。在此基础上，党的二十届三中全会明确提出，到二〇三五年，全面建成高水平社会主义市场经济体制，聚焦构建高水平社会主义市场经济体制对进一步深化经济体制改革作出战略部署。在经历了建立社会主义市场经济体制、完善社会主义市场经济体制和加快完善社会主义市场经济体制的阶段性认识发展之后，我国社会主义市场经济发展进入了构建社会主义

市场经济体制的新阶段。

进入新时代，我国经济体制改革取得新的重大成就，社会主义市场经济体制的基础性制度框架基本建立，主要是：坚持社会主义市场经济改革方向，完善现代市场体系、推进要素市场化改革，深化国资国企改革、鼓励发展壮大民营经济，构建支持全面创新体制机制，深化财税金融体制改革，健全城乡发展一体化体制机制，加快构建新发展格局，建设更高水平开放型经济新体制，不断完善市场机制有效、微观主体有活力、宏观调控有度的制度环境。这些改革措施，为我国经济发展注入了强大动力，推动我国经济迈上高质量发展之路。同时要看到，随着中国特色社会主义进入新时代，国内外形势发生了深刻变化，与全面推动高质量发展、全面推进中国式现代化的要求相比，还存在市场体系仍不健全、市场发育还不充分、政府和市场的关系尚未完全理顺、创新能力不适应高质量发展要求等问题。解决这些问题必须进一步解放思想，坚定不移深化经济体制改革，扩大高水平开放。面对纷繁复杂的国际国内形势，面对新一轮科技革命和产业变革，面对人民群众新期待，必须自觉把改革摆在更加突出位置，紧紧围绕推进中国式现代化进一步全面深化改革，加快构建高水平社会主义市场经济体制。

党的二十届三中全会承前启后、继往开来，进一步明确了全面建成高水平社会主义市场经济体制的改革目标，提出“聚焦构建高水平社会主义市场经济体制，充分发挥市场在资源配置中的决定性作用，更好发挥政府作用，坚持和完善社会主义基本经济制度，推进高水平科技自立自强，推进高水平对外开放，建成现代化经济体系，加快构建新发展格局，推动高质量发展”。其中，“发挥市场在资源配置中的决定性作用，更好发挥政府作用”，是党的十八届三中全会提出的重大理论观点，阐明了进一步深化经济体制改革的核心问题，标志着我国社会主义市场经济发展进入了新阶段。“坚持和完善社会主义基本经济制度”，阐明了进一步深化经济体制改革的制度属性，要求我们坚持和完善公有制为主体、多种所有制经济共同发展，按劳分配为主体、多种分配方式并存，社会主义市场经济体制等社会主义基本经济制度，把中国特色社会主义制度与市场经济有机结合起来。“建成现代化经济体系，加快构建新发展格局，推动高质量发展”，阐明了进一步深化经济体制改革的主要目的，就是要进一步解放和发展生产力，更好推进新时代我国经济的高质量发展。

二、高水平社会主义市场经济体制的基本特征

发展社会主义市场经济是我们党的一个伟大创造，是中国共产党人对马克思主义发展作出的历史性贡献、为人类探索更好的社会制度提供的中国方案。构建高水平社会主义市场经济体制是我们党承前启后、继往开来，在更高起点、更高层次、更高目标上推进经济体制改革的新的里程碑，是发展社会主义市场经济这一伟大创造的时代新篇。

构建高水平社会主义市场经济体制，是以中国式现代化全面推进强国建设、民族复兴伟业的关键时期提出的全面深化经济体制改革的战略选择。这一目标具有鲜明的时代特征。

第一，这是为中国式现代化提供强大动力和制度保障的社会主义市场经济体制。这

一体制紧紧围绕推进中国式现代化这个主题进一步全面深化改革，进一步解放和发展社会生产力、激发和增强社会活力，为全面建成社会主义现代化强国提供坚实的物质技术基础。

第二，这是坚持以人民为中心、让现代化建设成果更多更公平惠及全体人民的社会主义市场经济体制。这一体制适应我国社会主要矛盾的转化，以促进社会公平正义、增进人民福祉为出发点和落脚点，推动人的全面发展、全体人民共同富裕取得更为明显的实质性进展。

第三，这是体现新发展理念、推动高质量发展的社会主义市场经济体制。这一体制全面贯彻新发展理念，使创新成为第一动力、协调成为内生特点、绿色成为普遍形态、开放成为必由之路、共享成为根本目的，推动我国经济在实现高质量发展上不断取得新进展。

第四，这是有效市场和有为政府更好结合的社会主义市场经济体制。这一体制坚持党的领导和社会主义制度，把社会主义制度和市场经济有机结合，既充分发挥市场在资源配置中的决定性作用，又更好发挥政府作用，既“放得活”又“管得住”，实现资源配置效率最优化和效益最大化。

第五，这是适应新一轮科技革命和产业变革以及发展新质生产力要求的社会主义市场经济体制。这一体制有利于推动技术革命性突破、生产要素创新性配置、产业深度转型升级，推动劳动者、劳动资料、劳动对象优化组合和更新跃升，催生新产业、新模式、新动能。

第六，这是更高水平对外开放、在日趋激烈的国际竞争中赢得战略主动的社会主义市场经济体制。这一体制坚持对外开放基本国策，坚持以开放促改革，依托我国超大规模市场优势，在扩大国际合作中提升开放能力，建设更高水平开放型经济新体制，促进国内国际经济循环畅通。

在新时代新征程上构建高水平社会主义市场经济体制，标志着我国社会主义市场经济体制从探索到建立、从建立到完善、向更高水平迈进上达到了新的高度，在发展社会主义市场经济的实践创新上取得了新的重大成果；也标志着我们党对社会主义市场经济发展规律的认识达到了新的高度，在发展社会主义市场经济的理论创新上也取得了新的重大成果。

三、构建高水平社会主义市场经济体制的主要任务

党的二十届三中全会聚焦构建高水平社会主义市场经济体制对全面深化经济体制改革作出了系统部署。

必须更好发挥市场机制作用，创造更加公平、更有活力的市场环境，实现资源配置效率最优化和效益最大化，既“放得活”又“管得住”，更好维护市场秩序、弥补市场失灵，畅通国民经济循环，激发全社会内生动力和创新活力。

要坚持和落实“两个毫不动摇”。毫不动摇巩固和发展公有制经济，毫不动摇鼓励、支持、引导非公有制经济发展，保证各种所有制经济依法平等使用生产要素、公平参与

市场竞争、同等受到法律保护，促进各种所有制经济优势互补、共同发展。着眼增强国有企业核心功能、提升核心竞争力，提出增强各有关管理部门战略协同，推进国有经济布局优化和结构调整，推动国有资本和国有企业做强做优做大；着眼推动非公有制经济发展，提出制定民营经济促进法，加强产权执法司法保护，防止和纠正利用行政、刑事手段干预经济纠纷。提出加强公平竞争审查刚性约束，清理和废除妨碍全国统一市场和公平竞争的各种规定和做法，完善要素市场制度和规则，等等。这些举措将更好激发全社会内生动力和创新活力。

要加快建设高标准市场体系。一是构建全国统一大市场，包括构建城乡统一的建设用地市场，全国一体化技术和数据市场，统一规范、信息共享的招标投标和公共资源交易平台体系，一体衔接的流通规则和标准，全国统一电力市场等。二是推进要素市场化改革，健全劳动、资本、土地、知识、技术、管理、数据等要素市场制度和规则。三是完善市场经济基础制度，包括完善产权保护、信息披露、市场准入、破产退出、信用监管等制度。市场经济本质上是法治经济。决定特别提出，防止和纠正利用行政、刑事手段干预经济纠纷，对侵犯各种所有制经济产权和合法利益的行为实行同责同罪同罚。

要健全宏观经济治理体系。科学的宏观调控、有效的政府治理是发挥社会主义市场经济体制优势的内在要求。要完善宏观调控制度体系，统筹推进财税、金融等重点领域改革，增强宏观政策取向一致性。要完善国家战略规划体系和政策统筹协调机制；统筹推进财税体制改革，增加地方自主财力，拓展地方税源，合理扩大地方政府专项债券支持范围，适当加强中央事权、提高中央财政支出比例；完善金融机构定位和治理，健全投资和融资相协调的资本市场功能，完善金融监管体系。落实好这些重大改革举措，不断健全宏观经济治理体系，有利于更好发挥政府经济调节、市场监管、社会管理、公共服务、生态环境保护等职能，同时有利于优化资源配置、激发市场活力、改善民生，为市场经济的有效运行提供良好的金融支持，为经济发展注入新的活力，为经济社会持续健康发展提供有力保障。

要健全推动经济高质量发展体制机制。高质量发展是全面建设社会主义现代化国家的首要任务。必须以新发展理念引领改革，立足新发展阶段，深化供给侧结构性改革，完善推动高质量发展激励约束机制，塑造发展新动能新优势。健全因地制宜发展新质生产力体制机制，健全促进实体经济和数字经济深度融合制度，完善发展服务业体制机制，健全现代化基础设施建设体制机制，健全提升产业链供应链韧性和安全水平制度。深入实施科教兴国战略、人才强国战略、创新驱动发展战略，统筹推进教育科技人才体制机制一体改革，健全新型举国体制，提升国家创新体系整体效能。

要健全保障和改善民生制度体系。坚持尽力而为、量力而行，完善基本公共服务制度体系，加强普惠性、基础性、兜底性民生建设，解决好人民最关心最直接最现实的利益问题，不断满足人民对美好生活的向往。

要构建初次分配、再分配、第三次分配协调配套的制度体系，提高居民收入在国民收入分配中的比重，提高劳动报酬在初次分配中的比重。完善劳动者工资决定、合理增长、支付保障机制，健全按要素分配政策制度。完善税收、社会保障、转移支付等再分配调节机制。支持发展公益慈善事业。

要完善高水平对外开放体制机制。开放是中国式现代化的鲜明标识。必须坚持对外开放基本国策，坚持以开放促改革，依托我国超大规模市场优势，在扩大国际合作中提升开放能力，建设更高水平开放型经济新体制。稳步扩大制度型开放；深化外贸体制改革；深化外商投资和对外投资管理体制改革；优化区域开放布局；完善推进高质量共建“一带一路”机制。

主要名词概念

基本经济制度　经济体制　经济体制改革　激进式改革　渐进式改革　双轨过渡　增量先行

复习思考题

1. 怎样认识我国经济体制改革的性质？如何坚持正确的改革方向？
2. 如何认识我国经济体制改革的历史进程？
3. 激进式改革和渐进式改革各有什么特点？中国为什么要走渐进式改革之路？
4. 如何认识改革的方法论？
5. 如何认识新时代我国经济体制改革的特点？

第七章

中国特色社会主义经济运行

在市场经济中，经济运行过程分为三个层次，即微观经济运行、中观经济运行和宏观经济运行。其中，微观经济运行主要是由企业和居民等经济主体的生产和再生产活动组成的，并通过市场机制的作用对配置资源发挥决定性作用。中观经济运行主要体现为经济结构的变动，不仅是微观经济活动与宏观经济活动的结合部，也是短期资源配置与长期经济发展之间的枢纽，在市场经济中具有特殊的地位和作用。宏观经济运行考察国民经济作为一个整体的运行过程及其功能，主要表现为总量特征的经济平衡及其周期性波动过程的治理活动。

任何社会的经济运行是各经济主体在一定的基本经济制度基础上从事的生产、分配、交换和消费活动，通过这些不断进行的生产和再生产活动，社会的生产目的得以实现，资源配置过程得以完成。在市场经济条件下，经济运行既反映了社会化大生产和市场经济的一般规律，又体现了该社会制度的特殊要求。中国特色社会主义以公有制为主体、多种所有制共同发展的经济制度的本质要求，只有在中国特色社会主义经济的具体运行中才能体现出来并最终实现。

按照从微观到宏观的顺序来分析社会主义经济的运行，也符合社会主义市场经济体制的实际。在社会主义市场经济体制条件下，市场成为资源配置的重要手段，各种微观经济单位成为通过市场进行自主经营决策的主体，市场交换关系将这些主体的经济活动联结成国民经济运行整体。显然，只有在首先把握住微观经济运行规律的前提下，才有可能进一步分析国民经济整体运行。当然，像中国这样的社会主义大国，不仅理解微观经济运行与宏观经济运行的界区很重要，深刻理解中观经济运行规律同样重要。作为同类企业集合物的产业以及产业集聚空间的区域经济的运行（中观经济运行）的规模、效率、质量等，在大国经济模型中具有特殊重要的意义。

第一节　微观经济运行

微观经济运行是指作为国民经济细胞或基本单位的经济主体，在市场上进行经济活动的过程，是市场配置资源的实现过程。社会主义市场经济条件下的微观经济运行，在反映现代市场经济微观经济运行的一般规律的同时，又体现出中国特色社会主义市场经济的特殊性，并集中在企业、农户、居民的经济活动以及政府的微观监管等方面表现出来。

一、微观经济运行过程

在我国现阶段，微观经济主体主要包括企业、农户和居民。分析微观经济主体的经济活动，就是分析企业、农户及居民的经济属性和经济行为以及对经济运行的影响。

企业。从现代企业的一般特征看，企业是产品及劳务的生产经营单位，是从事生产经营活动的最基本的经济组织。按所有制形式，现阶段我国企业可划分为国有制企业、集体所有制企业、混合所有制企业、私营企业、中外合资企业、外商独资企业等。

农户。我国在农村实行土地承包责任制以后，农户具有充分的生产经营自主权，成为独立进行商品生产和经营的农业经济实体，自主进行投资与经营决策，自主进行生产与消费选择。

居民。在社会主义市场经济条件下，居民作为微观经济主体，既是消费者，又是劳动力和资金等生产要素的所有者。居民作为消费者从自身需要出发并在家庭预算约束下，自主决定消费和储蓄的比例，对不同消费品的购置进行选择；居民作为某些生产要素的所有者，从收入最大化的目标出发，对所拥有的生产要素如何使用进行选择。

微观经济运行主要包括三个方面的内容。

第一，生产经营者的经济活动。生产经营者的经济活动是在经营机制作用下发生的。所谓经营机制，是指生产经营者的行为机制，包括经营目标和经营约束两个方面。生产经营者的经济活动，也可以说是生产经营者为实现自身的经营目标，在一定的生产经营约束条件下发生的各种经济行为的总和，包括生产经营目标和方式的选择、投资、生产管理、资金周转、技术创新、分配等方面的活动。

第二，居民的经济活动。这是在直接生产和经营领域之外发生的微观经济活动，主要包括居民获取个人收入、确定收入的使用方向，即决定收入分为储蓄和消费的比例以及进行储蓄、消费和投资选择等方面的经济活动。居民围绕收入、消费、储蓄及投资所做的自主决策和选择，不仅影响居民自身的物质和文化需要的满足状况，而且关系生产经营者的经济活动能否顺利进行。

第三，市场运行过程。上述生产经营者和居民的经济活动，离开了市场是无法进行的。不同的生产经营者之间的经济联系，以及生产经营者和居民之间的经济联系，都是通过市场交换关系实现的。因此，由供求机制、竞争机制、价格机制作用所决定的市场运行过程，是微观经济活动发生的前提，也是这些活动的结果。

微观经济运行三个方面的内容都有各自的运行方式和运行机制，但它们又是相互联系和相互作用的，共同构成了完整的微观经济活动。生产经营者与居民的经济活动影响着市场供求、价格、利率等市场信号的变动，而这些市场信号又调节着生产经营者与居民的经济活动。生产经营者与居民的经济活动有赖于市场体系及市场组织等市场因素的完善，而市场体系及市场组织等市场因素又有赖于生产经营者与居民经济活动的行为规范。因此，微观经济运行实际上就是生产经营者和居民等微观经济主体，为了实现各自的经济利益，通过市场进行经济活动及相互联系、相互作用的过程。由供求机制、竞争机制、价格机制的作用所决定的市场运行过程，是微观经济活动发生的前提，也是微观经济活动的结果。

二、国有企业的经济活动

在社会主义市场经济条件下，国有企业具有双重属性和目标：一方面，国有企业作为市场经济中的经营主体，是独立的商品生产者，具有企业属性，必须适应市场经济的规律，与其他市场主体平等参与市场竞争，并在竞争中实现企业利润目标和企业资产的保值增值，在市场竞争中发展壮大。这是国有企业作为企业的一般属性和具有的一般目标。另一方面，国有企业属于全民所有，代表着全体人民的共同利益，是中国特色社会主义的重要物质基础和政治基础，是我们党执政兴国的重要支柱和依靠力量，承担着贯彻执行党中央决策部署、贯彻新发展理念、全面深化改革、实施“走出去”和“一带一路”建设、壮大综合国力、促进经济社会发展、保障和改善民生的重要职责。

把握国有企业的双重属性，是理解国有企业功能目标、行为特征、运行机制以及效率评价的基础和前提，也是深化国有企业改革的出发点。从国有企业的双重属性出发，深化国有企业改革必须既充分尊重市场经济的规律，又充分体现社会主义制度的要求，把社会主义的优越性与市场经济的长处有机结合起来。只有这样，才能超越和扬弃私有制的逻辑，发挥出国有经济制度的优势。

从尊重市场经济的规律看，深化国有企业改革必须继续坚持市场化的方向，使企业成为自主经营的独立的商品生产者，健全协调运转、有效制衡的公司法人治理结构，建立有效的激励约束机制，规范经营决策，促进资产保值增值，保障公平参与竞争，提高企业效率，增强企业活力。

从体现社会主义制度的要求看，深化国有企业改革必须更好地体现全民所有、为民服务的性质和要求，企业的经营目标服务于国家战略目标，企业的收益由全体人民共享，企业的监督管理体现全体人民的意志，企业必须有效履行社会责任，更好地为全体人民服务。

国有企业的二重属性及其在经济活动中的双重目标，在不同的领域、不同的行业和不同的企业中，有着不同的要求。2015 年 8 月 24 日印发的《中共中央 国务院关于深化国有企业改革的指导意见》和 2015 年 12 月 7 日国资委、财政部、发展改革委印发的《关于国有企业功能界定与分类的指导意见》，明确国有企业将被分为商业类和公益类，在发展方向、监管方式和考核方式上，两类国企都将分类施策。

商业类国有企业以增强国有经济活力、放大国有资本功能、实现保值增值为主要目标，按照市场化要求实行商业化运作，依法独立自主开展生产经营活动，实现优胜劣汰、有序进退。商业类国有企业具体又分两种情况：一是主业处于充分竞争行业和领域的商业类国有企业，应重点考核经营业绩指标、国有资产保值增值和市场竞争能力。二是主业处于关系国家安全、国民经济命脉的重要行业和关键领域、主要承担重大专项任务的商业类国有企业。对于这些国有企业，应在考核经营业绩指标和国有资产保值增值情况的同时，要加强对服务国家战略、保障国家安全和国民经济运行、发展前瞻性战略性产业以及完成特殊任务的考核。

公益类国有企业以保障民生、服务社会、提供公共产品和服务为主要目标。公益类国有企业应重点考核成本控制、产品服务质量、营运效率和保障能力，根据企业不同特点有区别地考核。

从理论上说，一方面，现代企业都会面临由于所有权与经营权相分离所带来的代理问题，这并非为国有企业所特有，都需要通过企业治理机制设计来规避；另一方面，影响企业效率的因素有很多，如管理水平、技术水平、体制机制、宏观环境、竞争程度等，企业效率与企业的所有制形式并不存在简单的对应关系。在相同的条件下，竞争程度的高低对企业效率的影响比所有制因素的影响更为重要，因为竞争会迫使企业改善治理机制，提高经营水平。竞争才是企业改善效率的根本保证，企业效率与所有制并无必然联系。

从实际情况看，在我国，随着国有企业改革的不断深化，我国国有企业的效率得到了明显的提高，不少国有企业在生产规模、科技创新、全员工效、安全指标以及发展速度等主要技术指标上不仅在国内一流，而且在国际上也处于领先地位。

需要强调的是，评价国有企业的效率不能仅仅局限于微观的财务指标，还必须看到国有企业的宏观效率，即在保持社会稳定、保障宏观调控、维护国家安全、实现国家战略、推动自主创新以及实现科学发展和促进社会和谐等方面的重要功能，这样才能更加真实地反映出国有企业的总体效率，体现国有企业在促进国民经济持续、稳定和协调发展中的关键作用。例如，美国《财富》杂志发布的2023年世界500强中，中国各类国有企业上榜97家，其中国资委监管中央企业46家，分布在银行、能源、交通、通信、建筑、航空、制造业等部门，有不少处于竞争领域。国有企业自主创新能力不断增强，在关键技术、重大工程攻关中发挥了龙头作用，为载人航天、探月工程、青藏铁路、三峡工程、西气东输、南水北调、奥运工程、世博保障等一大批国家重点工程建设作出了重大贡献。以保障宏观调控为例，在我国，石油、电力等重要产品的供应主要由国有企业承担，这些国有企业在保持能源价格稳定进而实现稳定物价的宏观调控目标中发挥了重要作用，这就是它的宏观效率，这是由国有企业所具有的特殊性质和目标决定的。又如，为增强社保基金可持续性，夯实养老社会保障制度基础，国家决定将中央和地方国有及国有控股大中型企业和金融机构10%的国有股权划转至社保基金会和地方相关承接主体，并作为财务投资者，依照规定享有收益权等权利。截至2020年年末，符合条件的中央企业和中央金融机构划转部分国有资本充实社保基金工作全面完成，共划转93家中央企业和中央金融机构国有资本总额1.68万亿元。2024年3月，财政部、人力资源社会保障部、国务院国资委三部门联合印发了《划转充实社保基金国有股权及现金收益运作管理暂行办法》，进一步规范了划转的国有资本运作管理，确保划转的国有股权及现金收益安全，有利于增强国家应对人口老龄化、实现可持续发展的能力和人民群众对社会保障制度的信心。

三、非公有制企业的经济活动

非公有制企业是指生产资料归私人所有的微观经济单位，包括个体企业、私营企业、外资企业等。非公有制企业是我国社会主义市场经济条件下重要的微观经济主体，其经济活动对我国经济社会发展具有重要影响。

在社会主义市场经济条件下，私营企业也具有双重属性：一方面，就其本身性质来说，私营企业是建立在私有制基础上的，以最大限度占有剩余价值为生产目的，因而它与社会主义的按劳分配、共同富裕、有计划发展等本质要求是有矛盾的，如果不加以引导和调节，就有可能会导致贫富分化、劳资冲突、生产盲目性和生态环境的破坏。另一方面，我国的私营企业是在社会主义基本经济制度的环境下产生和发展起来的，在提供就业、缴纳税收、增加产品、满足人民需要以及促进市场竞争、增强市场活力等方面都发挥了重大积极作用，因而它的性质、地位和作用及经济活动都与资本主义制度下的私营企业有了重要区别，它是中国特色社会主义事业的建设者。

私营企业经济活动的作用也具有二重性。一方面，私营企业为了最大限度追求剩余价值，会努力改进技术、加强管理、推动创新、提高效率，有利于生产力的发展。同时，私营企业具有自主经营、自负盈亏、决策灵活、适应市场的特点，有利于市场经济的发展。另一方面，私营企业以利润最大化为主要目标，其行为与社会目标在一定条件上可能产生冲突，特别是在经济转型过程中，个别私营企业在履行社会责任方面存在不足。

外资企业是我国现阶段重要的非公有制企业形式。外资企业是一个总的概念，包括所有含有外资成分的企业。根据外商在企业注册资本和资产中所占股份和份额的不同，以及法律特征的差异，可以将外资企业分为三种类型：一是中外合资经营企业，外商在企业注册资本中的比例有法定要求，企业采取有限责任公司的资本组织形式，亦称股权式合营；二是中外合作经营企业，对外商在企业注册资本中的股份无强制性要求，采取灵活的组织管理、利润分配、风险负担方式，亦称契约式合营；三是外资独资企业，即企业全部资本均为外商所有。

外资企业在资金融通、研究开发、品牌管理、市场营销、经营管理、战略运营等方面具有明显的优势。我国通过大力发展外资企业，成功引进并利用国外的资金、技术和先进的管理经验，推进了我国经济的发展。但是，外资企业也是以实现利润最大化为目的，存在着垄断产品和服务价格、封杀投资对象国民族工业品牌、进行技术封锁和产业链控制，甚至进行商业贿赂等不正当竞争的现象。

因此，对于以私营企业和外资经济为主的非公有制经济，一方面要鼓励、支持它发展，充分发挥其积极作用；另一方面要注意加以引导，即引导它朝着有利于社会主义的方向发展，限制它的消极作用，实现各种所有制经济相互促进、共同发展。

四、农户的经济活动

农户即农民家庭，是农村最基层的社会单位，在我国经济运行中具有重要地位。一方面，农户是我国农业生产的主体，而农业生产则是整个国民经济的基础；另一方面，农户是重要的消费主体，在整个社会总消费中的比重超过30％。

从生产活动看，目前的农业生产经营主要有两种形式：

一是分散的家庭经营中农户的生产活动，它是指农户以家庭为单位的独立或相对独立的规模较小的农业生产经营活动。在家庭经营中，一方面，农户获得长期而稳定的土地经营权，并对于自身的生产活动有高度自主权，农户具有努力工作的内在动力，组织内部监督、协调等内部生产成本较低；另一方面，每一户分散的农户都要直接面对市场，承担市场风险带来的冲击，农户所面临的外部生产成本较高。这就产生了小生产和大市场之间的矛盾。

二是适度规模经营中农户的生产活动，它是指在家庭经营的基础上，在稳定土地承包权的前提下，引导农村土地经营权向家庭农场、专业大户、农民合作社、农业产业化龙头企业等规模经营主体流转，农户与新型农业经营主体相互联结进行的农业生产经营行为。分散的家庭经营体现出较强的主体逐利性，适度规模经营则需关注外部组织状态对农户行为的影响。农户与新型农业经营主体的联结或松散或紧密，这使得农户的生产活动有很大不同。这一组织形式有效解决了我国农业市场化改革后分散农户与农产品市场对接的问题，也使市场获得稳定的农产品供给渠道，降低了市场搜寻和谈判费用。

从农户消费活动看，改革开放以来，中国农村居民的收入水平保持了稳定的增长，农村人均消费支出从1978年开始逐年递增，由1978年的116.6元增长到2023年的18 175元。农村居民的消费结构大致有如下趋势：食品烟酒支出比重呈下降趋势，恩格尔系数降低；衣着消费支出比重有所波动但整体呈先下降后稳定的趋势；住房支出、生活用品及服务支出和医疗保健支出基本呈逐年上升趋势；文教娱乐支出比重先上升后下降。

但农户消费不平衡问题仍然存在。一方面是城乡居民消费的不平衡。农村居民人均消费支出与城镇居民人均消费支出比虽然有所提高，但2023年也仅达到55.1％。2023年农村居民恩格尔系数为32.4％，比城镇的28.2％高出4.2个百分点。由此可见，农村居民和城镇居民的消费水平还有一定差距，农户消费仍处于相对较低水平。另一方面，不同地区间农户消费也存在不平衡问题。以2022年为例，农村居民消费支出最高的上海为27 430元，最低的西藏为11 139元，仅为上海的40.6％，可见不同地区农户的消费水平还存在较大差距。

五、居民的经济活动

在社会主义市场经济条件下，居民的经济活动是微观经济运行的重要组成部分。居民的经济活动主要表现在居民收入行为、居民消费行为、居民储蓄及投资行为方面。

首先来看居民的收入和消费。

在社会主义市场经济条件下，所有制结构和分配结构呈现出多元化，居民的收入除了通过按劳分配获得外，还有了其他收入来源，主要包括：福利性收入、利息收入、投资收入、租金收入、经营收入等。从居民个人收入中扣去各种形式的税金支出后，余下的就是居民个人可支配收入。

居民消费是居民经济行为的最终目标。居民消费行为是受消费动机支配的。居民的消费动机可归纳为三类：一是为了满足自身生存的需要；二是为了满足自身发展的需要；三是为了满足自身享受的需要。居民为了满足自身需要所进行的消费活动，要受到收入、价格、商品和社会等诸多因素的制约。

近年来，随着经济发展和居民生活水平的提高，我国居民消费能力显著提升，消费结构不断升级，消费需求日趋多样化、个性化。2023 年，全国居民人均消费支出为 26 796 元，其中，人均服务性消费支出为 12 114 元，占居民人均消费支出的比重为 45.2%。全国居民恩格尔系数为 29.8%。长期以来，我国居民消费具有明显的模仿型排浪式特征。目前，模仿型排浪式消费阶段基本结束，多样化、个性化消费渐成主流。与以前物质文化生活简单划一、物资短缺相比，当代居民的消费选择空间大大增加，人们对衣、食、住、行、用、文娱、医疗、教育等诸多领域都有了更加丰富的要求。

接下来来看居民储蓄及投资行为。

改革开放以来，伴随着我国经济的高速增长，我国居民储蓄率始终保持在较高水平。从储蓄的部门构成看，居民储蓄构成了中国国内储蓄的最主要来源，几乎占据了国内总储蓄的半壁江山。

我国国民储蓄率自 1982 年以来大体表现出波动上升趋势，到 2010 年，中国的国民储蓄率达到峰值 51.2%，随后逐渐回落，但 2024 年仍然保持着 43%左右的较高水平。

居民储蓄行为与居民投资行为关系密切。居民储蓄是投资的前提和基础，投资带来的收入增加，则可以进一步提高居民消费和储蓄能力。所谓居民投资是指居民购买可以获得收入的资产，包括购买从事生产经营活动的实物资产和金融资产，如股票、债券等。储蓄转化为投资，从根本上说是为了规避储蓄的低收益而获得更高的收入，满足个人及家庭更高水平的物质和文化需求。

居民作为投资者进行投资时，可供其选择的投资形式包括证券投资、经营资产投资、房地产投资、保值商品投资等。我国居民投资的特点，一是以住房投资为主。2024 年，我国居民住房资产在家庭总资产中占比 60%，远高于美国的 28%。二是金融投资更偏向短周期、低风险的金融产品。三是家庭投资品种类单一，缺乏多样性。我国 67.7%的家庭仅拥有一种投资品，拥有三种或三种以上投资品的家庭仅占 10.6%。

我国居民储蓄率较高，具有把更多储蓄转化为投资的有利条件。储蓄转化为投资，特别是转化为实体经济领域的投资，不仅可以增加居民个人家庭收入，不断提高生活水平，而且可以通过资金的汇聚有效配置各种资源，增强全社会的财富创造能力。但是现阶段由于实体经济领域投资回报率较低，我国居民的投资大量进入股票、债券、房地产等虚拟经济领域。与实体经济投资相比较，虚拟经济投资更容易受到经济波动的影响，投资风险较大。为了推进居民储蓄转化为投资，必须通过有效的体制、机制和制度安排，保障投资者的合法权益，提高居民的投资收益，稳定居民的投资预期。特别是要构建让各种财富源泉充分涌流的制度安排，不断改善实体经济投资环境，降低实体经济的投资成本，提高实体经济的投资收益。同时，应高度重视居民在虚拟经济领域投资权益的保障，降低投资风险、增强投资收益、稳定投资信心。

第二节　市场机制的作用

市场上的各个微观主体，包括各类生产经营者和居民等，其生产或消费的经济活动离开了市场是无法进行的，不同的生产经营者之间的经济联系，以及生产经营者和居民之间的经济联系，都是通过市场交换关系实现的。因此，由价格机制、竞争机制和供求机制所决定的市场运行过程，以及由此形成的整个市场体系，是微观经济活动发生的前提，同时也是这些活动的结果。

一、价格机制的作用

价格机制是市场机制的核心，市场决定价格是市场在资源配置中起决定性作用的关键。而价格机制发挥其作用的根本在于，它是商品价值的货币表现，是商品供需状况的反映，是市场中各个主体所直接接收到的信号。市场中的主体可以分为生产经营者和居民消费者两类，这两个身份并非完全对立，我们在不同的条件下可能会扮演不同的身份。生产经营者，或者说产品供给方，出于自身经营利润的需要，根据价格信号作出生产决策；处于需求方的消费者则根据价格信号，结合自身的收入预算约束，作出购买决策。双方都以价格为自身行动的准绳，某种商品价格上涨，说明这种商品供不应求；某种商品价格下跌，则说明这种商品供过于求。在逐利动机的驱使下，生产者会扩大价格上涨、供不应求的商品的生产，缩减价格下跌、供过于求的商品的生产。这样，社会总劳动在不同生产部门的分配就会通过供求变化和价格变动的信息而不断作出调整，实现资源配置。这种由市场主体自发参与的行为能够很好地处理市场经济条件下的海量信息，在长期自动矫正商品供需的偏离，使全社会的生产和需要趋向一致，从而使价值规律的要求和社会劳动的合理分配作为一种自动趋势得到实现。与之相对，传统的指令式计划经济在协调市场主体之间利益关系以及配置资源时，存在高成本、低效率的问题，缺乏横向的信息传递，往往扭曲了市场的信号，阻碍了价值规律发挥其作用。

西方经济学认为，在完全竞争的市场中，所有的生产者和消费者都是价格的接受者，价格是由市场供需自动决定的，并且价格总能达到均衡水平。可是如果我们仔细考察现实生活就会发现，在市场活动中，生产者和消费者的地位是不对等的，消费者是价格的接受者，而生产者则是价格的决定者。想象一件刚上市的新产品，市场上并不存在其价格，那么它最初的价格是如何确定的呢？显然是由生产者依据自身的生产成本加上期望获得的利润来决定的。随后，经由供给和需求的作用，生产者不断调整自身提出的价格，再反过来根据供需平衡时的价格信号修改自己的生产决策。可以看到，在价格机制发挥作用的过程中，生产者是最重要的参与者，而价格信号的传导需要经历不断试错的过程，因此必然存在时间上的迟滞，使价格在很长时间内都无法达到其均衡水平；同时，每个生产者一般只关注部分商品短期内的价格变化，其决策就难免存在盲目性。此外，部分生产者在决定价格的过程中可能会滥用自身的垄断地位，制定不合理的高价以获取垄断利润，导致社会资源的不合理分配。因此，单纯由市场自发决定价格可能存在滞后性、盲目性与垄断问题，而在这个过程中，坚持市场的决定性作用，同时更好发挥政府作用，才是问题的最优解。

2015 年 10 月下发的《中共中央 国务院关于推进价格机制改革的若干意见》强调我国要坚持市场决定、放管结合、改革创新、稳慎推进四项原则，明确了竞争性领域和环节价格基本放开，政府定价范围主要限定在重要公用事业、公益性服务、网络型自然垄断环节的改革目标。“十四五”期间，价格机制改革进一步深化，竞争性领域和环节价格主要由市场决定，网络型自然垄断环节科学定价机制全面确立，能源资源价格形成机制进一步完善，重要民生商品价格调控机制更加健全，公共服务价格政策基本完善，适应高质量发展要求的价格政策体系基本建立。

二、竞争机制的作用

竞争机制是市场活力和经济发展的保证，统一开放、竞争有序的市场体系是市场在资源配置中起决定性作用的基础。公平竞争是市场经济的本质要求，也是市场机制发挥作用的必要条件。在我国市场体系建设中，各种经济成分市场主体共同竞争发展的格局已经形成。而且，伴随国有企业改革和国有经济布局调整，国有企业逐步放开竞争性业务，公平参与市场竞争，各类非公有制经济主体的比例不断上升。建设全国统一开放、竞争有序的市场体系，建立完备的市场法规，是保证要素在全国范围内自由流动的重要前提，也是进一步深化改革的重要目标。

市场中的竞争包括部门内竞争和部门间竞争两种。部门内竞争是指同一生产部门中生产同种产品的各个生产经营单位，为了获得更有利的商品生产条件与销售条件，为了在经营中获得超额剩余价值以提高利润率而进行的激烈竞争，这种竞争的结果是形成了商品的社会价值。商品的社会价值由该产品的社会必要劳动时间决定，如果个别企业的劳动生产率高于社会必要水平，就可以从商品的生产中获得超额利润，而劳动生产率低于社会必要水平的企业，则会处于亏损的状态。因此，充分竞争的市场能够促使企业加大技术创新力度，改善自身经营管理，以提升企业的竞争力，这一优胜劣汰的过程能够保证市场经济的活力，保证价格机制等其他机制的有效运行。反之，如果市场竞争不公平、不充分，使得长期亏损的企业也能在市场上生存，则会阻碍科技进步和经营管理体制的改革，使经济陷入一潭死水。

部门间竞争是不同部门生产不同商品的经营者之间为了获取利润而展开的竞争，竞争的结果是利润转化为平均利润、利润率转化为平均利润率。因为各个部门间的资本有机构成不同、资本周转速度不同，资本在不同的部门间经营所产生的剩余价值率和年剩余价值率也不同，又由于资本的本性天然要求等量资本获得等量利润，那些处在利润率较低部门的资本就会转移到利润率较高的部门，以获得更多的利润。而这些原先利润率较高的部门，因为原有的需求水平没有改变，产能扩张、供过于求，使得商品的价格水平下降，该部门的利润率也随之下降；与此相对，原先利润率较低的部门，资本外流使得产能收缩，供不应求，商品的价格水平出现上升，从而使该部门的利润率上升。上述过程反复进行，资本在利润率不同的部门间的自由流动，就是部门间竞争在发挥作用。部门间竞争通过供求机制和价格机制调整不同部门的利润率水平，直到形成全社会范围内的平均利润率。

全国统一开放的市场和各要素的自由流动是竞争机制发挥作用的重要前提，是市场体系在资源配置中起决定性作用的必然要求。从总体上看，我国国内的市场封锁和地方保护现象依然存在，阻碍了社会生产力的发展和资源的优化配置，同时，我国市场体系发展并不平衡，要素市场化进程远远落后于商品市场化进程，要素市场的分割制约了要素资源在更大范围优化配置。例如，由户籍制度导致的劳动力市场的城乡分割体制带来了严重的弊端，农民工受到户籍的限制，在就业、培训、工资福利等方面遭受歧视性的待遇，这一分割加重了城镇化进程中的城乡二元分化。因此，有必要进一步深化户籍制度改革，促进农村人口向城镇转移，并且建立覆盖面更广、水平更高的社会保障体系，以保证在劳动力市场的激烈竞争下劳动人群的基本生活保障。此外，推行全国统一的技术标准，建立健全的监督机制，完善反垄断、市场准入等相关法律法规，公平公正执法，并营造良好的社会舆论监督环境，对于建设全国统一开放、公平竞争的市场体系亦十分必要。

三、供求机制的作用

在市场经济中，生产和需要的平衡是通过供求和价格的相互作用来实现的。这种作用过程简单地说就是，当供大于求时，价格下降，生产减少，需求增加；当求大于供时，价格上升，生产增加，需求减少；当供求平衡时，各部门生产比例得到合理分配，资源配置实现合理化。通过供求、竞争、价格的波动和生产要素的转移，价格和市场机制调节着社会生产的比例和资源的配置过程，这种调节过程也是价值规律的作用过程。

在现实的经济生活中，由于不同商品生产者之间信息的不对称以及市场信息的不完善、不完全，商品的供应与需求的不一致就成为经常和大量发生的现象。这也就意味着，市场价格经常处于与商品的社会价值相偏离的状态。但是，这并不意味着价值规律失去作用。恰恰相反，供求变动导致的价格对商品社会价值的偏离，正是价值规律作为商品生产的内在必然性发挥作用的机制。凭借这个机制，价值规律的要求是作为一种趋势在或长或短的时期内得到贯彻的。最终的结果是商品的价值量由生产商品的社会必要劳动时间决定，不同商品的交换按照等价原则进行，供求关系在价格的调节下趋向平衡。

供求之间的这种平衡意味着资源的合理配置。但是，需要强调的是，这种平衡是有条件的，而不是无条件的、自然而然的，条件例如生产者和消费者对价格的反应灵敏，市场体系比较完整，竞争比较充分，生产要素的流动比较畅通，价格信号比较准确，沟通和信息比较有效，市场秩序比较规范，企业的生产能力比较充分，等等。在现实生活中，由于这些因素不够充分或完备，价格对供求的调节以及供求之间的平衡往往难以顺利实现，导致资源配置不合理。因此，就出现了我们经常可以看到的情况：有的产品供不应求，有的产品则大量过剩，导致供求失衡；有些地区实行地方保护，阻碍产品和生产要素的自由流动；低层次的产品重复生产，高技术的产品则难以满足需求；等等。这些都制约了市场机制和价值规律作用的发挥。

四、市场秩序的作用

规范、透明的市场秩序是市场机制良好运行的必要前提。在理想条件下，市场机制的自发运行能够促成经济中各个主体的良性互动，协调各方利益关系，自动实现资源优化配置。然而在现实中，这种自动过程的实现需要一系列制度因素和社会历史因素的有效配合，以确保完善的市场秩序的存在，否则会出现各类市场失灵现象。当市场失灵时，由于垄断、外部性、信息不完全、公共产品等问题的存在，市场机制往往无法实现资源的有效配置。

例如，市场的竞争机制发挥作用需要有外部力量参与其中，尤其是对于一些产品存在信息不对称的行业，可能出现伪造的古董或珠宝玉器与各类违规食品添加剂问题等，如果缺乏规范、透明的市场秩序，以及对市场秩序和法律法规的严格执行，就会导致假冒伪劣甚至有毒有害的产品在市场上泛滥，其生产者由于相对的成本优势甚至能在市场竞争中取得领先地位，反而使得遵纪守法、具有责任感的生产者被市场竞争所淘汰。如果不想被淘汰，则所有的生产者都会采取相同的制假贩假策略，使得该商品的生产销售出现“劣币驱逐良币”的现象。此时市场中的竞争机制依然在起作用，却由于缺乏良好的市场秩序，非但不能促进社会生产力的进步，反而损害了社会的整体福利。此时就需要政府干预的参与，纠正微观主体的偏离行为，以提高资源的配置效率。

所谓市场调控或监管，是政府有关部门对市场主体及其所从事的交易、竞争等市场行为进行的监督和管理活动的总和，其目的是防止各种对社会公共利益、市场秩序和其他市场主体合法权益构成损害的不正当行为的出现，维护正常的市场秩序，保证市场良性有序运行，为市场机制充分发挥作用创造良好环境。因此，从微观个体的角度看，政府与市场似乎是对立的。但若从宏观和社会的角度看，就会发现，政府与市场并不是对立的，而是相辅相成的。政府有为，市场才能有效。我们可以看到，许多发展中国家市场经济的落后不仅表现为市场作用比较弱、市场体系不健全、市场秩序混乱、价格信号扭曲等，也表现为政府作用比较弱、能力不足、效率低下、缺乏权威等。因此，离开了有效的政府调节，就不可能形成有效的市场调节；反过来说，离开了有效的市场调节，有效的政府调节也是难以做到的。

五、市场体系的作用

市场体系是由各类市场组成的有机联系的体系性整体，既包括商品市场，也包括生产要素市场。其中，商品市场包括消费品市场、生产资料市场和服务市场等。消费品市场直接满足人们的物质文化需要；生产资料市场满足社会再生产的需要；服务贸易包括金融、电信、交通、旅游等。生产要素市场提供各类生产要素的交易，包括金融市场、劳动力市场、土地市场等。商品市场是市场体系的基础，商品市场的价格信号引导着要素资源的配置。而随着市场经济的深化发展，生产要素市场的重要性也日益增强，没有发达的生产要素市场，市场机制在资源配置中的调节作用就不可能实现。

完整的市场体系是现代市场经济的一般要求，也是建立和完善社会主义市场经济的必要条件。要充分发挥市场机制在资源配置中的决定性作用，必须培育、建设发达完善的市场体系。

改革开放特别是党的十八大以来，我国市场体系建设取得了巨大进步，为构建现代化经济体系提供了有力支撑，推动了社会主义市场经济体制不断健全完善。当前，我国已进入新发展阶段，将加快构建以国内大循环为主体、国内国际双循环相互促进的新发展格局。因此，必须进一步提升市场体系建设水平，建设高标准市场体系。2021 年 1 月，中共中央办公厅、国务院办公厅印发了《建设高标准市场体系行动方案》（以下简称《方案》），对建设高标准市场体系作出了部署。《方案》提出，要坚持平等准入、公正监管、开放有序、诚信守法，畅通市场循环，疏通政策堵点，打通流通大动脉，推进市场提质增效，通过 5 年左右的努力，基本建成统一开放、竞争有序、制度完备、治理完善的高标准市场体系，为推动经济高质量发展、加快构建新发展格局、推进国家治理体系和治理能力现代化打下坚实基础。《方案》对建设高标准市场体系做了细致的政策部署，特别强调了全面完善产权保护制度、全面完善公平竞争制度、推进要素资源高效配置、完善现代化市场监管机制等重要方面。

第三节　经济结构的变迁

如何理解中国经济发展的成就和问题，怎样认识中国的经济运行机制，马克思主义经济学和西方经济学有不同的解释和说明。西方经济学只能从总量的角度说明总供给和总需求的平衡或不平衡，以及由此导致的经济波动，但是由于我们在发展过程中出现的问题不仅有总量方面的，还有结构方面的，而且与总量相比，结构的问题往往是深层次和长期性的，因此，只有从总量平衡与结构平衡的相互作用与关系的角度才能对中国经济问题作出全面的、科学的解释和说明。

一、经济结构的平衡与不平衡

社会生产的有计划按比例是国民经济顺利运行的条件，也是保持经济可持续增长的基础。从经济运行的角度看，要实现总供给和总需求的平衡，仅有价值形态和货币形式的总量平衡是不够的，还必须有结构的平衡。只有同时达到总量平衡和结构平衡，才能实现国民经济的健康持续发展。

经济结构是指国民经济各部门以及社会再生产各环节的构成及其比例关系。从国民经济各部门来看，主要有产业结构、就业结构、人口结构、投入结构、需求结构、进出口结构、区域经济结构等；从社会再生产各环节来看，主要有生产结构（如产业结构、产品结构、技术结构）、分配结构（如国民收入中积累与消费的比例、收入分配结构）、交换结构（如各类商品在社会商品零售总额中的比重）和消费结构（如居民消费支出中衣食住行各自的占比）。一个国家的经济结构是该国经济技术长期发展的结果，它会受到政治、历史、自然等多种因素的影响和制约。比例协调的经济结构对我国的经济增长和发展具有十分重要的作用。

保持国民经济各部门之间比例关系的合理性或协调性，是实现经济发展和增长的可持续性的内在要求，这不仅要求国民经济保持总量上的平衡，还要求在结构上保持平衡，因为总量平衡与结构平衡之间不是独立或不相干的，恰恰相反，二者之间是既相互依赖又相互制约的关系：总量平衡是结构平衡得以实现的基础和前提，结构平衡对总量平衡也有着重要影响，如果结构持续失衡或普遍失衡，它就会转化为总量失衡，因此，只有在结构合理的基础上才能真正实现总量平衡。

总量平衡和结构平衡的区别主要体现在以下几个方面：第一，总量平衡主要是从价值方面看量上是否平衡，比如财政收支、信贷收支、货币供求、进出口贸易、国际收支乃至总供给与总需求是否平衡，而结构平衡则是从使用价值形态上进行考察，分析的是产业结构、地区结构、投资结构与消费结构等的相互平衡与协调。第二，总量平衡侧重于对国民经济运行的短期调节，结构平衡则更关注解决经济的中长期发展问题。

目前我国经济既有总量失衡问题，又有结构失衡问题，哪一个才是矛盾的主要方面呢？我们认为结构失衡是主要的和深层次的，如果解决了结构失衡问题，不仅可以实现总量平衡，还可以实现国民经济的可持续性发展。因此，经济结构的调整和升级是未来工作的重点和关键。

结构失衡在我国目前的表现主要有以下几个方面：（1）产业结构失衡，即产业之间的比例不合理、运行效率低以及产业调整趋势的不一致性。具体来说，我国产业之间的比例关系不协调，既存在瓶颈产业，又存在产能过剩产业；从运行效率看，全社会劳动生产率偏低，单位 GDP 能耗偏高；从产业调整趋势的一致性来看，与发达国家和部分与我国发展条件相似的国家相比，我国的第二产业比重依旧相对较高，服务业中高端服务业占比相对较低。（2）需求方面的变化与失衡，主要有全球需求萎缩、国内需求不足、投资结构失调、外贸结构失衡等。（3）区域结构失衡，主要是不同区域之间经济发展的不平衡，以及区域之间和内部的城乡结构的失衡。

要改变我国的结构失衡状态，需要用改革的办法推进结构调整，实现结构的优化与协调。针对新常态下我国经济发展的新特点——增长从高速转向中高速，发展方式从规模速度型转向质量效率型，经济结构调整和优化也要从增量扩能为主转向调整存量、做优增量并举，这是我国经济向形态更高级、分工更优化、结构更合理的阶段演进的必经过程。要实现这一目标，主要途径就是通过产业结构、区域结构以及需求结构的优化升级，减少无效和低端供给，扩大有效和中高端供给，增强供给结构对需求变化的适应性和灵活性，提高劳动生产率。

二、产业结构的变动

产业结构主要是指构成产业总体的产业类型、组合方式，各产业之间的经济技术联系，各产业的技术基础、发展程度及其在国民经济中的地位和作用。

产业结构的变动总是与经济发展联系在一起，随着经济的发展，产业结构在产业高度方面不断由低级向高级演进，在产业结构的横向联系方面不断由简单向复杂转化，这两个方面的不断变化推动产业结构向高级化、合理化方向发展。产业结构的总体变动趋势是从第一产业向第二产业并逐步向第三产业占主导地位的方向演进。

产业结构高级化具体表现为如下几个方面：在比例关系上，经济发展和产业结构的重心通常由第一产业依次向第二产业、第三产业转移，最终过渡到以第三产业为主导的三次产业结构；在产业结构的要素配置上，优势产业逐渐从劳动密集型产业向资本密集型产业、技术密集型产业演进；而从产业的内部效率来看，在生产过程内部，单位投入的产出水平不断提升，纵向生产过程中原材料和初级产品的比例不断降低、产业链逐步向中间产品和最终产品转移；从参与全球产业分工的角度来看，在不断融入全球产业价值链的过程中，生产逐步从全球价值链的低附加值环节向高附加值环节转移，企业的技术能力和全球市场能力不断增强，从重点参与全球分工中的制造环节，转变到设计环节、市场环节和研发环节。

改革开放以来，中国产业结构的高级化水平不断提高，三次产业相对结构不断优化，各产业内部效益不断提升，第一、第二、第三产业占国民经济总量的比重分别从1978年的28.1%、48.2%和23.7%，转变到2023年的7.1%、38.3%、54.6%，实现了从“二一三”到“三二一”，并以第三产业为主导的结构转变。从目前各类产品在我国出口中的比重来看，机电产品和高技术产品占比呈上升趋势，机电产品在我国出口商品中的占比已经接近六成，初级产品和劳动密集型产品占比在下降。产业链的纵向环节已经走出了以初级产品生产为主的阶段，最终产品比值不断提高；贸易方式经历了从一般贸易为主向加工贸易为主，再向一般贸易为主的转变。近年来我国加工贸易在外贸中的占比有所下降，从顶峰时期的半壁江山下降到了20%以下；一般贸易比重则不断上升，2023年占比已超过60%。可见，优势产业从劳动密集型产业过渡到资本密集型产业，在技术密集型产业的部分领域已经初步呈现竞争优势；在全球价值分工中，各环节的附加值也不断提升，从简单的劳动力依赖逐步向高附加值环节过渡。但整体而言，中国产业结构高级化水平的进一步提升仍然需要更多依靠技术进步和生产过程的集约化与信息化，进一步提高生产过程的附加值水平，以实现产业结构、经济增长、资源环境的协调可持续发展。

当前，我国经济发展的内外部环境在发生深刻变化，全球经济格局的深度调整也对我国产业结构的优化形成了倒逼机制。党的十九大报告指出，要“支持传统产业优化升级，加快发展现代服务业，瞄准国际标准提高水平”。党的二十大报告对建设现代化产业体系作出全面部署，强调“坚持把发展经济的着力点放在实体经济上”，提出“推进新型工业化”“推动战略性新兴产业融合集群发展”“推动现代服务业同先进制造业、现代农业深度融合”“构建现代化基础设施体系”等重要任务。因此，我国产业结构的高级化提升要突出以下方面：一是深入推进供给侧结构性改革和科技体制改革，建设现代化产业体系，不断优化经济结构，推动经济发展质量变革，着力加快建设实体经济、科技创新、现代金融、人力资源协同发展的产业体系；二是支持传统产业优化升级，加快发展现代服务业，瞄准国际标准进一步提高水平；三是依靠创新驱动，进一步提高生产过程的附加值水平，促进我国产业迈向全球价值链中高端；四是实现产业结构、经济增长、资源环境的协调可持续发展，提供更多优质生态产品以满足人民日益增长的优美生态环境需要。

为了实现一定的经济和社会目标，政府对产业的形成、发展、结构优化进行调节，这些政策的总和即产业政策，包括产业结构政策、产业组织政策、产业发展政策三大类。在产业发展和结构调整的过程中，产业政策的作用是十分重要的，主要原因在于：

第一，经济落后国家的新兴产业刚建立时，由于达不到规模经济的条件，并缺少国际竞争的经验，往往在竞争中处于不利地位，因此，需要政府采取有效的产业政策及其他贸易保护措施进行必要的扶持，这样这些国家的新兴产业企业才能与发达国家的先进企业进行有效的竞争。

第二，产业结构的升级变化很快，经济高速增长往往伴随着经济结构的剧烈变化，如果缺乏有效的产业政策，一方面会造成传统产业调整的困难，大量资源会滞留在衰退产业中不能及时退出；另一方面，新产业则由于得不到支持而发展缓慢。

第三，后进国家可以利用后发优势，吸收借鉴发达国家产业发展的经验教训，学习运用比较先进的生产技术和科技成果，制定出符合本国特点的合理的产业发展战略，并通过国家有计划的引导、组织和干预，实现赶超。

第四，依靠市场机制虽然可以较好地实现资源的有效配置，但市场调节具有盲目性，且是事后调节。产业政策作为政府行为，可以根据科学的预见实现事前调节，加速产业结构的合理化和高级化，实现产业资源的优化配置，避免不必要的资源闲置和浪费。

改革开放以来中国出台了一系列的产业政策，助推中国产业结构的转型升级。1994年国务院出台《90年代国家产业政策纲要》，推动了产业结构调整，中国产业结构中第二产业比重显著上升，服务业结构不断改善，产业结构的优化升级成为经济持续增长的重要推动力。2005年，国家发展和改革委员会首次发布了《产业结构调整指导目录（2005年本）》，最新版是2024年本。2012年7月9日，国务院印发了《“十二五”国家战略性新兴产业发展规划》，提出了加快培育和发展节能环保、新一代信息技术、生物、高端装备制造、新能源、新材料、新能源汽车等战略性新兴产业的政策规划。2014年国务院颁布《关于加快发展生产性服务业 促进产业结构调整升级的指导意见》，首次对生产性服务业作出明确定位，服务业发展政策持续加码。2016年3月16日，十二届全国人大四次会议通过了《中华人民共和国国民经济和社会发展第十三个五年规划纲要》，提出应该围绕结构深度调整、振兴实体经济，推进供给侧结构性改革，培育壮大新兴产业，改造提升传统产业，加快构建创新能力强、品质服务优、协作紧密、环境友好的现代产业新体系。2020年，《中共中央关于制定国民经济和社会发展第十四个五年规划和二〇三五年远景目标的建议》针对产业发展提出，加快发展现代产业体系，推动经济体系优化升级，坚持把发展经济的着力点放在实体经济上，提升产业链供应链现代化水平，发展战略性新兴产业，加快发展现代服务业，统筹推进基础设施建设，加快数字化发展，发展数字经济。这些都是不同阶段我国提升产业水平、优化产业结构的产业政策总纲。

三、区域结构的变化

区域结构是指一国范围内各个地区之间的经济发展状况与相互关系，它涉及经济增长要素的空间分布，是经济结构在空间上的反映。

我国的区域结构及发展政策经历了一个从平衡到不平衡、又逐步走向平衡的演变过程。

中华人民共和国成立后，我国以生产力的空间平衡布局为主，注重提高西部等不发达地区的发展水平，通过这一时期的建设和发展，建立起了独立的比较完整的工业体系和国民经济体系，初步实现了由落后的农业国向工业国的转变，地区间及地区内经济差距均有所缩小。

改革开放后，东部沿海地区率先实行对外开放，国家投资和各种生产要素向东部沿海地区集聚，促进了东部地区经济的高速发展。再加上东部地区良好的历史、经济基础和地理位置等因素，这一时期东部沿海地区与中西部内陆地区之间的经济差距扩大，区域发展不平衡加剧。

1995 年党的十四届五中全会提出，坚持区域经济协调发展，逐步缩小地区发展差距，促进地区经济合理布局。1999 年西部大开发战略被提出，我国区域协调发展战略正式进入具体实施阶段，一系列促进内陆地区经济发展的政策措施相继出台。

2003 年，在总结以往区域经济发展经验教训的基础上，根据我国经济社会发展所处的阶段性特点，党的十六届三中全会提出按照统筹区域协调发展的要求，出台实施西部大开发、振兴东北地区等老工业基地、促进中部地区崛起等全面协调可持续发展战略，并将这一战略具体落实到之后的“十一五”规划纲要中。从 2007 年开始，区域协调发展战略实施力度不断加大，先后出台了数十项区域规划和特定区域政策，明确提出将全国划分为不同类型的主体功能区，以优化国土空间结构，平衡区域发展。

在中央这一系列政策措施的大力支持下，中西部地区和东北地区发展加快，区域间和区域内经济差距从 2004 年开始由扩大转为缩小，区域经济出现相对均衡的增长态势，产业布局也逐步由过去的向东部集中转变为向中西部转移扩散，我国的区域结构正在发生重大改变，进入东北及东中西部四大区域相对均衡发展时期。

当前，中国经济进入新常态，我国区域经济结构呈现出了以下一些具体特征。

（1）伴随着我国区域经济从东部优先不平衡发展到区域经济协调发展模式的转变，区域结构虽仍然呈现出分化格局，但结构转型也实现了升级加速。具体地说，主要表现在以下几方面：

第一，区域增长分化，结构性特征显著。“去产能”大省经济下滑严重，东部“经济强省”抗跌性强，“稳定器”作用明显，部分西部省份经济增速较高，但拉动效果有限。

第二，区域产业分化，结构持续转型。东部省份服务业占比普遍较高，而大多数中西部省份依然是工业经济占据主导地位。从产业结构变迁来看，部分省份产业转型步伐加快、较为成功，部分省份则出现了明显的产业结构调整“阵痛”。

第三，区域投资分化，增长动能各异。东部地区已率先摆脱投资的束缚，中西部地区的投资依赖度仍然很强。同时，在同一经济区域内部，发展模式和增长动能同样可能存在差异。

（2）区域经济发展路径更加明晰，产业转移“雁行矩阵”初步形成，追赶效应仍在释放。

“雁行发展理论”认为，国家间或地区间产业发展水平的差异会使作为雁首的技术水平和产业结构高级的国家或地区在国际劳动分工和世界贸易体系中处于相对优势地位，它会通过资金技术的供应和市场吸收，将传统产业不断转移到相对落后的国家或地区，自己集中发展高附加值、低污染、低资源消耗的技术密集型产业；承接雁首转出的产业的国家或地区是雁翼，它可以利用雁首的资金、技术和市场来发展资本密集型产业和一些技术密集型产业，同时又将劳动密集型产业转移到比自己更落后的国家和地区，充分发挥其后发优势，实现追赶效应；承接劳动密集型产业的国家和地区则为雁尾。

我国东中西部之间发展差异较大，雁行发展理论可以很好地解释这些地区之间的产业梯度转移现象。近年来，随着高铁和高速公路网等基础设施的逐步完善，由于中西部地区在劳动力、土地、能源价格等方面都具有较强的竞争优势，中西部承接东部产业转移的条件已日渐成熟。传统产业从东部逐步向中西部转移，形成了以技术先进、资金雄厚、人才密集的东部地区和北京、上海等中心城市为雁首，对东部产业转移进行有序承接的中西部地区为雁翼，雁尾的环环相扣的“雁行矩阵”。

（3）中国区域经济协调发展的主体特征是以政府为主导、以市场为基础，中国区域经济协调发展的目标定位是效率和公平的统一。

建立在新古典理论基础上的区域经济均衡发展理论认为，资本、劳动和技术等生产要素的自由流动将导致区域发展趋于均衡。这一结论既不能解释不同国家内部广泛存在的地区经济差异问题，也无法解释不同国家间长期存在且日益扩大的经济差距。马克思主义的“空间生产”理论为我们理解城乡关系和区域发展的不平衡提供了一个有说服力的分析视角。“空间生产”理论认为，城乡和区域结构差异既是资本生产的需要，又是资本生产的结果：资本主义工业化造成工业城镇极其迅速地增长，以时间消除了空间，在一国内部导致城乡对立；城市已经不仅是传统的产业集聚中心和增长极，而且成为资本、权力、阶级利益角逐的场所。正是因为认识到地区间自然、历史、经济条件的差异一定会形成区域经济差异和工业化带来的城乡对立，单纯依靠市场的力量不仅不能消除这些差异，还会进一步扩大区域经济差距，从而最终影响整个国民经济的可持续协调发展，我国才进行了区域发展政策的创新——统筹兼顾、协调发展，既注重发挥市场在资源配置中的决定性作用，又有国家政策的积极引导和扶持，以实现效率和公平的统一。

（4）中国区域经济增长的空间格局已经由单纯依靠工业布局推动经济增长，逐步转变为以城市群为主导的区域经济增长格局。随着全国综合交通运输网络体系的形成，以及西部大开发、振兴东北老工业基地和中部崛起战略的实施，再加上东部沿海地区要素成本的上升，国家明确提出了划分不同类型主体功能区，发展在国家区域经济增长中具有全局性战略意义的中心城市和城市群，发挥城市群辐射带动作用的区域均衡发展新战略，积极引导城市空间布局和经济带建设，以“一带一路”建设、京津冀协同发展、长江经济带建设为引领，形成沿海沿江沿线经济带为主的纵向横向经济轴带，通过推进全国经济一体化来促进区域经济协调发展。

党的十九大报告提出，“实施区域协调发展战略”。《中共中央关于制定国民经济和社会发展第十四个五年规划和二〇三五年远景目标的建议》明确提出了推动区域协调发展的规划建议：推动西部大开发形成新格局，推动东北振兴取得新突破，促进中部地区加快崛起，鼓励东部地区加快推进现代化。支持革命老区、民族地区加快发展，加强边疆地区建设，推进兴边富民、稳边固边。推进京津冀协同发展、长江经济带发展、粤港澳大湾区建设、长三角一体化发展，打造创新平台和新增长极。推动黄河流域生态保护和高质量发展。高标准、高质量建设雄安新区。坚持陆海统筹，发展海洋经济，建设海洋强国。健全区域战略统筹、市场一体化发展、区域合作互助、区际利益补偿等机制，更好促进发达地区和欠发达地区、东中西部和东北地区共同发展。完善转移支付制度，加大对欠发达地区财力支持，逐步实现基本公共服务均等化。党的二十大报告提出促进区域协调发展，深入实施区域协调发展战略、区域重大战略、主体功能区战略、新型城镇化战略，优化重大生产力布局，构建优势互补、高质量发展的区域经济布局和国土空间体系。

四、地方政府的经济行为

改革开放之后，为适应社会主义市场经济的要求，中国逐步形成了中央集权与地方分权相结合的制度模式。坚持中央政府的主导作用，是中国特色社会主义市场经济体制的一个根本原则。中央政府作为社会经济、政治和文化中心，代表着国家全局和长远的利益，承担着制定发展战略、维护市场秩序、保障公平正义、推动经济发展等重要职能，是推动经济发展、经济政策制定与实施和对外开放的主导性力量。

在坚持中央政府主导作用的前提下，经济领域中的地方分权得到了广泛发展，包括：通过改革立法体制，中央向地方下放了立法权；通过改革经济管理体制，中央向地方下放了经济管理权；通过改革财政税收体制，扩大了地方财政自主权；通过建立经济特区、自由贸易区、改革试验区等多种形式，赋予地方以更大的经济自主权等。地方分权的广泛发展，在中国的渐进式改革中发挥了重要的历史作用。

首先，中央和地方以及地方和地方之间财政分配的“大锅饭”被打破了，地方政府成了一个具有明确经济利益的相对独立的经济主体，这充分调动了地方政府发展经济的积极性，促进了地方经济的繁荣和发展，特别是对沿海地区的经济发展起到了明显的推动作用。

其次，地方分权改变了政府内部的组织结构、利益结构和信息结构，形成了中央集权与地方分权相结合的新型的中央与地方关系，适应了市场经济发展的要求，发挥了中央和地方的两个积极性，提高了政府调控的效率。

最后，地方分权的改革增强了地方政府改革的动力，提高了地方政府在改革决策中的地位和作用。这样，就为各地区从实际出发，大胆创新，大胆试验，选择和推行合理有效的改革政策和体制机制创造了广阔空间。

地方经济是以一定的行政区划为地理空间，以地方政权为调控主体进行资源配置，并具有鲜明地方特色的功能完备的局部经济发展单元。地方经济强调的是从行政角度对国家经济主体的划分，在中央之下，我国地方行政区域主要划分为省（自治区、直辖市）、市、县、镇（乡）四级，其中，省域经济是最重要的一个层面。地方政府是我国社会主义市场经济中的一个相对比较特殊的市场行为主体，具有一定的管辖权和经济活动参与权，在经济社会活动中起着举足轻重的作用。

在中国，地方政府是经济发展中的一个重要主体，在推动经济发展中发挥着重要的作用，主要原因有四个方面：一是分税制与追求经济发展的动力。财政的包干体制以及1994年开始的分税制改革，使地方政府成为本地区经济剩余的分享者，因而产生了推动本地经济发展的强大动力。二是政府间竞争产生的压力。中国地方政府在发展辖区经济中存在广泛的竞争，竞争产生了进一步的压力。三是地方政府有推动本地区经济发展的权力与资源。在财政体制的分权化改革中，中央政府给予地方政府比较广泛的政策制定与执行的自主权，而且国有资产、土地升值、地方融资平台等制度条件使得地方政府拥有操作经济发展的资源。四是地方政府有管理地方经济发展的能力。地方政府在管理地方经济的过程中，提高了自身管理与调控地方经济的能力。

地方政府对经济发展的积极推动作用，是改革开放以来中国经济能够持续快速发展的一个重要原因。地方政府通过招商引资等多种方法构造了可持续发展的“投资激励体系”，降低企业投资、创业的投资成本，从而提高企业投资水平，造就了中国经济超强的投资驱动力。地方政府通过提供更好的公共产品，提供良好的基础设施、自然资源、公共服务，引导其他区域各种流动性生产要素流入本区域，最终促进辖区经济发展。但是，地方政府的作用是从本地区利益出发的，在一定条件下也会产生一些消极影响。如盲目投资、重复建设、地方保护主义等，新时代下中央和地方关系的规范需要转变政府职能，深化简政放权，创新监管方式，增强政府公信力和执行力，建设人民满意的服务型政府，赋予省级及以下政府更多自主权。

第四节 宏观经济波动

宏观经济波动是指国民经济运行中经济扩张与经济收缩相互交替，经济增长高低起伏、循环运动的经济现象。宏观经济波动也被称为经济周期。在经济扩张期，经济增长速度处于较高水平，直至达到“峰顶”；在经济衰退期，经济增长速度则会降低，达到“谷底”。宏观经济波动是市场经济中普遍存在的一种客观经济现象。在我国社会主义市场经济条件下，宏观经济也是在波动中向前发展的。社会主义市场经济条件下的宏观经济波动在体现市场经济一般规律的同时，也具有自己的特殊性。

一、宏观经济波动的一般原因

马克思主义政治经济学认为，总供给与总需求失衡的可能性源于商品经济社会的基本矛盾，即私人劳动与社会劳动的矛盾。商品生产交换，在货币作为一般等价物成为流通的媒介之后，商品生产者不再为使用价值生产，而是为价值而生产，商品必须转化为货币，才能实现其价值。但商品转化为货币，货币往往不能立即转化为商品，卖出商品的货币持有者并不立刻购进商品。于是，便会发生买与卖在时间和空间上的分离。供给与需求的分离、生产与流通的分离，使得供给大于需求或需求大于供给的失衡就具备了可能性。马克思曾说："商品内在的使用价值和价值的对立，私人劳动同时必须表现为直接社会劳动的对立，特殊的具体的劳动同时只是当做抽象的一般的劳动的对立，物的人格化和人格的物化的对立，——这种内在的矛盾在商品形态变化的对立中取得发展了的运动形式。因此，这些形式包含着危机的可能性，但仅仅是可能性。"① 如果社会只存在简单商品生产，这种供求失衡的可能性只会在局部范围内表现出来。当商品生产发展到社会化大生产阶段，随着生产规模和市场规模的扩大，商品生产的基本矛盾将随之扩大，则可能会演变成社会总供给与社会总需求的严重失衡。

在资本主义商品经济中，总供给与总需求失衡的可能性演变成为必然性。这是因为，私人劳动与社会劳动这一商品经济的基本矛盾在资本主义商品经济中已经演化为资本主义的基本矛盾，即生产社会化和资本主义私有制之间的矛盾。资本主义基本矛盾首先表现为资本主义企业内部生产的有组织性和整个社会生产无政府状态的矛盾。资本主义生产是社会化大生产，生产的社会化使各个生产部门和各个企业之间的相互联系、相互依赖更加密切了。但是，资本主义的私有制又把整个社会生产割裂开来。这种企业内生产的有组织性和整个社会生产的无组织、无序性必然导致社会生产的比例失调。资本主义基本矛盾还表现为资本主义社会生产的无限增长趋势和劳动人民购买力相对缩小的矛盾。利益驱动资本家改进技术、扩大生产，同时又使劳动人民购买力的增长相对小于生产的增长。这两种矛盾积累到一定程度必然导致以生产相对过剩为特征的经济危机，造成总供给与总需求的严重失衡，从而引起宏观经济运行的剧烈波动。

二、我国宏观经济波动的原因

宏观经济波动是市场经济条件下不可避免的客观经济现象。在我国社会主义市场经济条件下，宏观经济波动既有源于市场经济的一般性原因，也存在特殊因素。

从市场经济一般的角度分析，社会主义市场经济是发达的商品经济，依然存在私人劳动与社会劳动这一商品经济的基本矛盾，由这一矛盾造成总供给与总需求失衡进而引起宏观经济波动仍然具有可能性。私人劳动与社会劳动矛盾引发的供求失衡的可能性变成现实性取决于社会化商品经济发展的程度。随着社会化大生产的发展，生产规模和市场规模扩大，商品经济的基本矛盾也将随之扩大，造成社会总供给与社会总需求严重失衡及宏观经济波动的现实性也不断增大。我国社会主义市场经济是高度社会化的发达商品经济，私人劳动与社会劳动的矛盾也会因此被放大，有时甚至会非常尖锐，由此引起的总供给与总需求失衡及宏观经济波动也就在很大程度上变得不可避免。

① 马克思，恩格斯．马克思恩格斯文集：第5卷．北京：人民出版社，2009：135.

从特殊性因素来观察，社会主义经济制度的建立从根本上消除了资本主义社会的基本矛盾，因而也消除了经济发生周期性波动的制度性原因。在社会主义市场经济条件下，虽然仍然存在大量非公有制经济成分，但同时存在居于主体地位的公有制经济和发挥主导作用的国有经济，这就在很大程度上阻止了私人劳动与社会劳动矛盾演变为生产社会化与生产资料私人占有形式之间矛盾的可能性，即便存在某种程度的生产社会化与生产资料私人占有形式之间的矛盾，也是被限制在一定范围内的。我国社会主义市场经济条件下的总供给与总需求失衡及宏观经济波动还存在着若干特殊的原因。

第一，改革开放以来我国宏观经济的波动在一定程度上与经济体制转轨有关。我国在从计划经济向市场经济转轨的过程中，采取了循序渐进的路径。在宏观经济调控方面，也没有现成的经验可以依循，只能在试错、改错中逐步完善宏观调控的政策和手段，而政策的调整难免造成宏观经济波动。

第二，改革开放以来我国的宏观经济波动在一定程度上是我国作为后发国家加快发展的客观需要使然。在条件有利时加快发展，在条件不利时主动调整，始终是宏观调控的主要基调，并因此使宏观经济运行呈现出明显的阶段性特征。邓小平指出："看起来我们的发展，总是要在某一个阶段，抓住时机，加速搞几年，发现问题及时加以治理，尔后继续前进。"①

第三，改革开放以来我国宏观经济的波动是主动进行经济调整的外在表现。我国社会主义国家的性质决定了国家具有对宏观经济运行进行主动调整的基础和责任。这种调整是为了解决经济社会发展特定阶段的各种矛盾必须进行的调整，而调整在解决各种矛盾的同时，也不可避免地带来经济波动。例如，1981 年，我国 GDP 增长率曾跌至 5.2%，这在很大程度上是对从 1978 年开始的投资过热的"洋跃进"采取"急刹车"式的调整的结果。1982—1984 年的超高速增长则是实施"调整、改革、整顿、提高"政策的成果。1985—1990 年的经济下行是为了治理通货膨胀，采取治理整顿及货币、信贷"双紧"政策的结果。1991—1992 年出现的 GDP 高速增长则是为阻止经济下滑而实施宽松货币政策的果实，它也与邓小平南方谈话，重启市场化改革进程的氛围密切相关。1993—1999 年出现的 GDP 增速下滑与这一阶段适度从紧的财政政策和紧缩的货币政策有关。2000—2007 年 GDP 的高速增长主要受益于我国加入 WTO、增加基本建设投资、税制改革等几大政策利好。2008—2015 年，经济增速连续 8 年处于下行调整时期，其间，为应对国际金融危机的消极影响，中央政府实施了"4 万亿元投资＋10 万亿元贷款"一揽子刺激经济计划，使经济增长率在明显下跌之后走出了一个陡峭的"V"字形轨迹。但由于经济发展出现了一系列新的阶段性特征，我国经济发展下行压力不断加大。2015 年之后，我国经济发展的显著特征就是进入新常态。在新常态下，我国经济增长速度从高速转向中高速，我国经济发展更加强调发展方式的转变、经济结构的优化和发展动力的转变。在这种情况下，国家采取了经济合理区间调控、推进供给侧结构性改革及同时注重扩大社会总需求的政策，逐步实现了由高速增长向中高速增长的平滑"换挡"。

---

① 邓小平．邓小平文选：第 3 卷．北京：人民出版社：377.

三、改革开放以来我国宏观经济的波动

改革开放以来，随着市场化改革的不断深入，加之受国际经济形势复杂多变与国内经济结构改革调整的影响，中国经济出现了几次显著的经济波动（见图 7-1）。如果通过 GDP 增长率变化来反映中国经济波动情况，以 10 年左右的中长周期观察，中国经济增速经历了 3 次上升和 3 次回落的波动过程。

第一次经济上升期（1982—1984 年），GDP 增长率从 1981 年 5.2%的低谷上升到 1984 年 15.3%的高峰，上升了 10.1 个百分点。

第一次经济回落期（1985—1990 年），GDP 增长率回落到 1990 年 3.8%的低谷，回落了 11.5 个百分点，下行调整了 6 年。

第二次经济上升期（1991—1992 年），GDP 增长率从 3.8%的低谷上升到 14.2%的高峰，上升了 10.4 个百分点。

第二次经济回落期（1993—1999 年），GDP 增长率回落到 1999 年 7.6%的低谷，回落了 6.6 个百分点，下行调整了 7 年。

第三次经济上升期（2000—2007 年），GDP 增长率从 7.6%的低谷上升到 14.2%的高峰，上升了 6.6 个百分点。

第三次经济回落期（2008—2015 年），GDP 增长率回落到 2015 年 6.9%的低谷，回落了 7.3 个百分点，下行调整了 8 年。

2015 年之后，我国经济已经进入新常态。新常态是一个新的发展阶段。在新常态下，经济增速从高速转向中高速，发展方式要从规模速度型转向质量效率型，经济结构调整要从增量扩能为主转向调整存量、做优增量并举，发展动力要从主要依靠资源和低成本劳动力等要素投入转向创新驱动。这些变化是我国经济向形态更高级、分工更优化、结构更合理的阶段演进的必经过程。

图 7-1　1978—2023 年中国 GDP 增长率

改革开放以来，我国经济一直是在波动中前行的，体现出一种波浪式前进、台阶式

发展的运动过程，国民经济总量也在波动中实现了每隔几年上一个新台阶的目标。我国的宏观经济波动带有很强烈的国家主动干预和调节的痕迹。这种主动干预和调节基于公有制主体地位和国有经济的主导作用提供的基础条件，体现出很强的能动性，既熨平了剧烈的经济波动，又在某种程度上成为影响宏观经济波动的重要因素。

四、对经济波动的宏观调控

宏观经济波动可以分为正常经济波动和超常经济波动。正常经济波动即经济波动的幅度保持在一定的范围内，对国民经济运行不构成危害的波动；如果波动的幅度过大，超过一定范围，将会给国民经济运行构成严重危害，这样的经济波动称为超常经济波动。我国必须努力规避超常经济波动给居民、企业、产业及国民经济带来的损害。为此，应该深入总结宏观调控的经验教训，创新和完善宏观调控方式，尽量减少政策性调整带来的人为的经济波动。

在我国社会主义市场经济条件下，国家对宏观经济运行进行调控，不仅反映了现代市场经济的一般规律，更具有自己的独有特征，具体表现在：

(1) 社会主义国家的宏观调控是社会主义的本质特征和内在要求。社会主义经济的所有制基础是公有制。公有制经济，特别是作为全民所有制实现形式的国有经济的广泛存在，要求国家对经济运行过程从总体上进行调控。国家宏观调控职能是从社会主义经济中内生出来的职能。

(2) 社会主义国家的宏观调控具有双重属性。一方面要克服市场失灵、校正总供给与总需求失衡，实现经济社会稳定发展，体现现代市场经济条件下国家宏观调控的一般性；另一方面要以公有制为基础，遵循有计划按比例发展规律，合理配置社会资源，满足人民日益增长的美好生活需要，更好地实现社会主义生产目的，体现社会主义生产关系的本质要求。

(3) 社会主义国家宏观调控具有长期性、广泛性。我国是一个发展中的社会主义大国，面临着实现国家工业化和现代化的艰巨任务，肩负着实现中华民族伟大复兴的历史使命。这就需要国家从经济社会发展的全局和长远利益出发进行引导与调节，在促进市场发育、推进制度创新、保障公平正义、实现共同富裕、引领可持续发展等诸多方面进行广泛调节与控制。

五、我国宏观调控的经验

改革开放以来，我国从社会主义市场经济的实际出发探索宏观调控的有效办法，积累了丰富的经验，主要包括：

(1) 短期与长期结合。在西方国家，宏观调控主要是一种短期行为，其理论依据是市场在长期中会实现资源的最优配置，仅在短期内才会偏离最优状态，所以宏观调控也主要是熨平市场的短期波动。但是，实际上，在长期内靠市场调节也不会自动实现一国经济的最优增长，对于发展中国家而言，这一点尤为明显。发展中国家要实现发展所需要的产业基础、创新能力和国际竞争力都不可能完全通过市场实现。因此，无论长期还是短期都需要政府的调控以保证经济在最优的轨道上运行。此外，在现实中并不存在“绕过短期，直达长期”的办法，经济运行只能是由一个又一个短期接续起来的结果。若干短期的接续过程就构成了“长期”。每个短期波动都会构成影响长期发展态势的因素，所以宏观调控必须实现短期调控与长期调控的协调统一。

（2）协调好速度与质量的关系。世界各国都将经济增长作为实施本国宏观调控的重要目标之一，但是如何运用宏观调控手段协调好速度与质量的关系至关重要。盲目追求经济增长的高速度，可能会掩盖、累积经济的各种内部深层次矛盾，制约未来经济的健康发展。这就要求宏观调控在追求经济增长速度的同时更加关注提升经济整体质量。而把经济增长速度适当调低一些可以缓解对供求关系的压力、资源环境的压力和物价上涨的压力，可以为提高经济增长的质量和效益、加快转变经济发展方式留出更大空间。

（3）兼顾数量增长与结构平衡。经济发展既要追求量的增长，同时也要求质的提高，而经济结构优化是保证质量提高的必要条件。我国宏观调控在相当长时期内侧重于经济总量增长，将 GDP 增长作为考核地方经济发展情况与官员晋升的主要指标。持续的高速增长大大提升了我国的经济总量，使我国的 GDP 总量跃升至世界第 2 位。但是，经济生活中的各种结构性矛盾也在累积，如能源消耗过大、产能过剩与环境污染等结构性问题逐渐显现并日趋尖锐化。单纯追求经济数量的增长，忽视经济结构优化，不符合我国经济可持续发展目标与长远经济利益。作为发展中国家，我国在很长的历史时期都会面临数量增长与结构优化的双重任务，一方面要稳增长，保持经济在合理区间运行，以避免系统性或区域性的金融风险和社会风险；另一方面要不断优化经济结构，以优化资源配置，增强经济增长的可持续性。我国政府在宏观调控实践过程中努力平衡经济增长数量与经济结构优化之间的关系，形成了区间调控和定向调控，实现了由粗放调控向精准调控的转变，在经济结构调整的基础上保持了经济增长的合理区间。

（4）处理好直接与间接的关系。宏观调控可以分为直接调控和间接调控两种方式。直接调控是国家运用行政手段直接协调和控制微观经济主体的经济行为；而间接调控是国家主要运用经济手段，通过市场机制，影响和引导企业的经济行为，以达到宏观经济调控的目标。在我国经济转轨过程中，受计划经济体制影响，认识与思维模式存在路径依赖与惯性，在很长时期，我国宏观调控运用行政直接手段较多，在相当长的时间内和一定范围中，这是不可缺少的，为宏观目标实现作出了一定贡献。但纵观我国实施宏观调控的历程，行政手段调控的弊端日益显现，调控效果不佳，实施成本较大，公众的服从程度不高，缺乏适应市场的灵活性。近年来，在世界经济增长乏力、国内国际经济形势严峻的压力下，减轻企业负担，激励市场经济主体增强创新活力成为宏观调控的迫切任务。政府在运用宏观调控的途径和方式选择上不应当采用直接的行政途径和方式，而应当运用间接的调控手段，综合运用市场机制引导微观经济主体，以达到优化经济结构、调整提升经济质量的宏观经济目标。这实质上是要处理好市场与政府的关系，明确政府的合理边界，使市场在资源配置中发挥决定性作用，同时更好地发挥政府的作用。

（5）统筹国内与国际。中国经济已经融入世界经济并占有重要地位，将在更大范围、更广阔领域和更高层次上与国际接轨，对世界经济增长起着举足轻重的作用。面对全球经济低迷和中国经济增速“换挡”的复杂的国内外环境，宏观调控更要注重统筹国内与国际两个大局。在把握国内经济运行状况的同时，密切关注发达国家与新兴市场国家的经济走势，应对日益复杂的国际政治经济局势背景下的挑战与机遇。坚持统筹利用国内国际两个市场、两种资源，积极扩大内需，也不放弃努力扩大外部需求。

（6）供给管理与需求管理并重。在一定时期，由于社会的生产能力和经济结构是相对稳定的，需求变化是决定社会总供给和总需求关系的主要因素。同时，需求总量管理通过对决策主体经济利益的诱导达到宏观调控的目的，而不是强制性地要求经济主体服从政府的调控要求。因而，需求总量管理是政府实行宏观经济平衡的主要工具，但具有调控领域有限、调控存在时滞性等问题。供给结构管理则是一种定向性宏观调控机制，是指在宏观经济调控中主要基于国民经济发展规划和相应产业政策确定的目标，通过经济、行政和法律手段对供给结构和供给活动进行定向调控，以实现总供给和总需求的平衡。供给结构管理的优势在于从经济运行源头即供给角度来解决经济运行深层次矛盾，有利于提升经济质量，实现经济转型升级。

主要名词概念

经济运行　市场机制　经济结构　产业结构　区域结构　宏观经济波动　宏观调控

复习思考题

1. 如何全面理解中国特色社会主义的经济运行？
2. 为什么在社会主义市场经济条件下国有企业经济活动具有双重属性？
3. 为什么经济结构对于理解中国的经济运行至关重要？
4. 如何进一步优化地方政府的经济行为？
5. 简述我国宏观调控的基本经验。

第八章

社会主义经济高质量发展

发展是中国特色社会主义的第一主题，是党执政兴国的第一要务，对于加快推进社会主义现代化具有决定性意义。中国特色社会主义经济制度的确立和完善为中国特色社会主义经济发展开辟了广阔道路，形成了独特的发展优势、发展理念、发展战略和发展道路，推动了经济持续快速发展，创造了经济快速发展的奇迹。

第一节　社会主义经济发展的实质

一、社会主义的根本任务是发展生产力

经济增长是指一个社会生产的产品和服务在数量上的增加，从价值形态看，则是一个社会新创造的价值量的增加。而经济发展则不仅包括经济增长，而且包括经济结构优化、经济效益提高、生态环境改善、人民生活质量提升等内容。经济增长与经济发展既相互联系，又相互区别。

一方面，经济增长是经济发展的基础。一个国家只有在经济实现一定的增长，生产出更多更好的物质产品，提供更多更好的社会服务，具备一定的物质基础之后，才有条件进行扩大再生产，增加科研投入，提高劳动者的素质，推动科学技术的发展，优化经济结构，提高人们的生活质量。另一方面，单纯的经济增长并不等于经济发展。在经济增长中如果忽视了经济结构的优化、科学技术的进步和生态环境的保护，则可能导致“有增长无发展”，即只有经济总量的增加而没有实际的经济效益，也不能带来人们生活质量的普遍提高。

经济发展的内容和表现形式多种多样，归根结底，体现为生产力的发展。

首先，所谓经济就是通过生产满足人类需要的活动，而生产力则是通过社会生产满

足人类需要的能力。人类的需要是多方面的、不断发展的，不仅有生存需要，而且有享受和发展的需要；不仅有吃穿住行等物质方面的需要，而且有文化、艺术、教育等精神方面的需要。这些多方面的不断增长的需要，只有在生产力发展的基础上才能得到满足。

其次，经济发展过程包括了生产、分配、交换、消费四个主要环节，而在这四个主要环节中，生产居于支配地位。生产决定着消费的对象、方式、质量和水平，决定着分配的对象和分配的方式，决定着交换的性质以及深度、广度和方式。

再次，从经济发展的内容看，劳动生产率的提高，社会分工的深化和扩展，生产结构的多样化、复杂化和高级化，工业化和城镇化的推进，科学技术的进步，人们生活质量和福利水平的提高，文化、教育、科学、艺术等非生产活动的发展，等等，都是生产力发展的具体表现。

最后，人的发展与生产力的发展是一致的，生产力的发展本质上是人类能力的发展，是人类征服自然、改造自然能力的不断提高。正是在这个意义上，马克思说："整个所谓世界历史不外是人通过人的劳动而诞生的过程"①。也正是在这个意义上，马克思将个人的全面自由发展当作共产主义社会的根本目标。

因此，社会主义的根本任务是发展生产力，在建立起社会主义生产关系后，必须用极大的努力来发展生产力，才能建立起社会主义的物质基础。只有社会主义物质基础建立起来，社会主义生产关系才能更加巩固和发展。列宁曾精辟地指出："劳动生产率，归根到底是使新社会制度取得胜利的最重要最主要的东西。……资本主义可以被最终战胜，而且一定会被最终战胜，因为社会主义能创造新的高得多的劳动生产率。"②

从社会主义向共产主义过渡，最根本的条件也是生产力的高度发达。只有在生产力高度发达的基础上，才能使人们奴隶般地服从分工以及使脑力劳动和体力劳动的对立消失；才能使劳动已经不仅仅是谋生的手段，而且本身成为生活的第一需要；才能使个人全面自由发展，才能实现"各尽所能，按需分配"。

经济增长是经济发展的基础，但是单纯数量上的经济增长难以使一个国家实现真正意义上的发展。社会主义的经济发展要求在经济增长的基础上实现经济结构的改善、经济效益的提高以及政治、文化、社会、生态文明的全面进步，要求实现以人民为中心的发展，体现正确的发展理念，选择正确的发展战略、发展道路、发展方式，实现科学的发展。

二、对社会主义经济发展认识的深化

人类社会的发展特别是社会主义社会的发展问题，是马克思主义理论的重要组成部分。马克思主义以唯物史观为基础，通过对人类社会发展规律和历史趋势的深刻考察，通过对人类社会经济发展实践特别是社会主义经济发展实践的深入总结，科学揭示了社会主义经济发展的本质和内在规律，为推动社会主义经济发展提供了科学的理论指导。

---

① 马克思，恩格斯．马克思恩格斯全集：第42卷．北京：人民出版社，1979：131.

② 列宁．列宁全集：第37卷．2版．北京：人民出版社，1986：18.

马克思和恩格斯认为，人类社会的发展是自然历史过程；生产力的发展是人类社会发展的最终决定力量；生产力和生产关系、经济基础和上层建筑的矛盾运动是社会发展的根本动力；生产发展必须正确处理人与人、人与社会、人与自然的关系；人类社会发展要逐步消灭阶级之间、城乡之间、脑力劳动和体力劳动之间的对立和差别，使物质财富极大丰富、人民精神境界极大提高，实现每个人自由而全面的发展。列宁提出，无产阶级取得国家政权以后，最主要最根本的任务就是增加产品数量，大大提高社会生产力，创造新的高得多的劳动生产率，同时要加强社会主义民主建设，加强文化建设等。毛泽东初步探索了我国社会主义建设的规律，提出要根据本国情况走自己的道路，着眼于最大限度地调动一切积极因素，正确处理各方面的矛盾和问题，兼顾各个方面的发展需要和各个方面的利益关系等一系列关于社会主义建设的重要思想。邓小平总结过去的经验教训，强调社会主义的根本任务是发展生产力，提出发展是硬道理的著名论断，提出实行改革开放、分三步走实现现代化、促进物质文明和精神文明共同进步、抓住机遇加快发展、既要有一定速度又要讲质量讲效益等重要战略思想和方针原则，实现了对我国社会主义发展道路认识的一次飞跃。江泽民着眼于国际政治经济格局的深刻变化和国内改革发展的新任务，强调发展是党执政兴国的第一要务，要坚持用发展的办法解决前进中的问题，发展是社会主义物质文明、政治文明、精神文明全面发展，发展包括促进人的全面发展，要实现区域经济合理布局和协调发展，正确处理改革发展稳定的关系、速度和效益的关系等一系列重大关系，进一步丰富了社会主义现代化建设的理论体系。党的十六大以来，以胡锦涛同志为总书记的党中央紧紧围绕建设中国特色社会主义这个主题，准确把握时代特征和中国国情，形成了以人为本、全面协调可持续发展的科学发展观这一重大战略思想。科学发展观进一步回答了什么是发展、为什么发展、怎样发展的重大问题，赋予马克思主义关于发展的理论以新的时代内涵和实践要求，进一步丰富了中国特色社会主义理论体系，是与时俱进的马克思主义发展观。

三、坚持新发展理念

党的十八大以来，我们党对经济形势进行科学判断，对经济社会发展提出了许多重大理论和理念，对发展理念和思路作出及时调整，其中新发展理念是最重要、最主要的，引导我国经济发展取得了历史性成就、发生了历史性变革。新发展理念是一个系统的理论体系，回答了关于发展的目的、动力、方式、路径等一系列理论和实践问题，阐明了我们党关于发展的政治立场、价值导向、发展模式、发展道路等重大政治问题。

关于创新发展。创新是引领发展的第一动力，是提高发展质量和效益的基点所在。创新发展注重的是解决发展动力问题。马克思、恩格斯在其著作中多次阐述了智力因素和科学技术转化为生产力的观点，他们认为，随着生产力的发展，社会知识作为直接的生产力而发生作用，社会生活越来越受智力的控制和改造，从而科学技术日益成为直接的生产力。改革开放以来，我国围绕创新发展形成了一系列重大战略思想，包括科教兴国战略、走中国特色自主创新道路、建设创新型国家和实行创新驱动发展战略等。在此基础上，创新发展理念以着力提高发展质量和效益为出发点，从培育发展新动力、拓展发展新空间、深入实施创新驱动发展战略、大力推进农业现代化、构建产业新体系、构建发展新体制、创新和完善宏观调控方式方面，系统阐述了推动创新发展的政策举措，拓展了创新发展的内涵，深化了创新发展的思想。

关于协调发展。协调是持续健康发展的内在要求，是社会主义制度优越性的突出表现。协调发展注重的是解决发展不平衡问题。马克思主义政治经济学关于协调发展的思想是十分丰富的。马克思和恩格斯提出有计划调节社会生产和按比例分配社会总劳动。毛泽东提出统筹兼顾、适当安排、正确处理十大关系。改革开放以来，我国围绕协调发展形成了一系列重大战略思想，包括统筹城乡发展、统筹区域发展、统筹经济社会发展、统筹人与自然和谐发展、统筹国内发展和对外开放等。在此基础上，协调发展理念以着力形成平衡发展结构为出发点，提出正确处理发展中的重大关系，重点促进城乡区域协调发展，促进经济社会协调发展，促进新型工业化、信息化、城镇化、农业现代化同步发展，不断增强发展整体性，强调在协调发展中拓宽发展空间，在加强薄弱领域过程中增强发展后劲，系统阐述了推动创新发展的政策举措，拓展了协调发展的内涵，深化了协调发展的思想。

关于绿色发展。绿色是永续发展的必要条件，是人民对美好生活向往的重要体现。绿色发展注重的是解决人与自然和谐问题。马克思和恩格斯在《政治经济学批判大纲》《1844年经济学哲学手稿》等著作中提出了人与自然“和解”的观点，他们认为，人类要实现同自然的“和解”，就必须在生产活动中顾及“长远后果”，合理地调节人与自然之间的“物质变换”。这一思想深刻地揭示了绿色发展的本质和途径。改革开放以来，我们党围绕绿色发展形成了一系列重大战略思想，包括必须坚持节约资源和保护环境的基本国策，坚持可持续发展，坚定走生产发展、生活富裕、生态良好的文明发展道路，加快建设资源节约型、环境友好型社会等。在此基础上，绿色发展理念以着力改善生态环境为出发点，提出坚持绿色富国、绿色惠民，为人民提供更多优质生态产品，推动形成绿色发展方式和生活方式，系统阐述了推动绿色发展的政策举措，拓展了绿色发展的内涵，深化了绿色发展的思想。

关于开放发展。开放是国家繁荣发展的必由之路，是中国融入世界的必然选择。开放发展注重的是解决发展内外联动问题。马克思主义认为，经济全球化是生产社会化和生产力发展的必然趋势，同时又体现了一定的生产关系和制度规则，只有在共产主义社会，人类社会才能真正实现各民族的平等和融合，从各民族的历史走向世界性历史。改革开放以来，我国围绕开放发展形成了一系列重大战略思想，例如，实行对外开放的基本国策，把积极参与经济全球化同独立自主相结合，坚持“引进来”和“走出去”相结合，统筹国内国际两个大局，充分利用国际国内两个市场，奉行互利共赢的开放战略等。在此基础上，开放发展理念以着力实现合作共赢为出发点，提出发展更高层次的开放型经济，积极参与全球经济治理和公共产品供给，提高我国在全球经济治理中的制度性话语权，构建广泛的利益共同体，推动经济全球化健康发展，系统阐述了推动开放发展的具体思路和政策举措，拓展了开放发展的内涵，深化了开放发展的思想。

关于共享发展。共享是中国特色社会主义的本质要求，是社会主义发展的根本目的。共享发展注重的是解决社会公平正义问题。马克思和恩格斯曾经多次明确指出，在未来社会“所有人共同享受大家创造出来的福利”①。“社会生产力的发展将如此迅速……生产将以所有的人富裕为目的”②。改革开放以来，我们党围绕共享发展形成了一系列重大战略思想，包括走共同富裕道路，促进人的全面发展，发展为了人民、发展依靠人民、发展成果由人民共享，加快推进以民生改善为重点的社会建设等。在此基础上，共享发展理念以着力增进人民福祉为出发点，提出按照人人参与、人人尽力、人人享有的要求，坚守底线、突出重点、完善制度、引导预期，注重机会公平，保障基本民生，实现全体人民共同迈入全面小康社会，系统阐述了推动共享发展的具体思路和政策举措，拓展了共享发展的内涵，深化了共享发展的思想。

坚持创新发展、协调发展、绿色发展、开放发展、共享发展，是关系我国发展全局的一场深刻变革，这五大理念相互贯通、相互促进，是具有内在联系的集合体，要统一贯彻，不能顾此失彼，也不能相互替代。理念是行动的先导，一定的发展实践都是由一定的发展理念来引领的。发展理念是否对头，从根本上决定着发展成效乃至成败。

当前，我国进入了全面建设社会主义现代化国家、基本实现社会主义现代化的新发展阶段。要实现这一伟大目标，就必须完整、准确、全面贯彻新发展理念，坚定不移把新发展理念贯穿发展全过程和各领域。必须从根本宗旨把握新发展理念，坚持以人民为中心的发展思想，坚持发展为了人民、发展依靠人民、发展成果由人民共享，自觉主动解决地区差距、城乡差距、收入差距等问题，不断增强人民群众获得感、幸福感、安全感。必须从问题导向把握新发展理念，切实解决好发展不平衡不充分的问题，真正实现高质量发展。必须从忧患意识出发把握新发展理念，增强忧患意识、坚持底线思维，敢于斗争、善于斗争，全面做强自己。

第二节 实现经济的持续快速发展

一、中国的经济快速发展奇迹

改革开放 40 多年来，我国坚持以经济建设为中心，锐意推进改革，全力扩大开放，经济发展步入快车道。2018—2024 年，我国仍然保持了年均 5.3%的 GDP 增长率。2024 年，我国 GDP 总量已经达到 134.9 万亿元。

经济总量连上新台阶，增量规模显著扩大。1978 年，我国 GDP 只有 3679 亿元，之后连续跨越，1986 年上升到 1 万亿元，1991 年上升到 2 万亿元，2000 年突破 10 万亿元大关，2006 年超过 20 万亿元，2017 年首次站上 80 万亿元的历史新台阶，达到 827 122 亿元，当年经济增量折合 1.2 万亿美元，相当于 2016 年全球第十四大经济体澳大利亚的经济总量。2020 年，我国成为既能控制疫情又保持经济增长的主要经济体，GDP 总量突破 100 万亿元大关。

① 马克思，恩格斯．马克思恩格斯文集：第 1 卷．北京：人民出版社，2009：689.

② 马克思，恩格斯．马克思恩格斯文集：第 8 卷．北京：人民出版社，2009：200.

我国人均 GDP 不断提高，成功由低收入国家跨入中等偏上收入国家行列。我国人均 GDP 由 1978 年的 200 美元提高到 2020 年的 1.09 万美元，在世界银行公布的 217 个国家和地区中排名上升到第 69 位，超过中等偏上收入国家平均水平，正向高收入国家迈进。

对于我们这样一个经济发展起点低、人口基数大的国家，能够取得这样的进步难能可贵。我国经济规模跃居世界第二位，对世界经济增长的贡献不断提高。1978 年，我国经济总量居世界第十一位；2000 年超过意大利，居世界第六位；2007 年超过德国，居世界第三位；2010 年超过日本，成为世界第二大经济体。2024 年，我国 GDP 占世界经济总量超过了 18%，比 1978 年提高 16 个百分点左右。近年来我国对世界经济增长的贡献率持续超过 30%，日益成为世界经济增长的动力之源、稳定之锚。根据国际金融论坛（IFF）发布的《2023 年全球金融与发展报告》，2023 年，中国经济对全球经济增长的贡献率达到 32%。

二、中国经济持续快速发展的三重优势

中国经济保持几十年持续快速发展的原因是什么呢？对此，国内外的学者们进行了充分的讨论，作了多方面的解释，包括巨大的人口规模和市场需求、稳定的政治和经济环境、高储蓄率和投资率、低成本的人力资源、有效的政府干预、经济的市场化、对外贸易和利用外资、技术的进步、二元结构的转换、工业化与城镇化等。概括起来，中国经济持续快速发展主要得益于以下三方面的优势。

1. 阶段优势

经济发展的一般规律是：快速增长大多出现在工业化、城镇化和现代化的推进过程中。这主要是因为，在工业化和城镇化的过程中，生产要素由生产率较低的农业部门向生产率较高的工业部门转移，资源配置的总体效率得到提高，而转移到城市和其他产业的农业人口又创造了巨大的社会需求，刺激着工业和第三产业的发展，促进产品创新和产业升级，推动科技、文化、教育、体育、医疗卫生等社会事业全面发展。从日本、韩国等后发达经济体的发展经验来看，在推进工业化、城镇化的进程中，它们都经历了 20～30 年的高速经济增长，年均增长率均达到 9%以上。

中华人民共和国成立 70 多年以来特别是改革开放 40 多年以来，中国的工业化、城镇化和现代化取得了巨大成就，现在我国的工业化已经进入了中后期发展阶段，但这一过程还远未完成，潜力还远没有释放完毕。

一是从我国工业化发展程度来看，一般认为，目前我国正处于工业化中后期的阶段。在这个阶段，整个社会的生产方式将变得更加迂回，产业链条将大幅延长，工业部门对上下游的带动能力将大大强化。现阶段中国的工业化是与信息化相互结合、相互促进的，是一种新型的工业化道路，其发展的潜力和能量大大超过传统工业化。

二是从我国城镇化发展程度来看，我国仍处于城镇化快速发展时期。从城镇化率看，我国基本完成了《国家新型城镇化规划（2014—2020 年）》提出的目标，2020 年城镇化率已达到 60%，基本实现城镇化。现阶段中国的城镇化是城乡统筹、城乡互动、城乡一体、布局合理、节约土地、功能完善的新型城镇化，其发展的潜力和能量也是大大超过

传统城镇化的。

三是从我国现代化进程来看，2024 年我国人均 GDP 已超过 1.3 万美元，但与欧盟、美国、日本等高收入国家或地区相比还有很大差距，发展空间仍然巨大。

现阶段，我国正进入中国特色新型工业化、信息化、城镇化、农业现代化深度融合、相互协调、同步发展的新阶段，在经济快速发展的同时，还将伴随着经济结构的转型升级和合理化，推动后发优势集中爆发，实现经济跨越式发展。

2. 大国优势

（1）劳动力优势。目前，中国人口超过 14 亿，劳动年龄人口超过 8.5 亿。从就业人口的绝对数量来看，2023 年我国就业人口为 7.4 亿。在劳动投入数量不断增加的同时，劳动质量也不断提高。在改革开放以后，教育水平有了长足的发展，学龄儿童入学率和各级普通学校毕业生升学率逐年提高，人力资源的平均水平得到提高。科教兴国战略的深入实施以及户籍、退休、生育等制度改革的全面展开，将进一步解放劳动力，增加劳动者数量，提高劳动者质量。

（2）空间优势。中国幅员辽阔、区域差异大、经济体系完整，由此产生了独特的空间发展优势：一是由生产要素大规模集聚产生的规模经济，促进了生产效率的不断提高；二是由产品种类繁多产生的范围经济，促进了分工的不断扩大；三是由区域差异产生的梯度效应，促进了区域之间的优势互补和协同发展。这种空间优势也是我国经济的巨大韧性、潜力和回旋余地的客观基础。

（3）内需优势。巨大的人口规模和劳动力资源创造着巨大的市场需要。近年来，消费对增长的贡献率不断上升，从 2003 年的 35.8%增长到 2023 年的 82.5%。随着城乡居民收入增长加快，医疗、养老、住房、教育、保险、文化、体育等社会事业不断发展，居民消费结构不断升级，内需在经济增长中的作用也在不断扩大。

（4）资本积累优势。中国经济增长的一个重要特点就是高储蓄与高投资并行。1978—1991 年，我国固定资产投资率平均为 28.85%，在 1992—1996 年经济高涨时期上涨到 35.4%，此后逐渐回落。在 2002 年以来的新一轮经济周期中，这一比例逐年上升，2011 年达到 48.3%，保持了很高的增长率。1978 年以来，我国储蓄率平均为 38.7%。21 世纪以来，我国储蓄率持续上升，至 2006 年已经达到 50.1%。近年来虽比峰值时有所下降，但仍保持在 40%～50%的水平，远高于世界均值。根据世界银行的数据，2022 年中国储蓄率为 46%，远高于 27%的世界平均储蓄率。

3. 制度优势

中国经济的持续快速增长还得益于其独特的制度优势。从计划经济向社会主义市场经济体制的转型，使经济主体有了独立的经济利益和经济自主权，极大地调动了企业、个人等经济主体的积极性，解决了传统体制中存在的激励不足问题；价格决定的市场化，使价格能够及时灵活地反映资源的稀缺状况，解决了传统体制中的信息搜集和传递难问题；竞争作用日益充分地展开，推动了技术、产品和管理方式的创新，解决了传统体制的创新缺乏问题；市场规模的不断扩大，使劳动分工日益深化，专业化水平不断提高，分工与交换的相互作用日益增强，解决了传统体制下经济增长的持续动力不足问题。

资本主义市场经济是以私有制为基础的，必然会产生阶级对立、经济危机、贫富分化等深刻的矛盾和弊病，不可能实现经济持续快速发展。与此不同的是，社会主义市场经济是与社会主义基本制度相结合的市场经济，既发挥了市场经济的长处，又发挥了社会主义制度的优越性，具有很多新特点和新优势。这就是，中国共产党总揽全局、协调各方的核心作用同尊重人民首创精神相结合，公有制为主体同多种所有制经济共同发展相结合，政府有效调控同市场有效作用相结合，提高效率同促进社会公平相结合，坚持独立自主同参与经济全球化相结合，中央集权同地方分权相结合，兼顾当前利益与长远利益、局部利益与整体利益，处理好发展、改革与稳定的关系，等等，调动了各方面的积极性和创造性，融合了多种制度的优势和长处，使各种资源都得到比较充分有效的利用，极大地解放和发展了社会生产力，推动了经济社会全面发展。

总之，中国是一个发展中的社会主义大国，时间、空间和制度优势的三重叠加，创造了中国经济快速发展奇迹，也使得唱衰中国的预期屡屡落空。这种三重叠加优势的继续存在，是中国仍处于发展战略机遇期的基本判断和经济发展总体向好的基本格局得以成立的依据所在。

三、保持经济的合理增速

2008 年国际金融危机之后，中国经济的运行出现了速度变化、结构优化、动力转换等一些新的重要特点。2012 年后，中国经济从 10%以上的高速增长进入了 6%左右的中高速增长（见图 8－1）。经济增长速度的变化，既反映了经济增长的客观趋势，又体现了我国宏观调控目标的新取向。

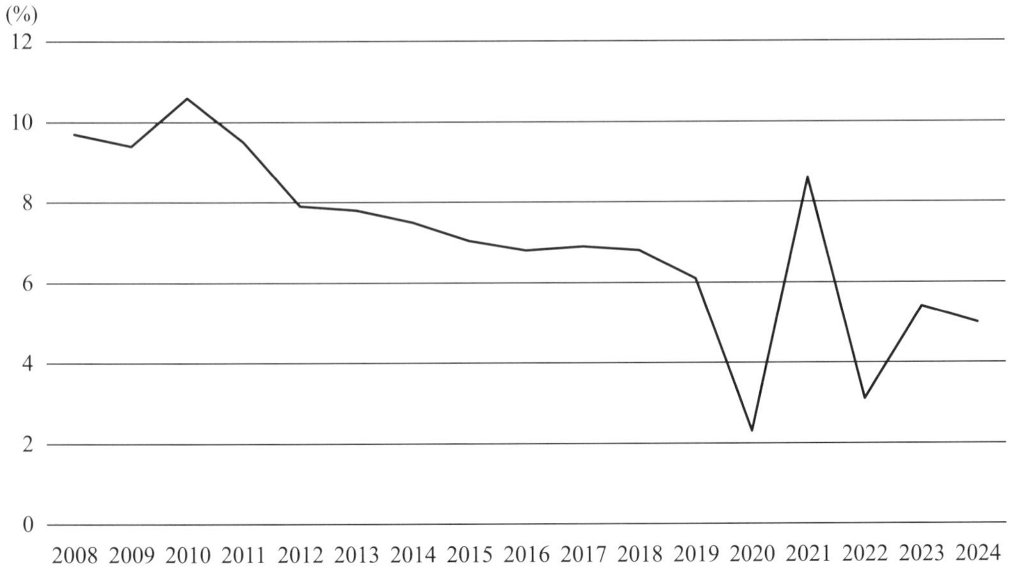

图 8－1　GDP 增长率（年）

资料来源：国家统计局。

从经济运行的客观趋势看，世界经济增长持续乏力，国际市场需求持续疲软，我国投资和消费需求增长放缓，产能过剩问题突出。随着资源生态环境约束加大、劳动力等要素成本上升，高投入、高消耗、偏重数量扩张的高增长难以为继。

从宏观调控的目标取向看，在新常态下，发展方式从规模速度型向质量效益型转变，宏观调控的目标要适应这种转变，着力实现有质量、有效益、没水分、可持续的增长，着力在转变经济发展方式、优化经济结构、改善生态环境、提高发展质量和效益中实现经济增长。

（2）进入经济发展新常态以来，我国经济结构优化趋势加快。在需求结构方面，消费需求在经济增长中的作用日益重要。同时，个性化、多样化、品质化消费，网上购物、定制消费等方式广泛发展，服务消费、信息消费、绿色消费、时尚消费、品质消费、农村消费等领域的消费升级逐步展开，新的商业机会不断涌现。

在产业结构方面，第三产业增加值占 GDP 的比重不断提高，2020 年，第三产业增加值占比已达 54.5%。装备制造业和高技术产业发展迅速。与此同时，传统产业转型升级步伐不断加快，新产业、新业态、新商业模式不断涌现，对国民经济的贡献度不断提高。

在城乡结构方面，城镇化进程持续推进，2020 年城镇化率突破 60%。在区域结构方面，中西部地区表现出强劲的发展潜力，重庆、贵州经济增速领跑其他地区。以“一带一路”建设、京津冀协同发展、长江经济带建设、粤港澳大湾区建设、长三角一体化发展为引领的区域发展总体战略的实施，不断拓展着区域发展的新空间。

经济结构优化是我国经济发展到一定阶段的必然成果。但同时也要看到，我国多年形成的粗放型增长方式和结构性矛盾尚未根本改变，产能过剩化解、经济结构优化升级需要一定的时间。因此，必须加快经济结构优化升级步伐，推动产业从中低端向中高端迈进。

（3）推动经济增长的直接因素有两个方面：一是增加资本、劳动和土地等生产要素的投入，二是提高生产要素配置的效率，后者又主要取决于科技创新。从更多依靠要素投入向更多依靠创新驱动的转变，是生产力发展的必然趋势，也是经济发展新常态的一个重要表现。

多年来，我国科技创新能力不断提高，一些重要领域跻身世界先进行列，正由“跟跑者”向“并行者”“领跑者”转变，产业、产品、生产方式、产业组织、商业模式、管理体系等各个方面的创新不断深入。但总体上看，我国经济仍然存在大而不强、快而不优的问题，创新能力不足，核心技术缺乏，人口、资源、环境压力越来越大，物质资源越用越少。老路走不通，新路在哪里？就在科技创新上，就在更多依靠创新驱动引领发展上。

当前，新一轮科技革命和产业变革正在孕育兴起，这既给我国发展带来了巨大挑战，也给我们提供了赶超发达国家的难得的历史机遇。必须大力实施创新驱动发展战略，把重要领域的科技创新摆在更加突出的地位，实施一批关系国家全局和长远的重大科技项目，在战略竞争领域打破重大关键核心技术受制于人的局面。通过创新打造发展新引擎，创造一个新的更长的增长周期。

（4）改革开放使我国形成了全方位、宽领域、多层次的对外开放格局。现在，我国进出口总额已达到世界第一，吸收外资也达到世界第一。同时也要看到，我国对外开放水平还有很大的提升空间。例如，对外开放海强陆慢、东快西慢的特征明显，出口产品技术含量和附加值不高，具有自主知识产权和自有品牌的产品不多，等等。这些都迫切要求我们加快对外开放优化升级，实现增长动力和竞争优势的转换。

随着经济全球化的不断深入，全球治理体系深刻变革，发展中国家群体力量继续增强，国际力量对比逐步趋向平衡，国内国际经济联动效应日益增强，中国正在从世界经济规则和秩序的“接受者”向“倡导者”“构建者”转变，这是当前对外开放的一个重要变化，也是中国在世界经济中地位不断上升的必然要求。在此新条件下推进开放发展，必须积极参与全球经济治理，推动国际经济治理体系改革完善，积极引导全球经济议程，促进国际经济秩序朝着平等公正、合作共赢的方向发展。

经济中高速增长阶段从表面看是一个速度问题，反映了经济的周期性变化，但从实质上来说，则是中国经济正在向形态更高级、分工更复杂、结构更合理阶段演化，体现了中国经济从大到强、从追求数量增长阶段向追求质量发展阶段的历史性转变，这是中国经济发展的大逻辑。但是，在这一变化进程中，经济增速并不是不重要了，而是要继续实现量的合理增长，保持经济的合理增速。

一方面，根据2035年远景目标，我国人均GDP届时将达到中等发达国家水平。当前我国人均GDP已超过1.3万美元，要实现这一目标，就必须在未来较长一个时期内维持一定的经济增长率。因此，保持经济的合理增长，对于实现2035年远景目标、完成基本实现社会主义现代化目标具有十分重要的意义。

另一方面，保持经济的合理增长，实现经济持续稳定健康发展，是提高经济发展质量的重要基础，关系到国家繁荣富强、人民幸福安康、社会和谐稳定，有利于人民对美好生活的向往的实现，对稳定宏观经济、切实保障和改善民生至关重要。

第三节　推进高质量发展

中国特色社会主义进入了新时代，我国经济发展也进入了新时代，其基本特征就是我国经济已由高速增长阶段转向高质量发展阶段。这一重大判断深刻揭示了新时代我国经济发展的基本特征和所处的历史方位，明确了新形势下做好经济工作的根本要求，具有十分重要的理论和实践意义。

一、我国经济进入高质量发展阶段

中国特色社会主义进入新时代，我国经济发展也进入了新时代，从高速增长阶段转向高质量发展阶段，高质量发展是新时代中国经济发展的突出标志和鲜明主题。

“质量”一词内涵十分广泛，不同的学科有不同的定义。在经济学中，质量通常指商品使用价值的优劣，属于商品的自然属性，因此不为人们所关注。把质量作为经济发展的主题，作为经济发展的阶段性特征，是中国特色社会主义政治经济学的重大理论创新。

在我国社会主义经济建设中，经济发展质量问题很早就受到了关注。早在1959年，毛泽东分析经济形势时就提出，“要注意质量，宁肯少些，但要好些、全些”①。改革开放以后，我们党对发展质量问题的认识不断深化。党的十四大提出，“只要是质量高、效益好、适应国内外市场需求变化的，就应当鼓励发展”。党的十七大提出，“提高发展质量和效益”，“实现速度和结构质量效益相统一”。党的十八大提出，“加快形成新的经济发展方式，把推动发展的立足点转到提高质量和效益上来”。这些认识为我们从高速增长阶段转向高质量发展阶段进行了有益的探索，积累了宝贵的经验。但是，总体上来说，那个阶段，经济发展的主要矛盾是供给总量不足，主要任务是解决“有没有”的问题，主要特征是高速度增长。

中国特色社会主义进入新时代，我国社会的主要矛盾转化为人民日益增长的美好生活需要和不平衡不充分的发展之间的矛盾；我国发展的战略目标也发生了历史性变化，开启了全面建设社会主义现代化国家的新征程。事有必至，理有固然。习近平指出，实现高质量发展，是保持经济社会持续健康发展的必然要求，是适应我国社会主要矛盾变化和全面建设社会主义现代化国家的必然要求。党的十九大报告提出，要大力提升发展质量和效益，更好满足人民在经济、政治、文化、社会、生态等方面日益增长的需要，更好推动人的全面发展、社会全面进步。

一方面，社会主要矛盾深刻变化，社会生产极大提高，财富空前涌流；人民生活极大改善，需要全面升级，生产和需要向高水平的平衡跃升；长期困扰我们的“短缺经济”问题基本解决，经济发展的主要矛盾从“有没有”转向“好不好”，主要任务从推动经济规模扩张转向结构优化，发展方式从粗放型转向集约型，这就要求我们必须着力解决发展的不平衡不充分问题，大力提升发展的质量和效益，在更高的水平和程度上更好满足人民日益增长的美好生活需要。

另一方面，国家强，经济体系必须强。全面建成社会主义现代化强国，关键是要实现从经济大国向经济强国转变。经济大国，强调的是发展规模和经济总量；经济强国，强调的则是发展质量和创新能力。从经济大国走向经济强国，必须把提高发展的质量置于核心地位，加快转变经济发展方式、优化经济结构和转换增长动力。这是全面建设社会主义现代化国家必须爬过的坡、必须迈过的坎、必须作出的战略抉择。

在新的发展阶段推动我国经济的持续健康发展，必须以推动高质量为根本要求确定发展思路、制定经济政策、实施宏观调控，加快形成适应高质量发展的体制机制，加快形成推动高质量发展的指标体系、政策体系、标准体系、统计体系、绩效评价、政绩考核，保证经济发展沿着高质量发展的轨道稳步前进。

党的二十大报告强调，高质量发展是全面建设社会主义现代化国家的首要任务。2023年底召开的中央经济工作会议提出，“必须把坚持高质量发展作为新时代的硬道理，完整、准确、全面贯彻新发展理念，推动经济实现质的有效提升和量的合理增长”。新时代新阶段的经济社会发展要以推动高质量发展为主题，必须贯彻新发展理念，必须是高质量发展。当前，我国社会主要矛盾已经转化为人民日益增长的美好生活需要和不平衡

① 毛泽东．毛泽东文集：第8卷．北京：人民出版社，1999：76.

不充分的发展之间的矛盾，发展中的矛盾和问题集中体现在发展质量上。这就要求我们必须把发展质量问题摆在更为突出的位置，着力提升发展质量和效益。当今世界正经历百年未有之大变局，我国发展的外部环境日趋复杂。防范化解各类风险隐患，积极应对外部环境变化带来的冲击挑战，关键在于办好自己的事，提高发展质量，提高国际竞争力，增强国家综合实力和抵御风险能力，有效维护国家安全，实现经济行稳致远、社会和谐安定。

二、深刻认识和加快发展新质生产力

高质量发展需要新的生产力理论来指导。马克思主义认为，生产力是全部社会生活的物质前提，是推动社会进步的最活跃、最革命的因素，生产力标准是衡量社会发展的带有根本性的标准。社会主义的根本任务是解放和发展社会生产力，社会主义相对于资本主义的优越性就体现为能够更快、更好地发展生产力。中华人民共和国成立以来，我们党领导人民仅用几十年的时间走完了发达国家几百年走过的工业化历程，推动我国发展成为世界第二大经济体，创造了世所罕见的经济快速发展奇迹，极其重要的一点就是高度重视生产力标准，始终坚持解放和发展生产力，不断增强社会主义国家的综合国力。

进入新时代，我国经济发展进入了新阶段。以习近平同志为核心的党中央把坚持高质量发展作为新时代的硬道理，一以贯之不断解放和发展生产力，作出一系列重大决策部署，推动我国经济迈上更高质量、更有效率、更加公平、更可持续、更为安全的发展之路，生产力水平实现了巨大提升、突破性发展，形成了生产力发展的新的质态。针对这种新的情况，习近平明确指出，“新质生产力已经在实践中形成并展示出对高质量发展的强劲推动力、支撑力”①。

同时，也要看到，制约高质量发展的因素还大量存在，比如，一些关键核心技术受制于人，产业存在“大而不强”“全而不优”问题，生产和生活体系向绿色低碳转型的压力都很大，等等。进一步推动高质量发展，就要形成新的产业、新的模式、新的动能，把关键核心技术牢牢掌握在自己手中，打造自主可控、安全可靠、竞争力强的现代化产业体系，构建绿色低碳循环经济体系，实现依靠创新驱动的内涵型增长。归根结底，就是要在生产力水平上实现更大突破、更大发展。这需要进一步深化对新质生产力的理论认识。习近平强调，发展新质生产力“需要我们从理论上进行总结、概括，用以指导新的发展实践”②。

什么是新质生产力？习近平指出：“概括地说，新质生产力是创新起主导作用，摆脱传统经济增长方式、生产力发展路径，具有高科技、高效能、高质量特征，符合新发展理念的先进生产力质态。它由技术革命性突破、生产要素创新性配置、产业深度转型升级而催生，以劳动者、劳动资料、劳动对象及其优化组合的跃升为基本内涵，以全要素生产率大幅提升为核心标志，特点是创新，关键在质优，本质是先进生产力。”③ 这一重要论述，深刻指明了新质生产力的特征、基本内涵、核心标志、特点、关键、本质等基

①②③　习近平．开创我国高质量发展新局面．求是，2024（12）：4－15.

本理论问题，为我们准确把握新质生产力的科学内涵提供了根本遵循。

新质生产力是创新起主导作用的先进生产力质态，特点是创新。把握新质生产力，关键在于深刻认识创新在提高生产力中的关键性作用。当前，新一轮科技革命和产业变革蓄势待发，一些重大颠覆性技术创新正在创造新产业新业态，信息技术、生物技术、制造技术、新材料技术、新能源技术广泛渗透到几乎所有领域，带动了以绿色、智能、泛在为特征的群体性重大技术变革。我们迎来了世界新一轮科技革命和产业变革同我国转变发展方式的历史性交汇期，面临着千载难逢的历史机遇，新质生产力应运而生并在实践中不断发展壮大。新质生产力代表着科技革命和产业变革的新方向、新趋势，代表着先进生产力的发展方向。加快形成新质生产力，就是要在生产力发展中取得领先地位，在新领域新赛道上占据发展先机，在激烈的国际竞争中赢得发展主动权。

新质生产力是生产力发展和科技进步的产物，是人类改造自然能力的革命性提升，这种提升是整体性的、根本性的，作为其构成要素的劳动者、劳动资料、劳动对象必然也有新的内涵。就劳动者而言，劳动者是生产力中最活跃的因素，与新质生产力匹配的不再是以简单重复劳动为主的普通劳动者，而是需要能够创造新质生产力的战略性人才和能够熟练掌握新质生产资料的应用型人才。就劳动资料而言，作为“人类劳动力发展的测量器”，随着原创性技术、颠覆性技术的发展和广泛运用，越来越多的新型生产工具将产生，旧的落后的生产工具则会逐渐被新的先进的生产工具所代替，这也是体现生产力发展的主要标志。就劳动对象而言，劳动资料的改进和广泛运用，必然会带来劳动对象范围的扩大，不仅包括传统的自然界物质，而且包括数据等不受空间和时间限制的非物质形态。

生产的各种要素只有结合在一起，才能形成现实的生产力。新质生产力不仅体现为各种生产要素的创新发展，还体现为生产要素结合方式的创新发展。随着新质生产力中劳动者、劳动资料、劳动对象的发展变化，三者的优化组合也将会发生革命性变化，带来新产业、新业态、新模式，形成驱动经济发展的新动能新优势。生产力决定生产关系，生产关系反作用于生产力。新质生产力的形成，必然引起生产关系的革命性变化，需要形成新的生产关系与之相适应，对其加以保护、解放和发展。不断改革和完善生产关系，形成新的管理模式、新的体制机制，是促进新质生产力不断发展的重要保障。

因此，新质生产力不是传统生产力的局部优化与简单迭代，而是由技术革命性突破、生产要素创新性配置、产业深度转型升级而催生的先进生产力，必将带来发展方式、生产方式的变革，推动我国社会生产力实现新的跃升，为全面建设社会主义现代化国家奠定更加坚实的物质技术基础。

习近平关于发展新质生产力的重要论述，指明了推动高质量发展的重要着力点，体现了对生产力发展规律和我国发展面临的突出问题的深刻把握，是对我国经济建设规律的深刻总结，进一步创新和发展了马克思主义生产力理论，是习近平经济思想的重要组成部分，具有重要的理论和现实意义。我们必须深入学习、深刻领会，并用于指导实践，推动新质生产力加快发展。

加快发展新质生产力，需要加快形成同新质生产力更相适应的生产关系。党的二十届三中全会提出，要健全因地制宜发展新质生产力体制机制。一方面，要加强新领域新赛道制度供给，建立未来产业投入增长机制，完善推动战略性产业发展政策和治理体系，引导新兴产业健康有序发展，引领和支持传统产业优化升级；另一方面，要健全相关规则和政策，促进各类先进生产要素向发展新质生产力集聚，大幅提升全要素生产率。

三、高质量发展的内涵和要求

高质量发展的内涵十分丰富，在不同领域具有不同特点，对不同主体具有不同要求。比如，从使用价值形态看，主要表现为比较优质的产品和服务、比较高的劳动生产率；从价值形态看，主要表现为比较大的价值量、比较高的盈利率；从微观领域看，主要表现为企业有效率、市场有活力；从宏观领域看，主要表现为稳定的增长、高水平的就业；从制造业看，主要表现为先进的生产技术、强大的创新能力；从金融业看，主要表现为高效率的金融服务、活而有序的金融秩序；从发达地区来看，需要在高质量发展中更多发挥引领作用；从不发达地区来看，应当在高质量发展中努力追赶；等等。因此，正确认识和有效推动高质量发展，既要准确把握其在不同领域的特点、对不同主体的要求，更要透过纷繁复杂的现象，从多样性的统一中把握高质量发展的本质。

高质量发展，从本质上讲，就是能够很好地满足人民日益增长的美好生活需要的发展，是体现新发展理念的发展，是创新成为第一动力、协调成为内生特点、绿色成为普遍形态、开放成为必由之路、共享成为根本目的的发展。

所谓能够很好地满足人民日益增长的美好生活需要的发展，可以理解为：满足需要的范围更广，要满足人民在经济、政治、文化、社会、生态文明等各个方面日益增长的需要；满足需要的程度更高，要让人民享有更好的教育、更可靠的社会保障、更高水平的医疗卫生服务、更舒适的居住条件、更优美的环境、更丰富的精神文化生活；满足需要的质量更好，要向人民提供更多高品质的、物美价廉的商品和服务；满足需要的层次更全，要使物质的和精神的，生产的、发展的和享受的，以及日益多样化、个性化、不断升级的需要都能得到比较充分的满足；满足需要的手段更强，要推动供给能力不断提升、供给体系不断优化、供给结构不断升级，为更好满足人民日益增长的美好生活需要创造物质前提。说到底，就是要更好地坚持以人民为中心的发展理念。

高质量发展，是以人民为中心的发展，也是体现新发展理念的发展，二者是有机统一的。以人民为中心的发展思想，不是一个抽象的、玄奥的概念，不能只停留在口头上、止步于思想环节，而要体现在经济社会发展各个环节，转化为广大人民群众的生动实践。如何体现？如何实践？新发展理念是基本遵循。

创新成为第一动力。坚持创新发展，不断推动技术、产品、质量、管理和体制的创新，才能创造出更多更好的优质产品，最大限度地满足广大人民日益增长的、不断升级的多样化、多层次、多方面的需要，增强发展的动力。

协调成为内生特点。坚持协调发展，统筹兼顾、协调各方，才能克服资本主义市场经济的自发性、盲目性和滞后性的弊病，实现生产和需要之间的动态平衡，保证经济社会的有计划发展，增强发展的协调性和整体效率。

绿色成为普遍形态。坚持绿色发展，实现人与自然的和谐相处，才能形成人与自然和谐发展现代化建设新格局，实现经济社会发展和生态环境保护协调统一，更好满足人民日益增长的优美生态环境需要，增强发展的可持续性。

开放成为必由之路。坚持开放发展，主动顺应经济全球化的历史潮流，才能提高内外发展的联动性，更好利用两个市场、两种资源，在更好满足人民日益增长的美好生活需要的同时，发展中国，造福世界，增强发展的包容性。

共享成为根本目的。坚持共享发展，才能把提高效率同促进公平相结合，让改革发展成果更多更公平惠及全体人民，更好满足全体人民的需要而不是少数人的需要，朝着实现全体人民共同富裕不断迈进，增强发展的公正性。

从宏观经济循环看，高质量发展应该实现生产、流通、分配、消费循环通畅，国民经济重大比例关系和空间布局比较合理，经济发展比较平稳，不出现大的起落。

四、建设现代化经济体系

进入新时代，党中央从党和国家事业全局出发，提出了建设现代化经济体系的重大决策部署。建设现代化经济体系是实现高质量发展的必然要求，只有形成现代化经济体系，才能实现从经济大国向经济强国的转变，为高质量发展提供有力支撑，确保社会主义现代化强国目标如期实现。

现代化经济体系是科技进步和生产力发展的要求，有其一般的规律，包括先进的科学技术、高端的产业结构、工业化和城镇化的发展、经济的开放化、发达的市场经济等。从历史上看，西方发达国家率先建立了现代化经济体系，走到了现代化的前列，给我们建设现代化经济体系提供了可资借鉴的经验。但由于资本主义制度的历史局限，它们存在着深刻的弊病，给其国内的人民和世界人民带来了深重的灾难。同时，资本主义现代化经济体系建立之后，就形成了中心与外围对立的不平等的世界体系，发达资本主义国家依靠自己在科技、经济、政治、文化和军事等多方面的优势，剥削和控制广大发展中国家，使它们长期锁定于不发达状态。事实证明，发展中国家照搬资本主义现代化道路，不可能实现经济的现代化。我国是一个发展中的社会主义大国，是在一个全新的历史方位和国际国内环境下建设中国特色的社会主义现代化经济体系，不可能照搬别国的模式和经验，必须走自己的道路，才可能获得成功。我们既要借鉴发达国家有益的做法，更要符合中国国情、具有中国特色。

中国特色社会主义现代化经济体系的特色体现在哪里？归结起来，就是要以人民为中心，贯彻创新、协调、绿色、开放、共享的新发展理念。具体来讲，主要包括七个方面的内容：

（1）建设创新引领、协同发展的产业体系，实现实体经济、科技创新、现代金融、人力资源协同发展，使科技创新在实体经济发展中的贡献份额不断提高，现代金融服务实体经济的能力不断增强，人力资源支撑实体经济发展的作用不断优化。

（2）建设统一开放、竞争有序的市场体系，实现市场准入畅通、市场开放有序、市场竞争充分、市场秩序规范，加快形成企业自主经营公平竞争、消费者自由选择自主消费、商品和要素自由流动平等交换的现代市场体系。

（3）建设体现效率、促进公平的收入分配体系，实现收入分配合理、社会公平正义、全体人民共同富裕，推进基本公共服务均等化，逐步缩小收入分配差距。

（4）建设彰显优势、协调联动的城乡区域发展体系，实现区域良性互动、城乡融合发展、陆海统筹整体优化，培育和发挥区域比较优势，加强区域优势互补，塑造区域协调发展新格局。

（5）建设资源节约、环境友好的绿色发展体系，实现绿色循环低碳发展、人与自然和谐共生，牢固树立和践行绿水青山就是金山银山的理念，形成人与自然和谐发展的现代化建设新格局。

（6）建设多元平衡、安全高效的全面开放体系，发展更高层次开放型经济，推动开放朝着优化结构、拓展深度、提高效益方向转变。

（7）建设充分发挥市场作用、更好发挥政府作用的经济体制，实现市场机制有效、微观主体有活力、宏观调控有度。

以上几个体系是统一整体，要一体建设、一体推进，着重做好以下几个方面的工作：一是要大力发展实体经济，筑牢现代化经济体系的坚实基础，加快发展先进制造业，推动互联网、大数据、人工智能同实体经济深度融合，推动资源要素向实体经济集聚、政策措施向实体经济倾斜、工作力量向实体经济加强，营造脚踏实地、勤劳创业、实业致富的发展环境和社会氛围。二是要加快实施创新驱动发展战略，强化现代化经济体系的战略支撑，加强国家创新体系建设，强化战略科技力量，推动科技创新和经济社会发展深度融合，塑造更多依靠创新驱动、更多发挥先发优势的引领型发展。三是要积极推动城乡区域协调发展，优化现代化经济体系的空间布局，实施好区域协调发展战略，推动京津冀协同发展和长江经济带发展，同时协调推进粤港澳大湾区发展，推动乡村振兴。四是要着力发展开放型经济，提高现代化经济体系的国际竞争力，更好利用全球资源和市场，继续积极推进“一带一路”框架下的国际交流合作。五是要深化经济体制改革，完善现代化经济体系的制度保障，加快完善社会主义市场经济体制，坚决破除各方面体制机制弊端，激发全社会创新创业活力。

五、加快建设以实体经济为支撑的现代化产业体系

现代化产业体系是现代化经济体系的核心，是国家经济现代化的物质技术基础和重要标志，对于推动高质量发展具有重要意义。现代化产业体系的主要构成要素包括现代化的工业、农业、服务业和基础设施，应当具备智能化、绿色化、融合化的基本特征，应当符合完整性、先进性、安全性的基本要求。

党的二十大报告提出，要坚持把发展经济的着力点放在实体经济上，推进新型工业化。这是新时代新征程建设现代化产业体系总的目标要求。我国是一个大国，必须大力发展实体经济，不断推进工业现代化、提高制造业水平，经济发展不能走脱实向虚的错误道路。不论经济发展到什么时候，实体经济都是我国经济发展、在国际经济竞争中赢得主动的根基。要重点抓好产业转型升级，形成具有持续竞争力和支撑力的工业体系，推动形成战略性新兴产业和传统制造业并驾齐驱、现代服务业和传统服务业相互促进、

信息化和工业化深度融合、军民融合发展的结构新格局。要着力推动互联网和实体经济深度融合发展，以信息流带动技术流、资金流、人才流、物资流，促进资源配置优化。

制造业是国民经济的主体，是立国之本、兴国之器、强国之基，是实现高质量发展的重中之重。必须把制造业的高质量发展放到更加突出的位置，促进现代金融业更好地服务于实体经济，更好地服务于制造业，坚定不移建设制造强国，实现中国制造向中国创造转变、中国速度向中国质量转变、中国产品向中国品牌转变。要以结构深度调整、振兴实体经济为主线调整完善相关政策，构建产业新体系，培育一批战略性产业，构建现代农业产业体系，加快建设制造强国，加快发展现代服务业。要推动新技术、新产业、新业态蓬勃发展，瞄准世界科技前沿，形成一批重大创新成果，推进科技成果产业化，使创新成果变成实实在在的经济活动，形成新的产品群、产业群。要坚持以提高质量和核心竞争力为中心，坚持创新驱动发展，扩大高质量产品和服务供给。要树立质量第一的强烈意识，开展质量提升行动，提高质量标准，加强全面质量管理。引导企业形成自己独有的比较优势，发扬“工匠精神”，加强品牌建设，培育更多“百年老店”，增强产品竞争力。

要采取多种措施支持实体经济的发展，不断降低实体经济发展的制度性成本、税费成本、融资成本、流通成本等。推动产能严重过剩行业的去产能工作，提高部分行业、企业利润率，吸引资本回流制造业。优化市场营商环境，加大对假冒伪劣产品的打击力度，在市场准入、要素配置等方面创造条件，使中小微企业更好地参与市场公平竞争。

六、推动数字经济和实体经济深度融合

当前，数字技术正以新理念、新业态、新模式全面融入人类经济、政治、文化、社会、生态文明建设各领域和全过程，给人类生产生活带来广泛而深刻的影响。数字经济是以数据资源为关键要素，以现代信息网络为主要载体，以数字技术融合应用、全要素数字化转型为重要推动力，促进公平与效率更加统一的新经济形态，是继农业经济、工业经济之后人类经济形态的又一次飞跃。智能化是现代化产业体系的重要特征。能否把握人工智能等新科技革命浪潮，实现产业体系的智能化转型，事关一个国家尤其是大国的产业核心竞争力。数字经济具有高创新性、强渗透性、广覆盖性，不仅有利于开辟发展新赛道，培育壮大以数字技术为核心的第五代移动通信技术（5G）、工业互联网、大数据、人工智能等新兴产业发展，催生出一大批新技术新业态新应用，形成新的经济增长点，还能够带动对传统产业的全方位、全链条改造，发挥数字技术对经济发展的放大、叠加、倍增作用。因此，推动数字经济和实体经济深度融合是建设现代化产业体系的必然要求，建设现代化产业体系，必须推动数字经济和实体经济深度融合，加快发展数字经济，持续拓展信息化、数字化的深度，引领产业体系优化升级。

以习近平同志为核心的党中央，统筹中华民族伟大复兴战略全局和世界百年未有之大变局，深刻把握新一轮科技革命和产业变革新机遇，作出了促进数字经济和实体经济深度融合的重大决策部署，对于推动高质量发展、全面建设社会主义现代化国家具有重大意义。党的二十大报告明确提出：“加快发展数字经济，促进数字经济和实体经济深度

融合，打造具有国际竞争力的数字产业集群。”

党的十八大以来，在以习近平同志为核心的党中央坚强领导下，推动数字经济和实体经济融合发展取得显著成效。例如，建成全球规模最大、覆盖广泛、技术领先的移动通信网络和光纤网络，建成5G基站超过305万个；工业互联网核心产业规模超过1.2万亿元，建成工业互联网平台超过240个，工业互联网应用融入45个国民经济大类；数字化管理、平台化设计、智能化制造、网络化协同、个性化定制等新业态新模式蓬勃发展，各地建设数字化车间和智能工厂近8 000个，石化、印染、家电等领域智能制造处于世界领先水平。同时，同高质量发展要求相比，我国数字经济与实体经济融合发展还存在一些问题和不足，主要是：产业大而不强，一些领域核心技术受制于人，产业国际竞争力不高，数字技术引领高质量发展的作用仍有待发挥，数据要素价值潜力尚未有效激活，数字化发展治理体系亟待健全。

下一步，要围绕高质量发展任务，多措并举促进数字经济和实体经济深度融合，例如，加快建立数据产权归属认定、市场交易、权益分配、利益保护制度，提升数据安全治理监管能力，建立高效便利安全的数据跨境流动机制；加强数字基础设施建设应用，建设和运营国家数据基础设施，促进数据共享；推动数字技术创新和产业发展，提升我国数字产业的自主创新能力和核心竞争力；加快新一代信息技术全方位全链条普及应用，发展工业互联网，打造具有国际竞争力的数字产业集群；聚焦数字经济和实体经济深度融合的重点领域、新兴领域，激发企业创新动力和融合发展活力；加快构建促进数字经济发展体制机制，完善促进数字产业化和产业数字化政策体系；促进平台经济创新发展，健全平台经济常态化监管制度。

第四节　构建新发展格局

一、构建新发展格局是新发展阶段的重大战略抉择

构建以国内大循环为主体、国内国际双循环相互促进的新发展格局，是体现新发展阶段特征、贯彻新发展理念、推进高质量发展的必然要求，是塑造我国国际经济合作和竞争新优势的战略抉择。

党中央提出构建新发展格局，是对我国客观经济规律和发展趋势的正确把握，是掌握发展主动权的先手棋，是有深厚的实践基础的。

一是，改革开放以来特别是加入世界贸易组织后，我国加入了国际大循环，市场和资源“两头在外”，形成“世界工厂”发展模式，对我国快速提升经济实力、改善人民生活发挥了重要作用。近几年，随着全球政治经济环境变化，逆全球化趋势加剧，有的国家大搞单边主义、保护主义，传统国际循环明显弱化。在这种情况下，必须把发展立足点放在国内，更多依靠国内市场实现经济发展。我国有超过14亿人口，人均GDP已经突破1.3万美元，是全球最大和最有潜力的消费市场，具有巨大增长空间。改革开放以来，我们遭遇过很多外部风险冲击，最终都能化险为夷，靠的就是办好自己的事、把发

展立足点放在国内。

二是，随着外部环境和我国发展所具有的要素禀赋的变化，市场和资源两头在外的国际大循环动能明显减弱，而我国内需潜力不断释放，国内大循环活力日益强劲，客观上有着此消彼长的态势。自2008年国际金融危机以来，我国经济已经在向以国内大循环为主体转变，经常账户顺差同GDP的比率由2007年的9.9%降至2024年的2.2%，国内需求对经济增长的贡献率有8个年份超过100%。未来一个时期，国内市场主导国民经济循环特征会更加明显，经济增长的内需潜力会不断释放。只要顺势而为、精准施策，我们完全有条件构建新发展格局、重塑新竞争优势。

三是，新一轮科技革命和产业变革加速演进，人工智能、大数据、物联网等新技术、新应用、新业态方兴未艾，正在深刻改变人类生产方式、生活方式以及思想观念。围绕智能技术和智能产业主导权的国际竞争异常激烈，谁能在新一轮科技革命和产业变革中抢得先机，谁就能在国际竞争中占据领先地位，推动经济发展进入快车道。我国要抓住机遇，必须充分发挥我国超大规模市场优势和内需潜力，加强自主创新能力建设，力争突破关键核心技术，抢占科技竞争和未来发展制高点，有效应对新一轮科技革命和产业变革蓬勃兴起给我国发展带来的机遇和挑战，为我国生产力进步和经济社会发展开辟新天地。

当前，我国已进入新发展阶段，当前和今后一个时期，虽然我国发展仍然处于重要战略机遇期，但机遇和挑战都有新的发展变化，机遇和挑战之大都前所未有，总体上机遇大于挑战。构建新发展格局，是应对在新发展阶段发展环境和条件变化主动作出的重大战略抉择，需要从全局的高度准确把握和积极推进。

二、构建新发展格局的着力点

需求是生产的目的和动力。构建新发展格局，要坚持扩大内需这个战略基点，充分发挥我国具有的超大规模市场的优势，把满足国内需求作为发展的出发点和落脚点，加快培育完整内需体系，使生产、分配、流通、消费更多依托国内市场，形成国民经济良性循环。为此，必须全面促进消费，增强消费对经济发展的基础性作用，顺应消费升级趋势，提升传统消费，培育新型消费，适当增加公共消费。要拓展投资空间，优化投资结构，保持投资合理增长，发挥投资对优化供给结构的关键作用。

生产是满足需求的基础和前提。构建新发展格局，必须在扩大内需的同时，牢牢坚持以供给侧结构性改革为主线，提升供给体系对国内需求的适配性，把实施扩大内需战略同深化供给侧结构性改革有机结合起来，以创新驱动、高质量供给引领和创造新需求。为此，必须加快发展现代产业体系，推动经济体系优化升级。坚持把发展经济的着力点放在实体经济上，坚定不移建设制造强国、质量强国、网络强国、数字中国，推进产业基础高级化、产业链现代化，提高经济质量效益和核心竞争力。

创新是引领发展的第一动力，是形成以国内大循环为主体的关键。构建新发展格局，必须坚持创新在我国现代化建设全局中的核心地位，把科技自立自强作为国家发展的战略支撑，完善国家创新体系，加快建设科技强国。为此，必须强化国家战略科技力量，提升企业技术创新能力，激发人才创新活力，完善科技创新体制机制，充分发挥我国社会主义制度能够集中力量办大事的显著优势，打好关键核心技术攻坚战，大力提升自主创新能力。

流通体系在国民经济中发挥着基础性作用。高效的流通体系能够在更大范围把生产和消费联系起来，扩大交易范围，推动分工深化，提高生产效率，促进财富创造。构建新发展格局，必须把建设现代流通体系作为一项重要战略任务来抓，统筹推进现代流通体系硬件和软件建设，发展流通新技术新业态新模式，完善流通领域制度规范和标准，培育壮大具有国际竞争力的现代物流企业，加快完善国内统一大市场，形成供需互促、产销并进的良性循环，塑造市场化、法治化、国际化营商环境，强化竞争政策作用。

满足人民日益增长的美好生活需要是发展的根本目的。构建新发展格局，必须坚持把实现好、维护好、发展好最广大人民根本利益作为发展的出发点和落脚点，尽力而为、量力而行，健全基本公共服务体系，完善共建共治共享的社会治理制度，扎实推动共同富裕，不断增强人民群众获得感、幸福感、安全感，促进人的全面发展和社会全面进步。要提高人民收入水平，强化就业优先政策，建设高质量教育体系，健全多层次社会保障体系，全面推进健康中国建设，实施积极应对人口老龄化国家战略，加强和创新社会治理。

构建新发展格局是事关全局的系统性深层次变革。推动更深层次变革，实行更高水平开放，是构建新发展格局的强大动力。要坚持和完善社会主义基本经济制度，使市场在资源配置中起决定性作用，更好发挥政府作用，营造长期稳定可预期的制度环境。要加强产权和知识产权保护，建设高标准市场体系，完善公平竞争制度，激发市场主体发展活力，使一切有利于社会生产力发展的力量源泉充分涌流。

安全是发展的前提，发展是安全的保障。越开放越要重视安全，越要统筹好发展和安全，着力增强自身竞争能力、开放监管能力、风险防控能力，炼就金刚不坏之身。构建新发展格局，必须坚持统筹发展和安全，牢固树立安全发展理念，加快完善安全发展体制机制，补齐相关短板，维护产业链供应链安全，积极做好防范化解重大风险工作。要加强经济安全风险预警、防控机制和能力建设，实现重要产业、基础设施、战略资源、重大科技等关键领域安全可控，确保国家经济安全。

三、实现国内国际双循环相互促进

对外开放是基本国策，是国家繁荣发展的必由之路。以开放促改革、促发展，是我国现代化建设不断取得新成就的重要法宝。我们必须坚定不移扩大对外开放，更好利用国内国际两个市场、两种资源，增强国内国际经济联动效应，实现国内国际双循环相互促进、双向发力。

扩大内需和扩大开放并不矛盾。国内循环越顺畅，越能形成对全球资源要素的引力场，越有利于构建以国内大循环为主体、国内国际双循环相互促进的新发展格局，越有利于形成参与国际竞争和合作的新优势。推动形成宏大顺畅的国内经济循环，就能更好吸引全球资源要素，既满足国内需求，又提升我国产业技术发展水平，形成参与国际经济合作和竞争新优势。

在当前保护主义上升、世界经济低迷、全球市场萎缩的外部环境下，我们必须充分发挥国内超大规模市场优势，通过繁荣国内经济、畅通国内大循环为我国经济发展增添动力，带动世界经济复苏。

因此，新发展格局绝不是封闭的国内循环，而是开放的国内国际双循环。我国在世界经济中的地位将持续上升，同世界经济的联系会更加紧密，为其他国家提供的市场机会将更加广阔，成为吸引国际商品和要素资源的巨大引力场。中国开放的大门不会关闭，只会越开越大。

以国内大循环为主体，绝不是关起门来封闭运行，而是通过发挥内需潜力，使国内市场和国际市场更好联通，更好利用国际国内两个市场、两种资源，实现更加强劲可持续的发展。

从长远看，经济全球化仍是历史潮流，各国分工合作、互利共赢是长期趋势。我们要站在历史正确的一边，坚持深化改革、扩大开放，加强科技领域开放合作，推动建设开放型世界经济，推动构建人类命运共同体。

构建新发展格局，必须实行高水平对外开放，开拓合作共赢新局面。坚持实施更大范围、更宽领域、更深层次对外开放，依托我国超大规模市场优势，促进国际合作，实现互利共赢。要建设更高水平开放型经济新体制，全面提高对外开放水平，推动贸易和投资自由化便利化，推进贸易创新发展，推动共建“一带一路”高质量发展，积极参与全球经济治理体系改革。

四、“新发展格局”是中国特色社会主义政治经济学的重大理论创新

“加快形成以国内大循环为主体、国内国际双循环相互促进的新发展格局”，是以习近平同志为核心的党中央根据我国发展阶段、环境、条件变化作出的战略决策，是马克思主义及其政治经济学的基本原理与中国、世界发展现实相结合的产物，体现了马克思主义基本方法的深刻洞察力，丰富和发展了马克思主义经济循环理论、经济发展理论以及全球化理论，是对当前我国改革发展中诸多领域理论和实践的总括性、纲领性指南，是中国特色社会主义政治经济学的重大理论创新，意义十分重大。

第一，“新发展格局”阐明了中国特色社会主义经济循环的基本要求，丰富和发展了马克思主义经济循环理论。

马克思主义政治经济学认为，社会经济过程是生产、交换、分配、消费四个环节周而复始的循环过程，只有经济循环通畅，再生产和经济运行才能正常进行，经济发展才能进入不断提高发展质量的正向螺旋。经济循环通畅是高质量发展的内在要求。马克思在《资本论》中揭示了经济循环的基本条件，包括：各种资本在空间上并存、时间上继起，资本在物质上和价值形态上都得到及时补偿，货币流通与商品流通的协调，等等。一旦经济循环条件被破坏，循环链条出现断裂，就有引起经济危机的风险。把经济运行理解为物质再生产和生产关系再生产不断循环往复的动态过程，是马克思主义政治经济学的重要方法，其克服了西方经济学静态均衡的方法论缺点，为我们提供了分析现实经济运动的科学方法。

当前，随着我国经济发展水平的提升和外部环境发生深刻变化，原有经济循环模式

已经到了需要调整、也必须调整的时点。在当前条件下，应当如何实现我国经济循环的畅通？“新发展格局”明确回答了这个问题。这就是，以国内大循环为主体、国内国际双循环相互促进。从经济循环的动态视角看，要实现我国经济循环的畅通，重点在于打通堵点、预防断点。一方面，要着力提升供给体系的创新力和关联性，使生产、交换、分配、消费各个环节连接更紧密，打通经济循环堵点；另一方面，要以实现国民经济完整性为目标，坚持扩大内需，加快消费升级，加大自主创新力度，解决各类“卡脖子”问题，补齐经济发展短板，焊牢经济循环易断点。这既是在大国经济发展关口，适应经济发展阶段变化的主动选择，也是应对错综复杂的国际环境变化的顺势而为，是依据马克思主义经济循环理论，深入思考当前国内国际形势发展所提出的科学结论和重大创新。

第二，“新发展格局”深刻阐明了自主创新与扩大内需相互促进的高质量发展道路，丰富和发展了马克思主义经济发展理论。

马克思主义政治经济学认为，发展是生产力进步和人的发展的统一。科学技术是生产力中最活跃的要素，是第一生产力，科技进步所带来的生产力进步，是不断满足人的需要、推动人和经济社会发展的根本因素。同时，人的自由全面发展的需要是生产力和科技进步的根本目的和根本动力。具体到一国经济发展而言，科技发展与其内需扩大相辅相成、互相促进。一方面，如果科学技术水平落后，国计民生的主要所需无法实现自主供应，先进高端的机器设备或商品只能依赖进口，那么国内需求就无法真正全面地得到满足，生产-消费的国内循环就存在缺口，完整的内需体系就无法构建起来。另一方面，如果没有一个繁荣、壮大的内需市场，那么科技自主创新也就失去了动力、应用场景和市场资源，就不得不处在国际分工低端，依赖于低附加值产品出口，难以持续提升本国收入，从而使本国经济不得不长期依赖国际循环，最终陷入依附性循环不可自拔。

如何突破这一发展困境？“新发展格局”提出了一条正确的道路，这就是推动自主创新与扩大内需互相促进，实现经济的高质量发展。只有拥有完整的超大规模内需体系，才能增强经济发展的自主性、稳定性和韧性，支撑和培育自主创新；只有具备足够的自主创新能力，才能补齐供给体系短板，适应构建完整内需体系的要求。一方面，扩大内需是满足人民日益增长的美好生活需要的必然要求，也是推动我国经济高质量发展的内在动力。完整的内需体系不仅是我国经济发展的“稳定器”，增加了我国经济在面对外部冲击时的回旋余地和稳定性，而且，完整的内需体系的不断扩容、升级，也将为国内企业提供广阔的市场空间，促进新技术产业化规模化应用，推进国内企业提升创新能力，改进技术工艺，提供技术更先进、性能更优良、质量更过硬的产品和服务，从而引领产业进步。另一方面，构建新发展格局，实现宏大顺畅的国内大循环的重要前提是，国内的供给结构必须能够适应需求结构的提升，特别是提升供给体系的创新力，解决各类“卡脖子”问题。习近平在提到“双循环发展格局”时，特别强调要“大力推动科技创新，加快关键核心技术攻关，打造未来发展新优势”①，并明确指出“这是关系我国发展全局的重大问题，也是形成以国内大循环为主体的关键”②。

---

① 习近平．在企业家座谈会上的讲话．人民日报，2020-07-22.

② 习近平．正确认识和把握中长期经济社会发展重大问题．求是，2021（2）：4-10.

第三“新发展格局”深刻阐明了国内循环与国际循环的辩证关系，丰富和发展了马克思主义全球化理论。

马克思主义政治经济学认为，人类的相互交往和相互依赖具有不断扩大的趋势，全球化是生产社会化程度不断提高的必然结果，是人类历史发展的必然趋势。但是，经济全球化所带来的利益分配在各国和各阶级之间是不平均的，对一国发展而言，既是机遇也是挑战。同时，事物发展的过程总是前进性与曲折性的统一，全球化的发展也会因各种因素而遭遇挫折和逆流。各国只有正视经济全球化的客观要求，主动参与到国际经济体系中，同时保持独立自主、安全可控、趋利避害，才能实现经济的健康发展。

习近平在不同场合曾多次指出，当今世界正处于百年未有之大变局。21 世纪以来一大批新兴市场国家和发展中国家快速发展，世界多极化加速发展，国际格局日趋均衡，国际潮流大势不可逆转。同时，当前逆全球化浪潮已经产生了很大影响，并形成了一定的政治力量，甚至在欧美发达国家政坛上掀起波澜，导致以邻为壑的孤立主义、保护主义，冲击全球产业链，限制经济全球化对于全球发展的促进作用，这将损害全球经济发展和整体福利，甚至引发民族国家之间的冲突。新冠疫情全球大流行更使这个大变局加速变化。

这一历史变局向我们提出了两个重大问题：一是在波谲云诡的逆全球化浪潮中怎么看全球化的前途？二是应当如何应对全球化逆流所带来的挑战？“新发展格局”为我们指明了方向，这就是，深刻把握国内国际循环的辩证关系，立足宏大顺畅的国内大循环，让国内国际双循环相互促进，推动全球化健康发展。

一方面，从历史规律看，经济全球化仍是历史潮流，各国分工合作、互利共赢是长期趋势，国际经济联通和交往仍是发展的客观要求。我们要顺应历史大势，坚定维护和推动经济全球化进程。通过打造“国内国际双循环”的升级版，进一步扩大开放，发展更高层次的开放型经济，更好发挥我国在国际大循环中的枢纽作用，既要做世界工厂，又要做世界市场，用更高水平的对外开放应对经济全球化的逆流，用繁荣畅通的中国国内大循环带动世界经济大循环，推动经济全球化朝着开放、包容、普惠、平衡、共赢的方向发展，推动构建人类命运共同体。另一方面，在面对全球化波折和逆流时，更要坚持独立自主、自力更生的传统法宝，把发展的立足点放在国内，以“做好自己的事”为根本要务，降低对外贸、外资、技术引进的依赖，在变局中培育参与国际经济合作和竞争的新优势。处理好开放、发展和安全的辩证关系，增强风险意识，树立底线思维，未雨绸缪，做好应对，在全球化的波折中行稳致远。

第五节 中国特色新型工业化道路

一、新型工业化道路的提出

工业化是指工业在国民经济中的比重不断上升的过程，它是经济发展过程中不可逾越的历史阶段。早在 1949 年 3 月召开的党的七届二中全会上，毛泽东就提出，建立独立完整的工业体系，使中国由落后的农业国变成先进的工业国。1956 年党的八大提出把中国改变成为一个先进的工业化的中国的战略发展目标。在这一思想的指导下，自中华人民共和国成立以来，工业化取得了巨大成就，初步建立起了独立的比较完整的社会主义工业体系。改革开放以来，中国的工业化快速发展，工业化程度大大提高。2019 年我国非农产业增加值比重为 92.9%，非农产业就业比重为 74.9%，城镇化率达到 60%，说明我国已经达到工业化后期阶段。

但是，我国的工业化任务并没有完成，同时还具有新的特点。进入 21 世纪，中国在进一步推进工业化的过程中遇到信息革命的浪潮。信息革命是继农业革命和工业革命之后，人类社会生产力发展正在经历着的第三次革命。信息革命的实质是在计算机技术与通信技术融合的基础上，通过先进的信息技术实现整个经济体系的自动化和网络化控制。随着互联网技术和“互联网＋”应用领域的发展，信息革命的内容不断丰富。信息化是在农业、工业、科学技术、国防及社会生活各个方面应用现代信息技术，深入开发、广泛利用信息资源，加速实现国家现代化的过程。在这种条件下，中国要走的工业化道路就不同于发达国家以往走过的工业化过程，而是工业化与信息化相结合的新型工业化道路，以信息化带动工业化，以工业化促进信息化。习近平强调，新时代新征程，以中国式现代化全面推进强国建设、民族复兴伟业，实现新型工业化是关键任务。

二、走新型工业化道路的重大意义

新型工业化道路是依据我国的具体国情，顺应时代要求的重大战略选择。这具体表现在：

第一，新型工业化道路是我国新经济发展阶段的必然选择。由于农业经济、工业经济、信息经济的依次演进是一个自然的历史过程，它们之间存在着自然的内在联系，我国不可能跳越工业化的发展阶段直接进入信息化阶段；另外，信息化的出现是一场新的产业革命，正在深刻地影响着人类社会现在和未来的发展方向，因此，我们绝不可能脱离这一深刻的技术革命而简单重复过去发达国家走过的工业化老路，待工业化完成后，再推进信息化。因此，信息化与工业化相结合是中国工业化的必然选择。

第二，新型工业化道路是我国在现有资源约束条件下的必然选择。传统工业化道路主要是依靠大规模的资源投入来推动的。但是，我国人均资源占有量大大低于世界人均水平。在这种情况下，要实现经济持续快速发展，就不可能依赖资源的大规模投入。同时，走传统的工业化道路，还必然会造成严重的环境污染，这种以牺牲环境为代价的工业化道路也是我们所不能承受的。

第三，新型工业化道路是提高我国国际竞争力的必然选择。在经济全球化的条件下，国际竞争日趋激烈，能否在以信息化为核心的新技术革命中占得先机、取得优势，是决定我国的国际竞争力的关键因素。这就要求我们必须走新型工业化道路，在信息化革命中抢得先机、走在前列，并通过信息化带动工业化，提高工业化的质量和效率，在较短时间内迅速缩短与发达国家的技术差距，实现赶超目标。

三、新型工业化道路的特点①

新型工业化道路与传统工业化道路的根本区别就在于工业化与信息化的互动发展和深度融合。在新的历史条件下，新型工业化道路的内涵不断丰富发展，主要是要完整、准确、全面贯彻新发展理念，统筹发展和安全，把高质量发展的要求贯穿新型工业化全过程，把建设制造强国同发展数字经济、产业信息化等有机结合，推动制造业高端化、智能化、绿色化发展。在此基础上形成的新型工业化具有以下基本特点：

第一，科技含量高。在工业化过程中，以信息技术为先导的高技术产业的优先发展，以及运用高新技术和适用技术对传统产业的改造，将会大大提升整个国民经济的科技含量，从而使我国的工业化无须再重复发达国家走过的机械化、电气化、信息化的科技发展老路，而可以充分发挥后发优势，把三者有机结合起来同步发展，大大缩短工业化的时间。

第二，经济效益好。在工业化过程中加入信息化，会在以下三个方面提升经济效益：一是以信息技术为先导的高新技术产业可以大大提高生产效率，推动新型产业的发展；二是以信息技术为先导的高新技术对传统产业的改造，将会大大提升传统产业的技术水平；三是信息技术的发展将会大大降低信息的搜集、处理、传输成本，从而降低交易成本，提高企业经济效益。

第三，资源消耗低。传统工业化往往以资源消耗型和高耗能型重工业为主，高投资、粗放型发展不仅导致全社会不得不忍受高代价、低收益的发展模式，也消耗了大量宝贵资源。新型工业化将大力依靠信息技术与制造技术相融合，加大产业聚集和创新驱动，以技术和管理不断升级促进工业发展，形成基础能力有效提升、智能制造快速发展、传统产业改造升级、节能减排效果突出的新型工业产业体系。

第四，环境污染少。传统工业化道路的一个重大问题就是在推进工业化的同时造成了严重的环境污染，付出了沉痛的代价。新型工业化道路可以有效减少环境污染，一是以信息技术为先导的高技术产业具有高知识、低污染的特点；二是以信息技术为先导的高新技术对传统产业的改造可以降低对环境的污染；三是以信息技术为先导的高新技术产业的发展可以使环保产业的技术水平大大提高，形成工业化与环保的良性循环。

第五，人力资源优势能够得到充分发挥。人力资源丰富是我国工业化的一个优势，发挥这一优势对于推动新型工业化具有重大意义。为此，必须处理好资本密集型产业与劳动密集型产业、高新技术产业与传统产业的关系，促进各类产业协调发展，在推进新型工业化过程中充分发挥人力资源丰富的优势，不断扩大就业。在新时代新阶段，新型工业化具有了新的内涵，这就是：要完整、准确、全面贯彻新发展理念，统筹发展和安全，深刻把握新时代新征程推进新型工业化的基本规律，积极主动适应和引领新一轮科技革命和产业变革，把高质量发展的要求贯穿新型工业化全过程，把建设制造强国同发

① 黄泰岩，李德标．我国新型工业化的道路选择．中国特色社会主义研究，2003（1）：35－41.

展数字经济、产业信息化等有机结合，为中国式现代化构筑强大物质技术基础。[①]

四、加快推进新型工业化

当前，世界百年未有之大变局加速演进，新一轮科技革命和产业变革深入发展，全球产业结构和布局深度调整，大国竞争和博弈日益加剧，世界进入新的动荡变革期。我国新型工业化面临新的形势，机遇和挑战并存：我国处于工业大国向工业强国迈进的重要关口期，虽然工业综合实力大幅提升，重点领域创新取得重大突破，但总体上看，工业大而不强的格局尚未根本改观；新一轮科技革命和产业变革深入发展，必须在关键核心技术创新上持续加力发力，催生更多新技术新产业，开辟更多新领域新赛道，增强发展新动能新活力；全球产业结构和布局深度调整，先进制造业领域国际竞争日趋激烈，必须加快形成全球竞争新优势；我国工业和信息化发展面临更加严峻复杂的外部环境，必须加快关键核心技术攻关，抓紧补短板、锻长板，提升产业基础高级化、产业链现代化水平。因此，必须准确把握推进新型工业化的战略定位、阶段性特征以及面临的环境条件变化，坚持走中国特色新型工业化道路，加快推进新型工业化。

加快推进新型工业化的总体思路是：锚定制造强国和网络强国建设目标，以智能制造为主攻方向，推进信息化和工业化深度融合，加快建设现代化工业体系，夯实新发展格局的产业基础，为全面建设社会主义现代化国家提供有力支撑。具体来说，加快推进新型工业化，一是要加快改造升级传统产业，大力推进企业设备更新和技术改造。巩固优势产业领先地位，培育壮大新兴产业，前瞻布局未来产业，强化装备制造业特别是高端装备的关键支撑作用，大力发展生产性服务业，推进先进制造业与现代服务业深度融合。二是要健全产业科技创新体系，强化企业科技创新主体地位，全面激发企业创新活力，开展重点领域关键核心技术攻关，发挥新型举国体制优势，加快突破一批核心技术和标志性重大战略产品。三是要提升产业链供应链韧性和安全水平，找准“卡脖子”“掉链子”薄弱环节，着力补短板、锻长板，提升产业体系自主可控能力，保障极端情况下国民经济循环畅通。四是要以满足人民日益增长的美好生活需要为立足点，推进高端化智能化绿色化发展。五是要充分发挥大企业主力军和中小企业生力军作用，充分发挥国有企业和民营企业优势，全面提升企业竞争力。六是坚持和加强党对推进新型工业化的全面领导，坚持有效市场和有为政府更好结合，提升产业治理现代化水平。

第六节　中国特色新型城镇化道路

一、中国城市化历程与经验教训

中华人民共和国成立以后特别是自 1953 年“一五”计划开始，大规模经济建设对农

① 把高质量发展的要求贯穿新型工业化全过程 为中国式现代化构筑强大物质技术基础．人民日报，2023－09－24.

村劳动力的需求迅速增长。为满足这一需求，国家开始引导农村劳动力进入城市或矿区就业，农业人口第一次大规模向城市集中，也掀起了第一波城市化小高潮。1949—1958年，城市数量从132个增加到180个，城市人口突破1亿，城市人口的比重也从一开始的10.6%提升到16.3%。

1958年我国发起“大跃进”运动。1960年，国家将部分城市人口疏散到农村。至1963年，我国共减少城市人口2 600万，精简职工2 000万人，城市化率大幅下降。1966年“文化大革命”爆发，随着“三线建设”“上山下乡”等运动的兴起，城市人口比重重新回到“大跃进”运动前的水平，即基本上维持在17%左右。直至“文化大革命”末期，城市化率缓慢回升，至1978年年底尚不足18%。

从1978年开始我国拉开了改革开放的大幕，乡镇企业发展带动了人口向小城镇集聚，小城镇获得了快速发展。1984年后城市经济体制改革的全面展开也为城市发展注入了新的活力。20世纪90年代初，广东等南方省份工业部门的迅速崛起带动了农村劳动力的大规模迁移。据统计，仅1978—1996年，我国城市数量就从193个增加至668个，建制镇更是从2 664个激增至18 200个，城市人口从1.73亿增加到3.73亿，城市人口的比重也从17.9%提高到30.5%。

进入21世纪后，我国的城市化建设开始面临新的问题和挑战。在传统城市化模式下，资源消耗大，环境污染严重，小城市和小城镇功能弱、效率低的问题日益凸显。针对这种情况，2000年的“十五”计划和2002年的党的十六大报告分别提出要积极发挥大城市的辐射带动作用，坚持大中小城市协调发展。2000—2010年，特大型城市比重由2000年的6%提高到7.3%；大型城市由8%提高到9.9%；中型城市由32.9%微增至33.8%；而小型城市由53.1%下降为49.5%。特大型、大型城市的集聚效应和资源配置效应开始显现。这一时期我国城市化建设取得了重要成就，2000—2020年城市化率从36.2%提高到60.6%，年均增速达到1.2%，远高于同期世界平均水平。2022年，我国城市化率已达65.2%。

二、中国特色新型城镇化道路的内涵

在总结自中华人民共和国成立以来我国城市化建设的经验教训的基础上，我国形成了中国特色新型城镇化道路。中国特色新型城镇化道路是一条城乡统筹、城乡一体、产城互动、节约集约、生态宜居、和谐发展、大中小城市与小城镇及新型农村社区协调发展、互促共进的道路。具体地，它应具有如下几方面特征：

（1）统筹城乡，以解决“三农”问题为前提。解决好农民、农业与农村问题，是城镇化进程稳步推进的基础，为此，必须健全城乡发展一体化体制机制，从多方面入手，采取切实有效的措施，缩小城乡差别，促进城乡共同繁荣发展，包括：促进城乡要素平等交换、双向流动；保障农民工同工同酬，保障农民公平分享土地增值收益；完善农业保险制度；鼓励社会资本投向农村建设，允许企业和社会组织在农村兴办各类事业；统筹城乡义务教育资源均衡配置，整合城乡居民基本养老保险制度、基本医疗保险制度，推进城乡最低生活保障制度统筹发展，稳步推进城镇基本公共服务常住人口全覆盖，把进城落户农民完全纳入城镇住房和社会保障体系；等等。[①]

（2）优化布局，建立合理的城市结构。坚持人民城市人民建、人民城市为人民。一是大中小城市规模结构的合理布局。片面强调小城镇或大城市发展都失之偏颇，都会带来问题，比如，小城镇发展模式的规模效益低、城市功能不足、土地利用效率低；大城市模式虽能解决这些问题，但要考虑城市承载力，处理不当会引发“大城市病”等社会问题。二是城市的区域布局问题。我国幅员辽阔，各地城市发展水平有很大差异，大型、发达城市多集中于东部和中部地区，西部地区的城市发展水平则相对较低，这在一定程度上加剧了区域经济发展的不平衡性。为此，必须合理规划城市布局，促进城市在各区域之间协调发展。三是提高城市内部规划的科学性，为改善城市功能、美化城市面貌、提高城市的宜居性奠定基础。

（3）功能完善，突出城市的特色定位。在我国城镇化建设过程中存在着城市同构现象，各个城市不顾自身情况，往往采取千篇一律的发展模式，失去了传统的城市特色，城市之间的功能定位变得模糊。为此，必须科学界定各个城市的特色定位，走优势互补、合理分工的道路。

（4）节约土地，促进土地资源的集约利用。我国是一个土地资源短缺的国家，18亿亩耕地红线对城镇化建设提出了节约利用土地的要求，必须提高土地的利用效率和综合承载能力，推动城镇化从粗放型向集约型转变。另外，我们也要注意到，在今天资源、环境压力日益加剧的背景下，集约型城镇化建设还必须延伸到除土地外的其他一些资源上，比如，节能型城市、绿色城市的建设，通过改善环境友好性来提高城市发展的可持续性。

（5）协同推进，实现城镇化与工业化的协调推进。只有同步推进工业化，城镇化才能具有产业基础并获得真正的动力，否则，城镇化将会带来一系列问题，比如引发失地农民的失业问题。除了与工业化协同外，城镇化推进还必须考虑粮食安全问题。城镇化会从两个维度影响粮食安全：一是农地转变用途，威胁耕地面积；二是农业劳动力向城市转移，使农业劳动力投入减少。对这些问题，必须有合理的解决办法。

三、进一步推进城镇化的任务

中国的城镇化建设虽然取得了巨大成就，但仍然任重而道远。

（1）城镇化率仍需提升。一般认为，一国的城镇化率只有达到60%，才算进入城镇化后期阶段；只有达到70%，城镇化任务才算基本完成。2022年，我国城镇化率达到65%，城镇化已进入后期阶段，但与70%尚有距离，仍有进一步提升的空间。

（2）城镇化要有足够的就业容量。中国是一个人口大国，特别是农村仍滞留着近6.2亿人口，如果按每年1%的城镇化率计算，每年将有数百万甚至近千万的人口进入城市，如何为他们提供足够多的就业岗位，使他们不至于失业，这是在城镇化建设过程中必须解决的一个问题。

---

① 习近平．关于《中共中央关于全面深化改革若干重大问题的决定》的说明．人民日报，2013-11-16．

（3）要解决结构与功能优化的问题，走集约化、科学化的城镇化路径。新型城镇化必须在东、中、西部地区因地制宜地推进，走大、中、小协调发展的路径，只有这样，才能达到最优的城市规模结构，城市承载力和城市功能才能得到真正的提升，城市之间才能源于功能差异而实现优势互补，优化资源配置。

（4）要从民生角度解决可能出现的“城市病”。城镇化建设的一个重要任务就是建设宜居城市，改善人民生活。因此，除就业问题外，各级政府还必须花大力气解决在城市人口扩张后的教育、医疗、住房等公共服务的问题。

（5）要从工农互促的角度解决协调发展的问题。为保护农民利益，在城镇化进程中必须制定科学合理的土地补偿政策，让农民能够真正分享城镇化的增值收益。同时，城镇化过程中还要促进并引导优质生产要素向农业部门流动，通过它们来提高农业生产率，为增产增收以及粮食安全提供保障。

第七节　中国特色自主创新道路

一、自主创新战略的内涵

自主创新是指独立地依靠自己的力量而实现的技术创新，是相对于技术引进、模仿而言的一种创造活动。从国家层面上看，自主创新具有以下一些基本特点：

第一，自主创新是国家发展战略，强调要依靠国家自身的力量，通过国家主动的、自觉的行为，实施自主研发，掌握关键技术，推动科学技术的进步，提升国家的国际竞争力，维护国家安全和国家利益。这一战略的理论前提是认为真正的核心技术不可能通过自发的市场引进获得，有利于国家的先进的产业结构不可能建立在比较优势的基础上。因此，自主创新战略本质上是一个国家行为，具有全局性、长远性和战略性，它不同于单个的企业和个人的创新行为。

第二，自主创新是国家意志与企业行为的结合。作为一种国家战略，自主创新离不开国家的推动、引导和支持，包括制定国家科技发展的规划，完善支持自主创新的政策措施，增加对自主研发的投入，提供有利于创新的体制环境，等等。但是，自主创新的实现又不能离开企业这一市场主体，企业是自主创新的微观主体，只有通过企业的研发和创新行为，生产出高科技含量的新产品，引领国际的技术标准，从而建立有竞争力的产业集群，才能增强国家的国际竞争力，实现自主创新战略的要求。

第三，自主创新是有选择和有重点的。作为一种国家战略，自主创新战略的实施要有所为有所不为，应集中在具有一定基础和优势、对于国民经济和社会发展以及国际竞争力的提高具有关键作用的领域。在这些领域，通过国家的意志和行为，整合国家的资源和优势，进行重点攻关，取得技术上的突破，推动经济社会跨越式发展。经济发展和资源配置中存在的大量的一般性问题，则应当通过市场的自发调节加以解决。

在社会主义市场经济中，实施自主创新战略具有特殊的制度优势。社会主义市场经济是以公有制为基础的，这就使得社会主义国家可以凭借生产资料所有者的地位，按照社会的共同和长远利益在全社会范围内合理配置资源，集中力量办大事，实现科学技术和自主创新的跨越式发展。社会主义制度的这一优势已经为社会主义建设实践所证明。自中华人民共和国成立以来特别是改革开放以来，党和国家采取了一系列加快我国科技事业发展的重大战略举措，经过广大科技人员顽强拼搏，我们取得了一批以“两弹一星”、载人航天、杂交水稻、三峡工程、探月工程、移动通信、量子通信、北斗导航、载人深潜、高速铁路、高性能计算机等为标志的重大科技成就，拥有了一批在农业、工业领域具有重要作用的自主知识产权，促进了一批高新技术产业集群的迅速崛起，造就了一批拥有自主知名品牌的优秀企业，全社会科技水平显著提高。这些科技成就为推动经济社会发展和改善人民生活提供了有力的支撑，显著增强了我国的综合国力和国际竞争力。

我国是一个发展中国家，实施自主创新战略具有特殊重要的意义。为了在较短的时间内赶上发达国家，摆脱科学技术落后的地位，必须举全国之力，加速科学技术的发展，加速现代化的进程，尽量采用最先进的技术，实现跨越式发展。正如毛泽东早就说过的：“我们不能走世界各国技术发展的老路，跟在别人后面一步一步地爬行。我们必须打破常规，尽量采用先进技术，在一个不太长的历史时期内，把我国建设成为一个社会主义的现代化的强国。”① 我们党提出的坚持走中国特色自主创新道路，为建设创新型国家而努力奋斗的任务，就是对毛泽东提出的这一思想的继承和发展。

中华人民共和国成立以来特别是改革开放以来，我国的科学技术发展取得了巨大的进步。但是，应当清醒地看到，目前我国科技的总体水平同世界先进水平相比仍有较大差距，同我国经济社会发展的要求还有许多不相适应的地方，主要是：关键技术自给率低，自主创新能力不强，特别是企业核心竞争力不强；农业和农村经济的科技水平还比较低，高新技术产业在整个经济中所占的比例还不高，产业技术的一些关键领域存在着较大的对外技术依赖，不少高技术含量和高附加值的产品主要依赖进口；科学研究实力不强，优秀拔尖人才比较匮乏；科技投入不足，体制机制还存在不少弊端。

核心技术缺乏、自主创新能力不强是制约我国经济又好又快发展和转变经济发展方式的严重瓶颈。自主创新能力不强使我们只能依靠廉价的劳动力和自然资源参与国际分工，获得微薄的利润，成为低端产品的“世界工厂”，在国际竞争中处于不利地位，在核心技术上依赖他人。自主创新能力不强，使许多战略性产业的发展依赖于国外的技术，并被跨国公司主导，严重威胁国家安全。自主创新能力不强，导致经济增长方式粗放，产业升级缓慢，资源和环境压力日益严峻，可持续发展的能力减弱。自主创新能力不强造成了产业结构不合理，现代产业体系发展滞后，农业基础薄弱，现代服务业发展滞后。

因此，从我国发展的战略全局看，走新型工业化道路，调整经济结构，转变经济增长方式，缓解能源资源和环境的瓶颈制约，加快产业优化升级，促进人口健康和保障公共安全，维护国家安全和战略利益，都要求有强有力的自主创新能力的支撑，全面提高自主创新能力是加快转变经济发展方式的关键环节。

---

① 毛泽东．毛泽东文集：第8卷．北京：人民出版社，1999：341.

二、中国特色自主创新道路的基本要求

走中国特色自主创新道路，核心就是要坚持自主创新、重点跨越、支撑发展、引领未来的指导方针。自主创新，就是从增强国家创新能力出发，加强原始创新、集成创新和引进消化吸收再创新。重点跨越，就是坚持有所为有所不为，选择具有一定基础和优势、关系国计民生和国家安全的关键领域，集中力量、重点突破，实现跨越式发展。支撑发展，就是从现实的紧迫需求出发，着力突破重大关键技术和共性技术，支撑经济社会持续协调发展。引领未来，就是着眼长远，超前部署前沿技术和基础研究，创造新的市场需求，培育新兴产业，引领未来经济社会发展。

推动自主创新、建设创新型国家，必须把提高自主创新能力摆在突出位置，大幅度提高国家竞争力。自主创新能力是国家竞争力的核心，是我国应对未来挑战的重大选择，是统领我国未来科技发展的战略主线，是实现建设创新型国家目标的根本途径。一个国家只有拥有强大的自主创新能力，才能在激烈的国际竞争中把握先机、赢得主动。

推动自主创新、建设创新型国家，要以全球视野谋划和推动创新，提高原始创新、集成创新和引进消化吸收再创新能力，更加注重协同创新。原始创新是指新的科学发现和技术发明，是最根本的、最基础的创新。集成创新是指通过对各种现有技术进行有效组合，形成新的科技成果。引进消化吸收再创新是指在引进国内外先进技术的基础上，学习、分析、借鉴，进行再创新，形成具有自主知识产权的新技术。

推进自主创新、建设创新型国家，必须深化科技体制改革，推动科技和经济紧密结合，加快建设国家创新体系，着力构建以企业为主体、市场为导向、产学研相结合的技术创新体系。

推进自主创新、建设创新型国家，必须深入实施科教兴国战略和人才强国战略，加强创新型人才队伍建设。要适应经济社会发展对知识和人才的长远需要，普及和巩固义务教育，加快发展职业教育，提高高等教育质量，为建设创新型国家提供人才支撑。

三、构建新型举国体制

走中国特色自主创新道路，必须完善科技创新体制机制，推进科技体制改革，形成支持全面创新的基础制度。习近平指出："要健全社会主义市场经济条件下新型举国体制，充分发挥国家作为重大科技创新组织者的作用，支持周期长、风险大、难度高、前景好的战略性科学计划和科学工程，抓系统布局、系统组织、跨界集成，把政府、市场、社会等各方面力量拧成一股绳，形成未来的整体优势。要推动有效市场和有为政府更好结合，充分发挥市场在资源配置中的决定性作用，通过市场需求引导创新资源有效配置，形成推进科技创新的强大合力。"①

---

① 习近平．在中国科学院第二十次院士大会、中国工程院第十五次院士大会、中国科协第十次全国代表大会上的讲话．2021－05－29.

以举国体制推进重大科技创新是中华人民共和国成立以来我国一直奉行的优良传统。这一体制在一定时限内或特定条件下，将有限的人力、物力、财力和技术资源向既定战略目标领域集中或调配，从而完成重大战略任务或解决急迫科技课题。正是在这种体制下，我国在“一五”计划期间就能够展开以“156项重点工程”为核心的694个大中型建设项目，奠定了社会主义工业化的初步基础；取得了“两弹一星”等重大科技成就，铸就了国防安全的战略基石。改革开放以来，我国积极探索市场经济条件下的新型举国体制，努力把政府与市场“两只手”的作用有机结合起来，取得了三峡工程、青藏铁路、南水北调、西气东输、“神舟”飞天、“嫦娥”奔月、“蛟龙”入海等举世瞩目的科技成就。进入新时代，按照党中央关于创新驱动发展战略的决策部署，新型举国体制成为落实创新驱动发展战略、推动供给侧结构性改革的重要抓手，为我国科技实力和国际竞争力提升作出了重大贡献，为建设创新型国家、迈向世界科技强国奠定了坚实基础。

当前阶段，世界正面临百年未有之大变局，各国经济与科技竞争日趋激烈，深化科技体制改革、加快自主创新步伐已是时不我待，必须更好发挥市场经济条件下新型举国体制的独特优势。正如习近平所指出的：“我国社会主义制度能够集中力量办大事是我们成就事业的重要法宝。我国很多重大科技成果都是依靠这个法宝搞出来的，千万不能丢了！要让市场在资源配置中起决定性作用，同时要更好发挥政府作用，加强统筹协调，大力开展协同创新，集中力量办大事，抓重大、抓尖端、抓基本，形成推进自主创新的强大合力。”①

相比传统举国体制，新型举国体制具有以下几方面的特点和优势：

一是更加注重弘扬科学精神和工匠精神。科技研发有其自身规律，科研管理必须将高度的科学精神贯穿其中，尊重科研规律，用科学的思想观察问题、用科学的机制解决问题，在全社会弘扬精益求精的工匠精神，从而使新型举国体制更加科学、高效。

二是更加注重发挥市场在资源配置中的作用。新型举国体制是在社会主义市场经济条件下进行的，既要集中力量办大事、体现国家的战略意图，又要突出市场在创新资源配置中的决定性作用，国家主要利用科技产业政策和其他手段引导市场，企业成为科技创新主体，运用市场方式、经济手段解决国家科技创新工程立项、决策、预算投入、利益分配等问题。

三是更加注重激发科技主体的创新活力。新型举国体制注重科研人员激励和企业市场效益，强调要强化激励，用好人才，使发明者、创新者能够合理分享创新收益。加强知识产权保护，完善科技人才发现、培养、激励机制，创新促进科技成果转化机制，激励企业开展各类创新活动，充分激发各类创新主体活力。

新型举国体制是中国特色自主创新道路的独有优势。但我们也要清醒认识到，如果不能实现政府与市场的有机结合，而是变成了“集中力量办坏事”，那就反而会阻碍我国的科技研发和自主创新进步。这就要求我们加快政府职能转变，“更好”而不是“更多”发挥政府作用，进一步发挥市场机制作用，提升国家创新体系整体效能，不断增强科技实力和创新能力，努力在世界高技术领域占有重要的一席之地。

---

① 习近平．习近平谈治国理政：第1卷．2版．北京：外文出版社，2018：126－127.

第八节　中国特色农业现代化道路

一、中国特色农业现代化道路的提出

农业是国民经济的基础，没有 8 亿农民的小康，就不可能实现全面的小康；没有农村的现代化，就不可能有全国的现代化。全面建成小康社会，更进一步全面建设社会主义现代化国家，重点在农村，难点也在农村。

改革开放以来，中国共产党制定了一系列正确的方针政策，使中国的农业生产力得到了极大释放，农业产值持续增长，国家粮食安全得到有效保障，农业产业结构不断优化，农、林、牧、渔的“大农业”结构基本形成，农民收入不断保持稳定增长，生活水平日益提高，初步形成了中国特色的农村和农业发展道路。

进入 21 世纪以来，党中央坚持把“三农”问题作为全党工作的重中之重，采取了一系列促进农村、农业和农民发展的政策措施，坚持工业反哺农业、城市支持农村和多予少取放活方针，推出了一系列支农惠农的政策，提出了建设社会主义新农村的战略思想。在此基础上，指明了中国农业和农村发展的基本方向，对开创社会主义新农村建设新局面、全面建设社会主义现代化国家具有重大意义。

二、中国特色农业现代化道路的基本内涵

中国特色农业现代化道路的基本内涵是：

第一，加大国家对农业的支持保护力度。坚持把国家基础设施建设和社会事业发展重点放在农村，深入推进新农村建设和扶贫开发，全面改善农村生产生活条件。坚持工业反哺农业、城市支持农村和多予少取放活方针，加大强农惠农富农政策力度，让广大农民平等参与现代化进程、共同分享现代化成果。

第二，提高农业物质技术装备水平和农村劳动者整体素质。顺应世界科技发展潮流，着眼于建设现代农业，大力推进农业科技自主创新，加强农业技术推广普及，加快农业科技成果转化。同时要发挥农村的人力资源优势，大力发展农村职业教育，加强农民技能培训，全面提高农村劳动者素质，为推进农业现代化建设提供强大的人才智力支持。

第三，转变农业发展方式。推进农业结构战略性调整，大力发展农业现代化经营，着力构建现代农业产业体系，实现农业的多元化经营、区域化布局、专业化生产，大力发展各种类型的农业专业合作组织，加快建设现代农业社会化服务体系，不断提高农业的效益和竞争力。保护和利用好有限的农业资源，实行最严格的耕地保护制度，切实加强生态保护和建设。

第四，着力促进农民增收。充分挖掘农业内部增收潜力，努力开拓农产品市场。加强农村劳动力技能培训，引导富余劳动力向非农产业和城镇有序转移。完善农业补贴政

策，保持农产品价格的合理水平，逐步建立符合国情的农业支持保护制度。加大扶贫开发力度，提高贫困地区人口素质，改善基本生产生活条件。

第五，维护粮食安全。随着我国加入世界贸易组织，农业对外开放步伐加快，我国农业与世界农业的关联程度不断提高，面临的国际竞争日益加剧。农业发展在利用国际市场和国际资源的同时，也面临着不断加大的国际风险。应加快发展现代农业，增强农业综合生产能力，确保国家粮食安全和重要农产品有效供给。

第六，推动城乡发展一体化。加大统筹城乡发展力度，增强农村发展活力，逐步缩小城乡差距，促进城乡共同繁荣。加快完善城乡发展一体化体制机制，着力在城乡规划、基础设施、公共服务等方面推进一体化，促进城乡要素平等交换和公共资源均衡配置，形成以工促农、以城带乡、工农互惠、城乡一体的新型工农、城乡关系。

第七，建设社会主义新农村。建设社会主义新农村的基本要求是：生产发展、生活宽裕、乡风文明、村容整洁、管理民主。

三、中国特色农业现代化道路的实现途径

中国特色农业现代化道路的推进需要农民、政府、企业、农民专业合作组织、其他社会组织等各个主体的相互配合协调行动。其中，农民、企业和农民专业合作组织为直接参与主体，从事农业的生产、加工和销售，负责农业的具体经营业务；政府为宏观调控主体，从宏观层面对农业发展进行指导和调控，并提供良好的制度环境；其他社会组织和机构为外部支持主体，包括金融机构、科研机构、中介组织以及社会团体等，它们从外部对农业发展进行金融、技术以及其他支持。

中国特色农业现代化道路的推进，应选择三条基本途径。第一，技术创新。应不断采用先进的科学技术，提高农产品产量和质量，降低生产成本，保证食品安全。不断改善农业的生产条件，运用现代物质技术装备农业，实现农业的机械化、电气化、信息化。强化政府投入，深化农业科技体制改革，推动农业技术人才队伍建设，实现在现代育种、机械生产、农业信息、农产品精深加工、资源节约、农产品质量安全等技术领域的重点突破。第二，制度创新。应通过土地承包经营权在全国范围内的自由流转来提高土地配置效率，通过发展各类专业合作组织和社会化服务组织来提高农业生产组织程度，通过改善农村金融服务来增加农业要素投入，通过构建现代农业产业体系来促进农业经营方式变革，在农村土地产权、农业生产组织、农村金融和农业产业体系等方面进行制度创新。第三，区域实现。应根据各区域之间经济、自然等因素的差异，选择符合各自实际的发展模式和战略重点。

第九节　中国特色区域发展道路

我国幅员辽阔，区域发展不平衡。统筹区域发展事关现代化建设全局和国家长治久安，必须坚定不移地走中国特色区域发展道路，促进区域协调发展，形成相互促进、优

势互补、共同发展的格局。

一、区域发展战略的演进

早在20世纪50年代，毛泽东就提出要处理好沿海工业和内地工业的关系，指出："我国的工业过去集中在沿海。……我国全部轻工业和重工业，都有约百分之七十在沿海，只有百分之三十在内地。这是历史上形成的一种不合理的状况。沿海的工业基地必须充分利用，但是，为了平衡工业发展的布局，内地工业必须大力发展。"[①] 为此，"一五"计划和"二五"计划都提出了"建立工业基地"的要求。国家工业建设的重点是老重工业基地东北地区，其次是华东和华北，并开始考虑战略重点向内地转移，同时将沿海地区的少数工厂搬迁至内地。

在"三五"时期到"四五"时期，基于国际环境的考虑，我国的生产力布局进行了战略转移，按照一、二、三线布局工业，集中力量建设"三线地区"[②]。"三五"期间，内地的基本建设投资已占全国的66.8%，其中用于"三线地区"的占52.7%。中央政府还有计划地将一批工厂和研究机构从北京、上海、江苏、辽宁等省市搬迁至"三线地区"。中央政府对"三线"建设先后投入2 000多亿元资金。这是国家对中西部地区援助力度最强的时期，使中西部地区经济得到较快发展。

在20世纪70年代后期，由于国际国内形势的变化，工业区域布局以国防安全为首要原则已不合时宜。同时，"三线"建设投入力量过多等问题也充分暴露出来。国家开始有计划地将产业布局由内地向沿海地区转移，在从1973年起分两批引进的47个重要成套项目中，就有24个位于东部沿海地区。但是，这一阶段的调整还只是局部的，虽然这一时期基本建设投资占总投资额的比重，内地下降了13.3个百分点，东部沿海地区上升了8.5个百分点，但内地的投资总额仍远远超过沿海地区。

在改革开放初期，我国实施了东部沿海地区率先发展的区域发展战略，充分利用沿海地区的优势，面向国际市场，参与国际交换和国际竞争，大力发展开放型经济。一方面，一大批重点建设项目布局在沿海地区，沿海地区建设投资比重超过了中西部，达到47.7%，中西部地区占46.5%；另一方面，国家在东部沿海地区率先开始区域制度创新，先后设立深圳、珠海、汕头、厦门四个经济特区，14个沿海开放港口城市和沿海经济开放区。

1995年9月通过的《中共中央关于制定国民经济和社会发展"九五"计划和2010年远景目标的建议》提出，按照市场经济规律和经济内在联系以及地理自然特点，突破行政区划界限，在已有经济布局的基础上，以中心城市和交通要道为依托，逐步形成7个跨省区市的经济区域。[③]"十五"（2001—2005年）计划要求打破行政分割，重塑市场经

---

① 毛泽东．毛泽东文集：第7卷．北京：人民出版社，1999：25.

② "三线地区"包括四川（含重庆）、贵州、云南、陕西、甘肃、宁夏、青海等地区以及河南、湖北、湖南、广东、广西、山西和河北的部分地区。

③ 这7个区域是长江三角洲及沿江地区、渤海湾地区、东南沿海地区、西南和华南部分省区、东北地区、中部五省地区、西北地区。

济条件下的新型经济关系，形成各具特色的区域经济，提出“实施西部大开发战略，促进区域协调发展”的目标，力争用5～10年时间，使西部地区基础设施和生态环境建设有突破性进展，科技、教育有较大发展。

21世纪以来，我国区域经济发展取得了巨大成就。一是区域发展的协调性明显增强。东部沿海地区继续发挥带动经济增长的引擎作用，中西部一些重点地区对区域发展的支撑作用日益增强。我国经济版图正在发生深刻变化，空间布局更趋协调、更加科学。二是对特殊地区发展的扶持力度显著加大。把加快革命老区、民族地区、边疆地区和贫困地区发展摆在更加重要的位置，促进欠发达地区城乡面貌发生历史性变化。三是区域合作广度深度持续拓展。国内区域合作深入开展，各类跨行政区的区域发展一体化步伐加快。四是区域可持续发展能力不断提升。从战略层面明确了各地区的总体功能定位和政策导向，进一步优化开发格局，规范开发秩序，促进了经济与人口、资源、环境的协调发展。

二、区域发展总体格局

区域发展总体格局主要由以下内容组成。

1. 东部沿海地区率先发展

东部沿海地区率先发展战略作为一个全局性的重大战略决策，是随着改革开放进程逐步形成和正式提出的。这一战略的实施，首先是通过创办经济特区和沿海开放城市、开放区的政策来实现的。东部沿海地区依靠本身的区位优势和改革开放的先发优势，抢抓发展机遇，实现率先发展，成为经济持续快速增长的“龙头”。从人均水平看，2017年东部地区人均GDP约为11 530美元，已经接近世界银行定义的高收入国家12 736美元的门槛。2020年，北京、上海、江苏、浙江、福建、广东、天津七省市的人均GDP均已超过1.3万美元，达到高收入国家水平。

长三角、粤港澳大湾区和京津冀三大都市经济圈成为引领我国区域经济发展的“三大引擎”。2023年，长三角、粤港澳大湾区、京津冀三大城市圈的GDP占全国比重在40%以上，在区域经济发展中发挥了重要的引领和带动作用。其中，深圳作为最早成立的经济特区之一和改革开放的“桥头堡”，由一座默默无闻的小渔村成长为具有国际影响力的大都市。上海浦东新区作为我国东部改革开放重点地区，实现了跨越式发展。

2. 西部大开发战略

20世纪80年代中期，在东部沿海地区经济高速发展的同时，中央也越来越关注西部地区①的发展问题。1999年11月，中央经济工作会议正式提出了西部大开发战略目标。会议指出，实施西部大开发直接关系到扩大内需、促进经济增长，关系到民族团结、社会稳定和边防巩固，关系到东西部协调发展和最终实现共同富裕。通过二十多年的努力，西部大开发取得了重大成就。西气东输工程提前一年全线贯通并投入商业运营，西

---

① 西部地区主要包括内蒙古、广西、重庆、四川、贵州、云南、西藏、陕西、甘肃、青海、宁夏和新疆共12个省、自治区、直辖市。

电东送工程新增向广东送电 1 000 万千瓦的任务提前完成，青藏铁路提前一年全线铺通。截至 2005 年年底，西部地区累计退耕还林 8 467 万亩，配套荒山荒地造林和封山育林 11 579 万亩，退牧还草工程安排治理严重退化草原 2.9 亿亩。青藏铁路、南水北调、西气东输、北煤南运、西油南输、西电东送、西棉东调、南菜北运等多个重点工程投入运营。国家投入带动了社会投入，促进了西部地区经济快速发展。2000—2017 年，西部地区 GDP 从 17 276 亿元增加到 170 955 亿元，按不变价格计算，年均增长 11.6%，占全国比重由 17.5%提高到 20.0%。人均 GDP 由 4 948 元增加到 45 522 元，从相当于全国平均水平的 62.3%提高到 76.3%。特别是 2012 年以来，西部地区 GDP 年均增速达到 8.9%，高出全国增速 1.8 个百分点，使得西部地区与其他地区之间的发展差距进一步缩小。2020 年，西部地区 GDP 达到 213 292 亿元，增速继续高于全国平均水平。

3. 振兴东北老工业区

东北地区即黑龙江、吉林和辽宁三省，是我国最典型的老工业基地。中华人民共和国成立之后，凭借天然的资源优势、原有的工业基础、苏联的技术援助以及政府倾全国之力的建设，东三省工业经济曾经长期领先国内其他地区。布局在东三省的钢铁、能源、化工、重型机械、汽车、造船、飞机等重大工业项目，在奠定我国工业化初步基础过程中起到了关键作用，并形成了具有相当规模的以重化工为主的城市和区域，被誉为新中国的“工业摇篮”。

从 20 世纪 80 年代中期开始，东北地区的发展逐步失去了原有的优势地位，遇到了一些突出的矛盾和困难，主要有：市场化程度低，经济发展活力不足；产业结构调整缓慢，企业设备和技术老化；企业办社会事业的历史包袱沉重，社会保障和就业压力较大；资源型城市主导产业衰退，接续产业亟待发展。

为此，党的十六大从战略全局的高度出发，提出了支持东北地区等老工业基地加快调整和改革的任务。2003 年颁布的《中共中央 国务院关于实施东北地区等老工业基地振兴战略的若干意见》，从八个方面对东北地区等老工业基地的振兴提出指导意见。其中，较为主要的是要求升级工业结构、发展现代化农业和第三产业、进一步扩大对内对外开放、转变资源型城市经济。同时，强调了相关部门要制定切实可行的政策措施，为国有企业改革和老工业基地调整改造创造条件。2016 年《中共中央 国务院关于全面振兴东北地区等老工业基地的若干意见》的出台，标志着新一轮东北振兴战略的全面启动，东北振兴政策红利持续发力。

4. 中部地区崛起战略

从中国整体发展的角度考虑，中部地区①处在我国内陆腹地，起着承东启西、接南进北、吸引四面、辐射八方的作用。加快中部地区发展是提高中国国家竞争力的重大战略举措，是东西融合、南北对接，推动区域经济发展的客观需要。

中央历来重视中部地区的发展，“十五”计划就明确指出：中部地区要发挥区位优势和综合资源优势，加快经济发展步伐。进入 21 世纪之后，国家对中部地区的发展越来越重视，党的十六届四中全会首次把“中部崛起”写进了党的全会的文件。

---

① 中部地区包括湖北、湖南、河南、安徽、江西、山西 6 个相邻的省份。

2006 年出台的《中共中央 国务院关于促进中部地区崛起的若干意见》提出，促进中部地区崛起，要着力增强自主创新能力、提升产业结构、转变增长方式、加强生态建设和环境保护、促进社会和谐，建设全国重要的粮食生产基地、能源原材料基地、高技术产业及现代装备制造基地和综合交通运输枢纽，在发挥承东启西和产业发展优势中崛起，实现中部地区经济社会全面、协调、可持续发展。

2016 年 12 月，《促进中部地区崛起规划（2016—2025 年）》颁布，提出中部地区“一中心、四区”新的战略定位，即全国重要先进制造业中心、全国新型城镇化重点区、全国现代农业发展核心区、全国生态文明建设示范区、全方位开放重要支撑区。“一中心、四区”是对“三基地、一枢纽”战略定位的继承与发展，体现了新时期特点，有力地促进了中部地区的发展。

三、统筹区域发展

统筹区域发展，就是要继续发挥各个地区的优势和积极性，逐步扭转地区差距扩大的趋势，实现共同发展。它的要点是：

第一，形成合理的区域发展格局。党的十八大报告明确提出，继续实施区域发展总体战略，充分发挥各地区比较优势，优先推进西部大开发，全面振兴东北地区等老工业基地，大力促进中部地区崛起，积极支持东部地区率先发展。

第二，健全区域协调互动机制。逐步缩小区域发展差距，实现基本公共服务均等化，引导生产要素跨区域合理流动。健全合作机制，鼓励和支持各地区开展多种形式的区域经济协作和技术、人才合作，形成以东带西、东中西共同发展的格局。健全互助机制，发达地区要采取对口支援、社会捐助等方式帮扶欠发达地区。健全扶持机制，采取对口支援等多种形式，加大对革命老区、民族地区、边疆地区、贫困地区的扶持力度。

第三，促进城镇化健康发展。城镇化水平是影响区域经济发展的重要因素，对于区域发展格局的影响日益增大。促进区域协调发展要进一步着力培育若干竞争力强的大都市经济圈，发挥中心城市的带动和辐射作用，建立以经济核心区、城市群和重要经济带为主体的网络型经济体系，形成各有特色、分工合理和联系紧密的区域经济。

四、新形势下促进区域协调发展的思路①

新形势下促进区域协调发展，总的思路是：按照客观经济规律调整完善区域政策体系，发挥各地区比较优势，促进各类要素合理流动和高效集聚，增强创新发展动力，加快构建高质量发展的动力系统，增强中心城市和城市群等经济发展优势区域的经济和人口承载能力，增强其他地区在保障粮食安全、生态安全、边疆安全等方面的功能，形成优势互补、高质量发展的区域经济布局。

我国经济由高速增长阶段转向高质量发展阶段，对区域协调发展提出了新的要求。

① 习近平：推动形成优势互补高质量发展的区域经济布局．中国政府网，2019 - 12 - 15.

不能简单要求各地区在经济发展上达到同一水平，而是要根据各地区的条件，走合理分工、优化发展的路子。要形成几个能够带动全国高质量发展的新动力源，特别是京津冀、长三角、粤港澳大湾区三大地区，以及一些重要城市群。不平衡是普遍的，要在发展中促进相对平衡。这是区域协调发展的辩证法。

第一，尊重客观规律。产业和人口向优势区域集中，形成以城市群为主要形态的增长动力源，进而带动经济总体效率提升，这是经济规律。要破除资源流动障碍，使市场在资源配置中起决定性作用，促进各类生产要素自由流动并向优势地区集中，提高资源配置效率。当然，北京、上海等特大城市要根据资源条件和功能定位合理管控人口规模。

第二，发挥比较优势。经济发展条件好的地区要承载更多产业和人口，发挥价值创造作用。生态功能强的地区要得到有效保护，创造更多生态产品。要考虑国家安全因素，增强边疆地区发展能力，使之有一定的人口和经济支撑，以促进民族团结和边疆稳定。

第三，完善空间治理。要完善和落实主体功能区战略，细化主体功能区划分，按照主体功能定位划分政策单元，对重点开发地区、生态脆弱地区、能源资源地区等制定差异化政策，分类精准施策，推动形成主体功能约束有效、国土开发有序的空间发展格局。

第四，保障民生底线。区域协调发展的基本要求是实现基本公共服务均等化，基础设施通达程度比较均衡。要完善土地、户籍、转移支付等配套政策，提高城市群承载能力，促进迁移人口稳定落户。促进迁移人口落户要克服形式主义，真抓实干，保证迁得出、落得下。要确保承担安全、生态等战略功能的区域基本公共服务均等化。

五、区域经济发展的新图景

党的十八大以来，在深化推进东中西部及东北“四大板块”协调发展的基础上，我国实施了“一带一路”、京津冀协同发展、长江经济带发展、粤港澳大湾区建设、长三角一体化发展等区域发展战略，并将其写入“十三五”规划、“十四五”规划，勾画了区域发展的新图景、新格局，打造创新平台和新增长极，为国家发展开拓新空间、注入新动力。

1.“一带一路”倡议

“一带一路”是“丝绸之路经济带”和“21世纪海上丝绸之路”的简称。习近平在2013年9月和10月出访中亚和东南亚国家期间，先后提出共建“丝绸之路经济带”和“21世纪海上丝绸之路”的重大倡议，得到国际社会高度关注。党中央、国务院高度重视“一带一路”倡议的实施，成立推进“一带一路”建设工作领导小组。2014年，中央和地方围绕“一带一路”建设开展了广泛的研究和调研。2015年，国家发展改革委、外交部、商务部联合发布了《推动共建丝绸之路经济带和21世纪海上丝绸之路的愿景与行动》。同时，为进一步加强金融支持，由中国倡议，推动成立亚洲基础设施投资银行，进一步助力“一带一路”建设。

“一带一路”倡议顺应世界多极化、经济全球化、文化多样化、社会信息化的潮流，秉持开放的区域合作精神，致力于维护全球自由贸易体系和开放型世界经济。它旨在促进经济要素有序自由流动、资源高效配置和市场深度融合，推动共建国家实现经济政策协调，开展更大范围、更高水平、更深层次的区域合作，共同打造开放、包容、均衡、普惠的区域经济合作架构。

2. 京津冀协同发展战略

2014 年 2 月 26 日，习近平在北京主持召开座谈会，专题听取京津冀协同发展工作汇报，研究打造新的首都经济圈，推进京津冀协同发展工作。随后，中央成立京津冀协同发展领导小组，2015 年 4 月 30 日，中央政治局召开会议，审议通过《京津冀协同发展规划纲要》。

推进京津冀协同发展，旨在有序疏解北京非首都功能，缓解北京“大城市病”。同时，着力优化京津冀三省市的经济结构和空间结构，着力构建现代化交通网络系统，着力扩大环境容量生态空间，着力推进产业升级转移，着力推动公共服务共建共享，着力加快市场一体化进程，加快打造现代化新型首都圈，努力形成京津冀目标同向、措施一体、优势互补、互利共赢的协同发展新格局，打造中国经济发展新的支撑带。

3. 长江经济带发展战略

长江经济带横跨我国东中西三大区域，覆盖上海、江苏、浙江、安徽、江西、湖北、湖南、重庆、四川、云南、贵州 11 省市，面积约为 205 万平方公里，人口和地区 GDP 在全国的占比均超过 40%，在区域发展总体格局中具有重要战略地位。2013 年 7 月，习近平在湖北调研时强调：“长江流域要加强合作，发挥内河航运作用，把全流域打造成黄金水道。”[①] 2014 年国务院政府工作报告中明确提出：“依托黄金水道，建设长江经济带。”2014 年 9 月印发的《国务院关于依托黄金水道推动长江经济带发展的指导意见》，对长江经济带发展作出全面部署。2016 年 3 月 25 日，中共中央政治局审议通过了《长江经济带发展规划纲要》，这是长江经济带发展史上具有里程碑意义的大事。

长江经济带的战略目标是要将长江经济带打造成为具有全球影响力的内河经济带。发挥长江黄金水道的独特作用，构建现代化综合交通运输体系，推动沿江产业结构优化升级，打造世界级产业集群，培育具有国际竞争力的城市群，打造东中西互动合作的协调发展带。

4. 粤港澳大湾区发展战略

粤港澳大湾区包括香港特别行政区、澳门特别行政区和广东省广州市、深圳市、珠海市、佛山市、惠州市、东莞市、中山市、江门市、肇庆市，总面积约为 5.6 万平方公里，2023 年年末总人口约为 8 600 万人，是我国开放程度最高、经济活力最强的区域之一，在国家发展大局中具有重要战略地位。推进粤港澳大湾区建设，是以习近平同志为核心的党中央作出的重大决策，是习近平总书记亲自谋划、亲自部署、亲自推动的国家战略，是新时代推动形成全面开放新格局的新举措，也是推动“一国两制”事业发展的新实践。2017 年 7 月，国家发展和改革委员会、广东省人民政府、香港特别行政区政府、澳门特别行政区政府签订了《深化粤港澳合作 推进大湾区建设框架协议》。2019 年 2 月，中共中央、国务院印发了《粤港澳大湾区发展规划纲要》，对粤港澳大湾区的战略定位、发展目标、空间布局等方面作出了总体规划和定性，并且在科技创新、基础设施、

---

① 习近平冒雨考察武汉新港．新华网，2013－07－21.

共同参与“一带一路”建设等多个方面进行了规划。按照规划纲要，粤港澳大湾区要建成充满活力的世界级城市群、国际科技创新中心、“一带一路”建设的重要支撑、内地与港澳深度合作示范区、宜居宜业宜游的优质生活圈。

5. 长三角一体化发展战略

长江三角洲（以下简称“长三角”）地区是我国经济发展最活跃、开放程度最高、创新能力最强的区域之一，在国家现代化建设大局和全方位开放格局中具有举足轻重的战略地位。推动长三角一体化发展，增强长三角地区创新能力和竞争能力，提高经济集聚度、区域连接性和政策协同效率，对引领全国高质量发展、建设现代化经济体系意义重大。2018 年 11 月，习近平在首届中国国际进口博览会上宣布，支持长江三角洲区域一体化发展并上升为国家战略，着力落实新发展理念，构建现代化经济体系，推进更高起点的深化改革和更高层次的对外开放，同“一带一路”建设、京津冀协同发展、长江经济带发展、粤港澳大湾区建设相互配合，完善中国改革开放空间布局。2019 年 12 月，中共中央、国务院印发了《长江三角洲区域一体化发展规划纲要》，规划范围包括上海市、江苏省、浙江省、安徽省全域。按照规划要求，长三角区域要发展成为全国发展强劲活跃增长极、全国高质量发展样板区、率先基本实现现代化引领区、区域一体化发展示范区和新时代改革开放新高地。

主要名词概念

经济增长　经济发展　新发展理念　中等收入陷阱　新型工业化道路　城镇化
自主创新　经济发展新常态　农业现代化　区域发展

复习思考题

1. 如何认识社会主义经济发展的实质？
2. 新发展理念包含哪些内容？
3. 怎样才能在经济发展新常态下实现经济持续快速发展？
4. 如何走中国特色新型工业化道路？
5. 如何走中国特色新型城镇化道路？
6. 如何走中国特色自主创新道路？
7. 如何走中国特色农业现代化道路？
8. 如何走中国特色区域发展道路？

第九章

经济全球化与中国特色社会主义对外开放

经济全球化是生产力发展的必然要求，对外开放是建设中国特色社会主义的一项基本国策。实行对外开放和参与经济全球化，有力地促进了我国生产力发展和社会全面进步。同时，以资本主义的全球扩张为动力的经济全球化具有二重性，包含着深刻的矛盾和巨大的风险，因此，必须把积极参与经济全球化同独立自主相结合，走自主发展的道路，注重维护国家经济安全，积极参与全球经济治理，推动世界经济秩序朝着更加公正合理的方向前进。

第一节　经济全球化的实质、表现和影响

一、经济全球化的发展

经济全球化是社会生产力发展的客观要求和科技进步的必然结果，是谋划发展所要面对的时代潮流。早在19世纪，马克思、恩格斯在《德意志意识形态》《共产党宣言》《1857—1858年经济学手稿》《资本论》等著作中就详细论述了世界贸易、世界市场、世界历史等问题，深刻揭示了经济全球化的本质、逻辑、过程，奠定了我们今天认识经济全球化的理论基础。

经济全球化是一个历史现象，随着人类社会生产力和生产关系的发展而产生和发展，是社会分工、商品交换和生产要素突破地域和国家的界限在全球范围内流动和配置的过程，也是不同国家的经济相互渗透、相互影响、相互依存的程度不断加深的过程，具体表现为贸易自由化程度提高、金融国际化趋势增强、全球生产经营网络形成、区域经济集团化向纵深发展、世界各国在人类共同关心的问题方面的合作日益加强等众多方面。

经济全球化的萌芽形态有着漫长的历史。比如早在公元前3000年，早期的美索不达

米亚人就在进口原料；巴比伦和印度从事贸易开始于公元前800年；横跨欧亚大陆的丝绸之路将西方的罗马帝国与东方中国的汉王朝联系起来。但是，真正意义的经济全球化是近代资本主义生产方式的产物，并随着资本主义生产方式的发展而发展。

15世纪初，随着商品经济的发展，在地中海沿岸出现了资本主义萌芽，意大利北部的城市如威尼斯、热那亚等已成为欧洲贸易中心。16世纪上半期的“地理大发现”以及海外殖民地的开拓，使欧洲贸易中心从地中海扩展到大西洋沿岸，如葡萄牙的里斯本、尼德兰的安特卫普、英国的伦敦等先后成为繁华的国际贸易港，它们的贸易范围远及亚洲、非洲和美洲。资本主义由于世界市场的出现得到了迅速发展，各国经济闭关自守的状态被逐渐打破。在这个时期，西欧殖民主义者使用暴力手段和超经济强制手段，在拉丁美洲、亚洲和非洲进行掠夺。他们开采矿山，建立种植园，发展了以奴隶劳动为基础、为世界市场而生产的农场主制度，从而建立了早期的资本主义国际分工。

18世纪中期至19世纪中期，以蒸汽机和纺织机的发明和使用为重要标志的第一次工业革命，使资本主义生产由工场手工业过渡到机器大工业，工农业生产和交通运输业获得了空前的发展，不仅改变了资本主义生产的物质基础，而且确定了资本主义制度在全世界的统治。机器大工业强烈要求有发达的世界市场，世界市场又促进了现代交通（航海、铁路、航空）的发展和大规模的使用，而这反过来又成为世界市场发展的重要条件。在大工业达到一定程度时，就要产生“一种和机器生产中心相适应的新的国际分工”，“它使地球的一部分成为主要从事农业的生产地区，以服务于另一部分主要从事工业的生产地区”。[①] 工业国的资本主义迅速发展，农业国则沦为工业国的殖民地，世界资本主义体系已具雏形。

19世纪后半期发生了以电力和电动机的发明和使用为标志、以重化工业的兴起为核心的第二次工业革命，极大地促进了世界经济的发展。同时，随着环球铁路网的建设、海洋航线的开辟、电报电话的开通等，各国国内的生产和市场日益转变为世界性的了。第二次工业革命的发展同时促进了生产和资本的集中，使资本主义进入垄断阶段。在这一阶段，与商品输出不同的资本输出具有了特别重要的意义；瓜分世界的资本家国际垄断同盟已经形成；最大资本主义国家已经把世界上的领土瓜分完毕，从而“资本主义已成为极少数‘先进’国对世界上绝大多数居民实行殖民压迫和金融扼杀的世界体系”[②]。

19世纪末到20世纪初的经济全球化进程被两次世界大战所打断。为了克服贸易上的保护主义和金融上的利己主义对经济发展所造成的巨大灾难，战后的胜利国建立了新的世界经济体系，也就是所谓的布雷顿森林体系。布雷顿森林体系的主要机构就是号称国际经济领域中三大支柱的关税及贸易总协定（后发展为世界贸易组织）、国际货币基金组织和世界银行。布雷顿森林体系的建立为资本主义经济的发展创造了稳定的国际环境，使世界资本主义的发展进入了战后的黄金时期。

20世纪七八十年代以后，经济全球化的发展进入了全面深化的新阶段。第一，由于信息革命的广泛普及和信息技术成为基本的技术范式，资本主义的全球化找到了自己坚

① 马克思，恩格斯．马克思恩格斯全集：第23卷．北京：人民出版社，1972：494－495.
② 列宁．列宁选集：第2卷.3版．北京：人民出版社，1995：578－579.

实的技术基础。信息技术赋予了资本和生产难以想象的流动性，为资本控制劳动创造了有利条件，同时削弱了社会和国家的干预，并导致了新的国际分工和生产过程的跨国化。① 第二，20 世纪 80 年代以后，在发达资本主义国家中新自由主义政策逐步占了上风，并推广到了广大发展中国家。在这一政策的支配下，各国纷纷进行了放松政府管制、削减福利支出、解除金融约束以及私有化的变革，推动了资本的全球化和全球市场经济的迅猛发展。第三，20 世纪 80 年代末 90 年代初，随着苏联东欧的剧变，两极对立的世界体系解体，资本主义制度急剧扩散并遍及世界所有地区，资本主义全球化在地理上逐步接近空间极限。第四，在国际贸易加速发展的同时，金融全球化有了重大突破，跨国公司和生产的全球化突飞猛进。在这些因素的推动下，经济全球化在广度和深度上都有了巨大的发展。

二、经济全球化的表现

经济全球化的发展主要表现在以下方面：

（1）贸易的全球化。相当大规模的商品贸易超越了民族国家的地域界限，使国际商品贸易的流量大幅度增加。20 世纪 70 年代后，国际商品贸易高速增长，1973—2000 年，国际商品贸易年均增长 4.1%，高于 3.3%的世界产出增长率，其中 1986—1990 年国际商品贸易年均增长 13%，1990—2000 年达到 7%，2000 年国际商品贸易总额达到 6 万多亿美元，是 1950 年的 120 多倍。进入 21 世纪以后，国际商品贸易继续快速增长。在国际金融危机之前，即 2001—2008 年，国际商品贸易年均增长 12.41%。国际金融危机的爆发虽然对国际商品贸易造成了短暂的冲击，2009 年国际商品贸易总额下降了 22.29%，但是仅过了一年的时间，它又重拾上升势头，2010—2014 年期间年均增速达到 9.08%。2023 年，国际商品贸易出口总额已经达到 23.8 万亿美元，与 2000 年相比增长了约 3 倍。不仅是商品贸易，21 世纪之后的服务贸易增长势头也异常迅猛，2023 年达到 7.54 万亿美元，与 2000 年相比增长了 4 倍多。伴随着国际贸易规模快速增长，贸易结构也经历了重大变化，贸易自由化的深度和广度均在不断拓展，贸易全球化已成为当今全球化的重要表现。

由于全球贸易规模快速增长，对外贸易在各国国民经济中的地位和作用普遍提高。这一方面受益于各国政府开放的贸易政策；另一方面也受益于现代科技发展使通信、运输更为便捷，贸易手段日趋先进，交易成本大幅下降。此外，随着国际贸易体制和规则更为规范以及区域经济一体化的蓬勃发展，以贸易为纽带的各国经济关联程度得到大幅提升。

国际贸易使各国在世界市场机制的作用下重新配置资源。从使用价值上看，通过国际贸易，各国可以互通有无，获得自己所需要的产品。从价值上看，通过国际分工和国际贸易，各国可以出口国内生产成本低、比较利益高的商品，进口国内生产成本高、比较利益低的商品，从而节约劳动消耗。世界市场强化了市场竞争环境，促使参与经营的

---

① 卡斯特．网络社会的崛起．北京：社会科学文献出版社，2001：119.

国家提高技术水平，改进产品结构，加强质量控制，完善管理机制，提高劳动生产率。

（2）金融的全球化。金融的全球化是指世界各国和地区放松金融管制、开放金融业务、放开资本项目管制，使资本在全球各地区、各国的金融市场上自由流动，最终形成全球统一的金融市场和货币体系的趋势。

以国际证券市场为例，全球上市公司数量1990年为23 723家，2022年为47 926家，增长了1倍；全球股票交易额占GDP的比例1990年约为30%，2022年则增长到了118%。[①]

金融全球化促使资金在全世界范围内重新配置，一方面使欧美等发达国家的金融中心蓬勃发展，另一方面也使发展中国家特别是新兴市场经济国家获得了大量急需的经济发展资金，带动了地区经济乃至世界经济的增长。可以说，世界经济的发展离不开金融全球化的推动。

（3）生产的全球化。生产的全球化是以国际分工的发展为基础的，根据国际分工形式的不同，生产的全球化也包括两种主要形式：第一种形式以传统的垂直型分工为基础，即国家之间的劳动分工按照不同的产业进行，如落后国家从事农业生产及初级产品的生产，先进国家从事工业制成品的生产，或落后国家从事劳动密集型产品的生产，发达国家从事技术密集型和资本密集型产品的生产，世界市场价格机制调节着各国企业的生产以及资源配置。第二种形式是以水平型国际分工为基础的生产专业化形式，其主要特点是分工在同一产业的同一部门之内，按照产品生产的不同工艺环节，或按照产品零部件，或按照产品型号进行生产，主要表现为跨国公司的发展。20世纪70年代以来，经济全球化的重要特点是以跨国公司内部分工为基础的生产全球化的迅猛发展。根据联合国贸易和发展会议的研究报告，跨国公司约控制着当今世界十分之一以上的生产总值、三分之一以上的世界贸易、约80%的海外直接投资以及民用技术研发与转移。[②] 跨国公司是经济全球化的最高表现形式，它把传统的国际分工变成了企业内部的分工，在全球范围内对生产要素进行直接配置，组织跨国经营，从而形成了全球性的生产网络。它加速了资本的国际流动，推动了国际贸易的增长，增进了国际范围内的分工和协作，促进了技术的转移和扩散，推动了经济全球化的发展。

三、经济全球化的二重性

社会经济的运动是生产力与生产关系的统一，经济全球化以及在此基础上形成的世界经济体系也是如此，具有二重性：一方面是生产的社会化和资源配置的全球化过程；另一方面是社会经济关系在全球范围内的一体化过程。

从生产力发展和资源配置的角度看，经济全球化是生产社会化发展的更高阶段，是生产社会化发展的必然趋势，对于生产力的发展有着巨大的推动作用。全球化促进了国际分工在广度和深度上的发展，加速了商品、资金、信息和劳动力在全球范围内的流动，

---

① 资料来源于世界银行数据库。

② 资料来源于联合国贸易和发展会议发布的2014年《世界投资报告》。

加快了知识和技术传播与扩散的速度，密切了各国和各民族之间的相互联系和相互依赖，提高了全世界资源配置的效率，导致了社会财富的日益增长。对于发展中国家来说，经济全球化有利于它们更多地获得资金，尤其是跨国公司的直接投资，加快经济发展和结构调整；有利于它们更好地利用自身优势，开拓国际市场，发展对外经济贸易；有利于它们更快地得到先进技术和管理经验，发挥后发优势，实现技术跨越。对于经济全球化的进程如能加以正确引导和驾驭，可以促进各国的经济和社会发展，也有利于世界经济的发展和国际社会的稳定。因此，尽管当今世界的经济全球化在本质上是资本的全球化，但是正如马克思早就指出的那样，资产阶级创造全球市场的这种冲动，成了推动历史发展的不自觉的工具：

> 资产阶级历史时期负有为新世界创造物质基础的使命：一方面要造成以全人类互相依赖为基础的普遍交往，以及进行这种交往的工具；另一方面要发展人的生产力，把物质生产变成对自然力的科学支配。资产阶级的工业和商业正为新世界创造这些物质条件，正像地质变革创造了地球表层一样。①

从这个意义上说，经济全球化代表了人类社会光明的未来。因为实现"每个人的自由发展是一切人的自由发展的条件"② 这一共产主义的目标，只有在历史转变为世界历史的前提下才有可能实现，"只有这样，单个人才能摆脱种种民族局限和地域局限而同整个世界的生产（也同精神的生产）发生实际联系，才能获得利用全球的这种全面的生产（人们的创造）的能力"③。"随着资产阶级的发展，随着贸易自由的实现和世界市场的建立，随着工业生产以及与之相适应的生活条件的趋于一致，各国人民之间的民族分隔和对立日益消失。"④ "因此，无产阶级只有在世界历史意义上才能存在，就像共产主义——它的事业——只有作为'世界历史性的'存在才有可能实现一样。"⑤ 这就是全球化的进步性和历史意义所在。

经济全球化既是生产的社会化和资源配置的全球化过程，也是不同生产关系在全球范围内相互碰撞和相互渗透的历史过程。资本的本质在于运动，只有在运动中，资本才能不断增殖。马克思和恩格斯曾经深刻地阐述了经济全球化的性质和历史必然性：

> 创造世界市场的趋势已经直接包含在资本的概念本身中。任何界限都表现为必须克服的限制。⑥
>
> 资本一方面要力求摧毁交往即交换的一切地方限制，征服整个地球作为它的市场，另一方面，它又力求用时间去消灭空间，就是说，把商品从一个地方转移到另一个地方所花费的时间缩减到最低限度。⑦
>
> 不断扩大产品销路的需要，驱使资产阶级奔走于全球各地。它必须到处落户，

---

① 马克思，恩格斯．马克思恩格斯文集：第2卷．北京：人民出版社，2009：691.
② 同①53.
③ 马克思，恩格斯．马克思恩格斯文集：第1卷．北京：人民出版社，2009：541-542.
④ 同①50.
⑤ 同③539.
⑥ 马克思，恩格斯．马克思恩格斯文集：第8卷．北京：人民出版社，2009：88.
⑦ 同⑥169.

到处开发，到处建立联系。[1]

资产阶级，由于开拓了世界市场，使一切国家的生产和消费都成为世界性的了。……过去那种地方的和民族的自给自足和闭关自守状态，被各民族的各方面的互相往来和各方面的互相依赖所代替了。物质的生产是如此，精神的生产也是如此。[2]

从生产关系的角度看，迄今为止的经济全球化，实际上是资本主义生产方式在世界范围内的扩张过程，也是资本主义基本矛盾在世界范围内展开的过程。因此，经济全球化是一把“双刃剑”，它在推动生产的社会化和世界经济发展的同时，又给世界经济的发展带来了许多新矛盾。对发展中国家来说，它是机遇，更是挑战。

第一，历史上的经济全球化是由西方发达国家主导的，是资本主义的全球化。在这一过程中，发达的资本主义国家处于“中心”地位，垄断着资金、技术、生产力、军事、政治等资源，并在制定国际经济的“游戏规则”中发挥着主导作用，因而成为支配的一方，它们在全球化中获益最大；而广大的发展中国家则处于“外围”地位，处于依附地位，面临着被边缘化的危险。

第二，经济的全球化是与经济的自由化和放松国家对本国市场的调控相联系的，因而是一个不断削弱主权国家经济权力的过程。与此同时，由于世界经济的规则主要是由发达国家制定的，主要的国际经济组织也主要由发达国家控制，跨国公司建立的全球性经济网络也日益突破国界的限制，把资源和财富日益集中在自己手里，这就会严重制约和削弱发展中国家的自主发展能力。

第三，随着资本主义全球化的不断发展，世界性经济危机也在不断深化。经济全球化把生产与消费、个别企业的有组织性与整个社会生产的无组织性的矛盾推向了一个更高的阶段和更广的范围，这样就产生了越来越大的失调的可能性，从而导致了世界性经济危机的爆发，对发展中国家经济造成了严重冲击。

第四，全球市场的发展还使得人类生态环境问题更加尖锐。以利润为导向的经济增长方式在创造巨大的物质财富的同时，也引发了全球变暖，臭氧层变薄，森林过度砍伐和土地沙漠化，许多种类植物群和动物群灭绝或濒临灭绝，空气、水和土壤被严重污染等一系列危及人类生存的全球性问题。

第五，当今世界的经济全球化是一种不对称的全球化，即货物和资本市场倾向于被全球化，而劳动力市场却被分割成许多板块：一方面是越来越全球化的经济，另一方面是不同主权国家和政治社会的继续存在。全球化的不对称性导致了南北差距的不断扩大和民族国家之间利益冲突的持续存在。

因此，经济全球化作为一个客观进程，具有二重性，可以有两种发展趋势：一是促进世界资源的合理配置，促进各国生产力的发展，从而造福各国人民；二是资本主义经济关系的全球扩张，进一步加剧世界资源配置和经济发展的不平衡，继续扩大南北发展差距，加剧贫富分化和环境恶化。我们应选择并推进前一种趋势，警惕并控制后一种趋势。我们要承认，经济全球化是一把“双刃剑”。当世界经济处于下行期的时候，全球经

[1][2] 马克思，恩格斯．马克思恩格斯文集：第2卷．北京：人民出版社，2009：35.

济“蛋糕”不容易做大，甚至变小了，增长和分配、资本和劳动、效率和公平的矛盾就会更加突出，发达国家和发展中国家都会感受到压力和冲击。反全球化的呼声反映了经济全球化进程的不足，值得我们重视和深思。

四、经济全球化的波折

资本主义的发展过程也是资本主义生产关系在全球的扩张过程。2008年国际金融危机之后，随着资本主义制度性危机的爆发，经济全球化遇到波折，面临困境。国际贸易和投资低迷，多边贸易体制发展面临瓶颈，区域贸易险象丛生，霸权主义、强权政治依然存在，保护主义、单边主义不断抬头，全球治理体系面临严重挑战，“逆全球化”“反全球化”思潮暗流涌动，反映了新帝国主义的危机和资本主义主导的经济全球化的深刻矛盾。

从国家内部看，在资本主义主导的经济全球化过程中，一方面，垄断资本为了获取更高的利润，把一些传统的产业转移到世界其他国家和地区，导致了产业空心化，大批传统工人丧失工作岗位；另一方面，资本有机构成的不断提高和资本流动性的日益增强，进一步加剧了强资本弱劳动的格局。同时，由于越来越多的资本转入金融投机活动，资本主义世界出现了经济虚拟化特征，进一步扩大了贫富两极分化的趋势。在美国，这种情况更加突出，在经济全球化快速发展的20世纪70年代以后近30年的时间里，普通美国家庭的收入并无明显增加，而占比0.1%的最富有者的收入增长了4倍。在国际金融危机之后，贫富两极分化的趋势进一步加剧。不断加剧的社会矛盾诱发了民粹主义思潮泛滥，一些政治力量裹挟民意操纵选举，并将其上升为国家意志和政府政策，进一步助长了“逆全球化”和“反全球化”倾向。

从世界体系看，资本主义主导的经济全球化是不平等不平衡不可持续的：一是发达国家在经济、政治、文化、军事、科技以及战略性资源控制等众多方面处于垄断和支配地位，而发展中国家则处于依附地位，其主权、安全和利益得不到有效保障。二是没有黄金和充足实物支撑的美元获得了世界货币的地位，美元的膨胀和紧缩引发全球金融和经济的动荡，造成了全球经济的长期失衡和广大发展中国家财富的大量流失。三是在商品和资本的自由流动日益畅通的同时，劳动力的全球流动却受到严格管制，处于被分割状态，世界市场资源配置的效率受到削弱，国家和民族之间的融合过程受到了阻隔。四是一些发达国家一味要求发展中国家全面开放市场，自己却大都信奉国家利己主义，并根据需要在不同时期和不同领域有选择地交替使用自由贸易政策和保护主义政策。五是现行的全球经济治理体系主要是在战后美国“霸权模式”下建立起来的，不能充分反映世界经济政治格局的变化和广大发展中国家的利益，导致全球治理体系失灵。

经济全球化面临的困境由于美国政府实施赤裸裸的经济霸权主义而进一步加剧。近年来，美国政府奉行赤裸裸的民族利己主义和丛林法则，在“美国优先”的口号下，抛弃相互尊重、平等协商等国际交往基本准则，实行单边主义、保护主义和经济霸权主义，对许多国家和地区特别是中国作出一系列不实指责，利用加征关税、限制出口、强化制裁、撕毁协定等手段进行经济恫吓，试图采取极限施压方法将自身利益诉求强加于中国。

这种极端的霸权主义行径破坏了国际经济秩序，伤害了包括中美经贸交往在内的全球经贸关系，冲击了全球价值链和国际分工体系，干扰了市场预期，削弱了世界经济增长动力，引发了国际金融和大宗商品市场剧烈震荡，成为全球经济复苏的最大不确定因素和风险源，对经济全球化的健康发展造成了极大危害。

事实清楚地告诉人们，资本主义以及由资本主义主导的经济全球化不符合生产力发展的要求，不符合世界人民的共同利益，已经成为人类社会发展进步的桎梏，探索更加公正合理的社会制度，引导和推动经济全球化朝着正确方向健康发展，成为当今世界人类社会发展进步面临的重大课题。

我们还要看到，历史地看，经济全球化是社会生产力发展的客观要求和科技进步的必然结果，不是哪些人、哪些国家人为造出来的。经济全球化为世界经济增长提供了强劲动力，促进了商品和资本流动、科技和文明进步、各国人民交往。经济全球化确实带来了新问题，但这不是经济全球化自身造成的，而是资本主义基本矛盾的深化造成的。我们不能就此把经济全球化一棍子打死，而是要适应和引导好经济全球化，消解经济全球化的负面影响，让它更好惠及每个国家、每个民族。

五、引导和推动经济全球化健康发展

多年来，为了克服资本主义主导的经济全球化的弊端，人类社会进行了不懈探索和努力。在国家层面，通过实行国有化、福利化等措施，改良资本主义制度，缓和资本主义基本矛盾，以适应生产社会化的要求。在国际层面，通过创建各种国际经济组织、推进广泛的国际经济合作和构建全球经济治理体系，适应经济全球化的要求。这些探索和努力取得了积极成果，推动了世界经济发展，但并不能从根本上解决资本主义主导的经济全球化的矛盾和弊端。20 世纪 80 年代后，在新自由主义的推动下，资本主义基本矛盾在全球范围内更加突出和尖锐地表现出来：在物质财富不断积累、科学技术日新月异的同时，世界范围的贫富两极分化加剧，发展不平衡问题突出，经济运行大幅波动，金融危机频发，生态环境恶化，世界经济发展不确定性上升。事实证明，资本主义主导的经济全球化难以引领人类社会前进的方向。

中国共产党信仰马克思主义，坚持把中华民族的解放与人类的解放、中国的发展与世界的发展紧密相连。在新民主主义革命时期，联合世界上被压迫民族，为推动国家独立和民族解放、推翻帝国主义的殖民统治作出了贡献。在社会主义建设时期，倡导互相尊重主权和领土完整、互不侵犯、互不干涉内政、平等互利、和平共处五项原则，为建立公正合理的新型国际关系作出了贡献。在改革开放新时期，坚持对外开放基本国策，积极参与经济全球化，奉行互利共赢的开放战略，不断提升发展的内外联动性，在实现自身发展的同时更多惠及其他国家和人民，为促进经济全球化发展和世界经济增长作出了贡献，在探索新型经济全球化道路上迈出了坚实步伐。

2008 年国际金融危机之后，资本主义主导的经济全球化的矛盾和弊端集中爆发，经济全球化遇到波折，保护主义有所抬头，“逆全球化”思潮暗流涌动，经济全球化何去何从成为国际社会关注的焦点。在此关键时刻，习近平多次发表重要讲话，系统阐述中国对经济全球化的认识，回应了国际社会对经济全球化的关切，反映了中国共产党和中国人民对人类命运和世界发展的深刻思考，为引导经济全球化健康发展提供了中国方案、贡献了中国智慧。

坚持经济全球化的方向不动摇。经济全球化是社会生产力发展的客观要求和科技进步的必然结果，是历史大势，推动了贸易大繁荣、投资大便利、人员大流动、技术大发展。把困扰世界的问题简单归咎于经济全球化，既不符合事实，也无助于问题解决。因此，必须坚定不移地推进经济全球化进程，旗帜鲜明地反对保护主义，促进商品、服务和生产要素在全球范围内更加自由便捷地流动。

积极引导经济全球化的走向。应当看到，经济全球化是一把“双刃剑”，存在增长和分配、资本和劳动、效率和公平等矛盾。当世界经济处于下行期的时候，这些矛盾就会更加突出，凸显经济全球化存在的问题和弊端。在新形势下，必须积极引导经济全球化的走向，努力消除经济全球化的负面影响，着力解决公平公正问题，推动经济全球化朝着普惠共赢的方向发展。

建立以合作共赢为核心的新型国际关系。一方面，在坚持平等互利原则的基础上积极推进贸易和投资自由化便利化，促进公平开放竞争；另一方面，建立健全宏观经济政策协调机制，推动国际经济、金融、货币体系改革，加强各领域务实合作，加强国际援助交流合作，推动各国经济全方位互联互通和良性互动，缩小南北差距，消除贫困和饥饿，促进共同发展。

完善全球经济治理体系。随着全球性挑战增多，加强全球治理、推进全球治理体制变革成为大势所趋。完善全球经济治理体系，要以平等为基础、以开放为导向，倡导共商、共建、共享的全球治理理念，坚持正确义利观，推动变革全球治理体制中不公正不合理的安排，促进全球治理规则民主化、法治化，努力使全球治理体制更加平衡地反映大多数国家的意愿和利益。

共同构建人类命运共同体。在经济全球化条件下，各国相互联系、相互依存、命运与共、休戚相关，日益成为一个你中有我、我中有你的命运共同体。因此，应坚持人类命运共同体理念，共同推动构建人类命运共同体，坚持对话协商、共建共享、合作共赢、交流互鉴、绿色低碳，努力建设一个持久和平、普遍安全、共同繁荣、开放包容、清洁美丽的世界。

中国是经济全球化的受益者，更是贡献者，并且日益成为新型经济全球化的引领者。改革开放以来，中国积极主动参与经济全球化进程，日益成为推动世界经济发展的重要动力。中国坚持走合作共赢的对外开放道路绝不是一种权宜之计，而是植根于源远流长的中华文明，更体现了中国共产党的初心使命和社会主义的本质。中国共产党是为中国人民谋幸福的政党，是为中华民族谋复兴的政党，也是为人类进步事业而奋斗的政党，始终把为人类作出新的更大的贡献作为自己的使命。在社会主义条件下，中国人民成了国家和社会的主人，彼此之间结成了平等友善的新型社会关系，这种新型的社会关系体现在建设人类命运共同体的国际关系理念和价值观中，就是习近平所指出的，我们要注重利，更要注重义。义，反映的是中国共产党人、社会主义国家的理念和价值观。利，就是要恪守互利共赢原则，不搞我赢你输，要实现共赢。只有义利兼顾才能义利兼得，只有义利平衡才能义利共赢。推动构建人类命运共同体，就是习近平在人类面临向何处去之际，着眼于人类发展和世界前途面临的重大问题提出的中国理念和中国方案。中国特色社会主义道路本质上是和平发展道路，选择的是通过和平发展方式，实现中华民族的伟大复兴，同时，把构建人类命运共同体内在地融入民族复兴的梦想之中。国际关系是国内关系的延伸。以构建人类命运共同体为目标的中国方案，为探索公正合理的新型国际关系和经济全球化道路展现了光明前景。

第二节　中国特色社会主义对外开放道路

一、坚持对外开放的基本国策

党的十一届三中全会后，中国确立了对外开放的基本国策。邓小平指出："对外开放具有重要意义，任何一个国家要发展，孤立起来，闭关自守是不可能的，不加强国际交往，不引进发达国家的先进经验、先进科学技术和资金，是不可能的。"① "对内经济搞活，对外经济开放，这不是短期的政策，是个长期的政策"②。20 世纪 90 年代后，经济全球化迅猛发展。面对这一新的形势，党中央明确提出积极参与经济全球化的战略思想，作出了加入世界贸易组织的重大战略决策。改革开放 40 多年以来，中国不断扩大对外开放，成功实现了从封闭半封闭到全方位开放的伟大历史转折，全面融入了经济全球化的历史大潮，日益走近世界舞台的中央，开放已经成为当代中国的鲜明标识。"以开放促改革、促发展，是我国发展不断取得新成就的重要法宝"③；"开放带来进步，封闭导致落后"④，这一客观的历史规律在中国改革开放的实践中得到了生动的证明。

为什么要确立对外开放的基本国策？这是因为：

第一，实行对外开放是经济全球化发展的必然趋势。经济全球化是社会生产力不断发展的必然结果，在世界经济全球化不断扩大和加深的情况下，各国经济之间日益相互依存、相互依赖，没有任何一个国家可以无视经济全球化所带来的巨大经济影响。各国政府只有正视经济全球化的要求，主动实行对外开放，参与到国际经济体系中，抓住机遇，趋利避害，努力分享经济全球化可能带来的经济利益，才能实现经济的健康发展。相反，一味排斥和抗拒全球化的趋势，实行闭关锁国的政策，则只会阻碍生产力的发展和社会的进步。在经济全球化不断加深、各国之间相互联系日益紧密的条件下，要谋求发展壮大，必须主动顺应经济全球化的历史潮流，更加积极主动地打开国门搞建设。

第二，实行对外开放是发展社会主义市场经济的必然要求。市场经济本质上是一种开放的经济，它必然要冲破地区和国家的限制，把不同地区和国家的市场连成一体，不同国家的市场都会不同程度地被纳入这个体系之中。我国目前正处在市场经济发展过程

---

① 邓小平．邓小平文选：第 3 卷．北京：人民出版社，1993：117.

② 同①79.

③④ 中共中央文献研究室．习近平关于社会主义经济建设论述摘编．北京：中央文献出版社，2017：291.

之中，市场体制还不健全，对于搞市场经济还缺乏经验，因此，更需要通过对外开放逐步了解和适应国际市场经济的惯例，学习国外发展市场经济的成熟经验，按照发达市场经济的标准和要求，改革我国的经济体制，建立规范的市场规则，完善经济主体的行为方式。正如习近平所说，“改革和开放相辅相成、相互促进，改革必然要求开放，开放也必然要求改革”[①]。

第三，实行对外开放是经济现代化的必要条件。我国现在正处于社会主义初级阶段，面临着实现工业化和现代化的艰巨任务，存在着资金短缺、科学技术落后、管理经验不足等矛盾和困难。实行对外开放，是解决这些矛盾和困难的一个重要条件。实行对外开放，可以购买国外先进的设备和需要的物资，弥补国内的不足；可以利用国外资金，加速资金的积累；可以引进国外的先进技术和管理经验，以提高我们的技术水平和管理水平；可以利用两个市场、两种资源，把“引进来”与“走出去”相结合，提高资源配置的效率；可以更好地吸收世界文明成果，加快经济增长，尽快缩短与发达国家的差距。

总之，实行全面对外开放，是尽快发展社会生产力和适应经济全球化要求的必然选择。

二、统筹国内国际两个大局

在经济全球化的条件下，国内市场与国际市场、国内经济与国际经济是紧密联系、高度融合、相互影响的。因此，必须统筹国内国际两个大局，既立足国内，充分运用我国资源、市场、制度等优势，又重视国内国际经济联动效应，积极应对外部环境变化，利用两个市场、两种资源，推动互利共赢、共同发展。

具体来说，既要充分发挥我国市场广阔的优势，始终把扩大内需作为经济发展的基本立足点和长期战略方针，又要积极扩大商品和服务的出口，不断提高我国出口商品的技术含量和附加值；要更加注重统筹利用好两种资源，缓解国内短缺资源的约束，充分利用境外资源特别是战略性资源，建立多元、稳定、可靠的境外资源供应基地；既要积极引进国外资金、技术和设备，也要鼓励具备资金、技术、人员和管理等方面优势的企业到海外进行投资，把资源优化配置扩展到国际市场，形成一批我国自己的跨国企业和企业集团，培育一批在国际上享有知名度的著名品牌；要利用我国劳动力资源丰富的优势，大力发展对外承包和劳务合作，加大开拓国际工程承包市场的力度。

统筹国内发展和对外开放，必须加快管理体制和工作机制的转变，形成更加完善的内外政策协调机制：一是形成国际贸易摩擦的有效应对机制。目前，国际范围内的贸易保护主义有所抬头。随着中国加入世界贸易组织，我国与世界其他各国的贸易摩擦也在增多。因此，要加强政府、中介组织、企业的协同配合，全方位开展同国外贸易保护主义的斗争。二是建立有效的金融调节机制。随着我国金融体系的进一步对外开放，外资对我国的影响将进一步扩大，国际金融市场对我国金融体系的影响将进一步增强，金融体系的风险将进一步加大。必须采取有效措施加以防范。三是统筹双边、多边、区域、

---

① 中共中央文献研究室．习近平关于社会主义经济建设论述摘编．北京：中央文献出版社，2017：295.

次区域开放合作。四是破除一切阻碍对外开放的体制机制障碍，从制度和规则层面进行改革，推进包括放宽市场投资准入、加快自由贸易区建设、扩大内陆沿边开放等在内的体制机制改革，完善市场准入和监管、产权保护、信用体系等方面的法律制度，着力营造法治化、国际化的营商环境。

三、实施互利共赢的对外开放战略

国家的对外政策是对内政策的延续和发展。由于社会制度的不同，社会主义国家和资本主义国家在对外经济关系的处理上也存在着重要差别。

资本主义世界经济体系是由性质不同的两类关系构成的。第一类关系是发达资本主义国家与发展中国家的关系，即所谓的中心与外围的关系或南北关系，这类关系是以控制与被控制、剥削与被剥削为特征的，其发展的趋势是两极分化。第二类关系是发达资本主义国家之间的关系，各个资本主义国家在世界经济政治舞台上相互竞争，先进的资本主义国家力图保持自身的优势，后进的资本主义国家则要奋力追赶，这就成为国家之间发展不平衡的根本动力，并在一定条件下导致了资本主义国家之间的矛盾与冲突，乃至爆发战争。① 这两种关系的不同性质及其发展规律，都是由资本主义经济关系的本质决定的，都是不公平、不公正、不合理的。

与此不同，社会主义国家的对外经济关系是以互助合作为基础的，平等互利原则是中国共产党处理对外关系的基本原则，也是社会主义对外开放的战略原则。毛泽东曾指出："无论是人与人之间、政党与政党之间、国与国之间的合作，都必须是互利的，而不能使任何一方受到损害。"② 邓小平指出，中国与外国的经济交往，"帮助是相互的，贡献也是相互的"③。在上述认识的基础上，党的十七大报告系统阐述了互利共赢战略的基本要求：

> 我们将继续以自己的发展促进地区和世界共同发展，扩大同各方利益的汇合点，在实现本国发展的同时兼顾对方特别是发展中国家的正当关切。我们将继续按照通行的国际经贸规则，扩大市场准入，依法保护合作者权益。我们支持国际社会帮助发展中国家增强自主发展能力、改善民生，缩小南北差距。我们支持完善国际贸易和金融体制，推进贸易和投资自由化便利化，通过磋商协作妥善处理经贸摩擦。中国决不做损人利己、以邻为壑的事情。

互利共赢开放战略的根本目标，就是建立以合作共赢为核心的新型国际关系，构建人类命运共同体。经济全球化使国际社会日益成为一个你中有我、我中有你的命运共同体。"面对世界经济的复杂形势和全球性问题，任何国家都不可能独善其身、一枝独秀，这就要求各国同舟共济、和衷共济，在追求本国利益时兼顾他国合理关切，在谋求本国发展中促进各国共同发展，建立更加平等均衡的新型全球发展伙伴关系，增进人类共同

---

① 高峰．20世纪世界资本主义经济的发展与演变．政治经济学评论，2010（1）：105－125.

② 毛泽东．毛泽东文集：第6卷．北京：人民出版社，1999：364.

③ 邓小平．邓小平文选：第3卷．北京：人民出版社，1993：79.

利益，共同建设一个更加美好的地球家园。”[①]

四、把坚持独立自主同参与经济全球化相结合

独立自主、自力更生是中国共产党在领导革命和建设中一贯坚持的方针。社会主义制度建立之后，毛泽东就提出“自力更生为主，争取外援为辅”[②] 的方针。改革开放以后，随着对外开放和经济全球化的不断深入，如何处理对外开放与独立自主的关系成了发展中国特色社会主义面临的重大课题。对此，邓小平明确指出：“中国的事情要按照中国的情况来办，要依靠中国人自己的力量来办。独立自主，自力更生，无论过去、现在和将来，都是我们的立足点。”[③] 在几十年的开放实践中，中国坚持把积极参与经济全球化与独立自主相结合，形成了中国特色社会主义的自主发展道路，其主要内容是：

（1）坚持中国人民自己选择的社会主义制度和社会主义发展道路，发挥社会主义制度优势，始终把国家主权和安全放在第一位，坚决维护国家主权、安全和发展利益。

（2）保持强有力的国家调控，从国家全局和长远利益出发制定科学的发展战略，始终保持对关键行业和领域的控制力，在对外开放中切实保障和维护国家的利益，掌握发展的主动权。

（3）根据国家经济发展的需要自主确定货币金融政策，维护国家的货币主权，保障货币金融体系的稳定性，有序推进金融开放，有效防范系统性金融危机和金融风险。

（4）建立创新型国家，坚定不移走中国特色自主创新道路，不断提高国家的自主创新能力，掌握关键领域的核心技术，实现产业结构在国际分工体系中从中低端向中高端水平迈进。

（5）在坚持扩大出口的同时，充分发挥国内市场广阔的优势，把扩大内需作为经济发展的基本立足点和长期战略方针，走内需主导的发展道路。

（6）要利用国外资金，但同时更要重视自己的积累。优化引进外资的结构，提高利用外资的水平，把引进外资与提升产业结构、技术水平结合起来，同带动经济发展、企业技术改造结合起来。

五、推动高水平对外开放

党的二十大报告提出，“推进高水平对外开放”。习近平也多次强调，“中国推动更高水平开放的脚步不会停滞”[④]，“推动更深层次改革，实行更高水平开放，为构建新发展格局提供强大动力”[⑤]。

不断扩大对外开放、提高对外开放水平，以开放促改革、促发展，是我国发展不断

① 中国是合作共赢倡导者践行者．人民日报，2012-12-06.

② 毛泽东．毛泽东文集：第8卷．北京：人民出版社，1999：158.

③ 邓小平．邓小平文选：第3卷．北京：人民出版社，1993：3.

④ 习近平出席首届中国国际进口博览会开幕式并发表主旨演讲．人民日报，2018-11-06.

⑤ 推动更深层次改革实行更高水平开放 为构建新发展格局提供强大动力．人民日报，2020-09-02.

取得新成就的重要法宝。高水平对外开放有利于完善社会主义市场经济体制，营造市场化、法治化、国际化一流营商环境，稳步扩大制度型开放，推动形成更高水平开放型经济新体制，促进深化经济体制改革。高水平对外开放，有利于更好利用两个市场、两种资源，扩大国际科技交流合作，实现高水平的自立自强，推动科技创新和产业升级，促进我国经济高质量发展。高水平对外开放，有利于增强国内大循环内生动力和可靠性，提升国际循环质量和水平，推动构建新发展格局。高水平对外开放，有利于更好发挥外贸外资在稳就业、稳经济上的重要作用，增加优质产品和服务进口，满足人民多层次多样化消费需求，不断增强人民群众的获得感和幸福感，满足人民美好生活需要。高水平对外开放，有利于以自身开放推动世界共同开放，为推动建设开放型世界经济、构建人类命运共同体贡献中国智慧和中国力量。高水平对外开放，更加注重开放安全，把握好扩大开放的力度、速度和程度，以开放增实力防风险，有利于统筹发展和安全。

推进高水平对外开放，具体有以下重要举措。

第一，依托我国超大规模市场优势，夯实开放经济基础。未来一个时期，我国国内市场主导经济循环的特征会更加明显，经济增长的内需潜力会不断释放。要协同推进强大国内市场和贸易强国建设，促进内需和外需、进口和出口、货物贸易和服务贸易、贸易和双向投资、贸易和产业等协调发展，增强国内大循环内生动力和可靠性，赢得开放发展中的战略主动。坚持扩大内需这个战略基点，加快建设现代流通体系，全面促进消费，推动内外贸一体化，加快形成强大国内市场，更好发挥消费对经济发展的基础性作用，更好满足人民美好生活需要。

第二，推动外贸外资稳中提质，提升开放发展质量。外贸方面，推动货物贸易优化升级，创新服务贸易发展机制，提升贸易数字化水平，加快建设贸易强国。外资方面，合理缩减外资准入负面清单，实施好新版鼓励外商投资产业目录，落实好外商投资法，依法保护外商投资权益。开放平台方面，稳步扩大制度型开放，主动对接国际高标准经贸规则，打造透明稳定可预期的制度环境，实施自由贸易试验区提升战略。

第三，深化对外经贸关系，拓展开放合作空间。持续深化“一带一路”经贸合作，坚持共商共建共享原则，推进基础设施互联互通。扩大面向全球的高标准自贸区网络，推动商签更多高标准自贸协定。夯实双边合作基础，促进大国协调和良性互动，深化同周边国家经贸关系，加强与发展中国家团结合作，扩大互利共赢。

第四，积极参与全球经济治理，凝聚全球开放共识。始终做全球共同开放的重要推动者、全球治理改革的积极贡献者。坚持真正的多边主义，维护以世界贸易组织为核心的多边贸易体制，积极参与全球经济治理体系改革，提供更多全球公共产品。参与全球性议题探讨和规则制定，在贸易投资、数字经济、绿色低碳等领域，贡献更多中国智慧、中国方案，维护多元稳定的国际经济格局和经贸关系。

第五，提升风险防范能力，筑牢开放安全屏障。坚持以开放促发展强安全，着力提升产业链供应链韧性和安全水平，在高水平对外开放中增强综合实力。加强事中事后监管，完善外商投资国家安全审查等制度，为开放发展上好“保险”。贯彻总体国家安全观，增强底线思维和风险意识，防范化解重大风险，在更高开放水平上动态维护国家经济安全。

六、积极参与全球经济治理

积极参与全球经济治理是改革开放不断深入和经济全球化不断发展的必然要求。

第一，当前的世界经济体系仍然是资本主义主导的世界经济体系，包含着深刻的弊端，例如世界范围内的贫富两极分化，对于全球生态系统的过度开发与破坏，全球性的经济混乱和金融危机的频繁爆发，发展中国家对发达国家依附的加深，以霸权主义、强权政治和剥削掠夺为特征的资本主义法则支配着世界经济和政治秩序。这就需要我们积极参与全球经济治理，努力建立更加公正合理的国际政治经济秩序。

第二，国际力量对比正在发生前所未有的积极变化，资本主义世界经济体系的矛盾和危机日益深化，资本主义制度由盛转衰的征兆更加明显。与此同时，发展中国家群体力量继续增强，国际力量对比逐步趋向平衡，新兴市场国家和发展中国家群体性崛起正在改变全球政治经济版图，世界多极化和国际关系民主化大势难逆，以西方国家为主导的全球治理体系出现变革迹象。

第三，我国在世界经济和全球治理中的分量迅速上升。我国是世界第二大经济体、最大货物出口国、第二大货物进口国、第二大对外直接投资国、最大外汇储备国、最大国内旅游市场，是影响世界政治经济版图变化的一个主要因素，国内国际经济联动效应日益增强，中国正在从世界经济规则和秩序的接受者向倡导者、构建者转变。

国际国内条件的深刻变化要求我们发展更高层次的开放型经济，积极参与全球经济治理和公共产品供给，提高我国在全球经济治理中的制度性话语权，构建广泛的利益共同体；要求我们需要更加主动地发出自己的声音，打破少数国家对全球经济法律规则的“垄断”，使规则向着更为合理均衡的方向发展；要求我们积极参与全球经济治理，推动国际经济治理体系的改革和完善，积极引导全球经济议程，促进国际经济秩序朝着平等公正、合作共赢的方向发展。

总之，随着全球性挑战增多，加强全球治理、推进全球治理体制变革已是大势所趋。这不仅事关应对各种全球性挑战，而且事关给国际秩序和国际体系定规则、定方向；不仅事关对发展制高点的争夺，而且事关各国在国际秩序和国际体系长远制度性安排中的地位和作用。我们提出的“一带一路”倡议、建立以合作共赢为核心的新型国际关系、坚持正确义利观、构建人类命运共同体等理念和举措，顺应时代潮流，符合各国利益，增加了我国同各国利益的汇合点。

第三节　中国对外开放的发展

一、对外开放的历程

1. 沿海经济开放地带外向型经济的迅速发展

中国的改革是从农村开始的，而中国的对外开放则是从沿海地区开始的。1979 年 7

月，国务院批准处于沿海地带的广东省和福建省在对外经济活动中率先实行特殊政策和灵活的管理办法。1980 年 8 月，国家又进一步设立了深圳、珠海、汕头、厦门 4 个经济特区。在当时的具体经济条件下，经济特区实行的特殊政策的主要内容是：（1）经济特区可以在社会主义公有制为主导、多种经济成分并存的情况下，让外商投资企业所占比重超过内地的外商独资企业；（2）经济特区的经济实行在国家宏观经济指导下，以市场机制为主的经济运行体制；（3）给予到经济特区投资的外商投资企业以比内地更多的优惠待遇；（4）给予经济特区政府相当于省级的经济管理权限，属于中央统一管理的外事、边防、公安、海关、金融、外汇等一系列专门经济和行政业务等，可以由国务院主管部门结合经济特区的实际情况，制定专项管理办法；（5）中央政府对经济特区建设实行政策倾斜。

1984 年 4 月，中央政府在肯定改革开放前 5 年的经济成就，特别是总结了对两省实行特殊政策和建立经济特区的经验的基础上，决定进一步扩大对外开放的步伐，开放沿海的天津、上海、大连、秦皇岛、烟台、青岛、连云港、南通、宁波、温州、福州、广州、湛江、北海共 14 个港口工业城市，让它们在对外经济贸易活动、外商投资企业的优惠待遇等方面有更大的自主权，创造吸引外商投资的有利经济条件。1985 年 2 月，中央又将珠江三角洲、长江三角洲以及闽南厦门、漳州、泉州三角地区的 51 个市、县开辟为沿海经济开放区。1988 年 3 月，中央决定将沿海经济开放区扩展到北方沿海的辽东半岛、山东半岛以及其他沿海的一些市县。紧接着在 4 月又作出了批准设立海南经济特区的决定。至此，我国的对外开放区域从沿海个别地区和少数城市，扩展到了共有 293 个市县、2.8 亿人口、42.6 万平方公里面积的广大沿海地区。

2. 开放事业全面推进

1990 年 4 月，中央决定开发和开放上海浦东新区，显示了中国进一步推进改革开放的巨大决心。上海是中国最大的工商业中心和口岸，具有雄厚的工业实力和科学技术基础，浦东新区的开发和开放会调整上海产业结构，增强中心城市的综合服务能力，进而使上海成为国际性的经济、贸易、金融、航运中心，在带动整个长江流域的经济发展方面发挥关键作用。开发开放浦东新区是中央政府在改革开放中的又一重大的、具有全局意义的战略决策，不但对上海经济的发展起到至关重要的作用，并将对整个长江流域，以至全国的经济发展产生重大影响。

1992 年春，邓小平同志视察南方并发表重要谈话，强调指出必须抓紧有利时机，加快改革开放步伐，力争国民经济更好更快地迈上一个新的台阶。随后中国政府作出了一系列重大决定并出台了众多措施，在全国范围内推进对外开放，形成了中国改革开放的又一高潮。（1）开放长江中上游的芜湖、九江、黄石、武汉、岳阳、重庆 6 个沿江城市，形成了沿江开放格局。（2）开放吉林的珲春，黑龙江的绥芬河、黑河，内蒙古的满洲里、二连浩特，新疆的伊宁、塔城、博乐，云南的瑞丽、畹町、河口，广西的凭祥、东兴共 13 个沿边城市，形成了沿边开放雏形。（3）批准大连、广州、青岛、张家港、宁波、福州、厦门、汕头、海口设立保税区，增设一批经济技术开发区，扩大外商投资领域。（4）进一步深化外贸体制改革，努力建立适应国际贸易惯例、符合社会主义市场经济要求的新型外贸体制，统一对外经贸政策，提高政策法规透明度。尤其是在“九五”期间，进一步提高部分出口商品退税率；继续放开外贸经营权，对国有大中型生产企业、商业企业和科研院所等的进出口经营权实施登记备案制，对达到一定条件的私营生产企业也赋予其进出口经营权；制定并颁布《指导外商投资方向暂行规定》和《外商投资产业指导目录》；对外商投资企业实行低税收政策，对国家鼓励投资的行业、地区实行一系列优惠政策，对外贸易和利用外资都取得了巨大增长。

至此，我国对外开放已经扩大到全国各地和国民经济的众多领域，形成了沿海、沿江、沿线、沿边、内地的多层次、全方位开放格局。

3. 加入世界贸易组织后的阶段

早在中国改革开放之初，中国就曾向世界贸易组织（WTO）的前身即关税及贸易总协定（简称关贸总协定）提出重返关贸总协定的申请。经过 15 年的努力，中国终于在 2001 年 12 月 11 日正式成为世界贸易组织的成员。

加入世界贸易组织标志着中国改革开放进入了一个崭新的阶段，新一轮对外开放拉开大幕，对外开放也呈现出新的格局：加入世界贸易组织不仅使中国改革开放的领域扩大和加深，而且使中国从原来的自主单边开放变成中国和世界贸易组织各成员方之间的相互开放，使中国从原来按照政府政策实行改革开放的阶段过渡到按照世界贸易组织的规则开放的阶段。

加入世界贸易组织后，我国可以享受多边谈判的成果；可以通过开放自身市场，扩大吸引外资，并获得进入其他成员方市场的机会；可以通过多边争端解决机制，公正、平等地解决贸易争端；可以推动经济体制改革。世界贸易组织遵循的基本原则，如非歧视、透明、公平竞争、开放市场等，都是建立在市场经济基础上的。根据这些原则，各方在谈判中确立了各种具体规则。遵守这些基本原则和具体规则，可以有力推动我国社会主义市场经济体制建设。

加入世界贸易组织后，我国大幅修订包括外资法、外贸法在内的诸多法律法规，全面清理地方性法规、地方政府规章和其他政策措施，取消和调整了大量的行政审批项目，取消了大量内部文件，推行“阳光政务”，公布了所有与贸易有关的法律法规，极大地提高了法律、法规和政策的透明度；大幅度降低了关税，减少乃至取消了包括配额、进口许可在内的多种非关税措施；进一步放宽外贸经营权；开放金融、保险、电信、法律、会计、建筑、旅游、教育、运输等服务贸易领域，改善外国服务供应者进入上述领域的条件；在完善保护知识产权立法的同时，加大了实施保护知识产权的法律力度，通过教育使各行各业保护知识产权的自觉性大大提高。同时，各行各业充分利用加入世界贸易组织所带来的机遇，大力推进国内开放与改革的步伐，调整国内产业结构，提高企业在国际市场上的竞争能力，认真应对各类贸易摩擦与国际竞争所带来的压力，使企业在国际竞争中不断壮大实力。

4. 构建开放型经济新体制阶段

2008 年国际金融危机后，世界经济深度调整，经济全球化出现了许多新的变化，国际经贸规则面临重构。党的十八届三中全会提出，“适应经济全球化新形势，必须推动对内对外开放相互促进、引进来和走出去更好结合，促进国际国内要素有序自由流动、资源高效配置、市场深度融合，加快培育参与和引领国际经济合作竞争新优势，以开放促改革”①。

2013年8月，国务院批准设立中国（上海）自由贸易试验区。在全面深化改革和扩大开放探索新途径、积累新经验的基础上，我国陆续增设了多个自由贸易试验区。截至2024年12月，我国已有22个自由贸易试验区，基本形成了覆盖东西南北中的改革开放创新格局，为高水平对外开放提供新动力，为中国式现代化建设注入新活力。自由贸易试验区建设的核心是通过制度创新、简政放权，破除制约市场发挥配置资源决定性作用的体制机制障碍。

2013年9月和10月，习近平在出访中亚和东南亚国家期间，提出共建21世纪海上丝绸之路的重大倡议，受到国际社会高度关注。2015年3月，经国务院授权，国家发展改革委、外交部、商务部联合发布了《推动共建丝绸之路经济带和21世纪海上丝绸之路的愿景与行动》。“一带一路”倡议是以政策、贸易、货币、基础设施、人文、产业等方面的交流合作来实现互利共赢的。

党的十八届三中全会后，为进一步完善外商投资管理体制，放宽外商投资准入，我国探索实行准入前国民待遇加负面清单的外商投资准入模式，同美国、欧盟等国家和地区商签投资协定，改革涉外投资审批体制，扩大投资合作空间。

党的十八大提出加快实施自由贸易区战略，党的十八届三中全会、五中全会进一步要求以周边为基础加快实施自由贸易区战略，形成面向全球的高标准自由贸易区网络。2015年12月发布的《国务院关于加快实施自由贸易区战略的若干意见》，提出加快实施自由贸易区战略是我国新一轮对外开放的重要内容。

党的十八届五中全会根据我国发展环境的基本特征，明确提出中国将贯彻创新、协调、绿色、开放、共享的发展理念，继续全面深化改革，坚持开放发展，顺应中国经济深度融入世界经济的趋势，奉行互利共赢的开放战略，发展更高层次的开放型经济。积极参与全球经济治理和公共产品供给，提高我国在全球经济治理中的制度性话语权，构建广泛的利益共同体。

党的十九大报告提出推动形成全面开放新格局，强调“开放带来进步，封闭必然落后”“中国开放的大门不会关闭，只会越开越大”“中国坚持对外开放的基本国策，坚持打开国门搞建设”“发展更高层次的开放型经济”，以高水平对外开放打造国际合作和竞争新优势。全面开放新格局内涵丰富，既包括开放范围扩大、领域拓宽、层次加深，也包括开放方式创新、布局优化、质量提升。中国的对外开放进入了新的阶段，实施共建“一带一路”倡议，加快构建开放型经济新体制，倡导发展开放型世界经济，积极参与全球经济治理，更高水平的开放格局正在形成。党的十九届五中全会将推动“更高水平开放型经济新体制基本形成”作为“十四五”时期经济社会发展的主要目标。党的二十大报告进一步强调“推进高水平对外开放”。

要坚持主动开放，把开放作为发展的内在要求，更加积极主动地扩大对外开放。党的十八大以来，我们准确把握经济全球化新趋势和我国对外开放新要求，努力在经济全球化中抢占先机，以开放促改革、促发展、促创新，以对外开放的主动赢得经济发展的

① 中共中央关于全面深化改革若干重大问题的决定．中国政府网，2013－11－15.

主动、赢得国际竞争的主动。此外，我们主动处理好对外开放同维护经济安全的关系，坚持底线思维，注重风险防控和评估，在扩大开放中动态地谋求更高层次的总体安全。

要坚持双向开放，把“引进来”与“走出去”更好结合起来，拓展经济发展空间。在“引进来”方面，适应我国加快转变经济发展方式的要求，着力提高引资质量，注重吸收国际投资搭载的技术创新能力、先进管理经验，吸引高素质人才。在“走出去”方面，适应我国对外开放从贸易大国、对外投资大国迈向贸易强国的新局面，支持我国企业扩大对外投资，推动装备、技术、标准、服务“走出去”，提升在全球价值链中的位置。

要坚持全面开放，推动形成陆海内外联动、东西双向互济的开放格局。体现在开放空间上，就是优化区域开放布局，逐步形成沿海内陆沿边分工协作、互动发展的全方位开放新格局。体现在开放举措上，就是推进“一带一路”建设，统筹多双边和区域开放合作，加快实施自由贸易区战略等。体现在开放内容上，就是大幅度放宽市场准入，进一步放开一般制造业，有序扩大服务业对外开放，扩大金融业双向开放，促进基础设施互联互通。

要坚持公平开放，构建公平竞争的内外资发展环境。通过加强法治建设，为外资企业提供公平、透明、可预期的市场环境，实现各类企业依法平等使用生产要素、公平参与市场竞争、同等受到法律保护。公平公正对待包括外商投资企业在内的所有市场主体，努力营造公开透明的法律政策环境、高效的行政环境、平等竞争的市场环境，尤其是保护好知识产权。

要坚持开放共赢，推动经济全球化朝着普惠共赢方向发展。坚定不移奉行互利共赢的开放战略，构建开放型世界经济，以开放发展为各国创造更广阔的市场和发展空间，在开放中分享机会和利益，促进形成各国增长相互促进、相得益彰的合作共赢新格局。坚定不移发展全球自由贸易和投资，在开放中推动贸易和投资自由化便利化，旗帜鲜明地反对保护主义。

要坚持包容开放，探索求同存异、包容共生的国际发展合作新途径。秉持共商共建共享原则，支持开放、透明、包容、非歧视性的多边贸易体制，鼓励各方积极参与和融入，推动建设开放型世界经济。从“和平合作、开放包容、互学互鉴、互利共赢”的丝路精神，到“开放、包容、合作、共赢”的金砖精神，从推动构建新型国际关系到推动构建人类命运共同体，我国始终谋求开放创新、包容互惠的发展前景。

二、对外贸易的发展

对外贸易是经济增长的引擎，也是中国对外开放的重要组成部分。自中华人民共和国成立以来，特别是改革开放以来，中国外贸体制经历改革和演变，逐步建立起了与中国特色社会主义市场经济体制相适应的外贸体制。同时，中国对外贸易迅速发展，并成为全球第一贸易大国，对中国乃至世界经济的增长与发展发挥了极大的推动作用。

在中国改革开放初期的1978年，中国货物进出口总额为206.4亿美元，到2001年中国加入世界贸易组织时，快速增长到5 096.5亿美元。到2009年，中国货物出口额达

1.2万亿美元，一跃成为全球第一货物出口大国。到2013年，中国货物进出口总额进一步上升到4.16万亿美元，跃居世界第一货物贸易大国，也是首个货物贸易总额超过4万亿美元的国家，创造了世界贸易发展史上的奇迹。2024年，我国进出口总额达到43.85万亿元人民币（见图9-1），同比增长5%，规模再创历史新高，我国作为货物贸易第一大国的地位更加稳固。据世界贸易组织统计，2024年前三季度我国出口和进口占国际市场份额分别达到14.5%和10.5%。

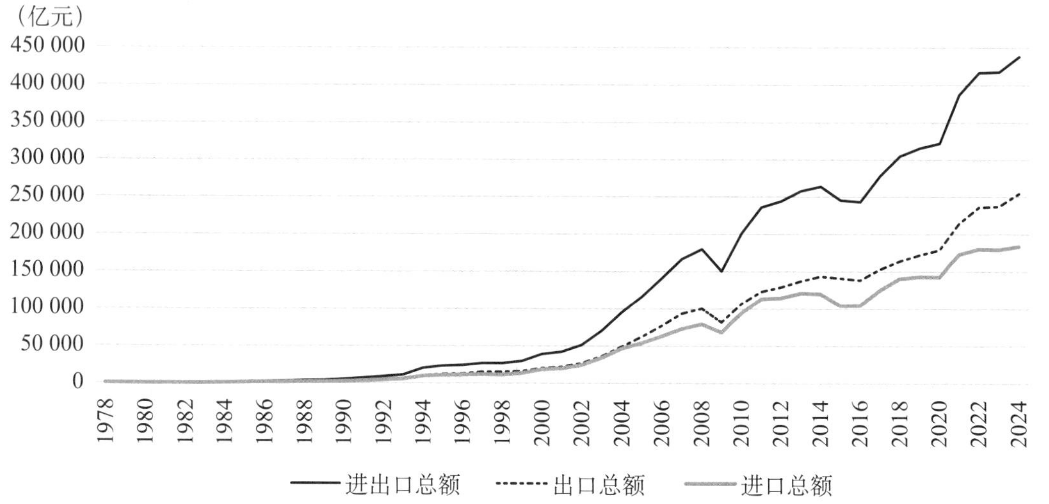

图9-1　中国对外贸易增长情况（1978—2024年）

资料来源：国家统计局。

从出口商品结构看，中国出口商品的技术含量和附加值不断提高，高技术产品增势良好，出口制造业在产业链上的位置逐渐上升，贸易条件日益改善。2024年，中国机电产品出口增长了8.7%，占出口总值的比重达到59.4%。中国的贸易伙伴更多，市场多元化战略成效显著。2024年，我国出口和进口伙伴数分别比2023年增加了1个和4个，对160多个贸易伙伴实现进出口增长，我国对"一带一路"共建国家合计进出口22.07万亿元，同比增长6.4%，占我国进出口总值的比重首次超过50%。其中，对东盟进出口增长9%，我国与东盟连续5年互为第一大贸易伙伴。

对外贸易已成为推动中国经济社会发展最活跃的力量之一，拉动经济增长，直接和间接带动了国内就业，贡献税收，改善国际收支。同时，中国对外贸易的快速发展，不仅为国际市场提供了更多质优价廉的产品，还带动了当地经济繁荣，创造了大量就业岗位和投资机会，为贸易伙伴带来了实实在在的利益和好处。中国通过对外贸易参与国际分工和竞争，与贸易伙伴在经济上相互融合，共同推动了全球化深入发展，为全球经济增长作出了积极贡献，实现了中国与贸易伙伴的互利共赢。特别是在2008年国际金融危机后，中国对外贸易的强劲增长势头，不仅拉动了贸易伙伴的经济增长，而且对整个世界经济避免陷入衰退并实现复苏发挥了巨大的作用。2019年，中国货物贸易在全球贸易中的份额超过13%，有效支撑和拉动了世界经济的增长。

当前中国对外贸易的发展正面临着新的挑战，这主要表现在以下三个方面：首先，在国际金融危机、主权债务危机、贸易保护主义等因素影响下，世界经济增速放缓、基础不稳，经济复苏之路具有很大的不确定性。全球消费和国际贸易市场空间相对有限，国际市场争夺也更为激烈，这势必制约我国外部市场需求的增长空间。其次，国际贸易摩擦加剧将增加开拓国际市场的难度，各国围绕市场、资源、人才、技术和标准等的竞争将更加激烈，滥用贸易保护措施赢得利益博弈可能会成为一些国家的政策选择，全球贸易摩擦将会日益频繁，我国将面临更多的贸易摩擦，从而影响中国外贸发展的空间和潜力。最后，中国国内外贸经营成本的集中上升将削弱中国的外贸竞争优势。目前，随着国内能源、土地、环境等要素价格改革的推进，国内企业资源环境的约束进一步增强。随着人口结构和新一代劳动力就业观念的变化，部分出口产业集中地区劳动力供求矛盾将日益突出，劳动力禀赋优势将逐步减弱。同时，国际市场资源性产品供求矛盾长期存在，资源能源安全等全球性问题更加突出，国内资源能源供给偏紧状况将持续。此外，随着人民币汇率形成机制改革继续推进，出口和利用外资的金融成本可能也会上升。这些因素都将导致中国国内要素成本上升，从而使得依靠低廉价格优势推动出口增长的模式难以为继。

鉴于此，中国应当努力实现外贸发展方式的转变。所谓外贸发展方式的转变，主要包括外贸的转型与升级两个层面的含义。外贸的转型是指从粗放型、以规模扩张为主的增长和发展，转向集约型、以质量效益提高为主的增长和发展；从主要依靠成本优势的增长和发展，转向主要依靠综合竞争优势的增长和发展。外贸的升级是指提升和优化进出口商品及服务的结构，改变以往商品及服务出口加工深度、技术和研发含量、附加值等偏低的状况，提升中国主要产业在国际分工中的地位，提高外贸发展的微观和宏观经济效益。

三、利用外资的发展

利用外资是我国对外开放的主要形式之一，分为利用间接投资和直接投资两大类。前者主要是举借外债，后者主要是外商投资办企业，包括举办中外合资企业、中外合作企业和外商独资企业。利用外资在推动中国的改革开放和促进中国的经济发展方面发挥了巨大作用，主要是：可以弥补经济发展中资金的不足，带来外国先进技术、管理经验和体制机制，促进技术进步和产业结构的升级，培养和打造国际化的技术和经营管理人才，推动经济体制的对外开放和外向型经济的发展，增加税收，创造就业，改善国际收支，等等。

自 1978 年实行对外开放以来，我国利用外资工作不断取得进展。1991 年以前，我国利用外资以间接投资为主，对外借款是吸收外资的主体，对外借款一直占外资的 60%～70%，外商直接投资（FDI）较少。1992 年之后，我国年度实际使用 FDI 超过间接投资额，FDI 占据了主体地位。从 1993 年起，我国连续数年成为仅次于美国的第二大 FDI 接收国。2024 年，在全球经济缓慢复苏、不确定性上升的大背景下，我国外资流入整体承压，我国实际使用外资金额仍达到 8 262.5 亿元人民币，新设立外商投资企业数量保持增长，显示出我国外资吸引力依然较大。

具体来看，当前我国吸收外资呈现以下特点：一是市场主体数量增长。截至 2019 年年底，我国累计设立外资企业数突破 100 万家，达到 1 001 377 家，这在我国利用外资乃至对外开放的进程中具有标志性意义。二是引资结构优化。2019 年，服务业吸收外资 6 817.7 亿元，增长 12.5%。其中，信息传输、软件和信息技术服务以及租赁和商业服务业吸收外资分别增长 29.4%和 20.6%。在制造业中，医药制造业、电器机械和器材制造业以及仪器仪表制造业外资分别增长 61.3%、41.2%和 48.2%。这对推动我国供给侧结构性改革、弥补产业升级短板、增加高质量商品和服务供给发挥了积极作用。三是引资质量提高。高技术产业增长迅猛，有力助推了我国经济发展新旧动能转换。四是引资布局优化。近年来，国家出台了一系列政策措施，鼓励中西部和东北地区承接外资转移，取得了积极成效。五是投资来源地范围扩大，2019 年，投资来源地国家和地区达到 179 个。“一带一路”共建国家、东盟国家、欧盟成员国对华投资增长迅速。除吸收直接投资以外，我国还通过多种渠道和多种方式借用外国贷款。这里的外国贷款既包括外国的政府贷款，也包括各个国际金融机构（比如世界银行）的贷款以及国际商业贷款等。在 20 世纪 80 年代初我国借用的外国贷款每年只有十几亿美元，但是随着我国对外开放规模的扩大和国民经济的持续快速发展以及我国对外国资本消化吸收能力的增强，外国贷款的规模不断扩大。

此外，在国际资本市场上，通过发行各种有价证券筹集国外资金是我国利用外资的另一渠道。这既包括我国通过向境外发行债券，筹集用于国家基础设施建设、基础产业项目建设的资金，也包括我国大型公司和企业通过向海外发行股票筹集资金。随着中国企业股份制改造和股票市场的发展，必将有更多的企业和公司在国外资本市场融资。

总的来看，中国在引进和利用外资方面取得了巨大的成就，但在引进外资的过程中也出现了一些值得重视的问题，包括：一些外商投资企业转移价格、偷逃税款；合资外方以技术、设备、品牌等投资时高估价格，造成外资实际投资本金不足，侵害中方利益；在技术转让中限制过多，制约对我国的技术扩散效应；向我国转移高污染产业或高污染企业；跨国公司凭借强大的技术手段、先进的管理方式和营销方法、雄厚的资金实力，占领甚至垄断国内市场，挤压国内企业的生存空间；一些战略产业严重依赖于进口技术，并被跨国公司主导，威胁国家安全；外商投资的大量增加造成资本项目和贸易项目的双顺差，造成人民币被动投放增多，助长流动性过剩。

当前，我国的利用外资工作更加注重质量和效益，要按照我国经济发展的需要，优化引进外资的结构，提高利用外资水平，以提高自主创新能力为出发点，注重引进技术的消化、吸收、创新、提高，推动外资更好地服务于中国特色社会主义市场经济的发展。

四、人民币国际化

1. 人民币国际化的进展

人民币国际化是指人民币跨越国界，在境外流通，成为国际上普遍认可的计价、结算以及储备货币的过程。随着中国经济实力在世界上的地位稳步提高，中国的货币——人民币在世界货币体系中的地位逐步上升，推进人民币国际化已成为中国的一项战略选择。

根据中国人民银行发布的《2023 年人民币国际化报告》，2022 年以来，人民币国际化稳中有进，跨境人民币业务服务实体经济能力增强，人民币融资货币功能提升，离岸人民币市场交易更加活跃。

具体来看，2022 年，银行代客人民币跨境收付金额合计为 42.1 万亿元，人民币跨境使用持续增长。2022 年末，国际清算银行（BIS）公布的人民币国际债务证券存量为 1 733 亿美元，排名升至第七位。环球银行金融电信协会（SWIFT）数据显示，2022 年末，人民币在全球贸易融资中占比为 3.91%，排名第三。2022 年末，主要离岸市场人民币存款余额约为 1.5 万亿元，重回历史高位。国际清算银行 2022 年调查显示，近三年来人民币外汇交易在全球市场的份额由 4.3%增长至 7%，排名由第八位上升至第五位。

2. 人民币国际化的好处

人民币国际化对于中国来说有诸多好处，主要体现在以下三个方面：

（1）人民币国际化可以降低当前以美元为核心的国际货币体系对中国的不利影响，减少因巨额外汇使用和积累所产生的成本，获取一定的国际铸币税。同时，货币本身是一种权力，人民币国际化成为世界主要货币，增强了中国在国际经济领域的权力和影响。

（2）人民币国际化要求国内完善金融体系、扩大金融规模、人民币汇率自由浮动、资本账户有序开放，这些措施的实施有利于促进中国的对内对外金融改革，提升中国对外开放的程度和水平，使中国经济更积极、更好地融入全球经济之中。

（3）随着中国对外贸易的快速发展，中国的外贸企业持有越来越多的外币债权和债务、面临巨大的汇价波动风险。人民币国际化充分发展之后，对外贸易和投资可以大量使用人民币计价和结算，这将大幅度降低外贸企业的汇率风险，促进中国对外贸易和投资的发展。

3. 人民币国际化的风险及应对

人民币国际化进程也会给中国带来一些风险，主要体现在：

（1）人民币国际化会加大中国的对外金融风险。人民币国际化进程的推进，必然要求中国在汇率自由化和金融开放方面进行配套改革，这可能会使人民币（包括离岸市场和在岸市场）和国内金融资产成为国际游资炒作的对象，进而加剧人民币汇率波动和国内金融市场波动，对中国金融稳定产生负面影响。

（2）人民币国际化在一定程度上会降低中国货币政策的有效性。在人民币国际化的条件下，我国在制定货币政策时就不能只考虑本国的宏观经济形势，还要考虑其他经济体的宏观经济状况。同时，人民币离岸市场的快速发展使离岸市场人民币汇率、利率对国内市场产生越来越大的影响，也会降低货币政策的有效性。

（3）人民币国际化要求中国承担相应的国际责任。人民币国际化会增加中国在世界经济体系中的话语权和影响力，同时，这也意味着中国将承担更多的国际责任。人民币国际化要走出一条不同于美元霸权的、具有中国特色的道路，就必须考虑相应国际责任的问题，而这种考量就可能会产生一定的成本和风险。

（4）人民币国际化面临着当今国际货币体系某些既得利益国家打压和干扰的风险。人民币国际化在一定程度上会削弱当今国际货币体系某些既得利益国家的利益，无论是出于经济利益考虑，还是出于国际政治方面的考量，这些国家都有可能打压和干扰人民币国际化进程。这对于中国来说蕴藏着较大的风险，需要谨慎应对。

针对人民币国际化可能带来的上述风险，中国应该如何应对呢?

（1）实体经济和贸易的发展是人民币国际化的基石，确保中国实体经济持续健康发展是化解相关风险的根本保障；反过来，人民币国际化也应该以服务实体经济和贸易的发展作为主要出发点，稳步推进，而不宜过于冒进。

（2）要深化对内金融改革，加强人民币国际化路径顶层设计，厘清对外金融开放（包括汇率自由化和资本账户开放）最优顺序，夯实人民币国际化的制度基础，防范金融风险，走符合中国国情的人民币国际化道路。

（3）加强国际沟通与协调，构建人民币国际化统一战线，为人民币国际化营造良好的国际环境。

五、推进“走出去”战略

对外开放不仅意味着要引进外国资金、技术和劳动力，即实行“引进来”战略，还包括发展对外投资、技术和劳务输出，即实行“走出去”战略。“走出去”战略始于“十五”时期，“十一五”时期取得了突出成就，“十二五”“十三五”“十四五”时期有了进一步的发展。改革开放以来，我国生产力水平不断提高，综合国力明显增强，为实施“走出去”战略奠定了良好的物质基础。

实施“走出去”战略后，我国境外投资从少到多，逐步扩大，2016 年是我国对外投资最高的年份，达到了 1 961.5 亿美元，在全球外国直接投资流出流量 1.45 万亿美元中的占比达到 13.5%。我国拥有一批具备一定技术经济实力、熟悉国际化经营管理的国际化企业，在“走出去”方面积累了许多宝贵经验。

（1）初步形成了全方位、宽领域的格局。对外经济合作业务遍及全世界 200 多个国家和地区，业务范围拓展到以工业制造、建筑、石油化工、资源开发、交通运输、水利电力、电子通信、商业服务、农业等行业为主，并涉及环境保护、航空航天以及医疗卫生、旅游餐饮、咨询服务等国民经济其他诸多领域。

（2）投资方式多样化，层次日益提高。我国对外投资由最初的货币投资、实物投资向跨国并购等方式扩展，并有越来越多的企业采取入股和股权置换等方式进行投资。企业到境外收购销售网络、许可证、技术专利以及建立研发中心和工业园区的做法明显增多。

（3）对外承包工程大型项目增加，劳务合作稳步发展。近年来，我国已经成为世界工程承包大国，在境外承揽了许多大型总承包和交钥匙工程项目。通过对外承包工程带动了劳务输出，派到境外企业的工作人员、按供求双方签订劳务合作合同派出的劳务人员不断增加。

（4）境外资源能源开发合作取得进展。我国已与众多国家建立资源能源长期合作关系，与俄罗斯、哈萨克斯坦、沙特阿拉伯、苏丹、澳大利亚、印度尼西亚等国的大项目和中长期合作取得突破；在西欧、北非、南美、东南亚、中亚、俄罗斯等海外战略区域建立了年产百万吨以上的原油生产基地；铁、铜、铝、铬、锌等矿种均在境外形成了一定的生产能力。

（5）涌现出一批跨国经营业绩较好的企业。2023 年我国有 142 家企业进入世界

500 强。研发能力强、拥有自主知识产权和核心技术的高端产业领域的制造企业，在“走出去”中逐步形成了国际品牌，提升了“中国制造”的品牌影响力和品牌价值。

当然，我国还处于“走出去”的起步阶段，需要进一步增强企业国际化经营能力，培育一批世界水平的跨国公司，需要政府在金融、财税、外汇、对外关系等多方面的支持，需要建立和完善政策促进体系并加快立法进程，建立和完善制度保障体系、监管和调控体系、市场服务体系，防范对外投资风险，推动“走出去”战略顺利实施。

六、中国在世界经济中的地位稳步提升

在改革开放，特别是在 20 世纪 90 年代中期之后，中国在世界经济中的地位快速提升。不但经济规模相继超过德国和日本，成为世界第二大经济体，同时，在贸易、投资和金融市场发育等诸多方面，也取得了显著的成绩。

1. 经济规模占世界的比重不断提升

中国经济在世界经济中地位的提升首先体现在经济规模的稳步扩张上。进入 20 世纪 90 年代之后，中国经济的增长速度进一步加快，占世界经济产出的比重也在稳步提升。在 20 世纪 90 年代初期，中国经济的产出规模仅占世界经济产出的 1.6%。到了国际金融危机发生前的 2007 年，中国经济的产出规模已经达到 3.5 万亿美元，占世界经济产出的比重也上升到了 6%。国际金融危机后，伴随着主要发达国家经济复苏的疲软，中国超过日本成为世界第二大经济体。2021 年，中国占世界经济产出的比重超过 18%，近年来虽受汇率波动影响，但仍基本稳定在这一水平（见图 9-2），世界第二大经济体的地位进一步巩固和加强。

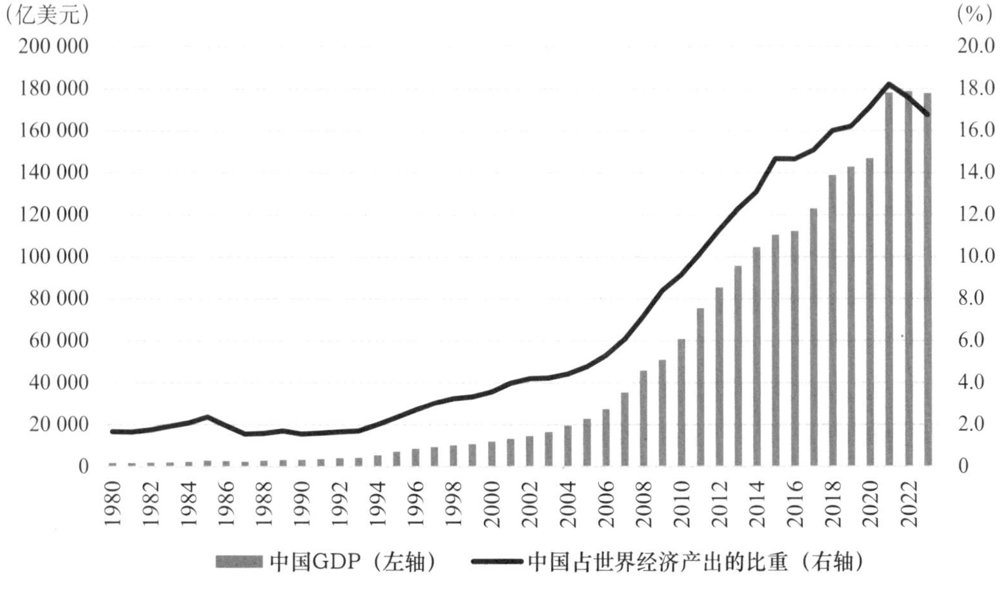

图 9-2　中国经济规模及占世界经济产出的比重

资料来源：世界银行数据库。

2. 世界贸易大国地位逐渐形成

作为改革开放的核心内容，对外贸易的快速扩张一直是中国经济持续稳定增长的重要源泉。在中国整体经济规模快速扩张的同时，中国在世界经济中的贸易大国地位也在逐渐形成。1982 年，中国的货物贸易出口额和进口额分别为 236 亿美元和 189 亿美元，占世界货物贸易总额的比重分别只有 1%和 0.8%。而到了 2013 年，我国货物进出口总额为 4.16 万亿美元，其中出口额和进口额分别达到 2.21 万亿美元和 1.95 万亿美元，我国成为世界第一货物贸易大国。中国作为世界贸易大国的地位逐渐确立。2023 年，中国货物贸易出口额和进口额占世界的比重分别达到了 14.2%和 10.6%（见图 9-3）。

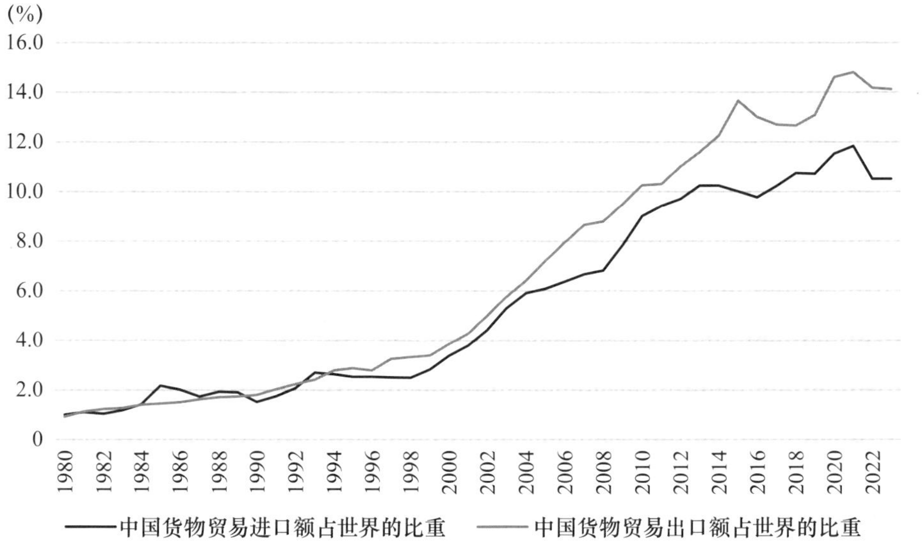

图 9-3 中国货物贸易进出口规模占世界的比重

资料来源：世界银行数据库。

3. 双向资本流动局面逐渐形成

作为对外经济开放的内容之一，资本的跨国流动是中国经济参与世界经济一体化的重要途径。20 世纪 90 年代初邓小平南方谈话之后，中国吸引外商直接投资的步伐逐渐加快，外商直接投资的规模从 1990 年的 35 亿美元稳步增长到 2014 年的 1 285 亿美元，中国成为全球吸引外商直接投资最多的发展中国家，其外商直接投资占世界外商直接投资总额的比重在 10%以上。在全球跨境投资已多年连续低迷的情况下，2019 年，我国吸收外资达到 1 381.4 亿美元，规模再创历史新高，稳居发展中国家首位、全球第二位。与此同时，伴随着中国资本账户自由化进程的加速以及中国对外开放水平的提升，在 2003 年之后，中国企业“走出去”的步伐也在不断加快。中国对外直接投资规模从 2000 年的 9 亿美元迅速增长至 2014 年的 1 160 亿美元，在 15 年的时间内增长了 120 多倍，占世界对外直接投资总额的比重接近 9%。中国成为世界经济重要的资本流入和流出大国。当前以对外直接投资为主体的资本输出已经成为我国开放型经济的重要内容。2022 年，中国对外直接投资流量达 1 631.2 亿美元，居全球第二位，连续 11 年列全球前三，连续七年占全球份额超过一成。2022 年年末，中国对外直接投资存量达 2.75 万亿美元，连续六年排名全球前三。

4. 金融市场在世界经济中的影响力逐渐增大

相对于实体经济领域的改革开放，在金融层面，中国的对外开放和对内改革都相对滞后，中国金融市场的发育水平也与世界发达国家存在着较大的差距。但在2000年之后，伴随着中国金融市场改革的逐步深入，中国金融体系的发展水平不断提升，在世界金融市场中的影响力也在逐渐增大。以股市为例，2003年，中国上市公司的股市市值为5 130亿美元，仅相当于世界股市市值的1.6%。2015年，中国上市公司市值超过8万亿美元，占世界股市市值的比重为13.2%。2023年年底，这一比重为10.6%。

总的来看，改革开放以来，我国在世界经济和全球治理中的地位不断上升，成为影响世界政治经济版图变化的一个主要因素。但经济大而不强的问题依然突出，人均收入和人民生活水平同发达国家还有较大差距，我国经济实力转化为国际制度性权力依然需要付出艰苦努力。

第四节　正确处理开放和自主的关系、维护国家经济安全

随着中国对外开放程度的不断深化，国家经济安全方面的风险与挑战逐渐增多，如何维护国家经济安全的问题日渐突出。

一、依附性发展与自主发展

在经济全球化条件下推动国家的经济发展，存在着两种不同的道路或模式，即依附性发展和自主发展。依附性发展的概念是由依附论学者们提出的，这一理论的中心思想是：资本主义世界体系是一个不平等的体系，这一体系从它诞生起就被分为发达国家和后进国家、宗主国和殖民地、中心国和外围国，最上层是高利润、高技术、高工资且产品种类多样的中心国，最下层是低利润、低技术、低工资且产品种类不多的外围国，这两类国家的关系是一种支配与被支配、剥削与被剥削的关系，中心国通过榨取外围国的剩余而得以发展，而外围国则由于处于依附地位而失去了自主积累和自主发展的能力。依附论的重要代表人物多斯桑托斯对依附下了这样一个明确的定义：

> 我们把依附确立为一种历史状况，它造成了一种世界经济结构，即有利于一些国家却损害另外一些国家经济发展的结构，并决定了这些国家内部经济发展的可能性，从而形成了它们的经济—社会现实。①

那么，这种依附性的关系是如何产生的呢？根源在于资本主义制度本身。

资本主义经济的发展在空间上依赖于市场贫富两极分化的不断扩张，这种扩张不外乎两个途径：在国内，资本通过侵入非资本主义经济领域，把越来越多的生产要素和经济过程置于资本的控制之下；在国外，资本通过武力和非武力的侵入和占领，把越来越

---

① 多斯桑托斯．帝国主义与依附．北京：社会科学文献出版社，1999：305.

多的国家和地区的生产要素和经济过程置于发达国家资本的统治之下。资本主义制度在国内和国际两个方面的扩张，必然在资本主义国家范围内和资本主义世界范围内造成两种不同类型的两极分化：在资本主义国家内部造成资产阶级和无产阶级的贫富两极分化；在资本主义世界体系内造成少数发达国家（富国）和大多数不发达国家（穷国）的两极分化。资本主义世界的两极分化现象不过是资本主义国内的两极分化现象在全球规模上的重演。那么，发达国家是如何控制和剥削不发达国家的呢？或者说，中心国对外围国进行榨取和剥削的机制和过程是什么呢？对于这一问题，不少学者作过具体分析。例如，多斯桑托斯曾经把剩余榨取机制概括为以下几种类型：（1）国际价格。世界市场的垄断造成的不平等交换，使中心国通过国际价格吞占了不发达国家的成果。（2）服务。由于知识产权的垄断，依附国生产的大量剩余产品通过服务费的形式（主要包括运费、保险费、技术服务费、商标和专利费）转移到发达国家。（3）资本输出。通过资本输出和国际资本市场，中心国把全世界大部分劳动者置于国际资本的剥削之下，直接攫取外围国家的剩余。（4）依附的积累机制——外债和国际“援助”。通过外债和所谓的国际“援助”，外围国对中心国的依附不断加深。萨米尔·阿明把塑造当代帝国主义统治和导致全球两极分化的机制概括为五种垄断。这五种垄断是：（1）对新技术的垄断；（2）对全球范围内的金融流动的垄断；（3）对地球自然资源的获取的控制；（4）对通信和媒体的手段的控制；（5）对大规模杀伤性武器的控制。[①] 我国学者高峰对导致这种结果的主要机制作了如下概括：第一，这些国家的大量经济剩余被发达国家的资本所占有，并通过利润回流的形式转移到发达国家，使发展经济所需要的资本极度短缺。第二，出于巩固自身支配地位的目的，外国资本通常与不发达国家原有的统治阶级相勾结，维持某些前资本主义的经济结构（例如封建的土地制度等），这些旧的制度关系阻碍了资本主义工业所必需的国内市场的发展。第三，外国资本为加强对不发达国家的经济控制，极力打压当地的民族资本，阻碍当地民族经济的发展。第四，在外国资本的控制和扶植下，不发达国家的有限资本更多地流向外贸、金融、不动产等非生产性部门，其利润也大量进入外国资本家、官僚、买办、地主等剥削阶级的非生产性消费，进一步限制了生产性资本的积累。第五，为了使不平等的交换关系永久化，把不发达国家当作自己的工业品市场和原料供应地，发达国家竭力巩固不合理的国际分工，迫使不发达国家维持初级产品或低端工业品生产的畸形的产业结构。所有上述这些机制，在不发达国家处于殖民地附属国地位时，其作用是十分显著的；而在不发达国家取得民族独立之后，它们也还在不同程度地起作用。由此可见，资本的本性和资本积累，不仅必然在国家范围内造成两极分化，产生富人与穷人的对立，同时也必然在世界范围内造成两极分化，形成富国与穷国的对立。[②]

概括地说，依附性发展的主要特点是：经济增长主要依靠外资，关键部门被外资控制；生产技术主要依靠模仿、购买外国专利或设备，自主的核心技术缺乏；被动融入国

① 阿明．资本主义、帝国主义、全球主义//奇尔科特．批判的范式：帝国主义政治经济学．北京：社会科学文献出版社，2001.

② 高峰．20世纪世界资本主义经济的发展与演变．政治经济学评论，2010（1）：105－125.

际分工，产业发展主要依赖出口，局限于低层次的产业；金融体系依附或受控于西方，主要依赖外国，资本积累的能力低下；政策缺乏自主性，受制于他国，经济主权受到严重侵蚀；自主发展能力严重不足，国家利益得不到保障。

显然，能否摆脱依附性发展的困境实现自主发展，决定着一个国家的前途和命运。

二、比较优势理论的局限

比较优势理论是西方国际经济学的一个重要理论，这一理论认为，在国际贸易中，各国应当集中生产并出口具有比较优势的产品，进口具有比较劣势的产品，这样通过国际贸易就实现了互利互惠。而各国的比较优势又主要取决于该国具有的资源或要素禀赋。因此，各国应该按照本国的资源禀赋，专门生产需要密集使用本国充裕要素的产品，并通过国际贸易，去交换需要密集使用本国稀缺要素的产品。假设有 A 国和 B 国两个国家，A 国资本价格相对便宜，A 国应当生产资本密集型产品，然后进行交换；B 国劳动力价格相对便宜，B 国应当生产劳动密集型产品，然后进行交换。结果对 A 国和 B 国都是有利的。这一理论还认为，商品的流动实际上等于生产要素的移动，因此，在自由贸易的条件下，生产要素价格具有均等化的趋势，因此，各国的福利水平最终将趋于一致。

比较优势理论说明了国际分工和国际贸易的合理性，具有一定的科学价值。但是，这一理论强调要按照既有的资源禀赋和国际分工体系确定国家的经济结构和发展战略，忽视国家自主发展的极端重要性和可能性，因而受到了众多批评。同时，这一理论的成立是以一系列极其严格的假定为基础的，它忽视了生产方式的发展、技术的进步和垄断力量等重要因素对国际贸易的影响，否认国际经济关系中存在的矛盾和冲突，因而存在很大的局限性。

第一，这一理论把资源禀赋作为一国比较优势的源泉，忽略了技术进步对一国劳动生产率的影响，是非历史的和静态的。从静态的观点看，按照比较优势的原则组织生产、进行分工是毋庸置疑的，每个人做自己相对擅长的事情，分工和专业化甚至不需要加以论证。但问题在于，这种分工是如何决定的？个人、组织或国家的比较优势来源于什么？现代比较优势理论的回答是：比较优势来源于贸易国所拥有的要素禀赋的不同，该理论主张按要素禀赋进行国际分工和自由贸易。假设按照比较优势理论，由于 A 国的资本劳动比率高于 B 国，从而 A 国将生产资本密集型产品，如飞机，B 国则生产劳动密集型产品，如服装。因而，合理的贸易结构是 B 国专门生产服装，A 国专门生产飞机，然后进行交换。但如果考虑到资本品是生产的产品，则上述推论就不再成立了。由于 A 国的资本品是劳动生产的，而 A 国生产资本品的工人不到 1 000 万人，但 B 国目前的潜在剩余劳动力数量以亿计，如果把 B 国的这些剩余劳动力用于生产资本品将能够在极短的时间内使 B 国的资本品数量赶上 A 国。这时，B 国将自己生产飞机，而无须再用服装与 A 国交换飞机。但是，B 国为什么不自己生产飞机，而是要用一亿件服装的代价去交换 A 国的一架飞机呢？显然，这不是因为 B 国缺乏资本品，而是因为 B 国缺少生产飞机的技术。由此可见，所谓的资源稀缺状况或生产要素的比例根本不是自然禀赋的产物，而是技术变动的结果。[①] 正如钱德勒所说："一个国家的经济增长和竞争力不仅仅取决于它的自然资源，如劳动力和管理技能，所能获得的资本，甚至是国内市场的规模。国家的财富在过去几百年中是建立在组织和技术的基础上的，是建立在生产技术的创新或改良之上的。"[②] 只有技术进步才能为一国创造竞争优势。将比较优势的来源归结为要素禀赋而不是技术进步，显然不符合事实。

第二，这一理论颠倒了生产与流通的关系，忽视了生产力在一个国家经济和社会发展中的决定性作用。从流通过程和交换价值的角度看，生产飞机与生产服装没有什么不同，都是为了赚钱，都以货币的多少衡量价值的大小，它们之间的交换是等价的互利交换。但是，从生产过程和生产力发展的角度看，飞机和服装却反映了不同的技术水平、生产能力和竞争力。一个国家为了发财致富可以采取许多方法，如发展旅游、娱乐和赌博业，出口原材料和劳动力，甚至卖掉自己的主权和领土，但是这并不能增进这个国家的生产力，用这些方法获得的财富也是不可能长久的。正如德国历史学派的代表人物李斯特曾经指出的那样："一个人可以据有财富，那就是交换价值；但是他如果没有那份生产力，可以产生大于他所消费的价值，他将越过越穷。一个人也许很穷，但是他如果据有那份生产力，可以产生大于他所消费的有价值产品，他就会富裕起来。由此可见，财富的生产力比之财富本身，不晓得重要多少倍。"[③] 因此，生产力的发展，而不是自由贸易，才是一个国家通向富裕与繁荣的根本途径。历史事实也充分说明了这一点。自英国产业革命以来，几乎任何一个国家的经济发展都取决于它能否成功地发展制造业，当代那些经济发达的大国几乎无一例外地是通过发展制造业而富裕起来的：英国是这样，美国是这样，德国、日本也是这样。

第三，这一理论只看到了自由贸易互惠互利的一面，而没有看到自由贸易中不平等的一面。一般来说，贸易对交易的双方都是有利的，但是，有利的程度并不相同，具有技术优势的国家处在有利地位，在交换中可以用较少的劳动换回较多的劳动，获得更多的利益。以 A 国和 B 国为例，假设 A 国和 B 国都可以生产飞机和服装，两个国家各生产相对成本较低的那一种产品，形成有效率的分工，交换增进了两个国家的福利。然而，现实是，由于技术垄断和壁垒，两个国家并不一定都能生产出两种产品，即假设 A 国可以生产飞机和服装，而 B 国由于不掌握生产飞机的技术，只能生产服装，这样就形成了 A 国在生产飞机上的垄断地位，而 B 国生产服装的技术并不是专有的，一方面受到其他生产服装的国家的竞争，另一方面受到 A 国生产服装的能力的压力，B 国服装的售价只能按照竞争市场的价格出售，而 A 国由于在生产飞机上具有垄断地位，因此在飞机的售价上就可以获得垄断价格，获取高额垄断利润。在这种情况下，自由贸易使得缺乏技术的国家的贸易条件持续恶化，利润率不断下降，陷入"贫困化增长"。

第四，这一理论隔离了经济与政治的密切联系，忽视了政治因素和国家利益在经济发展和国际贸易中的巨大作用。比较优势理论主张实行自由贸易，取消国家对经济的干

① 柳欣．一种新的贸易理论//张宇，孟捷，卢荻．高级政治经济学．北京：经济科学出版社，2002.
② 钱德勒．大企业和国民财富．北京：北京大学出版社，2004：63.
③ 李斯特．政治经济学的国民体系．北京：商务印书馆，2009：132.

预，而在真实的历史上，几乎所有的发达国家，如英国、德国、美国等都实行过保护关税制度。在当今世界，倡导自由贸易的西方国家一方面向发展中国家宣传比较优势和自由贸易，另一方面自己却在逐步加大技术壁垒，增强其垄断力量，对许多产业的进出口予以限制和保护。这种自相矛盾的做法反映了比较优势理论的局限。实际上，无论是自由贸易还是保护贸易，只是两种不同的政策，最终都服从于国家的利益，因而是可以交替使用的。历史的经验是：当一个国家处于工业化阶段，国际竞争力比较弱时，往往实行保护贸易；相反，当一个国家工业化完成后，获得了强大竞争力时，往往推行自由贸易。

因此，一个国家要想实现现代化，增强国际竞争力，在激烈的国际竞争中获得优势，实现国家的持久繁荣和富强，走在世界的前列，就必须摆脱比较优势理论的束缚和资源禀赋的局限，坚定不移走自主创新的道路，促进产业结构从中低端向中高端水平迈进，发展自主的核心技术，努力提高国家的国际竞争力。

三、统筹安全与发展

国家经济安全是国家安全体系的基础，随着中国对外开放程度的不断深化，国家经济安全方面的风险与挑战逐渐增多，如何维护国家经济安全的问题也日渐突出。习近平强调指出，越是开放越要重视安全，统筹好发展和安全两件大事，增强自身竞争能力、开放监管能力、风险防控能力。

当前和今后一个时期，是我国各类矛盾和风险的易发期，各种可以预见和难以预见的风险因素明显增多。具体来说，当前中国的国家经济安全主要面临以下几方面的风险。

第一，产业安全风险。在开放条件下，由于国际竞争格局的变化、经济政策的变动、自然资源条件的变化、跨国垄断资本的扩张等原因，一国经济的重要产业部门可能面临生存与发展的困境，从而使国家经济安全面临风险。经过长期努力，中国已经形成了比较完整的产业体系、工业体系和产业链、供应链。农林牧副渔全面发展，主要农产品产量位居世界前列，工业门类齐全，是唯一拥有联合国产业分类目录中全部工业门类的国家。但是，中国在产业基础能力和产业链水平上还存在不足之处，相当多关键技术、高端装备和元器件仍依赖进口，研发设计等方面竞争力不强，产业链在国际产业链中总体还处于技术含量和附加值较低的环节，产业链供应链衔接不够紧密。这些问题都是中国产业安全领域存在的风险隐患，导致产业体系抗干扰抗冲击能力不强，容易受到外部条件变化的影响，甚至处于被“卡脖子”的困境。

第二，战略物资供应和重要基础设施老化风险。粮食、能源、资源等战略资源是保证国家生产和人民生活的基本物质材料，是国家经济安全的生命线；水利、电力、供水、油气、交通、通信、网络、金融等重要基础设施是保障生产生活正常运行的基础条件，运行中断或遭到破坏时会严重危害国家安全。经过多年努力，我国基础产业和基础设施建设持续加强，粮食产量稳定超过 6.5 亿吨，能源供给体系全面建立，矿产资源开发利用水平不断提高，综合交通运输体系迅速发展，水利建设突飞猛进。但大豆、石油、天然气、铁矿石、精铜矿等部分农产品、能源和矿产资源的生产还难以满足国内需求，一些水利、交通基础设施已经老旧，部分基础设施维修管理水平不高，亟须更新维护，提高维修管理水平。

第三，金融风险。金融是经济的血脉，是现代市场经济运转的基石，金融稳定是经济社会稳定的前提，金融安全是国家经济安全的重要保障。改革开放以来，我国金融业迅速发展，在社会主义现代化建设中发挥了重要作用，银行、保险、证券等行业自身实力也不断增强，金融机构经受住了亚洲金融危机、国际金融危机等的冲击和考验，金融风险总体可控。但是，局部金融风险依然存在，不良资产风险、流动性风险、债券违约风险、房地产金融风险、政府债务风险等不时发生；作为金融风险的源头，宏观及微观杠杆率仍然较高。这些金融领域存在的问题，已经成为国家经济安全面临的突出风险。

第四，生态环境风险。生态环境是人类生存和发展的根基，生态环境安全是国家安全的重要组成部分，是经济社会持续健康发展的重要保障。党的十八大以来，我国生态文明建设显著加强，环境污染治理力度明显加大，生态环境质量稳步改善。但是，我国自然生态环境先天不足，整体生态环境系统脆弱，工业化快速发展积累的环境问题进入高强度频发阶段，生态环境治理与人民群众期待还有差距，生态环境特别是大气、水、土壤污染严重，已成为经济发展和人民生活的制约因素，生态环境隐患和风险显现。

第五，海外利益安全风险。目前，我国已成为世界第二大经济体、最大货物出口国、第二大货物进口国、第二大对外直接投资国、最大外汇储备国，国民经济已经深度融入世界，境外资产存量巨大，境外中资企业数量众多。但是，当前国际形势更加严峻复杂，我国海外利益风险不容低估。

安全是发展的前提，发展是安全的保障。面对世界百年未有之大变局，统筹发展与安全，确保国家经济安全是开启全面建设社会主义现代化国家新征程的战略要求，也是维护国家经济利益和人民长远利益的重大任务，是推动高质量发展、建设现代化经济体系的必要保障，也是构建以国内大循环为主体、国内国际双循环相互促进的新发展格局的重要举措。具体来说，需要重点做好以下几个方面：

一是增强产业体系抗冲击能力。产业安全是经济安全、国家安全的根基，必须着力提高产业链供应链韧性，实施产业竞争力调查和评价工程，增强产业体系抗冲击能力。要夯实产业基础能力，聚焦关键产业领域基础薄弱环节，加大重点领域投资力度，积极构筑工业互联网平台，优化数据中心布局。要提升产业链现代化水平，科学研判重大产业技术问题，探索发挥新型举国体制优势，有效利用市场化手段，提高科技创新支撑能力，推动实施重大技术改造升级，发展壮大先进制造业和生产性现代服务业。要不断完善产业链体系和生产力布局，更好发挥大企业牵头作用，同时加快培育一批“专精特新”中小企业，投入关键设备和关键材料生产，促进产业在国内合理转移，培育世界级先进制造业集群，形成分布合理、链条完整、安全高效的产业格局。要保障供应链安全稳定，针对产业链重点领域和关键环节，依托企业构建关键零部件、材料、设备等备份生产、应急储备、调运配送等体系，同时充实国家战略物资储备，提高产业抗干扰抗风险能力。

二是确保粮食、能源、资源和重要基础设施安全。粮食、能源、资源和重要基础设施是经济的命脉，必须科学运筹、精心维护。要确保粮食安全，做到谷物基本自给，口粮绝对安全，严守耕地保护红线，稳定粮食播种面积和产量，厉行勤俭节约，增强粮食安全保障。要保障能源安全，从国家发展和安全的战略高度，审时度势、借势而为，持续加大国内勘探开发投入，优化管网布局，提高储备能力，提高供给质量，发展新型清洁能源，加强供应系统安全保障，完善能源安全政策，深化国际合作，提升我国在全球能源市场上的话语权。要保障战略性矿产资源安全，保证重要资源充足、稳定、可持续供应，推进矿产资源节约高效开发利用，加强海外资源开发与运输，积极扩展进口渠道，保障运输通道安全，加强战略性矿产资源储备，优化完善储备规模结构。要提高水资源集约安全利用水平，强化水资源监测预警和管理，优化江河流域水量分配，推进河湖生态治理和保护修复，提升水旱灾害防御能力。要维护水利、电力、供水、油气、交通、通信、网络、金融等重要基础设施安全，对运行中断或遭到破坏时会危害国家安全的重要基础设施进行安全风险评估和后果预判，采取有效措施加以防控、化解和应对。

三是守住不发生系统性金融风险底线。金融稳定是经济社会稳定的前提，必须统筹金融发展和金融安全工作，把防范化解金融风险作为金融工作的根本性任务，维护金融安全，确保不发生系统性金融风险。要坚持金融为实体经济服务方向，全面提升金融服务效率和水平，把金融资源配置到经济社会发展的重点领域和薄弱环节。要在深化金融改革中优化金融结构，坚持社会主义市场经济改革方向，处理好政府和市场的关系，提高金融资源配置效率，健全市场规则，完善市场约束机制，强化财经纪律，完善金融产业体系，坚持质量优先，促进融资便利化。要强化金融监管建设，提高金融监管透明度和法制化水平，加强宏观审慎管理制度建设，加强监管；加快金融市场基础设施建设，完善金融运行、金融治理、金融监管、金融调控体系，规范金融运行发展。要保护货币、股票、债券、外汇和房地产市场稳定，坚持实施稳健的货币政策，完善多层次资本市场体系，健全制度，规范市场秩序，打击违法行为，稳妥有序化解债市风险，坚持人民币汇率在合理水平上基本稳定，有序推进人民币国际化，因城施策进行房地产市场调控。要稳妥有序化解地方政府债务风险，保障财政金融安全。

四是确保生态环境安全。要进一步加强环境保护和治理，坚持预防为主，综合治理。要加快构筑国家生态安全屏障，推动生态环境治理体系和治理能力建设，强化风险监测与管控，统筹一体化保护和修复，推进节能减排，发展绿色低碳循环经济。

五是构建海外利益保护体系。要加紧研究、加大投入、加强防范，努力提高海外安全保障能力和水平。要推进企业“走出去”的安全保障体系建设，坚定维护中国企业的海外合法权益，加强对金融出口贸易重要运输线路、海外投资重要建设项目的安全保障。要坚持共商共建共享，促进政策沟通、设施联通、贸易畅通、资金融通、民心相通，高质量推进“一带一路”共建，在深化合作发展中保障建设安全。要强化安全保障协调，开展安全风险评估，加强动态监管和预警，组织突发事件应急处置协调联动，推进风险预警预防和保障能力建设，加强对外安全协作。

六是加强经济安全风险预警、防控机制和能力建设。经济安全风险防控的体制机制建设和能力提升，是有效防范化解各类经济风险挑战的重要保障。必须加大经济安全风险预警机制的建设力度，把经济风险隐患在萌芽阶段解决。要完善经济安全防控体系，加强统筹协调，明确防控任务，精准决策发力，综合应对挑战，避免风险多发。要健全危机应对体系，积极引导舆论信息和社会预期，严密防范“次生风险”。要加强经济安全保障能力建设，为防范和控制经济安全风险提供有力支撑和保障。

主要名词概念

经济全球化　对外开放　依附性发展　自主发展　比较优势理论
互利共赢的对外开放战略　对外贸易　利用外资　人民币国际化
“走出去”战略　国家经济安全

复习思考题

1. 如何认识经济全球化的实质、表现和影响？
2. 我国对外开放的基本原则有哪些？
3. 我国对外开放的历程是怎样的？
4. 如何认识对外贸易的意义、作用、方式和原则？
5. 如何认识利用外资的意义、作用、方式和原则？
6. 怎样实现人民币国际化？
7. 如何推进“走出去”战略？
8. 怎样在对外开放中维护国家的经济安全？
9. 如何推动引导经济全球化的健康发展？

第十章

社会主义国家经济治理

国家经济治理是社会主义经济的本质特征和内在要求。良好的国家经济治理体系和经济治理能力是社会主义市场经济的显著优势。前面我们在讨论社会主义市场经济体制时，曾经对政府和市场的关系进行过分析。在本章中，我们要从一个新的视角即国家治理的视角出发，对社会主义市场经济中的国家经济治理体系、政府职能等作进一步深入的分析，阐明社会主义国家所具有的特殊的经济属性和经济职能，以及它在社会主义经济发展中的主导性作用。

第一节　社会主义国家经济治理的性质

一、国家和政府

国家和政府是两个比较相近的概念，通常情况下，人们对二者并不加以区分。但是实际上，这两个概念之间还是有一些差别的，不能完全等同。

（1）国家是与主权和政权相联系的，是社会利益的总代表，是阶级统治的权力机构，而政府则是一个行政概念，是国家权力的执行机构。

（2）国家包括立法、司法、行政、意识形态等多方面的内容，而政府则通常专指国家的行政机关。

（3）国家具有总体性、稳定性和持久性的特点，而政府则是建立在国家基础上的，相对来说，是比较具体的、容易变化的。比如，政府有换届之说，也有中央和地方政府之分，而国家则没有。

由于上述区别，在一些场合用国家这一概念比较合适，在另一些场合则用政府这一概念比较合适。

使用国家概念比较多的场合有：

第一，马克思主义国家理论的许多经典著作如《家庭、私有制和国家的起源》《国家与革命》《法兰西内战》《哥达纲领批判》等在讨论相关问题时，主要使用的是国家这一概念。在这些文献中，经典作家深入研究了国家的性质、起源和发展的规律，讨论了社会主义和共产主义社会国家的特点和前景。

第二，《中华人民共和国宪法》在表述经济制度的主要原则时，主要使用国家的概念。比如“国家在社会主义初级阶段，坚持公有制为主体、多种所有制经济共同发展的基本经济制度”“国家保障国有经济的巩固和发展”“国家鼓励、支持和引导非公有制经济的发展”“国家实行社会主义市场经济”等。

第三，阐述国家重大战略方针和发展目标时，也主要使用国家的概念。比如，党的十三大报告指出，作为经济体制改革目标的新的经济运行机制，“总体上来说应当是‘国家调节市场，市场引导企业’的机制”。党的十四届三中全会指出，“建立社会主义市场经济体制，就是要使市场在国家宏观调控下对资源配置起基础性作用”。关于经济社会发展的中长期计划，通常称作国家计划、战略或规划。

第四，讨论国家的治理体系和治理能力时，也主要使用国家的概念。例如，党的十八届三中全会提出，“全面深化改革的总目标是完善和发展中国特色社会主义制度，推进国家治理体系和治理能力现代化”。在国家治理体系和治理能力这一概念中，不仅包括了政府的作用，还包括了党的领导、依法治国、人民当家作主等重要的内容。

可以看出，在涉及国家的性质、国家的基本制度、国家的发展战略、国家的治理能力等基本问题时，使用国家这一概念是比较恰当的。在除此之外的其他场合，即在日常的经济工作和经济运行中，使用政府而不是国家这一概念则更为合适，比如政府工作报告、政府和市场的关系、转变政府职能、提高政府效率、减少政府干预、加强政府监管等。

在本章，我们将从国家经济治理的视角对社会主义市场经济的运行和发展作出具体分析，这一视角具有以下突出特点：第一，强调国家经济治理的内生属性，在社会主义经济中，国家的经济职能是与生产资料公有制相联系的，不同于西方国家的政府干预。第二，强调国家治理体系和治理能力的现代化，在国家治理体系中，党的领导、政府的作用和社会组织之间是一个统一的体系。第三，强调国家经济治理的全面性，除了宏观调控和微观监督外，还包括促进制度创新、保障公平正义、实现共同富裕等内容。第四，强调国家经济治理的长期性，社会主义国家对经济的调控是以实现经济的长期持续发展为目的的，与西方国家的宏观经济政策有着根本的区别。

因此，从国家经济治理的视角进行的分析对科学认识社会主义经济具有特殊重要的意义，是对前面阐述的政府和市场关系理论的补充与发展。

二、社会主义国家的经济属性

经济基础决定上层建筑，在不同的社会制度下，国家的性质和职能是不同的。资本主义经济制度以生产资料私有制为基础，经济决策是由私人生产者作出的，国家一般不介入经济运动的过程，它对经济过程的干预主要是从上层建筑的角度进行的，侧重于维护法律制度和社会秩序。而社会主义制度是以生产资料公有制为基础的，这是国家行使经济职能的前提条件。

如果对社会主义国家所有制这个概念作一番较认真的分析，我们就会发现，国家在这里具有双重属性：通常所说的国家是阶级社会中阶级斗争的产物和工具，是经济上占统治地位的阶级的政治机构，是典型的政治上层建筑；而社会主义国家所有制中的国家则是一个经济概念，是生产关系中从事经济活动的所有制的主体，是从事物质生产并对物进行管理的机构，而不是政权机关，它是"自由人的联合体"或"生产者总协会"。后一种性质的国家已不同于传统政治意义上的国家，而是只具有国家的形式和名义的经济主体。由于两种意义上的国家的性质不同，因此导致了以下几个方面具体的差别：

（1）不同的职能。作为政权的国家，它的主要职能是处理各阶级和阶层的关系，通过自己的立法、司法和行政部门，利用国家政权的强制力量，维护社会主义经济制度和正常的经济秩序，从上层建筑的角度保证和促进生产力的发展。而作为经济主体的国家的职能则是生产资料所有者的职能，它的任务是作为生产资料所有者，深入社会生产内部，行使对生产资料的支配权，有计划地组织社会生产，创造更多的物质财富，满足人民的物质文化需要。

（2）不同的职能机构。作为政权的国家，它的典型管理机构仍然是军队、警察、法庭等强制性的政权机关。而作为所有制主体的管理机构只能是国有资产管理机构、计划部门、财政部门、中央银行、全国性的公司等经济组织。它们处于社会再生产过程和经济关系内部，拥有一定的经济权利，负有一定的经济责任，代表一定的经济利益，是生产的当事人和"人格化"的生产关系。

（3）不同的管理方式。国家政权作为社会有组织的强制力量，历来是通过法律、行政等超经济强制的方式来管理社会、实现其职能的。相反，作为生产的当事人和所有制主体的国家对社会经济的管理方式则要受生产力、生产关系和各种客观经济规律的制约，因此它的管理活动要按照各种经济规律的要求，利用一整套经济杠杆和经济方法来进行，并随着生产的发展不断调整自己的管理方式。

（4）不同的组织体系。国家政权同原始氏族组织原则的基本区别之一就是，国家是按地域的原则而不是按血缘关系组织起来的。国家政权机关的管理活动基本上是通过垂直的、等级不同的行政层次来进行的。这种"地域性"的政权体系在我国是以省、地、县、乡等组织形式建立起来的。作为经济主体的国家的组织管理体系则不同，它应按照经济发展的客观要求，根据各地区的经济联系状况来建立和完善，从而保证产销活动的正常进行。它应打破地区之间的行政界限，特别注意经济活动的横向联系。

（5）两种国家的不同性质还体现在许多具体方面。例如，国家税收在社会主义条件下具有二重性。一方面，它是国家政权从社会上征收的一部分收入，用以维持无产阶级军队、警察、法庭等政权机关的运转；另一方面，它是国家作为生产资料所有者从企业纯收入中提取的，虽然保留着税收的形式，但实际上不同于传统的国家政权所产生的税收。因为这部分税收不是为了维持和实现国家政权的职能，而是为了重新用于社会生产和再生产，实现社会主义生产目的。

（6）从发展趋势看，国家作为经济中心管理经济的作用将会长期存在，并会得到不断发展；而国家作为政权机关将会逐渐消亡。国家的这种由政治中心向经济中心逐渐转化的过程，实际就是国家消亡的具体途径。正如列宁在 1918 年 5 月的一次演说中所指出的："在剥削者的反抗被彻底粉碎以后，在劳动者学会组织社会主义生产以后，——这种原来意义的、狭义的管理机构，旧国家的机构，必定消亡，而最高国民经济委员会这样的机构必定成长、发展和巩固，它将担负起有组织的社会的一切最主要的活动。"①

总之，在社会主义制度下，国家具有双重属性，一方面是政治机构和上层建筑，另一方面是经济机构和经济基础。从这一点出发可以知道，社会主义国家对经济的调控，本质上不同于资本主义国家对经济的干预，前者是内生的、内在的，后者是外生的、外在的。由此决定，社会主义国家的经济职能与资本主义国家的经济职能存在着本质的区别。

三、社会主义市场经济中国家经济治理的依据

市场经济为什么需要国家干预或政府干预？西方经济学的回答是，因为存在市场失灵或市场缺陷。

市场失灵理论认为，完全竞争的市场结构是资源配置的最佳方式；但完全竞争的市场结构只是一种理论上的假设，在现实经济中很难存在。由于垄断、外部性、信息不对称和公共产品，仅仅依靠价格机制来配置资源无法实现效率最大化，因此，为了实现资源配置效率的最大化，就必须借助于政府的干预，以解决市场失灵问题。但是，上述理论存在严重的缺陷，并不能充分说明政府干预的理由。

首先，政府干预能否解决市场失灵问题，在西方经济学中也存在着不同的认识。比如，有的学者认为，外部性问题（即一个单位的活动对另一个单位的成本产生了影响，如环境污染）可以通过明晰产权的方式，由活动参与者通过自愿谈判和交易加以解决；而信息不对称问题则可以通过加强市场竞争、完善价格机制加以解决。因此，市场失灵并不一定要求政府干预，相反，政府干预过多还可能导致政府失灵，影响市场经济的效率。上述观点属于新自由主义理论，也存在很大争议，但说明了用西方经济学的市场失灵理论说明政府干预的理由并不是一个公认或科学的理论。

其次，上述认识只反映了微观经济学的观点，而没有体现宏观经济学的成果。实际上，市场经济主要的弊病并不在微观方面，而在宏观方面，这就是资本主义基本矛盾即生产社会化与生产资料资本主义私人占有之间的矛盾，具体表现为资本与劳动的对立、贫富两极分化、失业和经济危机以及经济运行的无组织性等弊端。这些弊端并不是微观的市场失灵问题，属于市场经济的系统性缺陷，难以靠完善市场经济和价格机制加以解决，需要政府的宏观调节。因此，政府对市场经济进行宏观调节是现代市场经济的一般特征。

最后，市场经济存在许多重要的缺陷或弊端，是市场失灵这一概念所不能包含的。

① 列宁．列宁全集：第 34 卷．2 版．北京：人民出版社，1985：353.

比如，市场经济缺乏必要的“时间视野”，市场价格只能反映当前的供求状况，而不可能反映未来的供求。又如，因为按价值规律决定的生产和交换比例可以在不同的生产结构和生产规模上得到实现，或者说，总量平衡可以在不同的结构和规模上达到，到底应该选择什么样的生产结构才能保证经济的最优发展是一个社会重要的战略选择。再如，市场经济的发展必然导致贫富两极分化，加剧社会矛盾和冲突，影响社会公平和安定。

因此，政府对经济的干预虽然与市场失灵或市场缺陷存在着一定的关系，但是并不能充分说明政府干预的理由。那么，政府干预经济的依据到底是什么呢？在前面第四章的分析中，我们曾经指出，在社会主义市场经济下，分析政府和市场的关系有三个维度，即市场经济的一般规律、国情和发展阶段、我国的基本经济制度。认识社会主义市场经济下的国家经济治理，也要从以上三个维度出发：

第一，由于存在着市场失灵和市场缺陷问题，单纯的市场经济必然导致种种严重的经济社会问题，影响经济和社会的稳定与发展，因此，需要国家经济治理加以缓解或解决。

第二，作为一个发展中国家，经济发展的首要任务是实现国家的工业化和现代化。要实现这一目标，需要国家从经济发展的全局和长远的利益出发进行引导和调节。

第三，最重要的是，社会主义国家实行经济治理的主要依据不是所谓的市场失灵或缺陷，而是生产资料的公有制以及在此基础上产生的国民经济有计划按比例发展的规律。无论是否存在所谓的市场失灵，只要公有制占据主体地位，国家作为生产资料公共所有权和社会公共利益的总代表，都需要并且能够在社会的范围内按照社会的需要有计划地调节社会再生产过程，合理地配置社会资源，以满足人民日益增长的美好生活需要，实现社会主义的生产目的，从而成为推动经济发展的主导力量。

因此，社会主义市场经济中的国家经济治理不同于资本主义经济中的国家干预，具有鲜明的制度属性，体现了社会主义经济的本质要求。

第二节　国家经济治理体系

一、国家经济治理的含义

国家治理体系是在党领导下管理国家的制度体系，包括经济、政治、文化、社会、生态文明和党的建设等各领域体制机制、法律法规安排，也就是一整套紧密相连、相互协调的国家制度；国家治理能力则是运用国家制度管理社会各方面事务的能力，包括改革发展稳定、内政外交国防、治党治国治军等各个方面。习近平指出，国家治理体系和治理能力是一个国家制度和制度执行能力的集中体现。[1]

党的十八届三中全会提出全面深化改革的总目标，即完善和发展中国特色社会主义制度、推进国家治理体系和治理能力现代化。党的十九届四中全会通过的《中共中央关

① 习近平：切实把思想统一到党的十八届三中全会精神上来．中国政府网，2013-12-31.

于坚持和完善中国特色社会主义制度 推进国家治理体系和治理能力现代化若干重大问题的决定》指出，我国国家制度和国家治理体系具有多方面的显著优势，具有强大生命力和巨大优越性，是能够持续推动拥有近十四亿人口大国进步和发展、确保拥有五千多年文明史的中华民族实现“两个一百年”奋斗目标进而实现伟大复兴的制度和治理体系。坚持和完善中国特色社会主义制度、推进国家治理体系和治理能力现代化，是全党的一项重大战略任务。

经济基础决定上层建筑。在国家治理体系中，经济领域的治理居于基础性和中心性地位，而国家对经济领域的治理又主要是通过国家经济治理体系来实现的。党的十九届四中全会明确提出，在国家经济治理层面，我国具有坚持公有制为主体、多种所有制经济共同发展和按劳分配为主体、多种分配方式并存，把社会主义制度和市场经济有机结合起来，不断解放和发展社会生产力的显著优势。公有制为主体、多种所有制经济共同发展，按劳分配为主体、多种分配方式并存，社会主义市场经济体制等社会主义基本经济制度，既体现了社会主义制度的优越性，又同我国社会主义初级阶段社会生产力发展水平相适应，是党和人民的伟大创造。必须坚持和完善社会主义基本经济制度，推动经济高质量发展。

那么，什么是国家经济治理体系？从总体上看，国家经济治理体系由目标、组织和能力三个主要部分组成。国家经济治理的目标包括国家经济治理的根本目标、阶段性目标和常规性目标。国家经济治理的组织包括党、中央政府、地方政府、社会组织等各类经济调控主体。国家经济治理的能力包括党的领导能力、政府执政能力和法治能力等。上述几个方面相互关联、互为支撑，作为一个整体，体现了社会主义国家经济治理的总过程，反映了社会主义国家在经济发展中的主导作用。

需要强调指出的是，宏观调控与国家经济治理虽然有密切的联系，但二者并不是一回事。在中国的经济话语体系中，宏观调控是一个比较复杂的概念，有多重含义。狭义的宏观调控是西方经济学中讲的宏观经济政策，解决的是总供给和总需求的平衡问题。这个意义上的宏观调控只是国家经济治理的一个部分。广义的宏观调控是指总体性的调控，不仅包括了总量平衡，还包括了结构优化、市场监管、公共服务、社会公平、体制改革等方面的内容。这个意义上的宏观调控与国家经济治理的概念基本上是等价的。还有一种认识介于狭义和广义之间，认为宏观调控包括了总量平衡和结构优化两个方面，但不包括市场监控、公平正义、体制改革等内容。

因此，准确地说，宏观调控只是国家经济治理的一个部分，不能囊括国家经济治理的所有内容。这一点在党和政府的权威文献中有明确表述。比如，党的十四届三中全会通过的《中共中央关于建立社会主义市场经济体制若干问题的决定》在说明政府职能时指出：

> 政府管理经济的职能，主要是制订和执行宏观调控政策，搞好基础设施建设，创造良好的经济发展环境。同时，要培育市场体系、监督市场运行和维护平等竞争，调节社会分配和组织社会保障，控制人口增长，保护自然资源和生态环境，管理国有资产和监督国有资产经营，实现国家的经济和社会发展目标。政府运用经济手段、法律手段和必要的行政手段管理国民经济，不直接干预企业的生产经营活动。

党的十八届三中全会通过的《中共中央关于全面深化改革若干重大问题的决定》也指出：

> 政府的职责和作用主要是保持宏观经济稳定，加强和优化公共服务，保障公平竞争，加强市场监管，维护市场秩序，推动可持续发展，促进共同富裕，弥补市场失灵。

这些论述都清楚地表明，宏观调控不等于国家经济治理，宏观调控只是政府职责的诸多内容中的一项。如果把宏观调控混同于国家经济治理，就犯了以偏概全的错误，不利于科学认识和发挥国家的经济作用。

二、国家经济治理的目标

社会主义市场经济中国家经济治理的目标，从根本上来说，是实现社会主义的生产目的，解放和发展生产力，最大限度地满足人民日益增长的美好生活需要、保障最广大人民的根本利益，实现人的全面发展和社会的共同富裕。

国家经济治理的根本目标是通过具体的发展战略和规划计划来实现的。资本主义国家对经济的干预侧重于短期的总量平衡，缺乏长远的目标和规划。与此相比，社会主义国家经济治理的一个突出特点和显著优势是强调经济发展的长期性和连续性，而不局限于短期经济目标。因此，在国家经济治理目标的设定中，根据时间长短的不同，形成了包括总体战略、规划计划和常规性目标在内的前后衔接、相互补充的目标体系。

首先，经济发展的总体战略。1987 年，党的十三大提出“三步走”战略部署，即第一步，从 1981 年到 1990 年国民生产总值翻一番，解决人民的温饱问题；第二步，从 1991 年到 20 世纪末，国民生产总值再翻一番，人民生活达到小康水平；第三步，到 21 世纪中叶，人均国民生产总值达到中等发达国家水平，人民生活比较富裕，基本实现现代化。在 20 世纪末基本实现小康的情况下，党的十六大提出了“全面建设小康社会”的奋斗目标。党的十八大进一步明确了“全面建成小康社会”的时间部署，并提出了“两个一百年”的战略目标。党的十九大进一步提出了“决胜全面建成小康社会，开启全面建设社会主义现代化国家新征程”的战略安排。

其次，经济发展规划。国家层面的经济社会发展规划一般被称为国家规划，即国家或政府为达到一定的经济、社会目标而制定的未来行动的方案，是一个国家对其经济和社会发展所描绘的蓝图，包括短期规划、中期规划、长期规划等。短期规划主要是年度规划。中期规划的时间跨度一般为 5 年。长期规划的时间跨度一般为 10～20 年。此外，还有专项规划、区域规划、国土空间规划。国家发展规划即五年规划是我国规划体系的中心，自中华人民共和国成立以来，我国已经实施了 13 个五年规划（计划）。当前，我国已经完成了以全面建成小康社会的历史任务为中心目标的“十三五”规划，在开启全面建设社会主义现代化国家新征程的历史节点上，我们又制定了“十四五”规划和二〇三五年远景目标，为国家经济治理确定了中期和长期目标。

最后，国家经济治理的常规性目标，内容包括总量平衡、结构优化、市场有序、保障民生、绿色发展等几个方面。总量平衡是指总供给和总需求的基本平衡，包括经济增长、物价稳定、充分就业和国际收支平衡四大目标。结构优化是指国民经济各组成部分的地位和相互比例关系协调合理，资源配置富有效率。市场有序是指市场规则公平、开放、透明，生产者、消费者权益得到保障，市场竞争自由公平。保障民生是指增加公共服务供给，实现公共服务的普惠性和均等化以及可持续。绿色发展是指人与自然和谐共生，生态环境不断优化。

三、国家经济治理的组织

1. 党的领导

党的领导是中国特色社会主义最本质的特征，是中国特色社会主义国家经济治理体系的核心，是实现经济持续健康发展的根本保证。党对经济的领导主要是把握方向，谋划全局，提出战略，制定政策，推动立法，营造良好环境。

把握方向，就是要坚持走中国特色社会主义道路，坚持经济改革和经济发展的正确方向，避免犯颠覆性错误，包括：党在社会主义初级阶段的基本路线，以人民为中心的发展思想，社会主义基本经济制度，社会主义市场经济的改革方向，对外开放的基本国策，“两个一百年”的奋斗目标等。

谋划全局，就是要制定经济社会发展的长远目标和战略规划，把握国民经济和社会发展中的重大比例关系，统筹协调各方面的利益和行动，对国民经济和社会发展中的全局性、战略性、前瞻性的重大问题作出研判，并提出解决思路，作出总体安排。

提出战略。战略是党制定的解决全局性、根本性和长远性问题的规划和部署，包括国民经济和社会发展的总体战略如“三步走”发展战略、“四个全面”战略布局等，以及解决重点领域关键环节突出问题的重大战略如科教兴国战略、人才强国战略、可持续发展战略、区域发展战略等。

制定政策。政策是一定时期为实现党的基本路线和总体战略而制定的具体工作规范，包括国民经济和社会发展的总体政策如中央经济工作会议精神、工作部署等，以及解决某些领域和环节问题的具体政策如农业政策、工业政策、科技政策、区域政策、文化政策等。

推动立法，就是要按照依法治国的基本方略，着眼于确立制度、规范权责、保障权益、推动立法，将党的路线方针政策上升为国家法律，形成体现国家意志并具有普遍约束力的行为规范，把党的领导和依法治国有机统一起来，推动经济的法治化。

营造良好环境，就是要科学总结实践经验，站在促进社会生产力发展的高度，不断推进理论创新、制度创新、科技创新，营造鼓励人们干事业、支持人们干成事业的体制环境和社会氛围，让一切创造社会财富的源泉充分涌流，推动国家的繁荣和民族的昌盛。

坚持党对经济工作的领导，要处理好党与政府的关系。在党委和政府的职能划分及工作布局上，涉及经济社会发展规划、重大方针政策、工作总体部署以及关系国计民生的重要问题，由党委集体讨论决定；经常性工作则由政府及其部门按照职责权限进行决策和管理，各级党委要支持政府依法充分履行职责。

2. 法治体系

市场经济是法治经济。完善的社会主义市场经济体制要求制定与之相适应的法治体系，以法治体系来激发市场主体活力、维护市场运行、规范政府行为。

国家经济治理的法治体系，是指国家通过制定和执行法律、法规，调整经济关系，规范经济行为，指导经济运行，维护经济秩序，实现国家经济治理目标的体系，包括立法和司法两个方面。建立和完善国家经济治理的法治体系，有利于提高国家经济治理的科学性和客观性，保证社会主义市场经济的正常运行和国民经济的健康发展。

国家经济治理立法主要是通过国家立法机构即全国人民代表大会及其常务委员会制定国家经济治理的法律法规，内容主要包括以下三个层次：一是市场主体方面的法律法规，例如企业法、公司法等；二是规范市场秩序方面的法律法规，例如合同法、产品质量法、消费者权益保护法、反不正当竞争法等；三是国家或政府经济管理方面的法律法规，例如会计法、税法、商标法、专利法等。

国家经济治理司法主要是人民法院、人民检察院依法对在经济活动中出现的纠纷案件以及经济犯罪案件进行审判和检察的活动，以及国家行政机关及其公职人员依照法定的职权和程序执行国家经济治理相关的法律规范的活动。国家经济治理的相关法律法规，必须通过司法机关和行政机关的司法和执法才能得以全面贯彻与维护。

3. 行政体系

国家经济治理的行政体系主要是指政府系统内部执行国家经济治理职能的各个部门的总和及其相互关系。在中央层面，中央人民政府即国务院是国家经济治理的最高行政机关，设有国家发展和改革委员会、财政部、商务部、工业和信息化部、农业农村部、住房和城乡建设部、中国人民银行等组成部门以及海关总署、国家税务总局、国家市场监督管理总局、国家统计局等直属机构，负责编制与执行国民经济和社会发展计划及国家预算，领导和管理经济工作与城乡建设，以及其他经济治理工作，并特设直属机构国务院国有资产监督管理委员会，负责监管中央所属企业（不含金融类企业）的国有资产。全国地方各级人民政府都是国务院统一领导下的国家行政机关，负责各地方经济治理工作，其机构设置与国务院的机构设置类似。

改革开放以来，为了适应经济体制改革的不断推进，切实转变政府职能，我国政府机构的设置和职能也经历了数次改革和调整。总的趋势是：第一，政府机构调整随着社会主义市场经济体制的建设和完善而不断深化和展开，主要强调市场机制的发挥和国家宏观调控体系的建立和完善。1998 年的政府机构改革主要围绕理顺政府与市场关系这一主题，力图使政府机构设置符合社会主义市场经济运行的要求，微观上实现政企分开，宏观上强调政府调控，基本上改变了传统计划经济时期建立起的政府机构格局。2003 年的政府机构改革在保持政府机构格局基本稳定的前提下，部门的撤并及时地适应了经济社会改革与发展的新要求，建立起了社会主义市场经济条件下政府机构的基本框架。2008 年、2013 年、2018 年的政府机构改革进一步围绕转变政府职能和理顺部门关系，推进了中国政府机构向职能有机统一的大部门体制的探索。例如，2018 年，政府机构调整将国土资源部的职责，国家发展和改革委员会的组织编制主体功能区规划职责，住房和城乡建设部的城乡规划管理职责，水利部的水资源调查和确权登记管理职责，农业部的草原资源调查和确权登记管理职责，国家林业局的森林、湿地等资源调查和确权登记管理职责，国家海洋局的职责，国家测绘地理信息局的职责整合，组建了自然资源部，以促进对自然资源的统一综合管理。第二，政府机构的改革同时伴随着政府人员的精简和效率的提高，使中国政府不断向精简高效的方向迈进。通过 1998 年的政府机构改革，国务院部委实现了由 40 个精简到 29 个的目标，各部门司局级机构减少了 200 多个，机关干部编制总数减少了一半。2003 年、2013 年、2018 年的政府机构改革通过调整和归并业务，进一步不断减少政府组成部门，同时减少了因职责交叉、关系不顺等问题带来的效率损失。2018 年的政府机构改革，国务院正部级机构减少 8 个、副部级机构减少 7 个，改革后，除国务院办公厅外，国务院设置组成部门 26 个。第三，政府机构的改革更加重视公共服务和公共管理部门的建设。2008 年、2013 年、2018 年自然资源部、生态环境部、国家卫生健康委员会等部门的陆续调整和组建，反映了机构改革更加关注社会发展和改善民生的取向。

4. 社会组织体系

国家经济治理的社会组织体系是指参与国家经济治理工作的各类社会组织及其相互关系。我国将社会组织分为三类，即社会团体、基金会和民办非企业单位。与政府、企业相区别，社会组织具有非营利性、非政府性、独立性、志愿性、公益性等基本特征。参与国家经济治理工作的社会组织主要有：中华全国总工会、中华全国工商业联合会、中国国际贸易促进委员会，以及各个行业中的行业协会、商会等。

其中，中华全国总工会是党领导的中国工人阶级的群众组织，其主要职能为：维护职工群众的合法利益和民主权利，吸引职工参加改革，努力完成经济与社会发展任务，代表职工参与国家和社会事务的管理，参与企业、事业单位的民主管理，引导和教育职工提高自己的思想道德和文化技术素质等。中华全国工商业联合会是工商业界组织的人民团体，其主要职能为：广泛联系、团结海内外工商业界，发挥政府与企业之间的桥梁作用，在维护全国人民总体利益的前提下，代表工商业界的合法权益；参与国家大政方针、重大经济和社会决策的协商，特别是对经济方针、政策、法律、法规的制定和执行；等等。中国国际贸易促进委员会是由中国经济贸易界有代表性的人士、企业和团体组成的全国民间对外经贸组织，其主要职能为：开展促进对外贸易、利用外资、引进外国先进技术及各种形式的中外经济技术合作等活动，促进中国同世界各国、各地区之间的贸易和经济关系的发展，增进中国同世界各国人民以及经贸界之间的了解与友谊。此外，行业协会在行业内部协调整合、沟通政府与企业联系等经济调控领域发挥着越来越重要的作用。根据民政部的统计，截至 2024 年，行业协会、商会有 10 万余家，拥有企业会员总数约 770 余万。

社会组织在国家经济治理中的协商和参与地位越来越受到重视，各类社会组织尤其是行业协会在规范市场秩序、开展行业自律、制定行业标准、调解贸易纠纷、配合政府政策执行等方面已经成为国家经济治理体系不可或缺的力量；同时，社会组织参与国家经济治理，也是实现国家与社会的良性互动、转变政府职能、推动国家治理现代化的有效方式。

四、国家经济治理的能力

国家的经济治理目标能否实现，一方面取决于国家经济治理的组织体系是否合理，另一方面取决于国家经济治理能力是否有效。

如何概括国家经济治理能力，目前还处于探索研究中，一般认为，以下三个方面是比较主要的：一是强调国家的自主性，即国家能够摆脱利益集团的影响从而自主制定有利于国家经济目标实现的方针政策，并能够把握住既定的发展方向。二是强调国家从社会中动员各种资源来实现国家经济目标的能力，例如财政汲取能力，这种能力被很多分析者认为是最核心的能力。三是强调国家经济政策的执行能力，即能否有效地推行服务于国家经济发展目标的经济政策。

很多研究都认为，中国具有较强的国家经济治理能力，这是中国经济能够长期保持平稳快速发展，取得巨大经济建设成就的重要条件，主要表现在以下几个方面：

（1）方向把控能力。一是国家具有较强的自主性，不受或少受利益集团的影响甚至"俘获"，从而能够将国家和人民的整体利益放在首位，而不是主要关注某些利益集团的利益；二是国家具有较强的目标设置能力，能够准确地把握国情，明智地制定国民经济发展的合适目标，并能够协调各方围绕发展目标开展经济活动。

（2）政府执行能力。一是财政汲取能力比较强，有充足的财政资源，政府能有效发挥作用，执行国家经济治理的任务，并且在国防、教育、公共服务等诸多方面有较大作用，特别是在进行基础设施建设、推动经济发展方面作用巨大。二是行动能力强，包括协调能力、组织动员能力、强制能力、危机干预能力等。

（3）国有经济的控制力。对我国而言，较强的政策执行能力与国有企业在经济治理中的重要作用有很大关系：一是国有企业属于全民所有，体现国家利益，能够成为国家对经济进行引导、带动和规划的经济基础。二是国有企业能够成为国家自主创新、实施产业政策、推动技术进步和产业升级的重要战略工具。三是国有企业在关系国家安全和国民经济命脉的主要行业和关键领域占据支配地位，是国民经济的重要支柱。四是国有银行（包括国有商业银行和政策性银行）在执行国家政策方面发挥了重要支持作用。

此外，在我国，如城市土地、矿藏、森林、水资源等都属于国有自然资源，如果把这一部分资源考虑在内，国家可控制和支配的资源还会更多，从而具有更强的经济调控能力。

第三节 国家规划

一、国家规划和规划体系

国家规划或计划是国家为达到一定的经济、社会目的而制定的未来行动的方案，是一个国家对其经济和社会发展所描绘的蓝图。由国家主导、政府制定的规划或计划反映了国家在特定的客观环境下对发展前景的预测，以及愿望和意图。

在中华人民共和国成立之初，我国主要参照苏联计划经济的实践建立了我国的中央计划体制，以中央计划作为国民经济管理的主要手段。改革开放后，我国开始在计划经济体制中不断引入市场机制，到 1992 年正式确立了社会主义市场经济作为我国经济体制改革的目标。在社会主义市场经济条件下，国家规划或计划的性质发生了变化，不再是资源配置的主要手段，而应当成为政府履行宏观调控、经济调节、市场监管、社会管理和公共服务职能的重要依据，同时，国家可以通过发展计划确定发展目标，引导和调节市场、指导企业决策，从而减少社会生产的盲目性，促进经济社会发展。党的十六届三中全会通过的《中共中央关于完善社会主义市场经济体制若干问题的决定》明确指出："国家计划明确的宏观调控目标和总体要求，是制定财政政策和货币政策的主要依据。"

国家规划或计划的任务和内容要通过一些具体的形式表现出来，由反映经济社会各方面活动的各种规划或计划组成。所谓规划体系，就是从不同角度表述计划内容而组成的相互衔接、相互补充的计划的有机结合体。我国的规划体系可概括为"三级四类"。所谓"三级"，是指按计划行政层级划分，分为国家级规划、省级规划、市县级规划。其中，国家总体规划，也就是国民经济和社会发展规划，是以全国的国民经济和社会发展为对象编制的规划，是总体性、纲领性的规划，在各类规划中处于"龙头"地位，是编制其他规划的依据。国家总体规划又可按规划期的长短分为短期规划、中期规划和长期规划。短期规划主要是年度计划，主要用于确定未来一年促进经济增长、增加就业、稳定物价和保持国际收支平衡等宏观调控目标，以及提出运用各种经济手段和政策的建议。中期规划主要包括经济和社会发展各主要方面的中期发展目标，被称为"国家发展规划"，时间跨度一般为 5 年。在我国，中期规划就是我们常说的"五年计划"。长期规划则主要包括长远的发展目标及重大措施，是国家发展的权威性、纲领性计划，时间跨度一般为 10～20 年，如我国的"2010 年远景目标纲要""2035 年远景目标纲要"。所谓"四类"，是指按规划的对象和功能，分为总体规划、专项规划、区域规划和国土空间规划。其中，国家级专项规划是指导特定领域发展、布局重大工程项目、合理配置公共资源、引导社会资本投向、制定相关政策的重要依据。国家级区域规划是指导特定区域发展和制定相关政策的重要依据。国家级国土空间规划以空间治理和空间结构优化为主要内容，是实施国土空间用途管制和生态保护修复的重要依据。

二、国家规划体制的形成和演变

在传统的计划经济体制中，经济计划是管理国民经济的主要方式。1954 年制定的《中华人民共和国宪法》中载明："国家用经济计划指导国民经济的发展和改造，使生产力不断提高，以改进人民的物质生活和文化生活，巩固国家的独立和安全。"这就以宪法的形式确定了我国的计划经济体制。

建立计划管理机构是实行计划经济的前提。中央人民政府成立后，在政务院财政经济委员会下设立了中央财经计划局，这是我国最早的中央计划管理机构。随着我国国民经济的基本恢复和大规模经济建设时期的到来，1952 年 11 月 15 日国家计划委员会正式成立，直属于中央人民政府。1953 年中共中央发出《关于建立计划机构的通知》，1954 年又发出《关于建立与充实各级计划机构的指示》，要求“中央人民政府所属各国民经济部门和文教部门，必须建立和健全计划机构，并应把计划机构逐级建立到基层工作部门及基层企业单位”。由此，我国计划管理体制逐步建立和形成。1956 年，中央计划管理机构被一分为二，即国家计划委员会（简称“国家计委”）和国家经济委员会（简称“国家经委”）。国家计委负责从事中长期计划的编制，而年度计划则由国家经委负责。

从中华人民共和国成立到 1957 年，我国在恢复国民经济，实行社会主义改造，以及编制和执行第一个五年计划的过程中，逐步建立和形成了计划经济体制。在 20 多年的计划经济实践中，中央计划机构成了整个国民经济的指挥部。在传统的计划经济时代，计划成为资源配置的基本方式，社会资源依照计划指标进行行政性分配。财政按国家计划统收统支；固定资产投资从立项、筹资到开工建设完全按照国家计划进行；绝大部分商品价格由国家物价部门统一制定；重要物资和商品均按国家计划收购、分配和调拨；劳动用工和工资分配也按统一计划进行。国家计划的基本形式是指令性计划，国家计划指标通过行政机构层层分解下达，最终落实到企业。计划指标对企业来说，是必须完成的行政任务。企业的资源配置和经营活动都要围绕完成国家计划这一目标进行，这也是对企业成果进行考核的主要标准。企业的生产经营活动所涉及的生产规模、品种数量、产销链接、原材料供应与资金调拨、投资和建设项目等等烦琐而具体的问题都需要国家计划统一安排和及时解决。国家计划的指标体系主要是由分门别类的实物指标体系构成的。国家计划的基本内容是反映和控制各种物质产品生产、流通、分配、消费的实物运行及其相互平衡关系。因而，年度计划必然成为计划工作的重点，居于计划体系的中心地位。

在高度集中的计划经济体制下，我国建立起了独立的比较完整的以重工业为基础的国民经济体系，实现了经济的快速发展。但该体制造成的“政企职责不分，条块分割，国家对企业统得过多过死，忽视商品生产、价值规律和市场的作用，分配中平均主义严重”① 的弊端对经济的进一步发展造成了越来越严重的阻碍，因而成了改革的核心环节。

1979—1991 年，我国的经济体制处于计划体制与市场体制相结合的时期，改革经历了“计划经济为主、市场经济为辅”“有计划的商品经济”“计划经济与市场经济相结合”等重要阶段。在这一时期，我国的计划体制也相应地进行了一系列改革。国家计划的指令性指标逐渐减少。改革最初实行了指令性计划、指导性计划和国家计划指导下的市场调节三种管理形式并存的计划形式。1984 年，党的十二届三中全会通过的《中共中央关于经济体制改革的决定》指出，中国社会主义经济是公有制基础上的有计划的商品经济，提出自觉运用价值规律和计划体制发展社会主义商品经济的要求，并强调“计划工作的重点要转到中期和长期计划上来，适当简化年度计划”。同年，国家计委出台了《关于改进计划体制的若干暂行规定》，明确了指导性计划将成为未来计划的主要形式，国家进一步缩小了对工农业产品产量的指令性计划范围，扩大了指导性计划和市场调节的范围，并逐步规范了国家计划以五年为主要形式，简化年度计划，制定长远规划及行业、地区和若干专项规划的国家计划体系。同时，在管理方式上，计划管理由实物平衡为主逐步

① 党的十二届三中全会通过的《中共中央关于经济体制改革的决定》。

过渡到价值平衡为主；行政手段逐步削弱，经济、政策、法规发挥的作用日益明显。

1992 年，党的十四大提出建设社会主义市场经济体制，我国的经济体制改革进入了新的阶段。党的十四大报告指出要“使市场在社会主义国家宏观调控下对资源配置起基础性作用”，而“国家计划是宏观调控的重要手段之一”，并对计划体制改革提出了要求：“更新计划观念，改进计划方法，重点是合理确定国民经济和社会发展的战略目标，搞好经济发展预测、总量调控、重大结构与生产力布局规划，集中必要的财力物力进行重点建设，综合运用经济杠杆，促进经济更好更快地发展。”1993 年，《中共中央关于建立社会主义市场经济体制若干问题的决定》进一步规定了计划在宏观调控中的地位、作用、范围和职能，提出：“计划工作的任务，是合理确定国民经济和社会发展的战略、宏观调控目标和产业政策，搞好经济预测，规划重大经济结构、生产力布局、国土整治和重点建设。计划工作要突出宏观性、战略性、政策性，把重点放到中长期计划上，综合协调宏观经济政策和经济杠杆的运用。”1998 年 3 月，第九届全国人民代表大会通过的国务院机构改革方案，决定将国家计划委员会更名为国家发展计划委员会。2003 年的国务院机构改革，又把国家发展计划委员会改组为国家发展和改革委员会。2003 年 10 月，《中共中央关于完善社会主义市场经济体制若干问题的决定》明确将国家计划置于宏观调控体系的核心位置，提出：“完善国家宏观调控体系。进一步健全国家计划和财政政策、货币政策等相互配合的宏观调控体系。国家计划明确的宏观调控目标和总体要求，是制定财政政策和货币政策的主要依据。”

1992 年后的一系列改革，使得国家计划逐步转变为指导性、宏观性、战略性和政策性的规划，从而更加适应社会主义市场经济的要求。国家规划在经济运行宏观调控的总体指导和综合协调方面、在强化产业政策引导经济结构调整和优化升级方面发挥越来越重要的作用。在此背景下，年度计划的地位有所降低，转变为以指导性和预测性为主的计划，重点在于提出当年的调控目标和相应的调控政策。五年计划的重要性则得到了加强，主要突出经济发展的战略性选择、经济发展的基本方针、主要政策等，并在此基础上提出中期经济发展的主要目标，但基本上是指导性的，实物性指标基本已被取消。长期规划的编制受到更多的重视。我国在 1996 年编制了“2010 年远景目标纲要”，这是我国第一个 15 年的长期规划，我国还编制和执行了农业、科技、国土整治等多种专项计划。此外，计划方法的科学性不断加强，1995 年基本完成了向新的国民经济核算体系（SNA）的过渡，为改进计划指导和管理提供了更为准确的数据；在制定计划过程中，注意听取实际工作部门、企业、大专院校、科研单位各方面的意见，提高了社会参与度，并从 1995 年开始，建立了计划报告公开发布制度。

“五年计划”是中国计划体系的中心。自中华人民共和国成立以来，我国已经完成了十三个五年计划或规划。我国的前五个五年计划基本上是在计划经济时代编制和实施的。这一时期的五年计划，特别是前三个五年计划，在我国国民经济建设和工业基础建立的过程中发挥了积极的作用，但同时也存在着诸如决策不科学、形式太单一、管理过于集中、重基建轻技改等技术、体制方面的深刻问题。改革开放以后，从 1980 年公布的第六个五年计划开始的后五个五年计划，增加了社会发展的内容，名称均为“中华人民共和国国民经济和社会发展第×个五年计划”，五年计划的制定日益完善和正规化。各个五年计划都有完整的正式文本，并形成了比较规范的工作程序和法律程序，即先由党中央提出关于制定五年计划的建议，然后国务院根据建议组织有关部门制定纲要（草案），最后提交全国人民代表大会审查批准。随着市场调节范围越来越大，指导性指标成为主流，指标体系也趋于简化，实施的效果也有了很大提高。

2006 年，《中华人民共和国国民经济和社会发展第十一个五年规划纲要》颁布，沿用了 50 多年的“五年计划”的提法被改为“五年规划”，一字之差，意味深长。与计划相比，“规划”的提法更能体现指导性、战略性、政策性、灵活性，反映了我国计划体制在社会主义市场经济条件下的深刻变化。同时，将规划指标分为预期性和约束性两类。另外，这一规划纲要还提出，要健全规划管理体制，加强统筹协调，改革规划管理体制，健全科学化、民主化的编制程序，形成以国民经济和社会发展规划为统领，各类规划定位清晰、功能互补、统一衔接的规划体系。自此，规划体制改革明显加快，规划体系不断健全，基本形成了与社会主义市场经济体制相适应的五年规划制度。

2018 年，《中共中央 国务院关于统一规划体系更好发挥国家发展规划战略导向作用的意见》的出台，进一步明确了国家发展规划的功能及对引领经济社会发展的重大意义，强调要更好发挥国家发展规划即五年规划的战略导向作用，强化国家发展规划在规划体系中的中心地位，为加快建立制度健全、科学规范、运行有效的规划体制指明了方向。

2020 年，党的十九届五中全会审议通过了《中共中央关于制定国民经济和社会发展第十四个五年规划和二〇三五年远景目标的建议》，在“两个一百年”历史交汇点上，将“十四五”规划与 2035 年远景目标统筹考虑，对动员和激励全党全国各族人民战胜前进道路上各种风险挑战，为全面建设社会主义现代化国家开好局、起好步，具有十分重要的意义，体现了国家发展规划的系统性、连续性、稳定性特征。

三、国家发展规划在国家治理中的作用

国家发展规划即五年规划在我国规划体系中居于中心地位，改革开放特别是党的十八大以来，国家发展规划对创新和完善宏观调控的作用明显增强，对推进国家治理体系和治理能力现代化的作用日益显现，充分体现出国家规划在国家治理中的重要作用。《中共中央 国务院关于统一规划体系更好发挥国家发展规划战略导向作用的意见》提出：以规划引领经济社会发展，是党治国理政的重要方式，是中国特色社会主义发展模式的重要体现。2019 年，中国共产党第十九届中央委员会第四次全体会议通过的《中共中央关于坚持和完善中国特色社会主义制度 推进国家治理体系和治理能力现代化若干重大问题的决定》也明确指出要完善国家重大发展战略和中长期经济社会发展规划制度。党的二十届三中全会将完善国家战略规划体系和政策统筹协调机制作为健全宏观治理体系的首要任务，会议指出：要构建国家战略制定和实施机制，加强国家重大战略深度融合，增强国家战略宏观引导、统筹协调功能；要健全国家经济社会发展规划制度体系，强化规划衔接落实机制，发挥国家发展规划战略导向作用，强化国土空间规划基础作用，增强专项规划和区域规划实施支撑作用；要围绕实施国家发展规划、重大战略促进财政、货币、产业、价格、就业等政策协同发力。这一系列表述明确了国家发展规划及其制度在国家经济治理中的重要作用。

第一，国家发展规划是坚持党对国家经济社会发展的领导、保证国家经济治理方向正确的重要制度。中国共产党是国家的领导力量，党的领导是国家治理的核心。坚持党的领导是中国特色国家治理体系的最大特点，是推进国家治理现代化的根本保证。国家发展规划即五年规划的制定，先由党中央在广泛征求党内外意见的基础上，提出关于制定国民经济和社会发展规划的建议，并在党的中央委员会上审议通过。之后，国务院根据党中央的建议起草五年规划纲要，经由全国人大会议审议和表决，通过后作为未来五年我国发展最权威的纲领性文件向社会公布并正式施行。这一制度是把党的主张转化为国家意志的重要方式和途径。

第二，国家发展规划是推动国家发展战略连续稳定实施的重要保障。国家发展政策的稳定性和连贯性是我国社会主义国家治理的显著制度优势，而体系化的国家规划就是这一优势的保障。每个国家发展规划即五年规划都是在分阶段落实国家总体发展战略以实现远景目标，而年度计划又与国家发展规划相配合，将国家发展规划确定的主要指标分解纳入年度指标体系，设置年度目标并做好年度间综合平衡，结合形势发展确定年度工作重点，明确重大工程、重大项目、重大举措的年度实施要求。这样，由国家总体战略、长期远景规划、中期发展规划、短期年度计划形成的统一体系相互衔接配套，保持了国家发展战略和发展政策的稳定性和连贯性。例如，2002 年，党的十六大确定了全面建设小康社会的奋斗目标，提出要在 21 世纪头 20 年，集中力量，全面建设惠及十几亿人口的更高水平的小康社会。此后，“十一五”“十二五”规划均以此目标统筹部署，为全面建成小康社会打下具有决定性意义的基础，“十三五”规划明确提出将“确保如期全面建成小康社会”作为重要任务。经过三个五年规划的接续努力，我国于 2021 年正式实现全面建成小康社会的奋斗目标。

第三，国家发展规划是坚持全国一盘棋、凝聚全社会共识、集中力量办大事的显著制度优势的重要载体。围绕国家长远发展战略，针对不同时期经济社会发展面临的矛盾和问题，每个五年发展规划都提出了具体的阶段性目标和指标。这些目标和指标是党和政府的郑重承诺，也是社会各方面共同遵循的行动指南，有利于凝聚共识，引导全社会朝着共同的方向努力，对有关部门和地方具有很强的导向、激励、督促、考核作用。

第四，国家发展规划是引导社会预期和资源配置、确定政府职责和行为的重要依据。科学编制并有效实施国家发展规划，向市场主体阐明了国家在规划期内的战略部署和具体安排，从而引导和稳定市场主体预期，推动各种资源向社会共同认定的方向配置和投入，有利于实现协同效应、规模效应，促进社会总体目标达成。例如，2016 年，国务院根据“十三五”规划纲要有关部署编制了《“十三五”国家战略性新兴产业发展规划》，对“十三五”期间我国战略性新兴产业发展目标、重点任务、政策措施等作出全面部署安排，有力地促进了社会资源向新一代信息技术、高端装备、新材料、生物、新能源汽车、新能源、节能环保、数字创意等战略性新兴产业的集中投入，推动了我国战略性新兴产业的发展。

习近平强调，编制和实施国民经济和社会发展五年规划，是我们党治国理政的重要方式。在国家治理体系和治理能力现代化的建设中，必须坚持发挥好国家发展规划这一法宝，全面加强党的领导，坚持以人民为中心的发展思想，牢固树立新发展理念，落实高质量发展要求，理顺规划关系，统一规划体系，完善规划管理，提高规划质量，强化政策协同，健全实施机制，加快建立制度健全、科学规范、运行有效的规划体制，更好发挥国家发展规划的战略导向作用，为创新和完善宏观调控、推进国家治理体系和治理能力现代化、建设社会主义现代化强国提供有力支撑。

第四节 宏观调控

一、宏观调控的意义

供给与需求的平衡是市场经济下资源合理配置的基本条件。从全社会的范围看，合理配置资源就是要实现总供给与总需求之间在总量上的平衡。总供给是一个社会在一定时期内可以提供的最终产品和服务的总量，总需求是社会对最终产品和服务的需求总和。总供给与总需求平衡，社会价格总水平就会保持稳定，整个社会的资源便得到合理的配置；总供给与总需求失衡，就会引起社会价格总水平的波动，形成通货膨胀或通货紧缩。

通货膨胀意味着流通中的货币过多，超过了商品和劳务交易的需要，社会的总需求大于总供给，有一部分购买力得不到实现，从而引起价格总水平的上涨；通货紧缩则意味着流通中的货币过少，不能满足商品和劳务交易的需要，有一部分产品卖不出去，从而引起价格总水平的下降。这两种情况都造成了总供给与总需求的失衡，这种失衡如果超过了一定的限度，就会对经济和社会的发展产生不利影响。明显的通货膨胀会导致价格信号的扭曲，造成工资与物价相互推动，影响普通居民的正常生活；明显的通货紧缩则会造成经济衰退、企业倒闭、劳动者失业和低收入者生活困难。只有总供给与总需求相对平衡，物价总水平相对稳定，才能实现资源的合理配置。

一般来讲，在市场经济中，价格由供求决定，又调节着供求，因此，只要价格有足够的弹性，能够充分反映供求的变化，总供给与总需求就可以自动实现平衡，而总供给与总需求的失衡则只是暂时的现象。这就是西方经济学史上的古典经济学所表达的市场模型。这种模型假定产品和要素市场的价格具有完全的伸缩性，认为市场可以通过自行调整，使产量恒等于资本存量和劳动数量所决定的潜在产量。因此，价格的波动总能使供求趋于平衡。然而，现实的情况并非如此。

由社会总供求失衡引起的经济衰退、失业和通货膨胀等宏观经济问题，总根源是生产的社会化与生产资料私人占有之间的矛盾，是市场经济固有的盲目性、自发性和滞后性。特别是在现代市场经济中，由于信用制度和资本市场的巨大发展，生产和消费可以超出自有资金的限制而获得跳跃式的迅猛增长，在短时间内创造出巨大的过剩生产能力和大量的虚假需求，大大加剧了总供给与总需求失衡的可能性和破坏力。显然，这些问题单靠价格的自发调节是很难解决的。而且，这样一个自发的调节过程需要一段很长的时间，需要付出非常沉重的经济和社会代价，这种时间和代价往往是一个国家的政府和人民所难以承受的。因此，为了实现宏观经济的稳定，保持总供给与总需求的大体平衡，国家就不得不出面，利用财政、货币、收入等经济政策，对总供给与总需求加以调节，这就是通常所说的宏观调控或总量调控。

需要指出的是，对于总供给与总需求的平衡，马克思主义政治经济学与西方经济学的认识是有区别的。西方经济学所阐述的总量平衡主要是从价值形态上讲的，并没有考虑使用价值的问题。而事实上，社会总产品不仅有价值形态，还有使用价值形态。总供给与总需求平衡不仅指要在货币额上相等，而且指要在实物形态上相适应。如果仅在价值量上相等，而在实物量上不相适应，依然会造成经济失衡。我们知道，马克思在分析社会总资本再生产过程时曾经提出了社会资本再生产的两个重要前提，即社会总产品在价值上分为不变资本（c）、可变资本（v）和剩余价值（m），在使用价值上分为两大部类，即生产生产资料的第一部类和生产消费资料的第二部类。因此，要想保证社会再生产的顺利进行，社会总产品的各个组成部分不仅要在价值上得到补偿，还要在实物上得到替换。也就是说，社会再生产的顺利进行，不仅要求不同部门之间在价值量上相互平衡，等价交换，而且要求不同部门在使用价值即实物形态上相互平衡，满足需要。马克思阐述的这一保证经济运行平衡的基本原理，对于社会主义市场经济的总量平衡有着重要的现实意义。国家在进行经济调控时，不能只关注总供给与总需求在价值量上的平衡，还应注意调节不同部门的比例关系，保证各部门在实物形态上也大体平衡，这样才能实现资源的合理配置。

在现实生活中，总需求与总供给的形成取决于许多复杂的因素，而且这些因素在经济运行中又都是经常变化的。因此，总供给与总需求的平衡也不可能是机械的相等，而是动态的平衡；供求的不平衡是绝对的，平衡则是相对的，国家进行总量调控的目标，就是要在总供给与总需求以及价格总水平的不断波动中，实现二者之间的相对平衡，促进资源的合理配置。

二、宏观调控的目标

一般认为，宏观调控的主要目标包括四个方面，即经济增长、物价稳定、充分就业和国际收支平衡。

总量调控的目标是总供给与总需求的平衡，而总供给与总需求的平衡又主要是通过物价总水平的稳定体现的，因此，物价总水平的稳定是总量调控的基本目标。市场经济要正常运转，价格信号就要真实可靠，价格总水平就要保持大体稳定，这样才能稳定人们的预期，促进经济平稳增长，避免经济大幅波动。所以各国政府都把稳定物价放在相当重要的位置。在物价总水平大幅上涨、出现明显通货膨胀时，采取紧缩性的总需求政策，控制物价上涨；在物价总水平持续低迷、出现明显通货紧缩时，采取扩张性的总需求政策，使物价保持在一定的水平。至于物价控制的具体目标，在不同的国家和不同的时期是不一样的。① 比如，20 世纪 90 年代初，我国出现了明显的物价上涨，1994 年的商

---

① 在我国，衡量物价总水平的指标主要有两个：一是商品零售价格指数（retail price index），即反映一定时期内城乡商品零售价格变动趋势和程度的相对数，包括食品、纺织品、书报杂志、机电产品等 14 个大类 304 种必报商品。二是工业生产者出厂价格指数（producer price index），即反映一定时期内全部工业产品出厂价格总水平的变动趋势和程度的相对数，包括工业企业售给本企业以外所有单位的各种产品和直接售给居民用于生活消费的产品。2016 年，我国工业生产者出厂价格统计调查涵盖了 1 638 个基本分类的 20 000 多种工业产品的价格。资料来源：国家统计局网站。

品零售价格指数上涨了 24.1%，当年政府预期的价格调控目标为商品零售价格指数上涨 10%。针对这种情况，1995 年，政府确定了商品零售价格指数上涨 15%的预期调控目标，实际执行的结果是商品零售价格指数上涨了 17.1%。

总供给与总需求的平衡和物价总水平的稳定作为资源合理配置的条件，是从短期和静态的角度看的。但是，从长期和动态的角度看，仅仅实现总量平衡并不能保证资源的合理配置，资源合理配置的根本目的在于实现经济的持续增长，只有经济持续增长，才能为经济发展和社会进步奠定基础，才能为人的全面发展和社会的共同富裕创造条件，才能缩小同发达国家的经济差距，才能巩固、完善社会主义制度。实际上，总量平衡可以在不同的增长速度下达到，可以是高速度下的平衡，可以是低速度下的平衡，也可以是中速度下的平衡，到底应当在什么样的速度下实现总量平衡，这是问题的关键所在，也是国家进行总量调控所要解决的核心问题。在我国，经济增长目标的选择一般要考虑两个基本因素：一是潜在的增长率，即一定时期内社会生产部门利用现有资源和技术所能达到的增长率；二是为了保证劳动力的充分就业所应当达到的增长率。前者是增长的可能性，后者是增长的必要性。国家的宏观调控要在充分考虑经济增长的可能性与必要性的基础上，确立合理的增长速度，并通过有效的政策措施保证这一目标的实现。

作为宏观调控重要目标的充分就业和经济增长在本质上是一致的。不过，把充分就业作为一个独立的目标提出来，自然有其特殊的理由。充分就业的重要意义在于，它不仅能充分利用劳动力资源，促进生产的发展，保障供给，而且能增加劳动者的收入，促进消费的发展，扩大内需。严重的失业不仅会造成劳动力资源的闲置，阻碍生产的发展，而且会降低劳动者的收入，阻碍消费的发展，影响劳动者的生活，造成严重的社会问题，威胁社会的安定。因此，各国都把充分就业作为其政策的一个重要目标。我国是世界上人口最多的发展中大国，随着城市化的发展，将会有大量的农业人口转移到非农领域，这又给就业问题增加了特别的困难。此外，在国有企业改革过程中，消除企业冗员、推进企业的战略重组、淘汰落后和过剩产能，也会造成职工的下岗待业。由于这些原因，在我国现阶段实现充分就业具有特别重大的意义。

市场经济是开放经济，在开放的条件下，保持国际收支的平衡也是总量平衡的重要内容。国际收支是指一定时期内一国从其他国家收入货币总额与对其他国家支出货币总额的总和。由于黄金和外汇通常是国际结算的最终手段，所以，国际收支是否平衡主要反映在国家黄金和外汇储备的收支对比关系上。在国际经贸关系不断发展的情况下，要使每年的国际收支都保持平衡是不可能的，重要的是要避免长期国际收支不平衡，因为长期的国际收支不平衡往往会引起连锁反应，影响正常的对外经济活动和国内经济活动，尤其在开放经济条件下更是如此。如果经常性项目长期出现逆差，不仅会影响物价稳定，而且会消耗本国的国际储备，削弱本国的抗风险能力，同时还会降低民众对本国的信心，严重时会出现资本外逃，甚至导致经济危机。因此，出现国际收支不平衡应引起重视，并采取切实可行的政策手段加以调节。

三、供给管理和需求管理

实现总供给与总需求的平衡，既可以从需求方面发力，也可以从供给方面发力，前者称作需求管理，后者称作供给管理，二者的运行机理和效果存在较大差异。

需求管理的目的在于调节总需求的变动，进而间接引导总供给的变动，以实现总供给与总需求的平衡。在一定时期内，由于社会的生产能力和经济结构是相对稳定的，需求的变化是决定社会总供给与总需求关系的主要因素，同时，由于需求管理是通过对决策主体经济利益的诱导达到宏观调控的目的，而不是强制性地要求经济主体服从政府的调控要求，因而，需求管理是短期内政府实现宏观经济平衡的主要工具。

但是，以需求管理为主要内容的宏观调控存在着较大的局限：一是需求管理侧重于解决短期的总量失衡问题，而在解决长期的结构失衡问题上缺乏力量。二是调控手段对经济主体只具有诱致性而缺乏强制性，难以产生有力的调控效果。三是需求管理一般是在经济出现严重波动甚至危机后才实施的，调控的效果具有滞后性。四是调控政策面向所有经济主体，缺乏对问题症结的明确识别和精准发力。五是需求管理假定市场机制是完善的，价格机制可以自动调节资源配置的效率而无须政府的调控。六是需求管理的政策手段相对单一，除了财政政策和货币政策外缺少更多的手段。

供给管理的目的在于调节总供给的变动，以实现总供给与总需求的平衡，推动经济增长。供给管理的特点是：不仅要考虑短期的平衡，还要考虑长期的发展；不仅要考虑总量平衡，还要考虑结构优化；不仅要考虑生产力的要求，还要考虑生产关系的要求；不仅要发挥市场在资源配置中的作用，进行间接调节，还要考虑政府直接调节。显然，供给管理与需求管理相比，要求政府具有比较强的调控能力和比较多的政策手段，因此，在西方市场经济国家，宏观调控的主要政策手段是需求管理而不是供给管理。但在社会主义市场经济中，供给管理则具有特别重要的意义，它在一定条件下可以成为宏观经济政策的主要着力点。近两年来，党中央提出的推进供给侧结构性改革的重大战略部署，就是以供给侧管理为主要着力点的。

实施供给侧结构性改革，重点是解放和发展社会生产力，用改革的办法推进结构调整，减少无效和低端供给，扩大有效和中高端供给，增强供给结构对需求变化的适应性和灵活性，提高全要素生产率。实行供给侧结构性改革，有助于对现有企业进行快速的关停并转，淘汰落后产能；有助于对优秀企业进行精准定向支持，提升经济运行质量；有助于推动企业兼并重组，优化产业组织结构；有助于鼓励企业开展技术创新，形成自主创新能力；有助于激励企业提高产品质量，生产更加适销对路的产品；有助于优化投融资结构，实现资源优化配置；有助于优化产业结构，提高产业质量；有助于优化流通结构，节省交易成本；有助于优化分配结构，实现公平分配；有助于优化消费结构，实现消费品不断升级；有助于统筹兼顾、综合平衡，实现国民经济各部门协调发展。①

正确处理好供给管理与需求管理的关系，必须把供给管理与需求管理相结合，从供给和需求两端发力，但在不同条件下，是侧重供给管理还是需求管理，要视经济发展的具体情况而定。但从当前我国的经济实际看，供给端的问题是矛盾的主要方面，从供给端发力推动经济发展，既有紧迫性，也有针对性。只有推动供给侧结构性改革，才能适应新常态下速度调整、结构优化和动力转换的要求，提升经济增长的质量和效益，通过

① 何自力．供给侧管理助推宏观调控方式创新．光明网，2015-12-22.

发展生产创造出新的更多的需求，增强经济持续增长的动力。因此，在适度扩大总需求的同时，要着力加强供给侧结构性改革，着力提高供给体系的质量和效益，通过优化经济结构使要素实现最优配置，通过激发创新创业活力，创造新供给，培育新的经济增长点，推动我国社会生产力水平实现整体跃升。

第五节 结构调整

一、结构调整的重要意义

结构调整是社会主义国家经济治理的重要内容，目的在于推进经济结构的优化，提高资源配置效率，其重要意义在于：

第一，经济结构优化是生产力发展的重要表现。在生产结构不变的条件下，生产力的发展主要体现为劳动生产率的提高，即在单位劳动时间内生产更多的产品，或者说生产同样数量的产品需要较少的劳动时间。但是，用劳动生产率的高低来衡量生产力发展的水平是以产品结构不变为前提的，由于不同时期和不同国家的产品结构或部门结构不同，因此，如果我们要在整体上对生产力发展状况进行比较，仅仅依靠劳动生产率这一概念显然是不够的。实际上，生产力的发展不仅体现为劳动生产率的提高，还体现为分工的扩大，生产结构向着日益多样化、复杂化和高级化的方向发展。正如马克思所指出的："一个民族的生产力发展的水平，最明显地表现于该民族分工的发展程度。任何新的生产力，只要它不是迄今已知的生产力单纯的量的扩大（例如，开垦土地），都会引起分工的进一步发展。"① 因此，促进生产力的发展，必须把优化经济结构作为重要的调控目标。

第二，市场机制反映的是现有的生产结构和需求结构，不能有效反映国民经济发展的长期结构。分散决策的商品生产者依据市场价格进行自主决策，而市场价格反映的供求关系主要是短期的供求关系，单个生产者和经营者不可能掌握社会各方面的信息，也无法控制经济变化的趋势，由此形成的经济结构可能并不是有利于国民经济长期发展的最佳结构，国家根据经济发展的长远利益制定的经济发展结构与市场自发形成的经济结构往往是不一致的。同时，市场调节是一种事后调节，即经济活动的参与者是在某种商品供求不平衡引发市场价格变化后才作出相关决策的，因此市场调节过程往往速度比较缓慢，而依靠国家的调控则可以较快地建成符合国民经济发展要求和长远利益的合理经济结构。

第三，中国是一个发展中国家，经济发展的主要任务是把传统落后的经济结构改造成现代化的经济结构，而不是实现宏观经济的短期平衡，也就是说，结构优化比总量平衡更加重要。但是，在中国现阶段，仅靠市场机制来优化国民经济结构难以达到目的。这是因为，一方面，在利润最大化目标的引导下，企业和个人一般都竞相投资于房地产、

① 马克思，恩格斯．马克思恩格斯选集：第1卷．3版．北京：人民出版社，2012：147.

金融等赚钱比较快的虚拟经济，那些投资规模大、周期长但作用重大的基础产业则会受到冷落；另一方面，资本积累的一般规律是贫富的两极分化，如果没有国家的调节，必然导致收入结构失衡，市场需求不足。而且，依靠自发的市场调节旷日持久，代价巨大，对于我们这样一个国际竞争日益尖锐、资源稀缺矛盾日益严重的国家来说，我们是不可能获得那么多时间的。因此，必须通过国家有计划的调控，引导国民经济的发展方向，优化经济发展的具体路径，缩短结构调整的时间，减少结构调整的代价。

二、优化经济结构的主要内容

优化经济结构的主要内容包括产业结构、区域结构以及收入分配结构的优化升级。

优化产业结构是新时期加快转变经济发展方式的根本出路，是加快形成新的经济发展方式的重要途径，是推进经济结构战略性调整的主要着力点。当前产业结构优化的方向是推动战略性新兴产业、先进制造业健康发展，加快传统产业转型升级，推动服务业特别是现代服务业发展壮大，合理布局建设基础设施和基础产业。

优化产业结构需要实施有效的产业政策。产业政策是政府为了实现一定的经济和社会目标而对产业的形成和发展进行干预的各种政策的总和。产业政策对于优化经济结构具有重要作用，主要原因在于：

第一，经济落后国家的新兴产业在刚建立时，由于达不到规模经济的条件并缺少国际竞争的经验，往往在竞争中处于不利的地位，因此，需要政府采取有效的产业政策及其他贸易保护措施进行必要的扶持，这样才能与发达国家的先进企业进行有效的竞争。

第二，产业结构的升级变化很快，经济高速增长往往伴随着经济结构的剧烈变化，如果缺乏有效的产业政策，一方面会造成传统产业调整的困难，大量资源会滞留在衰退产业中不能及时退出；另一方面，新兴产业则由于得不到支持而发展缓慢。

第三，后进国家可以利用后发优势，吸收借鉴发达国家产业发展的经验教训，学习运用比较先进的生产技术和科技成果，制定出适合本国特点的合理的产业发展战略，并通过国家的有计划的引导、组织和干预，实现弯道超车。

区域结构是指不同地区之间经济发展水平的关系结构。促进区域结构优化的目的在于促进区域协调发展，形成相互促进、优势互补、共同发展的区域发展格局。促进区域协调发展是全面建成小康社会、加快推进社会主义现代化建设的重大战略任务，不仅关系到全国各族人民共享改革发展成果、逐步实现共同富裕，而且关系到国家长治久安和中华民族伟大复兴，具有重大的现实意义和深远的历史意义。

收入分配结构包括两个方面：一是在国民收入分配中国家、企业和个人三者所得的关系结构，集中体现了国家、企业和个人三者之间的利益关系；二是居民收入间数量差距的关系结构，体现了个人之间的收入差距问题。二者的分配关系是否正确关乎社会稳定，影响千家万户。前者涉及长远发展与当前利益、国家整体利益与居民个人利益之间的关系；后者则涉及社会公平、正义等权利原则。[①] 收入分配结构优化的根本目的在于缩

① 胡钧．转变经济发展方式与国民收入分配结构调整．改革与战略，2010（11）：32－35.

小收入差距，实现共同富裕。

三、把优化结构与增加总量相结合

经济结构和经济总量是相互联系的两个方面。经济发展既要求总量的增长，又要求结构的优化。当前我国经济总量已经位居世界第二位，但经济结构的矛盾比较突出，主要表现为供给结构不适应市场需求，产品质量不高，部分行业产能过剩严重，高投入、高消耗、高污染的行业比重过大，技术水平高、创新性强的行业发展不足。从整体上说，我国经济发展在质和量上都有很大提升空间。要坚持增加经济总量不动摇，同时也要提高经济质量、优化经济结构，正确认识和处理优化经济结构与增加经济总量之间的关系。

一方面，优化经济结构有利于发展生产力，实现各部门协调发展，优化资源配置，从而推动经济在长期中更好更快增长。(1) 发展生产力要求不断降低严重依赖要素投入、对资源环境造成破坏的行业的比重，不断提高依靠技术创新、可持续发展的行业的比重。从长远来看，通过优化经济结构发展生产力，减少单位产出所需的投入，提高资源利用效率，是“降成本”的最有效方式。(2) 优化经济结构，弥补我国在民生、产业发展、基础设施、人力资源、“三农”等方面的短板，有利于实现各部门协调发展。从长远来看，只有补齐短板，才能增加经济增长的动力，打牢经济增长的根基，增强经济增长的可持续性。(3) 优化经济结构，提升资源配置效率，减少资源浪费，使供给结构适应需求的变化，有利于增强企业的盈利性，降低企业的负债水平，控制金融风险。从长远来看，优化资源配置效率能够增强经济活力，提高经济的抗风险能力，促使经济平稳快速增长。

另一方面，增加经济总量、保持经济增长也有利于优化经济结构，为结构调整争取时间、创造条件。(1) 增加经济总量、保持经济增长有助于企业“去库存”，加快企业资金回流，增强企业调整结构和进行技术创新的能力，更快地实现资源重新配置。(2) 增加经济总量、保持经济增长有助于在“去产能”的过程中保证产能过剩的企业平稳过渡，顺利实现资源的再利用，避免大规模企业破产和职工失业情况发生，控制“去产能”有可能导致的社会风险。(3) 增加经济总量、保持经济增长有助于培育新的经济增长点，提振企业信心，为投资提供稳定预期，从而恢复和增强企业的盈利性，化解债务负担，在“去杠杆”的过程中控制金融风险。

第六节 市场监管

一、市场监管的含义

市场监管是政府的重要职能之一。所谓市场监管，是政府有关部门对市场主体及其所从事的交易、竞争等市场行为进行的监督和管理活动的总和，其目的是防止各种对社会公共利益、市场秩序和其他市场主体合法权益构成损害的不正当行为的出现，维护正常的市场秩序，保证市场良性有序运行，为市场机制充分发挥作用创造良好环境。

市场失灵是需要进行市场监管的重要原因。市场机制虽然在资源配置中起决定性作用，但市场机制本身存在许多缺陷和问题，有时会造成市场失灵。由于垄断、外部性、信息不完全、公共产品等问题的存在，市场机制往往无法实现资源的有效配置。这就需要政府对微观经济主体进行必要的干预，以解决市场失灵问题，提高资源的配置效率。除此之外，市场机制产生的一些消极后果也需要政府进行市场监管。市场机制作用的自发性、盲目性和滞后性常常导致虚假需求和生产过剩，对经济活动缺乏远期规划，容易导致经济运行的波动。市场机制还容易助长投机行为，甚至引发违反道德、违反法律的行为，从而破坏市场机制的有序运行，对社会造成不良影响。市场机制的这些消极后果也需要通过市场监管来解决。

需要指出的是，虽然进行市场监管与宏观调控的主要原因都源于市场失灵，但是两者是有区别的。宏观调控是从总量上对经济运行进行调节和控制，所运用的宏观经济政策主要是财政政策和货币政策。而市场监管则主要是从个体角度对经济进行调节和控制，它侧重于对构成宏观经济整体的微观经济个体进行直接或间接的监督和管理，多运用行政管理、法律法规等手段来规制或规范市场主体的经济活动，是一种微观经济调控。

经过多年的实践和发展，我国形成了由综合性市场监管机构、专业专项市场监管机构、行业市场监管机构以及商业领域市场监管机构共同构成的市场监管体系。2018 年的国务院机构调整对市场监管的职能进行了合并，将国家工商行政管理总局的职责、国家质量监督检验检疫总局的职责、国家食品药品监督管理总局的职责、国家发展和改革委员会的价格监督检查与反垄断执法职责、商务部的经营者集中反垄断执法以及国务院反垄断委员会办公室等职责整合，组建国家市场监督管理总局，作为国务院直属机构，同时，组建国家药品监督管理局，由国家市场监督管理总局管理。市场监管相关法律法规也陆续颁布，形成了较为完整的市场监管法律法规体系。随着社会主义市场经济体制的不断发展和完善，市场中的经济活动愈发丰富，市场主体间的关系也更为复杂，这就要求政府市场监管的方法和形式也要发生相应的变化。

党的十八届三中全会通过的《中共中央关于全面深化改革若干重大问题的决定》指出："改革市场监管体系，实行统一的市场监管，清理和废除妨碍全国统一市场和公平竞争的各种规定和做法，严禁和惩处各类违法实行优惠政策行为，反对地方保护，反对垄断和不正当竞争。建立健全社会征信体系，褒扬诚信，惩戒失信。健全优胜劣汰市场化退出机制，完善企业破产制度。"《中华人民共和国国民经济和社会发展第十三个五年规划纲要》也对提高政府监管效能提出了新的要求："转变监管理念，加强事中事后监管。制定科学有效的市场监管规则、流程和标准，健全监管责任制，推进监管现代化。创新监管机制和监管方式，推进综合执法和大数据监管，运用市场、信用、法治等手段协同监管。全面实行随机抽取检查对象、随机抽取执法人员、检查结果公开。强化社会监督。"

市场体系包括商品市场和生产要素市场，由于不同市场中交易的对象有很大区别，对应的市场监管体系和方式也会有所不同。

二、商品市场监管

商品市场是社会主义市场体系的基础部分，经过改革开放后几十年的改革与发展，一个包括消费品和生产资料在内的城乡结合、批零兼营、大中小相匹配的多成分、多层次、多形式的流通网络业已形成。特别是近年来服务业的崛起以及互联网的普及和快速发展，深刻改变着商品市场的形式，这对政府从事商品市场监管提出了更高要求。

与商品市场的发展和市场化进程相适应，商品市场的法制化进程不断加快，我国相继出台了《中华人民共和国反不正当竞争法》、《中华人民共和国反垄断法》、《工商总局关于加强商品交易市场规范管理的指导意见》（工商市字〔2013〕210 号）、《网络商品和服务集中促销活动管理暂行规定》（国家工商行政管理总局令第 77 号）、《工商总局关于加强网络市场监管的意见》（工商办字〔2015〕183 号）等一系列法律法规和政府部门规章，初步形成了依法治市、鼓励竞争、适应市场经济运行的法律体系框架，促进了商品市场的规范化发展。

党的十八届三中全会以来，我国市场监管体制改革步伐逐步加快，特别是在商品市场监管领域，逐步简政放权，探索“放管结合”的新思路。《国务院关于促进市场公平竞争 维护市场正常秩序的若干意见》《国务院关于实行市场准入负面清单制度的意见》《国务院关于在市场体系建设中建立公平竞争审查制度的意见》等改革指导意见陆续出台，要求各部门放宽市场准入，激发市场活力，同时采取更为统一和有力的措施加强与完善监管。商品市场中经济主体数量多、流动性大、违法犯罪行为繁多，传统的商品市场监管方式面临巨大挑战。以食品领域的监管为例，由于违法成本低而收益高等多种因素，从“地沟油”“毒奶粉”到“毒馒头”“假牛肉”等现象不断涌现，要求进一步加强对商品市场的监管。

三、生产要素市场监管

生产要素市场包括金融市场、劳动力市场、土地市场等，这些市场各具特点，因此需要采取不同的监管方式。

1. 金融市场监管

金融市场监管是由金融监管当局制定并执行的、直接干预金融市场配置机制，或间接改变金融企业和金融产品消费者行为的规则或行为。完善金融市场监管对于金融市场的健康发展具有十分重要的意义。

人们普遍认为，现代金融体系具有内在的不稳定性，金融风险普遍存在，因为金融市场上大量交易的是债券、证券及信用衍生品等虚拟资本，具有高负债经营或高杠杆运行的特点。特别是金融衍生品，更多服务于对冲基金、商业银行、投资银行、保险公司等金融机构和市场上职业炒家的投机套利需求，和实体经济关系不大，很容易制造金融风险和金融危机。同时，资本逐利的本性决定了信息欺诈、内幕交易、操纵市场等投机违法行为是金融市场的伴生物，具有长期性、固有性，不会因为市场成熟、加强管理就能完全消失。促进金融市场的健康发展，离不开严格的市场监管。

改革开放以来，我国的金融监管取得了长足进步，逐步形成了中国人民银行主要负责宏观调控、金融改革、金融市场发展和金融稳定，银监会、证监会、保监会分别负责银行业、证券业、保险业微观监管的分业监管格局。2018 年，国务院机构改革，整合银监会和保监会职责，组建中国银行保险监督管理委员会（简称银保监会）。2023 年 3 月，中共中央、国务院印发了《党和国家机构改革方案》，决定在银保监会基础上组建国家金融监督管理总局。金融监管法律法规的日臻完善，监管方式和手段的不断改进，金融风险的监测、评估和处置机制的逐步健全，金融监管专业化水平和有效性的大幅提升，对维护金融体系安全稳定、保护金融消费者的合法权益、创造公平竞争的金融市场环境发挥了重要保障作用。但是，目前的金融监管体系还存在不少问题，有待进一步完善。

近年来，我国金融业发展明显加快，形成了多样化的金融机构体系、复杂的产品结构体系、信息化的交易体系、更加开放的金融市场，特别是综合经营趋势明显。这给现行的分业监管体制带来了重大挑战。习近平的《关于〈中共中央关于制定国民经济和社会发展第十三个五年规划的建议〉的说明》指出，"近来频繁显露的局部风险特别是近期资本市场的剧烈波动说明，现行监管框架存在着不适应我国金融业发展的体制性矛盾"，强调"要坚持市场化改革方向，加快建立符合现代金融特点、统筹协调监管、有力有效的现代金融监管框架，坚守住不发生系统性风险的底线"①。《2 中共中央关于制定国民经济和社会发展第十四个五年规划和二〇三五年远景目标的建议》提出：完善现代金融监管体系，提高金融监管透明度和法治化水平，完善存款保险制度，健全金融风险预防、预警、处置、问责制度体系，对违法违规行为零容忍。2023 年 11 月召开的中央金融工作会议强调，"要全面加强金融监管，有效防范化解金融风险。切实提高金融监管有效性，依法将所有金融活动全部纳入监管，全面强化机构监管、行为监管、功能监管、穿透式监管、持续监管，消除监管空白和盲区"。

2. 劳动力市场监管

劳动力市场监管是指国家按照相应的法律法规和政策制度，对劳动力市场运行包括就业市场、劳动合同、劳动标准、劳动保护、社会保障、劳动监察和劳动争议处理等领域进行监督，目的在于保护市场各方的主体权益特别是劳动者的权益，保障劳动力市场的健康发展，构建和谐劳动关系。

劳动力市场监管在我国具有特殊重要的意义。一方面，建立完善的劳动力市场监管体系，有利于促进劳动力市场的健康发展，实现人力资源的合理配置；另一方面，在社会主义经济中，劳动力不仅是一种生产要素，更是经济和社会的主人，满足劳动者日益增长的美好生活需要、促进劳动者的全面发展，是社会主义经济发展的目的所在。尤其是在我国劳动力比较充裕、长期存在巨大就业压力的背景下，很容易形成强资本、弱劳动的市场格局，使劳动者在劳动力市场中处于不利地位。这就要求我们在发展劳动力市场的时候，要特别注重保障劳动者的合法权益，维护劳动者的切身利益。

改革开放以来，党和国家高度重视构建和谐的劳动关系，通过一系列法律法规和政策措施的制定实施，形成了与社会主义市场经济相适应的劳动力市场监管体系，主要是：

（1）建立了包括劳动法、劳动力市场管理规定、社会保险法、就业促进法等内容的法律法规体系，从法律制度上保证了劳动力市场的公平竞争、有序运作。

---

① 习近平．关于《中共中央关于制定国民经济和社会发展第十三个五年规划的建议》的说明．人民日报，2015－11－04.

（2）形成了以劳动合同法、建设工程安全生产管理条例、职业病防治法等为核心的劳动力市场管理监督制度体系，保障了劳动者的利益。

（3）以合同的形式明确规定了劳动者与用人单位相互间的权利义务关系，并且根据不同情形赋予了劳动者相关的优先权利，将劳动者权利保护落到了实处。

（4）健全了劳动争议调解仲裁机制，推动各类企业普遍建立内部劳动争议协商调解机制，维护了当事人的合法权益。

在新的历史条件下，必须进一步完善对劳动力市场的监管，努力构建和谐劳动关系，这是加强和创新社会管理、保障和改善民生的重要内容，是建设社会主义和谐社会的重要基础，也是经济持续健康发展的重要保证。

3. 土地市场监管

为了加强土地管理，维护土地的社会主义公有制，保护、开发土地资源，合理利用土地，切实保护耕地，促进社会经济的可持续发展，我国通过了一系列法律法规和政策，对城镇国有土地的合理开发、利用和经营，以及农村集体土地的使用、交易和流转作了全面系统的规定，对土地市场进行有效监管。在我国现阶段，坚持和完善土地市场监管的主要内容是：

（1）促进土地资源节约集约利用，我国人多地少，耕地资源稀缺，因此，必须实行最严格的土地管理制度，加强土地调控，管住总量，严控增量，盘活存量，加强对耕地的保护。

（2）规范土地使用和转让的程序，维护土地使用权交易的公开、公平和公正，保护土地交易各方面的合法权益，有效发挥市场配置土地资源的作用，提高土地资源配置的效率。

（3）落实农村土地集体所有权，稳定农户承包权，放活土地经营权，坚守土地公有性质不改变、耕地红线不突破、农民利益不受损“三条底线”，维护农村基本经营制度。

（4）推动土地经营权规范有序地流转，在农村耕地实行所有权、承包权、经营权“三权分置”的基础上，按照依法自愿有偿的原则，引导农民以多种方式流转承包土地的经营权。

党的十八届三中全会审议通过的《中共中央关于全面深化改革若干重大问题的决定》明确提出了建立城乡统一的建设用地市场、农村集体建设用地与国有土地同权同价、完善土地二级市场等改革措施，这为进一步完善土地市场的监管指明了方向。

四、强化反垄断和防止资本无序扩张

反垄断、反不正当竞争是完善社会主义市场经济体制、推动高质量发展的内在要求。近年来，我国平台经济，特别是互联网平台经济快速发展，新业态、新模式层出不穷，在经济社会发展全局中的地位和作用日益凸显。平台经济有利于提高全社会资源配置效率，推动技术和产业变革朝着信息化、数字化、智能化方向加速演进，有助于贯通国民经济循环各环节，也有利于提高国家治理的智能化、全域化、个性化、精细化水平，对推动经济高质量发展、满足人民日益增长的美好生活需要发挥了重要作用。

我国平台经济发展的总体态势是好的、作用是积极的，但是，同时也存在一些突出问题，一些平台企业发展不规范、存在风险，平台经济发展不充分、存在短板，监管体制不适应的问题也较为突出，特别是平台经济领域经营者涉嫌垄断的问题日益凸显，不公平价格行为、低于成本销售、拒绝交易、限定交易、差别待遇、“二选一”、数据垄断、大数据“杀熟”等涉嫌垄断行为层出不穷，还有的以科技创新为名，逃避市场监管和金融监管。这些行为损害了市场公平竞争和消费者合法权益，存在巨大潜在风险，不利于充分激发全社会创新创造活力、促进平台经济创新发展、构筑经济社会发展新优势和新动能，也给市场监管和反垄断提出了新的要求。

2020 年年末召开的中央政治局会议提出了强化反垄断和防止资本无序扩张的要求，2020 年中央经济工作会议将强化反垄断和防止资本无序扩张作为 2021 年经济工作中的重点任务，要求健全数字规则，完善平台企业垄断认定等方面的法律规范，加强规制，提升监管能力，坚决反对垄断行为。2021 年 3 月召开的中央财经委员会第九次会议再次强调，要建立健全平台经济治理体系，反对垄断，防止资本无序扩张。

加强平台经济的治理和监管，要从构筑国家竞争新优势的战略高度出发，坚持规范和发展并重。一方面，要把握平台经济发展规律，明确规则，划清底线，加强监管，规范秩序，促进公平竞争，坚决反对垄断和不正当竞争行为，维护公众利益和社会稳定，形成治理合力。健全完善规则制度，加快健全平台经济法律法规，及时弥补规则空白和漏洞，加强数据产权制度建设，强化平台企业数据安全责任。提升监管能力和水平，优化监管框架，实现事前事中事后全链条监管，充实反垄断监管力量，增强监管权威性，金融活动要全部纳入金融监管。另一方面，国家支持平台企业创新发展、增强国际竞争力，支持公有制经济和非公有制经济共同发展。要推动平台经济为高质量发展和高品质生活服务，加速用工业互联网平台改造提升传统产业、发展先进制造业，支持消费领域平台企业挖掘市场潜力，增加优质产品和服务供给。要加强关键核心技术攻关，支持和引导平台企业加大研发投入，加强基础研究，夯实底层技术根基，扶持中小科技企业创新。

第七节　生态保护

一、生态保护的内涵

生态保护是指对生态经济系统的调节，目的在于实现生态与经济的协调发展。人们对生态保护的认识经历了三个阶段：一是将生态系统作为经济系统的要素部门，以生态资源优化配置为主要调节目标，表现为针对传统产业部门的排放标准、排污许可、环境税等环境政策；二是将生态系统作为经济系统的产品部门，将良好生态环境作为最公平的公共产品和最普惠的民生福祉，发展生态环保产业和生态产品市场；三是将经济系统作为生态系统的一个有机组成部分，自觉践行尊重自然、顺应自然和保护自然，以生态系统承载力来确定和调节经济增长空间，走绿色低碳发展道路。从生态资源、生态产品到生态空间，生态保护经历了“三部曲”。①

尽管人们对生态问题重要性的认识不断提高，相关学科对生态问题和生态保护的认知也在不断发展深化，但是，现有理论主要是揭示生态问题的自然原理以及人与自然的形式矛盾，大多未能揭示生态问题的社会阶级矛盾与资本主义制度根源。西方的一些马克思主义者以马克思主义理论为基础，对资本主义的生态危机与生态保护进行剖析，所形成的理论被称为“生态马克思主义”。

生态马克思主义理论认为，生态危机表面上反映的是人与自然之间的矛盾，实质上反映的是人与人之间的矛盾，是资本追逐剩余价值的必然结果。马克思在谈到资本主义工业化和城市化破坏人与自然之间的物质变换关系时指出：“资本主义生产使它汇集在各大中心的城市人口越来越占优势，这样一来，它一方面聚集着社会的历史动力，另一方面又破坏着人和土地之间的物质变换，也就是使人以衣食形式消费掉的土地的组成部分不能回到土地，从而破坏土地持久肥力的永恒的自然条件。这样，它同时就破坏城市工人的身体健康和农村工人的精神生活。”② 当代资本主义面临经济危机与生态危机交织的双重困境，要求在加强对经济的宏观调控的同时，加强对生态问题的国家治理，以克服资本主义对生态的破坏。

应当看到，生态问题和生态保护具有一定的普遍性和全球性。马克思认为，在共产主义社会，“联合起来的生产者，将合理地调节他们和自然之间的物质变换，把它置于他们的共同控制之下，而不让它作为盲目的力量来统治自己；靠消耗最小的力量，在最无愧于和最适合于他们的人类本性的条件下来进行这种物质变换”③，但是，在社会主义初级阶段，随着市场经济的广泛发展，追求利润最大化的行为和生产的自发性、盲目性也对生态环境产生了威胁。在这种条件下，如何深入认识生态问题，完善生态保护，是中国特色社会主义政治经济学的重大课题。

党的十八大将生态文明建设纳入了“五位一体”总体布局。党的十八届五中全会提出了绿色发展的理念。党的十九大报告强调：“我们要建设的现代化是人与自然和谐共生的现代化，既要创造更多物质财富和精神财富以满足人民日益增长的美好生活需要，也要提供更多优质生态产品以满足人民日益增长的优美生态环境需要。”党的十九届四中全会通过的《中共中央关于坚持和完善中国特色社会主义制度 推进国家治理体系和治理能力现代化若干重大问题的决定》明确提出：生态文明建设是关系中华民族永续发展的千年大计。必须践行绿水青山就是金山银山的理念，坚持节约资源和保护环境的基本国策，坚持节约优先、保护优先、自然恢复为主的方针，坚定走生产发展、生活富裕、生态良好的文明发展道路，建设美丽中国。这些思想为生态保护提供了科学理论基础。

二、生态保护面临的挑战

（1）全球碳排放约束与发展空间日益趋紧。近百年来全球气候正在发生以变暖为主

---

① 傅毅明，宋国君．生态经济学研究“三部曲”．人民日报，2015-06-01.

② 马克思，恩格斯．马克思恩格斯全集：第23卷．北京：人民出版社，1972：552.

③ 马克思，恩格斯．马克思恩格斯全集：第25卷．北京：人民出版社，1974：926-927.

要特征的变化，其中发达国家在工业化过程中大量排放温室气体是气候变化的主要因素，而我国是易受气候变化不利影响的国家。为了避免气候变化的灾难性影响，需要将相对于工业化前的全球平均气温升高幅度控制在2℃之内，进而需要控制全球温室气体排放总量和分配排放空间等。发达国家已经走过高投入和高排放的发展阶段，而发展中国家却面临发展与减排的双重约束，面临不公平的发展环境。尽管我国在全球应对气候变化中坚持共同但有区别的责任，但是我国碳排放总量已经位居世界首位，超过欧美的排放总和，国际压力巨大。在2015年的巴黎气候大会上，我国已经承诺到2030年左右使二氧化碳排放达到峰值并争取尽早实现。2020年，中国国家主席习近平在第七十五届联合国大会上宣布，中国二氧化碳排放力争于2030年前达到峰值，并争取2060年前实现碳中和。在碳排放约束下，实现低碳发展，这是大国崛起的重大挑战，也是中国特色的鲜明标志。要坚定不移贯彻新发展理念，坚持系统观念，处理好发展和减排、整体和局部、短期和中长期的关系，以经济社会发展全面绿色转型为引领，以能源绿色低碳发展为关键，加快形成节约资源和保护环境的产业结构、生产方式、生活方式、空间格局，坚定不移走生态优先、绿色低碳的高质量发展道路。

（2）国内压缩型和复合型污染问题严重。发达国家上百年工业化过程中分阶段出现的环境问题在我国近20多年来集中出现，环境污染问题复杂，治理挑战巨大。以大气污染治理为例，我国既要治理传统的燃煤污染，又要控制机动车等污染，以雾霾为典型的区域性复合型污染问题突出。《2023中国环境状况公报》显示，2023年全国339个地级及以上城市的空气质量超标率达40.1%，全国监测的1 888个国家地下水环境质量考核点位中Ⅴ类占22.2%。首份《全国土壤污染状况调查公报》（2014年）显示，19.4%的耕地土壤点位超标。

（3）生态保护与扶贫开发协同发展问题。《全国生态环境十年变化（2000—2010年）调查评估报告》（2016年）显示，全国生态环境脆弱，生态安全形势严峻，生态环境风险增加，生态保护与发展矛盾突出。在空间分布上，《全国主体功能区规划》确定的25个重点生态功能区主要分布在中西部地区和山区，生态脆弱；《中国农村扶贫开发纲要（2011—2020年）》确定的14个集中连片特困地区也主要分布在中西部山区，扶贫开发与生态保护区高度重叠。《中共中央 国务院关于打赢脱贫攻坚战的决定》强调要“坚持扶贫开发与生态保护并重”，要对生态特别重要和脆弱的地区实行生态保护扶贫，通过生态保护实现脱贫。生态扶贫在我国取得脱贫攻坚战全面胜利的历史进程中发挥了重要作用。

（4）生态保护存在体制分割与机制不畅问题。生态系统是一个有机整体，但是既有的生态资源管理体制存在条块分割等问题，难以实现科学、统一与高效调控。比如在纵向上，涉及部门众多，职能交叉重叠明显，在部门职责划分模糊和部门利益的驱使下，会出现“踢皮球”“九龙治水”等“多头调控失灵”问题；在横向上，以各级行政区划为主体的属地管理造成生态系统的破碎化管理，难以实现生态区域与流域的完整性管理。另外，生态保护所需的信息、决策、价格、监督、评估与改善等机制尚不健全，生态保护体制机制亟待改革。

三、完善生态保护的基本思路

党的十八大以来，以《中共中央 国务院关于加快推进生态文明建设的意见》和《生态文明体制改革总体方案》等为标志，我国生态文明建设的理论与政策取得了重大成果和突破。《生态文明体制改革总体方案》提出构建产权清晰、多元参与、激励约束并重、系统完整的生态文明制度体系，推进生态文明领域国家治理体系和治理能力现代化，重点由八大制度构成：自然资源资产产权制度、国土空间开发保护制度、空间规划体系、资源总量管理和全面节约制度、资源有偿使用和生态补偿制度、环境治理体系、环境治理和生态保护市场体系、生态文明绩效评价考核和责任追究制度等。这是中国特色生态保护理论与实践的重大进展，集中体现了对生产力与生产关系的系统调控。

（1）生产力层面的生态保护。包括宏观空间布局、中观产业结构和微观技术治理三个层面。1）空间布局是指国土空间开发格局的绿色优化和全球生态空间资源的统筹利用等。一方面，要对生态、生产和生活空间进行合理布局和综合治理，实施主体功能区战略，落实主体功能区规划，推动经济社会发展、城乡土地利用、生态环境保护等规划“多规合一”，使重点区域和城市群空间布局与生态环境承载力相适应；另一方面，要统筹国际国内“两个市场”与“两种资源”，在全球应对气候变化中维护公平发展权利，为全球生态治理和调控贡献“中国力量”。2）产业结构调整，一是要逐步摆脱在国际贸易与分工中依靠透支自然资源与人口红利的不利位置，增加高端制造、先进服务与文化产品等的生产与出口；二是要培育新兴生态环保产业，增强生态产品供给能力，促进环境污染治理和生态建设的社会分工与专业化发展，维持生态资源消耗与再生能力的基本平衡；三是要建立系统完备和运行高效的循环经济产业结构，加快建立循环型农业、工业、服务业和生态产业体系，促进生产和生活系统的循环链接，构建覆盖全社会的资源循环利用体系。3）技术治理是指在资源开发利用与保护的全过程中促进技术创新与应用，通过能耗与排放标准的制定和更新，倒逼技术升级，淘汰落后产能。

（2）生产关系层面的生态保护。生态资源作为最基本的生产资料和生活保障，其所有、使用、转让与获益等相关制度安排是生产关系的重要组成部分。资本主义的生产关系由于生产资料私有和资本无限扩张的本性，导致对生态系统的过度破坏，尽管部分发达资本主义国家的国内生态经济关系有所缓和，甚至改善，但这是建立在对发展中国家的原材料掠夺和落后产业转移基础上的，全球气候变暖与生态退化的总体形势仍在恶化，全球生态危机预示了资本主义生产关系的局限性。社会主义的生产关系虽然也面临生态难题，但是由于社会主义制度的优越性，因而能够按照社会的长远和共同利益，有计划地改革调整生态产品的生产、分配、交换与消费关系，探索构建与社会主义市场经济相适应的生态文明治理体系。要加强对生态文明建设的总体设计和组织领导，设立国有自然资源资产管理和自然生态监管机构，完善生态环境管理制度，统一行使全民所有自然资源资产所有者职责，统一行使所有国土空间用途管制和生态保护修复职责，统一行使监管城乡各类污染排放和行政执法职责。在空间开发调控上，以主体功能区规划为基础，按城市化地区、农产品主产区、重点生态功能区等不同定位推进区域开发，建立空间规划体系，整合各类空间规划，建立统一的空间规划。在各类生态资源要素调控上，明晰各类自然生态空间以及水、能源、环境等资源的产权，实行资源消耗总量与强度“双控”，建立生态文明绩效评价考核和责任追究制度，建立资源有偿使用和生态补偿制度，探索推行生态资源资产产权交易，充分利用政府与市场机制对生态资源配置进行调控。

第八节　民生保障

一、民生保障的内涵

民生保障是国家经济治理的主要任务之一。随着我国经济社会的不断发展，民生保障工作的重要性日益凸显。

民生即“人民的生计”，是指与人民群众最基本的生存权和发展权直接相关的问题。民生保障就是指在一定的经济发展水平下，社会为保证人民群众能够获得最基本的生存权和发展权而提供的各种条件的总和。民生保障所涵盖的领域包括教育、卫生、就业、医疗、住房、基本公共服务、环境保护、养老等，这些领域关系到人民群众最关心最直接最现实的利益。

党和国家一直以来都十分重视民生问题，随着社会经济的发展，民生问题被放在了越来越重要的位置。党的十八大报告指出：“加强社会建设，必须以保障和改善民生为重点。提高人民物质文化生活水平，是改革开放和社会主义现代化建设的根本目的。要多谋民生之利，多解民生之忧，解决好人民最关心最直接最现实的利益问题，在学有所教、劳有所得、病有所医、老有所养、住有所居上持续取得新进展，努力让人民过上更好生活。”党的十九大报告强调，增进民生福祉是发展的根本目的。《中华人民共和国国民经济和社会发展第十三个五年规划纲要》对民生保障工作作了具体的部署，指出“按照人人参与、人人尽力、人人享有的要求，坚守底线、突出重点、完善制度、引导预期，注重机会公平，保障基本民生，不断提高人民生活水平，实现全体人民共同迈入全面小康社会”。纲要对增加公共服务供给、实施就业优先战略、缩小收入差距、改革完善社会保障制度、积极应对人口老龄化、保障妇女及未成年人和残疾人基本权益等几个方面作了详细的规划。党的十九届四中全会通过的《中共中央关于坚持和完善中国特色社会主义制度 推进国家治理体系和治理能力现代化若干重大问题的决定》明确提出：增进人民福祉、促进人的全面发展是我们党立党为公、执政为民的本质要求。必须健全幼有所育、学有所教、劳有所得、病有所医、老有所养、住有所居、弱有所扶等方面国家基本公共服务制度体系，尽力而为，量力而行，注重加强普惠性、基础性、兜底性民生建设，保障群众基本生活。党的十九届五中全会通过的《中共中央关于制定国民经济和社会发展第十四个五年规划和二〇三五年远景目标的建议》提出，“十四五”时期民生领域要实现的目标是：民生福祉达到新水平，包括实现更加充分更高质量就业，居民收入增长和经济增长基本同步，分配结构明显改善，基本公共服务均等化水平明显提高，全民受教育程度不断提升，多层次社会保障体系更加健全，卫生健康体系更加完善，脱贫攻坚成果巩固拓展，乡村振兴战略全面推进。到2035年，民生领域要实现的目标是：基本公共服务实现均等化，城乡区域发展差距和居民生活水平差距显著缩小；人民生活更加美好，人的全面发展、全体人民共同富裕取得更为明显的实质性进展等。党的二十届三中全会通过的《中共中央关于进一步全面深化改革 推进中国式现代化的决定》将改善民生和推动共同富裕列为进一步全面深化改革的七大目标之一，提出要聚焦提高人民生活品质，完善收入分配和就业制度，健全社会保障体系，增强基本公共服务均衡性和可及性，推动人的全面发展、全体人民共同富裕取得更为明显的实质性进展，并围绕健全保障和改善民生制度体系提出了系统要求。

需要指出的是，民生保障与社会保障既相互联系，又存在明显的区别。社会保障是为了使社会成员在失去劳动能力、遇到困难和意外事故等情况下仍然能够获得必要的生活保障，而民生保障作用的范围和对象则要大很多。具体而言，民生保障具有如下特点：（1）公共性。民生保障提供的是人们生活和发展不可或缺的物质和精神条件，仅仅依靠市场的力量是无法实现的，因此国家需要承担保障民生的主要任务，建立相应的民生保障体制。（2）普遍性。民生保障的对象不仅仅是社会中的弱势群体，它的覆盖面也惠及全体人民群众。国家应把人民群众的普遍性需求作为社会建设的重点，例如教育、医疗、就业等需求。（3）公平性。民生保障的实施在客观上起到了维护社会公平和公正的功效，这种公平性主要体现为社会成员享受民生保障的权利和机会是均等的。

二、健全民生保障体制

在我国社会主义市场经济体制下，国家为了能够实现民生保障而建立的政策和制度体系即为民生保障体制。随着我国经济的不断发展，人民收入水平不断提高，进一步建立和健全民生保障体制将对我国社会发展和进步具有重要意义。

（1）建立健全民生保障体制是经济发展阶段的客观需要。中华人民共和国成立以来，我国民生状况持续改善。特别是改革开放之后，人民生活水平持续提高，已经基本解决了温饱层面的民生问题。不过，随着经济发展水平的不断提高，满足人民群众生存和发展的基本条件也在不断更新。比如，之前我国的民生问题主要在于满足人们的温饱需要，现在教育、医疗等问题已经成为人民群众的基本诉求，经济发展中的一些民生问题逐渐凸显出来，例如收入差距过大问题、住房问题、环境问题等。这些问题严重影响了人民群众的生活幸福感和满足感，亟须通过建立健全民生保障体制来解决。

（2）建立健全民生保障体制是国家应承担的义务。民生就是人在其所生活的社会中应当得到充分保障与实现的各种权益，是必须满足的人民的基本需要，属于基本人权，保障民生是国家的重要职责。民生保障的公共性也决定了民生保障体制的建立和健全必须由国家来发挥主导作用。经济发展的实践已经表明，市场经济本身固有的特性和缺陷将会使得民生问题越发严重，仅仅依靠市场的力量是无法实现民生保障的要求的，需要国家承担起建立健全民生保障体制的责任。

（3）建立健全民生保障体制是促进人的全面发展的必然选择。社会主义社会是促进人的全面发展的社会，人的生存问题的解决和生存条件的优化是人的全面发展的物质基础。民生保障所涉及的教育、就业、医疗等问题都与人民群众的生活密切相关，是保证人的全面发展的基本需求。通过建立健全民生保障体制促进人的全面发展，实现好、维护好、发展好最广大人民群众的根本利益，改善人民群众的生活质量，体现了社会主义的价值取向，也是党中央“以民为本”执政理念的具体体现。

（4）建立健全民生保障体制是促进经济发展的动力。民生保障的实现不仅是经济发展的结果，也能够反作用于经济发展，成为经济发展的动力保证。人的因素是经济发展过程中的决定性因素，健全的民生保障体制能够使人们学有所教、劳有所得、病有所医、老有所养、住有所居，这将能够消除人民群众的后顾之忧，促使人们将更多的精力投入到国家建设和社会发展之中。我国目前处于经济结构转型期，消费在经济发展中的作用逐渐增大，建立健全民生保障体制将有助于释放消费需求的潜能，使得人民群众有能力将更多的收入转化为消费，助力经济转型，促进经济持续健康发展。

三、不断改善和保障民生

改革开放以来，我国在改善和保障民生方面取得了明显的成果，居民家庭财产普遍增加，衣食住行条件显著改善，城乡低收入群体基本生活得到保障，人民群众享有的基本公共服务水平和均等化程度提高。不过，我们也应该清醒地认识到，我国现阶段许多民生问题还十分突出，人民群众的一些基本诉求还有待进一步解决，距离全面建成社会主义现代化强调的要求还有较大差距。因此，我们应当以人民对美好生活的向往为奋斗目标，坚持尽力而为、量力而行，完善基本公共服务制度体系，加强普惠性、基础性、兜底性民生建设，解决好人民最关心最直接最现实的利益问题，不断改善和保障民生。

改善和保障民生，关键在于处理好政府和市场的关系。市场虽然在资源配置中起决定性作用，但对于关乎民生的公共产品和公共服务，市场却不能有效提供。由于市场机制本身存在缺陷，民生保障所要求的公平性和均等性等原则也不能得到保证，在许多情况下市场反而会对民生造成损害，阻碍人民群众基本生存和发展权利的实现。这就要求政府在改善和保障民生的过程中发挥主导作用。不过，民生保障涵盖范围广、涉及问题多，仅仅依靠政府的力量很难完全实现民生保障的要求。因此，在政府起主导作用的同时，需要发挥市场和社会的积极作用，促进多元主体间的紧密合作，形成政府、社会、市场、个人等多元参与的民生保障体制格局。重点要做好以下工作：

（1）完善就业优先政策，促进更加充分的就业。就业是民生之本，是人民群众的衣食之源。我国目前就业形势结构性矛盾突出，就业压力仍然较大。政府要把促进就业放在经济社会发展的优先位置，实施扩大就业的发展战略和积极的就业政策。健全劳动者自主择业、市场调节就业、政府促进就业相结合的机制，创造平等就业机会，在扩大就业规模的同时提高就业质量，推动实现更高质量的就业。

（2）促进教育均衡发展。教育是民生之基，是促进人的全面发展的重要因素，是国家发展的战略基础。我国历来十分重视教育事业，人民群众受教育的权利已基本得到保障。但是，教育质量和教育公平问题仍然十分突出，高水平人才培养的数量和质量不能很好地满足社会经济发展的需要，教育资源分布失衡、教育机会分配不公。因此，要把提高教育质量和促进教育公平作为教育改革和发展的核心，在制度层面上保障受教育权利平等实现，从而实现教育效果和人的全面发展机会的相对均衡。

（3）健全医疗服务体系。医疗问题直接关系到人民群众的健康素质，也是人的全面发展的基础。当前，人民群众对"看病难""看病贵"等问题的反应还比较强烈，原因主要在于医疗卫生资源配置不均衡，优质资源主要集中在城市，而农村、城市社区等医疗服务比较缺乏。深化医疗卫生体制改革，要坚持把保障人民健康放在优先发展的战略位置，实施健康优先发展战略，全面推进健康中国建设。强化政府责任，加快建设覆盖城乡居民的多层次公共卫生体系，为群众提供安全、有效、方便、价廉的医疗卫生服务。

（4）调节收入分配关系。我国目前收入分配状况十分严峻，低收入者与高收入者收入差距过大，中等收入者数量不足。这就要求我们健全初次分配和再分配调节体系，完善劳动者工资决定、合理增长、支付保障机制，努力实现居民收入增长和经济发展同步、劳动报酬增长和劳动生产率提高同步，逐步提高居民收入在国有收入分配中的比重、提高劳动报酬在初次分配中的比重，尽快扭转收入差距扩大的趋势。同时要完善税收、社会保障、转移支付等再分配调节机制。支持发展公益慈善事业。规范收入分配秩序，规范财富积累机制，多渠道增加城乡居民财产性收入，形成有效增加低收入群体收入、稳步扩大中等收入群体规模、合理调节过高收入的制度体系。

（5）推进住房保障。住房问题也是人民群众关心的大事。政府要保障与调控两手抓，加快建立租购并举的住房制度，加快构建房地产发展新模式。加大保障性住房建设和供给，满足工薪群体刚性住房需求，改善城镇低收入居民的居住条件，支持城乡居民多样化改善性住房需求，最终实现"居者有其屋"；同时，要坚持"房子是用来住的，不是用来炒的"定位，加强调控和监管，完善房地产税收制度。

（6）建立完善的社会保障体系。社会保障是指国家和社会通过立法对国民收入进行初次分配和再分配，为社会成员特别是生活有特殊困难的个人或家庭提供基本生活保障的一种制度。这一制度一般由社会保险、社会救济、社会优抚和社会福利等组成。建立和健全社会保障体系，关系改革、发展、稳定的全局，具有重要意义。要建立健全覆盖全民、统筹城乡、公平统一、可持续的多层次社会保障体系。

主要名词概念

社会主义国家经济治理　国家经济治理体系　宏观调控　结构调整　市场监管　生态保护　民生保障

复习思考题

1. 如何理解社会主义市场经济中国家经济治理的客观必然性？
2. 社会主义国家经济治理体系有哪些组成部分？

的基础上体现出优于资本主义，为实现共产主义创造物质基础。”① 坚持和完善中国特色社会主义经济制度，发展中国特色社会主义经济，始终不能离开共产主义这个远大理想，要不断把为崇高理想奋斗的伟大实践推向前进。背离了这一远大理想，就会失去灵魂、迷失方向，犯颠覆性错误。

在一些人看来，建设共产主义是一件遥不可及、虚无缥缈的事情。其实，共产主义并不遥远，就在眼前。作为共产主义低级阶段的社会主义本身就是共产主义的一个部分，发展中国特色社会主义和落实社会主义本质要求的各项措施，如践行以人民为中心的发展思想、促进人的全面发展、走共同富裕的道路、实现社会的公平公正、保障和改善民生、落实人民当家作主的权利、全心全意为人民服务等，都是实现共产主义远大理想的现实步骤和具体行动，都是在向共产主义的远大理想迈进。

习近平深刻地指出：“只要我们掌握了马克思主义基本原理，就能够深刻认识到实现共产主义是由一个一个阶段性目标逐步达成的漫长历史过程，需要若干代人接续奋斗、艰苦奋斗、不懈奋斗；就能够深刻认识到中国特色社会主义是实现中华民族伟大复兴的必由之路，也是中国共产党人带领人民追求崇高理想、开辟光明未来的成功道路。”② 由于中国特色社会主义不断成功，冷战结束后世界社会主义万马齐喑的局面得到很大程度的扭转，社会主义在同资本主义竞争中的被动局面得到很大程度的扭转，社会主义优越性得到很大程度的彰显。我们要把共产主义远大理想同中国特色社会主义共同理想统一起来、同我们正在做的事情统一起来，坚定道路自信、理论自信、制度自信、文化自信，不为任何风险所惧，不为任何干扰所惑，始终坚守共产党人的理想信念，不负共产党人的光荣称号。

“理想信念的确立，是一种理性的选择，而不是一时的冲动，光有朴素的感情是远远不够的，还必须有深厚的理论信仰作支撑，否则一有风吹草动就会发生动摇。”③ 马克思主义认为，共产主义一定能够实现，这是由人类社会的客观规律所决定的，是资本主义基本矛盾发展的必然趋势，代表了人类社会发展的方向和劳动人民的根本利益。毫无疑问，这是一个极为漫长、复杂和曲折的历程。第二次世界大战后，资本主义的发展一度进入了黄金时期，20 世纪 80 年代末 90 年代初发生的东欧剧变和苏联解体，使资本主义的辩护士们在庆贺不战而胜的狂欢中，竟然产生了资本主义社会是人类历史终点的幻觉。然而，时代的车轮并没有停止运转。进入 21 世纪之后，资本主义在全球迅猛扩张、高歌猛进的同时，它的内在矛盾日益尖锐，深刻弊端日益暴露：经济持续低迷，失业日趋严重，贫富分化加剧，霸权主义和军事干涉盛行，金融资本的寄生性和掠夺性日益加深，金融危机频繁爆发，环境和生态危机不断恶化，财政赤字无节制膨胀，垄断资本对民主政治和社会舆论的操控加强。这些矛盾和弊端的相互交织和集中爆发再次证明，资本主义生产的真正限制是资本自身，“资本主义生产总是竭力克服它所固有的这些限制，但是它用来克服这些限制的手段，只是使这些限制以更大的规模重新出现在它面前”④，从而

① 邓小平．邓小平文选：第 3 卷．北京：人民出版社，1993：137.

②③ 习近平．学习马克思主义基本理论是共产党人的必修课．求是，2019（22）：4 - 11.

④ 马克思，恩格斯．马克思恩格斯文集：第 7 卷．北京：人民出版社，2009：278.

使矛盾和危机在更大的范围和更广的区域里爆发，最终必将导致资本主义制度瓦解并被新的、更高级的、更合理的社会制度所代替，这是不可避免的历史规律。当今世界正经历百年未有之大变局，新冠疫情全球大流行使这个大变局加速变化。这种变化的实质是资本主义基本矛盾的进一步深化、社会主义制度优势的进一步彰显。

共产主义既是客观的历史趋势，也是鲜活的奋斗实践，体现了人类对美好生活的永恒向往，它是合规律与合目的的统一。马克思主义认为，生产力的发展是社会发展的根本动力，而生产力的发展归根结底是人的能力的发展，这种发展最终必然导向共产主义，“代替那存在着阶级和阶级对立的资产阶级旧社会的，将是这样一个联合体，在那里，每个人的自由发展是一切人的自由发展的条件”①。在《1857—1858 年经济学手稿》等重要著作中，马克思凭借其高瞻远瞩的洞察力，从科学技术发展的一般规律中，对人类生产方式的变革的可能趋势作出了精辟至极的科学预测。他指出，一旦生产力发展到这样的程度：社会知识作为直接的生产力而发生作用，社会生活越来越受智力的控制和改造；工人不再是生产过程的主要当事者，而是站在生产过程的旁边；财富的创造较少取决于直接的劳动时间，从而使直接形式的劳动不再是财富的巨大源泉。一旦到了那样的时候，资本的历史使命就完成了，可自由支配的时间本身就成了财富的尺度，以占有他人劳动为基石的资本主义生产就会崩溃。现在，随着科学技术的巨大发展、信息化革命的不断深化，消灭阶级剥削、实现个人自由全面发展的物质条件正以前所未有的规模和速度日益成熟起来。

在《家庭、私有制和国家的起源》一书中，恩格斯引用了摩尔根对文明时代的评断作为结束。现在我们把这个评断引过来，作为本书的结束：

> 自从进入文明时代以来，财富的增长是如此巨大，它的形式是如此繁多，它的用途是如此广泛，为了所有者的利益而对它进行的管理又是如此巧妙，以致这种财富对人民说来已经变成了一种无法控制的力量。人类的智慧在自己的创造物面前感到迷惘而不知所措了。然而，总有一天，人类的理智一定会强健到能够支配财富，一定会规定国家对它所保护的财产的关系，以及所有者的权利的范围。社会的利益绝对地高于个人的利益，必须使这两者处于一种公正而和谐的关系之中。只要进步仍将是未来的规律，像它对于过去那样，那么单纯追求财富就不是人类的最终的命运了。自从文明时代开始以来所经历过的时间，只是人类已经经历过的生存时间的一小部分，只是人类将要经历的生存时间的一小部分。社会的瓦解，即将成为以财富为唯一的最终目的的那个历程的终结，因为这一历程包含着自我消灭的因素。管理上的民主，社会中的博爱，权利的平等，教育的普及，将揭开社会的下一个更高的阶段，经验、理智和科学正在不断向这个阶段努力。这将是古代氏族的自由、平等和博爱的复活，但却是在更高级形式上的复活。②

① 马克思，恩格斯．马克思恩格斯文集：第 2 卷．北京：人民出版社，2009：53.

② 马克思，恩格斯．马克思恩格斯文集：第 4 卷．北京：人民出版社，2009：197－198.

后　记

本书的写作得到了许多同志的帮助。桑百川、孔祥智、薛宇峰、谢地、任保平、蒋永穆、张国凤、张晨、齐昊、乔晓楠、杨静、马昀、刘凯、赵勇、李先灵、傅毅明、冯志轩、张弛、马慎啸、郑一杰、张宏宇、李玉梅、马芳等参与了部分章节的写作、讨论和修改，为完成本书作出了贡献。邱海平、谢富胜、刘凤义、赵峰等阅读了初稿，并提出了宝贵意见。金梦迪、李彬、田佳和参与了资料的搜集和整理。张晨参与了本次修订。本书的许多观点在笔者与卫兴华教授合著的《社会主义经济理论》一书中作过阐述，得益于卫兴华教授的精心指导。对于上述各位同志的无私帮助以及各方面的支持，在此深表谢意。

图书在版编目（CIP）数据

中国特色社会主义政治经济学 / 张宇，张晨著．
3 版．--北京：中国人民大学出版社，2025. 6.
（新编 21 世纪经济学系列教材）．--ISBN 978-7-300
-34012-8

Ⅰ．F120. 2

中国国家版本馆 CIP 数据核字第 20252R89S0 号

新编 21 世纪经济学系列教材

中国特色社会主义政治经济学（第三版）

张 宇 张 晨 著

Zhongguo Tese Shehuizhuyi Zhengzhi Jingjixue

出版发行	中国人民大学出版社		
社　　址	北京中关村大街 31 号	邮政编码	100080
电　　话	010－62511242（总编室）		010－62511770（质管部）
	010－82501766（邮购部）		010－62514148（门市部）
	010－62511173（发行公司）		010－62515275（盗版举报）
网　　址	http://www.crup.com.cn		
经　　销	新华书店		
印　　刷	北京市鑫霸印务有限公司	版　　次	2018 年 1 月第 1 版
开　　本	787 mm×1092 mm　1/16		2025 年 6 月第 3 版
印　　张	21.5 插页 1	印　　次	2025 年 6 月第 1 次印刷
字　　数	491 000	定　　价	49.00 元

教学支持说明

1. 教辅资源获取方式

为秉承中国人民大学出版社对教材类产品一贯的教学支持，我们将向采纳本书作为教材的教师免费提供丰富的教辅资源。您可直接到中国人民大学出版社官网的教师服务中心注册下载——http://www.crup.com.cn/Teacher。

如遇到注册、搜索等技术问题，可咨询网页右下角在线 QQ 客服，周一到周五工作时间有专人负责处理。

注册成为我社教师会员后，您可长期根据您所属的课程类别申请纸质样书、电子样书和教辅资源，自行完成免费下载。您也可登录我社官网的"教师服务中心"，我们经常举办赠送纸质样书、赠送电子样书、线上直播、资源下载、全国各专业培训及会议信息共享等网上教材进校园活动，期待您的积极参与！

2. 高校教师可加入下述学科教师 QQ 交流群，获取更多教学服务

经济类教师交流群：809471792

财政金融教师交流群：766895628

国际贸易教师交流群：162921240

税收教师交流群：119667851

3. 购书联系方式

网上书店咨询电话：010－82501766

邮购咨询电话：010－62515351

团购咨询电话：010－62513136

中国人民大学出版社经济分社

地址：北京市海淀区中关村大街甲 59 号文化大厦 1506 室　100872

电话：010－62515803　010－62516948

传真：010－62514775

E-mail：jjfs@crup.com.cn